F.-A. GEVAERT

NOUVEAU TRAITÉ

D'INSTRUMENTATION

Paris, Octobre 1885

NOUVEAU TRAITÉ

D'INSTRUMENTATION

PAR

F.-A. GEVAERT

Directeur du Conservatoire Royal de Bruxelles.
Maître de chapelle de S. M. le Roi des Belges, membre de l'Académie de Belgique.
et de l'Institut de France.

Prix net : **25** francs

LEMOINE & FILS, ÉDITEURS
PARIS — BRUXELLES
Droits de reproduction et traduction réservés pour tous pays
Octobre 1885

AVANT-PROPOS

Le présent volume, développement de la première partie d'un travail publié il y a vingt-deux ans *(Traité général d'Instrumentation, Gand, 1863)*, contient les prolégomènes d'une technique devenue prodigieusement vaste à notre époque. Je m'efforce d'y donner des notions aussi approfondies que possible sur le mécanisme, l'étendue, les moyens d'exécution et les propriétés expressives de chacun des instruments utilisés par les maîtres anciens et modernes.

Quant à la seconde partie du traité primitif, consacrée à l'emploi simultané des instruments dans les diverses branches de la composition musicale, je m'occupe actuellement de la refondre sur un plan analogue. Elle constituera un ouvrage séparé qui paraîtra d'ici à un an, je l'espère, sous le titre de *Cours méthodique d'Orchestration*.

F.-A. GEVAERT.

Bruxelles, 1er Octobre 1885.

TRAITÉ D'INSTRUMENTATION

CHAPITRE PREMIER

Classification et description sommaire des instruments employés dans la musique européenne.

§ 1ᵉʳ. — Tous les appareils sonores connus jusqu'à ce jour se rangent en quatre classes. Dans la première le son se produit par la vibration de corps solides (métaux, bois) assez élastiques par eux-mêmes pour entretenir le mouvement vibratoire, provoqué généralement par la percussion. On peut donner aux organes musicaux de cette nature la désignation d'instruments autophones (sonnant par eux-mêmes). Dans la deuxième classe, celle des instruments à membranes, le son est dû à la vibration de peaux d'animaux parcheminées et tendues sur des cadres de diverses grandeurs et formes. Dans la troisième classe, les instruments à vent, le son se produit par un mouvement vibratoire de l'air, mouvement obtenu à l'aide d'un courant d'air se brisant contre un obstacle. Dans la quatrième classe enfin, les instruments à cordes, le son est engendré par la vibration de corps filiformes lesquels, de même que les membranes, ne deviennent élastiques que par tension.

L'ordre dans lequel nous venons d'énumérer les diverses classes d'instruments, en commençant par les appareils les plus rudimentaires, est le plus rationnel pour une description scientifique (1). Mais dans un traité technique, où les organes musicaux sont envisagés à un point de vue purement pratique, il convient de suivre l'ordre inverse et de commencer notre analyse par les instruments les plus nobles, en passant sous silence ceux qui n'ont jamais eu de rôle effectif dans les productions de l'art occidental. Les instruments formant les classes I et II, lesquels ont un caractère exclusivement rythmique, sont pour la plupart dans ce cas. Nous réunissons dans une seule division, sous la dénomination consacrée d'instruments à percussion, ceux d'entre eux qui ont été adoptés dans l'orchestre moderne.

Disons ici encore qu'un petit nombre d'instruments sont hybrides et se rangent dans deux classes à la fois. Tels sont, par exemple, l'harmonicorde de Debain (appartenant aux classes III et IV) et l'harmonium à percussion (classes I et III).

---

(1) C'est l'ordre suivi dans le *Catalogue descriptif et analytique du Musée instrumental du Conservatoire royal de Bruxelles* (*Annuaires de* 1878, 1879, 1880 et 1881. Gand, Annoot-Braeckman). En adoptant ici les classifications de ce catalogue, nous n'avons pas cru devoir, après mûr examen, conserver entièrement sa nomenclature. Au lieu des mots *familles, espèces et variétés*, imaginés et consacrés depuis longtemps pour la science botanique, nous disons *branches, sections et sous-sections*, mots qui ont une acception moins spéciale et conviennent mieux, pensons-nous, à des produits de l'industrie humaine. Ce changement nous a permis d'utiliser le terme de *famille* pour désigner un groupe d'instruments construits sur le même type, et celui de *variétés* pour les divers membres d'un tel groupe.

INSTRUMENTS À CORDES (classe IV).

§ 2. — D'après les divers procédés employés pour ébranler les cordes, la classe IV se divise en trois branches:

A) Instruments à cordes frottées;
B) Instruments à cordes pincées;
C) Instruments à cordes percutées.

Instruments à cordes frottées (classe IV, branche A).

§ 3. — Au point de vue de la classification scientifique il est nécessaire de subdiviser cette branche en deux sections:

Section **a**: Cordes frottées par un archet;
Section **b**: Cordes frottées par une roue à manivelle.

Mais l'art des temps modernes ne sanctionne que le premier procédé et abandonne aux musiciens ambulants et aux collections archéologiques la vielle et les autres instruments compris dans la section **b**.

§ 4. — Quant aux instruments à archet, formant la section **a**, on sait que depuis bientôt trois siècles ils tiennent le premier rang dans l'orchestre. Ils sont montés de cordes d'égale longueur, mais de grosseur et de matière différentes. Les sons qui ne se produisent pas par une corde résonnant à vide sont obtenus par le raccourcissement facultatif de la partie vibrante des cordes, raccourcissement que l'exécutant opère en pressant la corde contre la *touche* (longue feuille d'ébène collée sur le manche), au moyen des doigts de la main gauche.

Ceux des instruments à archet qui ont été universellement adoptés depuis le siècle dernier forment une famille complète composée du *violon*, de la *viole* (ou *alto*), du *violoncelle* et de la *contrebasse*. Tous ont un trait commun et distinctif: le nombre de leurs cordes ne dépasse pas quatre. Les instruments à archet usités antérieurement avaient un plus grand nombre de cordes. La plupart d'entre eux sont passés aujourd'hui à l'état de curiosités historiques. Seule la viole d'amour a été employée par exception de notre temps (Meyerbeer, 1836, *les Huguenots*). La viole de gambe n'a plus guère été utilisée depuis J.-S. Bach.

Instruments à cordes pincées (classe IV, branche B).

§ 5. — Leur importance dans la musique instrumentale de notre époque est secondaire. Ils se divisent en deux sections:

Section **a**: les cordes sont pincées directement par l'exécutant, soit au moyen des doigts, soit par l'intermédiaire d'un onglet ou d'un tuyau de plume. Il y a lieu de subdiviser encore cette section et d'y distinguer deux sous-sections:

1° Instruments dépourvus de manche; les cordes ne sont point raccourcies par les doigts de l'exécutant, et chacun des degrés de la gamme a sa corde particulière: la *harpe* est le seul organe musical de cette espèce usité dans l'orchestre moderne.

2° Instruments munis d'un manche; chacune des cordes fournit plusieurs intonations au moyen de raccourcissements artificiels obtenus de la même manière que sur les instruments à archet (§ 4). De cette catégorie d'instruments, autrefois très nombreuse, il ne reste plus aujourd'hui que la *mandoline*, le soprano de la famille des luths, et la *guitare*, toutes deux presque inusitées à l'orchestre et destinées à disparaitre dans un avenir peu éloigné.

Section **b**: les cordes sont pincées au moyen d'un mécanisme mû par un clavier. Tel était le principe de construction du *clavecin*, instrument abandonné pour le piano à partir de la dernière moitié du siècle passé.

Instruments à cordes percutées (classe IV, branche C).

§ 6. — La percussion des cordes au moyen de petits maillets maniés directement par l'exécutant n'a donné naissance à aucun appareil sonore admis dans la pratique actuelle de l'art. Seul l'orchestre populaire des Hongrois possède un instrument de cette sorte: le *zimbalon* (notre tympanon). Mais le même mode d'attaque, réalisé par un mécanisme que met en mouvement un clavier, a produit le *piano*, l'instrument universel du XIX° siècle.

INSTRUMENTS À VENT (classe III).

§ 7. — A l'exception de quelques instruments introduits dans nos pays depuis le commencement de ce siècle (l'accordéon, l'orgue expressif, etc.), tous les organes sonores appartenant à la classe III sont formés d'un ou de plusieurs tuyaux.

§ 8. — La matière dont sont faits les tuyaux n'exerce aucune action sur le timbre des instruments. Des expériences concluantes, commencées par M. Adolphe Sax dès 1846, ont prouvé à l'évidence que dans les instruments à vent le corps sonore n'est pas le tuyau, comme le croient encore plusieurs artistes de nos jours, mais uniquement l'air contenu dans le tuyau. La division de cette catégorie d'organes musicaux en *instruments en bois* et *instruments en cuivre* est donc à rejeter complètement.

§ 9. — Les seules causes de la différence du timbre dans les instruments à vent résident, d'une part, dans les proportions du tuyau, lesquelles déterminent la forme de la colonne d'air; d'autre part, et principalement, dans la manière dont l'air est ébranlé au dedans du tuyau. En effet, il ne suffit pas de souffler dans un tuyau pour que la colonne d'air entre en vibration. Pour obtenir ce résultat, il est nécessaire de briser en battements réguliers, à l'une des extrémités du tuyau, le courant d'air qui sans cela s'échapperait en souffle continu. Les vibrations de l'air dans les tuyaux peuvent être provoquées par trois organes de conformation différente, en sorte que la classe III se divise naturellement en trois branches:

A) Instruments à bouche: ils résonnent par l'action d'un courant d'air se brisant contre le bord tranchant d'une petite ouverture circulaire ou longitudinale appelée *bouche*;

B) Instruments à anche: le corps sonore entre en vibration par l'influence d'une languette simple ou double destinée à briser en battements réguliers le courant d'air;

C) Instruments à embouchure: les lèvres de l'exécutant, vibrant sous l'impulsion du souffle, font l'office d'anches.

Sauf quelques exceptions, les instruments faisant partie des branches A et B se fabriquent habituellement en bois, ceux de la branche C en cuivre; de là les dénominations usuelles dont l'inexactitude est flagrante (1). Les trois branches réunies ne comprennent d'autres instruments que ceux dont la colonne d'air est ébranlée directement par le souffle de l'exécutant: ces instruments ne mettent en vibration qu'un seul tuyau et ne font entendre, par conséquent, qu'un son à la fois.

Une quatrième branche de la classe III, que nous désignerons par D, embrasse les instruments à vent formés d'un assemblage de tuyaux ou d'anches. Nous les appellerons *polyphones*:

---

(1) Le *saxophone*, instrument à anche, est toujours construit en métal. D'autre part le *serpent*, proche parent de l'*ophicléide* et, comme celui-ci, instrument à embouchure, est compté parmi les instruments en bois.

en effet, ils sont doués de la faculté d'émettre simultanément plusieurs sons (1).

§ 10.— Nous savons que la hauteur des sons est une conséquence de la vitesse des vibrations, et que celle-ci dépend en grande partie de la longueur du corps vibrant. On produit sur un instrument à tuyau unique les divers sons d'une échelle ascendante en raccourcissant graduellement la colonne d'air, ce qui s'obtient à l'aide de trous pratiqués dans la paroi de l'instrument. Nous avons là un analogue exact du procédé par lequel on fait entendre sur les instruments à archet tous les sons de l'échelle (§ 4). Le son le plus grave d'un instrument à vent est celui que produit la colonne d'air vibrant dans sa forme la plus simple, tous les trous étant bouchés par les doigts. Dans cet état il suffit de relever successivement les doigts, à partir du trou le plus proche de l'extrémité inférieure, pour obtenir des colonnes d'air de plus en plus courtes et, en conséquence, des sons de plus en plus aigus.

On modifie encore la longueur du corps sonore en faisant glisser, sans déperdition d'air, un tuyau mobile dans le tuyau principal, fixe: procédé réservé jusqu'à ce jour presque exclusivement pour des instruments à embouchure.

§ 11.— Mais lorsqu'un tuyau est dans certaines conditions, on peut en tirer avec une seule longueur des sons divers. Pour cela il faut que, par des modifications dans l'intensité de projection du souffle, l'on force la colonne d'air à se diviser en parties égales ou, pour nous servir du terme scientifique, en parties *aliquotes*. Les sons ainsi obtenus forment, quant à leurs rapports mutuels, une succession immuable appelée *l'échelle des harmoniques*. Comme certains instruments à vent n'ont pas d'autre moyen pour émettre des sons de hauteur différente, il est indispensable d'examiner de près cette échelle qui seule donne la clef de l'étendue de tous les instruments dont nous nous occupons ici.

I. — Lorsque le tuyau reçoit le minimum de pression d'air, le corps sonore vibre dans sa forme la plus simple et le son produit est le fondamental, le son 1 de l'échelle des harmoniques. L'instrument n'en peut émettre de plus grave.

Supposons que ce son fondamental soit l'*ut* à l'unisson de la quatrième corde du violoncelle:

Si la pression de l'air dans le tuyau est plus forte, la colonne d'air se partage en un nombre double de parties égales vibrant à l'unisson: le nombre des vibrations est doublé aussi, et au lieu du son fondamental on entend l'octave aigue, le son 2 de l'échelle des harmoniques.

Si l'on augmente encore la pression de l'air, le corps sonore se subdivise en un nombre triple de parties: les vibrations sont trois fois celles du son fondamental, et l'on entend la douzième de celui-ci, la quinte du son 2. C'est le son 3 de l'échelle des harmoniques.

<hr>

(1) Dans le *Catalogue du Musée instrumental du Conservatoire de Bruxelles* cette catégorie d'organes sonores est désignée sous le nom d'*instruments à réservoir d'air*.

En continuant d'augmenter graduellement la pression de l'air, on pourra, si le tuyau est dans les conditions voulues, amener le partage de la colonne d'air en fractions aliquotes de plus en plus petites, et produire successivement les sons 4, 5, 6, 7, 8, etc., de l'échelle des harmoniques. Voici cette échelle poussée jusqu'au son 16, le plus élevé, à peu près, que le souffle humain réussisse à faire sortir d'un tuyau. Nous prendrons toujours comme fondamentale de la série l'*ut* grave; mais, quel que soit le point de départ, les intervalles que forme le son initial avec les suivants ne subissent jamais aucun changement.

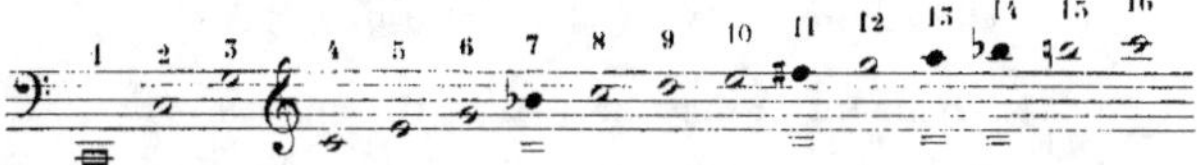

II. On voit que tous les échelons de l'échelle des harmoniques sont inégalement espacés, et que les intervalles diminuent à mesure que les sons s'élèvent. Les sons 1-2 forment une octave, 2-3 une quinte juste, 3-4 une quarte juste, 4-5 une tierce majeure, 5-6 une tierce mineure. Les sons que nous avons désignés en noires, 7, 11, 13 et 14, sont étrangers à notre système musical et ne forment avec les autres degrés de l'échelle des harmoniques aucun intervalle rationnel. Aussi la notation européenne n'a-t-elle pas de signes pour exprimer de pareilles intonations: la manière dont nous venons de les indiquer est tout arbitraire. Le son 7 (*si* ♭) est trop bas pour faire avec le son 8 (*ut*) un intervalle de ton juste; le son 11 est trop haut pour un *fa* ♮, trop bas pour un *fa* ♯. De même le son 13 envisagé comme *la* ♮ est trop bas, comme *la* ♭, trop haut. Enfin le son 14 forme l'octave exacte du son discordant 7. On verra plus loin de quelle manière on arrive sur le cor à tirer parti de ces sons étranges.

III. Tous les tuyaux ne donnent pas avec la même facilité un grand nombre d'harmoniques. Un tuyau long et étroit se divisera plus facilement en un grand nombre de parties aliquotes qu'un tuyau court et large; il fera entendre en conséquence une plus grande portion de l'échelle.

Les instruments à embouchure, dont le tuyau est en général très long, n'ont eu à l'origine d'autres sons que les harmoniques d'une seule fondamentale, et aujourd'hui encore les cors et les trompettes forment à l'aide de cette ressource primitive la majeure partie de leur échelle. Les autres instruments, dont le tuyau est relativement court, ne dépassent pas en général les trois premiers sons: ils se servent des sons 2 et 3 pour répéter à l'octave et à la douzième la série des sons fondamentaux fournis par l'ouverture des trous latéraux. En effet, chacune des longueurs produites artificiellement (§ 10) donne naissance, tout comme la longueur totale, à une fondamentale accompagnée de son cortége d'harmoniques.

IV. Avant de quitter ce sujet important, disons que les instruments à cordes peuvent faire entendre l'échelle des harmoniques, aussi bien que les instruments à vent: mais dans la pratique ils l'utilisent beaucoup plus rarement. Si l'on part de la 4ᵉ corde du violoncelle, par exemple, laquelle donne le même son que celui que nous avons pris tantôt pour fondamental, à savoir *ut*₁, et que l'on effleure cette corde à la moitié de sa longueur, l'archet mettra en vibration les deux segments égaux de la corde et le son obtenu sera à l'octave aiguë du premier son (*ut*₂). Si la corde est effleurée au tiers de sa longueur (en partant soit du chevalet, soit du sillet), et qu'on l'attaque par l'archet, elle se divisera en trois parties vibrantes et l'on entendra le son 3 (*sol*₂). Touchée légèrement au quart de sa longueur, elle se divisera en quatre parties et l'on aura le son 4 (*ut*₃). Bref, en continuant de provoquer par le même procédé la division de la corde en parties aliquotes de plus en plus petites, l'on verra se reproduire sur la 4ᵉ corde du violoncelle, ou sur toute autre corde d'un instrument à archet, une échelle identique, quant à la composition des intervalles, à celle que nous avons notée plus haut.

Remarquons que si, au lieu d'effleurer doucement la corde, on la presse contre la touche, on supprime la vibration dans toute la partie de la corde comprise entre le doigt et le sillet; la partie vibrante produit alors un son fondamental (sans partage de la corde) à l'aigu, naturellement, de celui que donne la corde à vide. Cette distinction entre les sons fondamentaux et les sons harmoniques est de la plus haute importance pour l'intelligence de l'étendue des instruments en général et des instruments à vent en particulier.

Instruments à bouche (classe III, branche A).

§ 12.—On les désigne par le terme générique de *flûtes*. Ceux de ces instruments dont on a connaissance dans les pays occidentaux se divisent en deux sections déterminées par la forme et la position de la *bouche*.

Section **a**: *flûtes à bouche latérale*. Le mouvement vibratoire se produit par un mince filet d'air s'échappant des lèvres de l'exécutant, de manière à aller se briser contre le tranchant d'une ouverture circulaire pratiquée dans la partie supérieure du tuyau. La famille des *flûtes traversières*, composée de *grandes* et de *petites flûtes*, forme à elle seule cette division.

Section **b**: *flûtes à bouche biseautée*. L'air introduit par un canal d'insufflation, placé à l'extrémité supérieure du tuyau, va se briser contre l'angle formé par l'une des parois taillée en biseau. Cette forme de *bouche* caractérise la famille des *flûtes à bec*, dont le rôle dans les productions de l'art sérieux a toujours été très effacé. Depuis Gluck (*Echo et Narcisse*, 1779), aucun compositeur n'a plus fait usage des grandes flûtes à bec: le *flageolet*, encore employé par Mozart dans l'*Enlèvement au sérail* (1782), et aujourd'hui l'unique reste de toute cette famille d'instruments, ne paraît plus que dans quelques petits bals de guinguette.

Ajoutons ici que des tuyaux à bouche biseautée sont employés pour la plupart des jeux de l'orgue et notamment pour les *jeux de fonds*.

Instruments à anche (classe III, branche B).

§ 13.— Les instruments européens connaissent deux espèces d'anches: l'*anche simple* et l'*anche double*. La première, une languette très mince de roseau ou de métal, s'emploie de deux manières. Ou bien elle engendre les vibrations de l'air par ses battements contre le cadre d'une espèce de rigole qu'elle recouvre: c'est l'*anche battante*; elle est en roseau pour la clarinette et le saxophone, en laiton pour les jeux d'anche de l'orgue. Ou bien la languette, en métal, vibre dans une ouverture dont elle rase les bords sans les toucher: c'est l'*anche libre*, celle de l'harmonium. Quant à l'*anche double*, employée pour le hautbois et le basson, elle se compose de deux languettes de roseau très minces, réunies de façon à laisser entre elles une ouverture servant à l'introduction du souffle, et dont les bords sont assez rapprochés pour se fermer sensiblement et engendrer ainsi le mouvement vibratoire de l'air.

§ 14.— Le tuyau étant le moule de la colonne d'air, sa forme (ou pour être plus exact, le profilement de son canal) détermine la forme du corps sonore. Dans aucune autre classe d'instruments à vent l'influence de la forme du tuyau sur les conditions de sonorité n'est aussi décisive: elle agit avant tout sur l'étendue de l'instrument. Au point de vue qui nous occupe ici, il suffit de distinguer deux types de tuyaux, comme on distingue deux types d'anches: des *tuyaux cylindriques* et des *tuyaux coniques*. Les premiers ont le même diamètre dans tout leur parcours, abstraction faite du pavillon; tels sont les tuyaux de clarinette. Les autres, étroits vers l'anche, s'élargissent graduellement en forme de cône plus ou moins prononcé: ainsi sont faits les tuyaux des hautbois, des bassons et des saxophones. Peu importe d'ailleurs que le tuyau soit construit en ligne droite, ou que le facteur l'ait replié une ou plusieurs fois sur lui-même; c'est là une circonstance tout accessoire et uniquement déterminée par des considérations de goût ou de commodité.

Or, une des propriétés les plus remarquables dérivant de la forme du tuyau se constate dans les instruments cylindriques mis en vibration par une anche. Seuls parmi tous les instruments à vent ils résonnent comme des tuyaux fermés: en d'autres termes ils ne nécessitent, pour produire un son donné, que la moitié de la longueur qu'il faut à un tuyau conique vibrant également au moyen d'une anche. Un *ré* à l'unisson de la 3e corde du violon ne nécessite sur la clarinette qu'une longueur *théorique* de 0.292, tandis que sur le hautbois il atteint une longueur double.

De là cette particularité propre à tous les tuyaux fermés: ils forcent la colonne d'air à se diviser en un nombre impair de parties aliquotes et ne peuvent donner par conséquent que les sons impairs de l'échelle des harmoniques, 3, 5, etc. Au lieu de sauter à l'octave, la fondamentale saute immédiatement à la douzième [1]; c'est là ce qu'on appelle inexactement *quintoyer*, en parlant de la clarinette. Quant aux tuyaux coniques, ils se comportent, pour ce qui concerne leur longueur et la production de leurs harmoniques, comme les tuyaux de flûte: de même que ceux-ci, le hautbois, le basson et le saxophone ont la série suivie des harmoniques, 1, 2, etc. Pour parler le langage usuel des musiciens, ils *octavient*.

La combinaison des deux espèces de tuyaux avec les deux espèces d'anches donne lieu à une division des instruments à anche en quatre sections.

Section **a**: tuyau cylindrique associé à une anche battante: *clarinettes* de toutes grandeurs (*petite clarinette, clarinette ordinaire, clarinette alto* ou *cor de basset, clarinette basse*). Toute cette famille tire son origine du *chalumeau* français [2], vieil instrument encore employé par Gluck dans l'*Orfeo* (1764) et dans l'*Alceste* italienne (1766).

Section **b**: tuyau cylindrique uni à une anche double: tous les instruments construits d'après ce principe (douçaines, cromornes, courtauds, etc.) sont hors d'usage depuis près de deux siècles [3]. Leurs sons fondamentaux, comme ceux de la clarinette, ne pouvaient sauter à l'octave.

Section **c**: tuyau conique et anche battante: *saxophones*, famille complète d'instruments inventée vers 1845 par M. Ad. Sax (elle comprend un *sopranino*, un *soprano*, un *alto*, un *ténor*, un *baryton* et une *basse*).

Section **d**: tuyau conique et anche double: *hautbois* et *cor anglais*, *basson* et *contrebasson*.

---

(1) Pour la cause de ce phénomène, voir Mahillon, *Eléments d'acoustique musicale*, Bruxelles, 1874, p. 68 et suivantes.

(2) Le nom français de l'instrument est employé par les vieux compositeurs italiens, sous le déguisement graphique de *salmo* (voir Wasielewski, *die Violine und ihre Meister*, Leipzig, 1869, p. 63), et par les maîtres allemands qui l'écrivent *Chalamau* et *Chalamans* (voir Gluck, *Orfeo*, Paris, 1764, p. 20 et suivantes; *Alceste*, Vienne, 1769, p. 91 et suivantes). En allemand, de même qu'en néerlandais, le mot *Schalmei* désigne le *hautbois* primitif. Voir le *Catalogue du Musée instrumental du Conservatoire de Bruxelles*, sous les Nos 167 et 176.

(3) Le timbre de ces vieux instruments a de l'affinité avec le chalumeau de la clarinette, mais il est plus grêle et plus faible.

Instruments à embouchure (classe III, branche C),

improprement nommés instruments de cuivre.

§ 15. — L'*embouchure* est un bassin hémisphérique placé à l'extrémité supérieure du tuyau. Les lèvres de l'exécutant, pressées contre l'embouchure, vibrent sous l'action du souffle; leur degré de pression, concurremment avec la longueur du tuyau, détermine la vitesse de leurs oscillations, laquelle à son tour détermine la hauteur du son produit. De la conformation intérieure du bassin dépend en grande partie le *timbre* de l'instrument. Un bassin de forme curviligne engendre des sons éclatants, d'autant plus éclatants qu'il aura moins de profondeur: le type le plus accusé de cette forme d'embouchure est offert par la trompette de cavalerie. Au contraire, un bassin de forme conique donne lieu à des sons plus ou moins voilés: le cor présente ce type d'embouchure dans toute sa pureté. Les formes intermédiaires produisent des timbres d'un caractère mixte (1).

Les proportions du tuyau influent principalement sur l'étendue de l'instrument. On sait que les sons de l'échelle harmonique forment la principale ressource des instruments à embouchure, et que ceux-ci ont une étendue d'autant plus grande que leur tuyau est plus long (§ 11). Ajoutons en outre que les tuyaux étroits favorisent l'émission des harmoniques aigus au détriment des graves; les tuyaux larges font l'effet contraire.

Voici, au point de vue de la conformation intérieure de l'embouchure et des proportions du tuyau, une caractéristique des quatre familles d'instruments à embouchure utilisés par les musiciens de l'époque actuelle.

Cor: bassin conique: tuyau conique, étroit et long: timbre moelleux; étendue générale comprise entre les sons 2 et 16 de l'échelle des harmoniques.

Trompette: bassin curviligne: tuyau étroit et long, cylindrique pour les deux premiers tiers de la longueur: timbre strident: étendue générale comprise entre les sons 2 et 12 de l'échelle des harmoniques. Le trombone diffère peu de la trompette en ce qui concerne la forme de l'embouchure, les proportions du tuyau et le caractère du timbre.

Clairon (bugle ou saxhorn: bassin conique (mais à un degré moindre que le cor): tuyau conique, large et court: timbre sombre: étendue maximum comprise entre les sons 1 et 8. Le tuba, l'instrument grave de cette famille, présente les mêmes caractères légèrement modifiés.

Cornet: bassin se rapprochant de la forme curviligne: tuyau généralement conique, court comme celui du clairon: timbre éclatant mais sans puissance: étendue comprise entre les sons 2 et 8 de l'échelle des harmoniques.

§ 16. — Les instruments à embouchure se divisent en deux sections. La première comprend les *instruments* dits *naturels*: le *cor simple*, la *trompette simple*, le *cornet de poste*, le *clairon d'ordonnance*: ils ont un tuyau dont la longueur ne peut se modifier, au moins instantanément; en conséquence, leurs successions mélodiques ne se composent que des harmoniques issus d'une seule fondamentale. La seconde section renferme les *instruments chromatiques à embouchure*: ils sont pourvus d'un mécanisme qui, sans interrompre le jeu de l'exécutant, permet de donner au tube toutes les longueurs voulues pour lui faire produire, dans l'étendue entière de l'instrument, une échelle chromatique complète, résultat du mélange des diverses échelles harmoniques.

______

(1) Voir Mahillon, *Éléments d'acoustique musicale*, p. 94 et suivantes.

§ 17. — Parmi les *instruments naturels à embouchure*, ceux qui dépassent à l'aigu le son 8 de l'échelle des harmoniques possèdent seuls une variété de sons suffisante pour être utilisés par le compositeur. Ce sont le cor et la trompette: depuis plus d'un siècle ils ont été jugés dignes de prendre place dans l'orchestre. Afin de leur permettre de se faire entendre dans toutes les tonalités usitées, ils ont été munis de *corps de rechange*, tuyaux supplémentaires qui s'adaptent au tuyau principal, moyennant une opération de quelques instants, et ont pour but de changer la hauteur de la série harmonique. Quant au cornet de poste et au clairon d'ordonnance, lesquels ne montent guère au-dessus du son 6, ils ne s'emploient que pour des signaux ou des sonneries militaires. Leur tube est entièrement fixe et ne donne qu'une seule série d'harmoniques.

§ 18. — Selon les différents procédés mécaniques que l'on a successivement imaginés pour varier, à la volonté de l'exécutant, les longueurs du tube, la section des *instruments chromatiques à embouchure* se décompose en trois sous-sections: 1° instruments à coulisse; 2° à trous fermés par des clés; 3° à pistons.

La *coulisse* est un tube mobile glissant sans perte d'air sur le tube principal de l'instrument pour en augmenter progressivement la longueur. Les points où s'arrête la coulisse dans ses allongements graduels s'appellent *positions*; ils correspondent à une sucession descendante d'intervalles de demi-ton. Pour obtenir une échelle chromatique dans toute l'étendue de l'instrument, il faut juste autant de positions qu'il y a de demi tons entre les sons 2 et 3 de l'échelle des harmoniques (§ 11, I), c'est-à-dire *sept*. De tous les instruments à embouchure usités actuellement sur le continent (1), le *trombone* est le seul auquel s'applique encore le mécanisme de la coulisse.

Le système des *clefs* adaptées aux instruments à embouchure est identique à celui qui s'emploie pour les flûtes et les instruments à anche. On comble les lacunes de l'échelle des harmoniques en raccourcissant progressivement la colonne d'air à l'aide de trous dont l'ouverture successive, par le moyen des clefs, fournit une série de sons fondamentaux accompagnés de leurs harmoniques. Ce procédé, usité de temps immémorial pour les instruments à embouchure qui se fabriquaient en bois, le *cornet à bouquin* (en italien *cornetto*, en allemand *Zinke*) (2) et le *serpent*, fut appliqué dans les premières années de ce siècle aux instruments de la famille des bugles ou clairons. Aujourd'hui il est abandonné comme vicieux et impuissant à donner aux instruments à embouchure une justesse suffisante. Le *bugle à clefs* (dit aussi *trompette à clefs*), employé dans *Robert le Diable* (1831), a disparu vers 1850. Le dernier représentant de ce système, l'*ophicléide*, est remplacé de nos jours, dans tous les bons orchestres, par le tuba ou le saxhorn-basse.

Le mécanisme des *pistons* a pour but d'allonger ou de raccourcir instantanément, au moyen de tubes additionnels qui s'ouvrent et se referment par le jeu des pistons, le parcours de la colonne d'air. Son effet est de produire ainsi un nombre de séries harmoniques suffisant pour remplir complètement une échelle chromatique (3). Mis d'abord en vogue pour le cornet, ce mécanisme s'est étendu progressivement à tous les instruments à embouchure, en sorte que l'on possède aujourd'hui non seulement des *cornets à pistons*, mais encore des *cors à pistons*, des *trompettes à pistons*, des *trombones à pistons*, des *bugles à pistons* et des *tubas à pistons*. Dans la facture instrumentale de nos jours le principe des pistons est réalisé d'après deux systèmes distincts, intéressants à connaître pour les compositeurs, puisqu'ils donnent des résultats différents par rapport à la justesse et à la pureté des sons. Le premier, et le plus usité, est celui des *pistons*

---

(1) En Angleterre la trompette à coulisse est restée en usage jusqu'à ce jour.

(2) Le cornet à bouquin a été employé encore par Gluck dans l'*Orfeo*.

(3) Le mécanisme des *cylindres* ne diffère de celui des pistons que par la forme; son effet est identique.

additionnés ou *dépendants*: le second est le système des *pistons indépendants*, créé par M.Ad.Sax. Les graves inconvénients qu'entraîne pour la justesse des intervalles l'usage du système ordinaire et la supériorité du système des pistons indépendants ressortiront suffisamment d'un examen comparé des deux procédés, examen que nous renvoyons au chapitre consacré plus loin à la description détaillée des divers instruments à embouchure.

Instruments à vent polyphones (classe III, branche D).

§ 19. — Primitivement formés d'une simple rangée de tuyaux de flûte que le souffle de la bouche faisait résonner (*flûte de Pan*), ces instruments reçurent un premier perfectionnement par l'adjonction d'un *récipient* destiné à distribuer le vent dans les divers tuyaux (*cornemuse*). Puis, lorsqu'on eut imaginé d'alimenter le réservoir d'air par des *soufflets* et de le mettre instantanément en communication facultative avec chacun des tuyaux, au moyen de *soupapes* s'ouvrant et se fermant par l'action d'un *clavier*, on eut, à l'état rudimentaire, l'*orgue*, le père de la polyphonie européenne.

Nous n'entreprendrons pas de décrire l'orgue tel que l'ont fait dix siècles de perfectionnements successifs; ici, il suffira de dire qu'une partie des tuyaux dont il se compose est à *bouche biseautée* (§ 12) et forme ce que l'on appelle les *jeux de fonds*; les autres tuyaux sont mis en vibration par une *anche battante en métal*.

Le principe mécanique qui a donné naissance au colosse musical dont la majestueuse voix remplit nos cathédrales, a produit aussi des instruments destinés à résonner dans de moins vastes espaces. Parmi ces orgues en réduction, le plus original, par la nature de ses sons, et le plus usité de notre temps est l'*harmonium* ou *orgue expressif*. Il n'a pas de tuyaux. Chacun de ses jeux se compose d'une série d'*anches libres* (§ 13) mises en vibration par des soufflets que l'exécutant lui-même fait mouvoir à l'aide de pédales.

INSTRUMENTS À PERCUSSION (classes II et I).

§ 20. — Privés de la faculté de faire entendre une succession mélodique et utilisés avant tout pour augmenter l'énergie du rythme et l'éclat de la sonorité, les *instruments à membranes* sont fort peu nombreux. Pour mieux dire, la classe II ne renferme que des variétés d'un seul et même type d'instrument: le *tambour*. Elle ne se partage pas conséquemment en branches; il suffira de la diviser en deux sections:

a) Instruments à sons déterminés: *timbales*.

b) Instruments à sons indéterminés: *grosse caisse, tambour militaire* (ou *caisse claire*), *caisse roulante, tambour de basque*.

§ 21. — Une seule branche de la classe I est utilisée partiellement par l'art européen: les *instruments autophones percutés*; et encore aucun de ceux-ci ne fait-il partie intégrante de l'orchestre: tantôt l'un, tantôt l'autre y est admis à titre d'élément pittoresque. Comme pour la classe II nous établirons deux sections:

a) Instruments à intonations déterminées: *cloches, jeux de cloches* ou *carillons, jeux de timbres*.

b) Instruments à intonation confuse: *triangle, cymbales, tam-tam* ou *gong, castagnettes*, etc.

§ 22. — Résumons toute notre classification par un tableau synoptique. Les instruments marqués d'un * sont fort peu usités. Ceux que nous avons mis entre crochets sont totalement inconnus des exécutants modernes.

INSTRUMENTS À CORDES (Classe IV).

A) Cordes frottées — *a)* par l'archet — 1° à 4 cordes : **Violon. Alto. Violoncelle. Contrebasse.** — 2° à plus de 4 cordes : *****Viole d'amour. [Violes diverses]**
— *b)* par une roue à manivelle.

B) Cordes pincées — *a)* par les doigts — 1° sans manche : **Harpe.** — 2° avec manche : **·Mandoline. ·Guitare.**
— *b)* par un mécanisme à clavier : **[Clavecin.]**

C) Cordes percutées — *a)* directement par l'exécutant : **·Zimbalon** (ou Tympanon). — *b)* par un mécanisme à clavier : **Piano.**

INSTRUMENTS À VENT (Classe III).

A) à bouche — *a)* latérale : **Grandes flûtes. petites flûtes.** — *b)* biseautée : **[Flûtes à bec.] ·flageolet.**

B) à anche — *a)* tuyau cylindrique + anche battante : **[Chalumeau]. clarinettes:** ordinaires, petites. **·clarinette** alto ou **cor de basset. clarinettes** basses. — *b)* tuyau cylindrique + anche double. — *c)* tuyau conique + anche battante : **Saxophones:** ·sopranino, soprano, alto, ténor, baryton, basse. — *d)* tuyau conique + anche double : **Hautbois** ordinaire, ·**hautbois** d'amour, **hautbois** alto ou **cor anglais. Basson** ord^re ·**basson** quin^te ·**contrebasson.**

C) à embouchure — *a)* naturels : **Cor simple. Trompette simple. ·Cornet de poste. ·Clairon d'ordonnance.** — *b)* chromatiques — 1° à coulisse : **Trombones:** alto, tenor, basse. — 2° à trous (clefs) : **[Cornet à bouquin. serpent.] ·Bugle à clefs** (dit aussi Cor à clefs, Trompette à clefs). **·Ophicléide.** — 3° à pistons : **Cor à pistons. Trompette à pistons. Trombones à pistons:** ·alto, tenor, ·basse. **Cornet à pistons. Bugles à pistons** ou **saxhorns:** sopr. aigu, soprano, alto, baryton; **tubas** ou **saxhorns:** basse, contrebasse.

D) polyphones — *a)* sans clavier. — *b)* avec clavier — 1° avec tuyaux : **Orgue.** — 2° sans tuyaux : **Harmonium.**

INSTRUMENTS À PERCUSSION (Classes II et I).

II) à membranes — *a)* à sons déterminés : **Timbales.** — *b)* à sons indéterminés : **Grosse caisse. tambour militaire. caisse roulante. tambour de basque.**

I) autophones — *a)* à sons déterminés : **Cloches. carillons. jeux de timbres.** — *b)* à sons indéterminés : **Triangle. cymbales. tam-tam. castagnettes.** etc.

CHAPITRE II.

Etendue générale du domaine instrumental; différences des divers instruments par rapport à leurs intonations.

§ 23. — L'échelle de sons qu'embrasse l'ensemble des organes musicaux usités parmi nous est de huit octaves. Pour désigner avec précision l'octave à laquelle appartient un son donné, sans avoir à se servir de la portée, on est convenu d'attribuer à chaque octave un n° d'ordre (ou pour employer le terme spécial, un *indice*) que l'on ajoute au nom de la note: par exemple ut_1, ut_2, sol_3, etc. Le point de départ de ce mode de numérotage est l'*ut* correspondant à la corde la plus grave du violoncelle: c'était anciennement la touche la plus grave du clavier. L'octave qui s'étend immédiatement au grave de cet *ut* porte l'indice —₁ (c'est-à-dire moins un): enfin la dernière octave au bas de l'échelle générale est désignée par —₂ (moins deux). Le son par lequel se termine à l'aigu chaque octave, étant en même temps le son initial de l'octave immédiatement supérieure, n'est pas compté.

Un seul instrument remplit cette étendue en entier: *l'orgue* (1). Après celui-ci, les autres instruments à clavier sont ceux qui occupent la plus grande portion de l'échelle générale; ensuite viennent les instruments à cordes et en dernier lieu les instruments à vent.

§ 24. — Les huit octaves de l'étendue générale peuvent se diviser en cinq régions, dont nous déterminerons les limites de la manière suivante:

       Région sous-grave   de ut—₂ à ut_1 (deux octaves);
       Région grave........ de ut_1 à ut_2 (une octave);
       Région moyenne.... de ut_2 à ut_3 (deux octaves);
       Région aiguë ...... de ut_3 à ut_5 (une octave);
       Région suraiguë.... de ut_5 à ut_7 (deux octaves);

---

(1) Cette circonstance est cause que plusieurs ont l'habitude de désigner les huit octaves par la longueur du tuyau requise pour le son initial de chacune d'elles. D'après ce mode d'indication

l'octave de 32	pieds est l'octave	—₂	
—	16 pieds est l'octave	—₁	
—	8 pieds est l'octave	1	
—	4 —	—	2
—	2 —	—	3
—	1 pied	—	4
—	6 pouces	—	5
—	3 —	—	6
—	1 1/2 —	—	7

Les trois régions centrales (grave, moyenne, aiguë) embrassent entre elles une étendue totale de quatre octaves, la moitié de l'espace total.

C'est là, comme on sait, la partie essentielle et la plus ancienne du domaine musical; elle comprend le parcours entier de la voix humaine dans ses diverses variétés, et celui de la plupart des instruments usités à l'orchestre.

Les instruments qui appartiennent spécialement à l'une des régions extrêmes ne s'emploient en général que pour renforcer à l'octave les sons des régions centrales. Tels sont dans la région sous-grave, la contrebasse, le contrebasson, le tuba – (saxhorn–) contrebasse; dans la région sur-aiguë la petite flûte.

§ 25. — Comme les divers genres de voix servent de type pour déterminer l'étendue de la plupart des instruments à vent et pour dénommer les variétés d'une même famille, il est nécessaire de connaître l'espace que parcourt chaque genre de voix sur l'échelle générale.

La voix ordinaire des hommes adultes est le *baryton*. Celle des femmes, plus aiguë d'une octave, est le *mezzo-soprano* (1). En distinguant par des rondes la partie de l'échelle accessible à la grande majorité des personnes, nous assignerons aux deux genres de voix l'échelle suivante. Les notes aiguës mises entre parenthèses n'appartiennent qu'aux voix exceptionnelles ou développées par l'étude.

Pour chacun des sexes, on distingue en outre deux genres caractéristiques de voix, s'écartant de la voix moyenne, l'un à l'aigu, l'autre au grave. La voix aiguë des femmes est le *soprano* ou *dessus*, la voix grave, le *contralto*. Chez les hommes, la voix aiguë s'appelle *ténor*, la voix grave, *basse*.

Les quatre types caractéristiques de voix forment par leur réunion le *chœur* normal du chant polyphonique. Voici l'étendue qui leur appartient naturellement. (Les *bonnes notes* sont désignées par des rondes; les sons d'un accès difficile pour les voix chorales, et réservés aux solistes, se trouvent entre parenthèses.)

____

(1) Chez les enfants la voix la plus fréquente est le *contralto*.

§ 26. — Indépendamment de la région à laquelle appartient un instrument (ou une voix) quelconque, il possède dans son échelle propre un registre moyen, un registre aigu, un registre grave. Dans la plupart des instruments (comme dans la voix) le registre moyen contient les sons les plus beaux et les plus aptes à traduire le sentiment que leur communique l'exécutant. Aussi le compositeur a-t-il l'habitude de confier à ce registre la cantilène proprement dite.

§ 27. — Au point de vue des diversités d'intonation qu'offrent entre eux les organes sonores, il y a lieu de les diviser en trois catégories.

A) *Instruments à intonations fixes*. La hauteur de chaque son est établie par une opération préalable, l'*accordage*, sans que la technique de l'exécutant puisse rien changer à la grandeur des intervalles. À cette catégorie appartiennent les instruments à clavier et la harpe.

B) *Instruments à intonations libres*. Le sentiment musical de l'artiste détermine instantanément, et à tout moment de l'exécution, la hauteur de chacun des sons. Tel est le cas pour les instruments à archet: violons, violes, violoncelles, etc. (1)

C) *Instruments à intonations légèrement variables*. Cette catégorie, qui tient le milieu entre les deux précédentes, comprend presque tous les instruments à vent formés d'un seul tuyau. La hauteur de chacun des degrés de l'échelle se trouve réglée par la construction même de l'instrument, indépendamment de l'impulsion directe de l'artiste; mais celui-ci a le pouvoir de modifier, dans une mesure très restreinte, cette hauteur, soit en augmentant la pression des lèvres, soit en la diminuant. Il est à remarquer toutefois que les intonations obtenues d'une manière artificielle manquent de sûreté.

§ 28. — Les instruments à intonations fixes ont une étendue nettement définie qu'ils ne peuvent dépasser ni au grave ni à l'aigu. Les limites des instruments appartenant aux catégories B et C ne sont déterminées qu'au grave; à l'aigu elles sont vagues et peuvent être reculées, jusqu'à un certain point, par l'habileté technique de l'exécutant.

§ 29. — Afin de permettre aux instruments à intonations fixes l'exécution de toutes les échelles diatoniques et chromatiques sans trop multiplier les sons nécessaires et compliquer ainsi outre mesure le mécanisme du clavier, on a dû adopter pour eux l'*accord tempéré*, consistant en un enchaînement de douze quintes affaiblies chacune de 1/100 de ton environ, au lieu d'une série indéfiniment prolongée de quintes mathématiquement justes. On sait que l'accord

---

(1) On peut aussi, jusqu'à un certain point, ranger dans la catégorie des instruments à intonations libres le trombone à coulisse.

tempéré a pour résultat de transformer toutes les secondes enharmoniques (fa♯—sol♭, ut♯—ré♭, etc.) en unissons, ce qui permet au clavier d'exprimer à l'aide de 12 sons dans chaque octave les 31 sons qu'y distinguent notre sentiment harmonique et notre écriture musicale. Chacune des cinq touches noires du clavier représente deux sons (ré♭=ut♯, mi♭=ré♯, sol♭= fa♯, la♭=sol♯, si♭=la♯); chacune des sept touches blanches représente trois sons (ré♭♭= ut♮=si♯, mi♭♭=ré♮=ut×, fa♭=mi♮=ré×, sol♭♭=fa♮=mi♯, la♭♭=sol♮=fa×, si♭♭=la♮= sol×, ut♭=si♮=la×). Conséquemment la différence de $\frac{1}{9}$ de ton entre le demi-ton diatonique et le demi-ton chromatique est supprimée pour l'oreille et ne subsiste que pour le sentiment et pour la notation. Dans le langage habituel des musiciens, on appelle *synonymes* les sons rendus par la même touche. Le terme *homophones* est plus exact: c'est celui dont nous nous servirons.

§ 30. — Sur les instruments à intonations libres (violons, violoncelles, etc.) les cordes à vide sont accordées, non par quintes tempérées, mais par *quintes exactes*, telles que les désire notre sentiment inné de la consonnance. Comme l'exécutant possède en outre la faculté illimitée de régler à son gré la grandeur des intervalles, il peut *dans toutes les tonalités* donner à chaque degré de la gamme sa hauteur précise, distinguer les demi-tons chromatiques des diatoniques, satisfaire, en un mot, aux exigences de l'oreille la plus susceptible. Toutefois une justesse aussi absolue n'est possible et désirable que dans le solo ou tout au plus dans les moments où le *quatuor* se fait entendre sans mélange d'autres sonorités. Dans l'ensemble de l'orchestre les violonistes, altistes et bassistes tempèrent, même à leur insu, pour se mettre d'accord avec les instruments à vent, lesquels, de même que le piano et l'orgue, ont des demi-tons égaux.

§ 31. — Les instruments à intonations légèrement variables se construisent d'après le système tempéré, autant que le permettent la nature des tuyaux et les conditions pratiques de la facture. Dans les flûtes, hautbois, clarinettes, bassons et saxophones la distance d'un trou à un autre est calculée de manière à donner des intervalles de demi-ton aussi égaux que possible. De même dans les instruments à embouchure la dimension des tubes additionnels qui correspondent, soit aux tons de rechange, soit aux pistons, est graduée également en vue de produire une succession de fondamentales séparées les unes des autres par un intervalle de demi-ton tempéré. Mais tous les progrès de la facture moderne ont été impuissants à plier au système du tempérament les intervalles que forment entre eux les harmoniques dépendant de chacune des fondamentales. Il résulte de cet état de choses: 1° Que les intervalles donnés par la trompette simple ne sont pas identiques à ceux de la gamme tempérée; 2° Que dans l'échelle des instruments chromatiques à embouchure une partie des sons coïncide avec ceux de la gamme tempérée, tandis que l'autre partie présente avec eux des différences plus ou moins sensibles. Ce mélange d'intonations hétérogènes est évidemment un obstacle à la parfaite justesse des instruments à embouchure. Plus loin nous montrerons comment on a réussi à atténuer les inconvénients qui en résultent pour la pratique, voire même à utiliser ces anomalies pour un but esthétique. On verra que les harmoniques discordants du cor, et notamment le son 7 (§ 11, II), ont pu fournir aux grands maîtres de notre siècle des accents d'une couleur à la fois étrange et puissante.

CHAPITRE III.

Instruments à cordes mis en vibration par l'archet: le violon, l'alto, le violoncelle, la contrebasse. La viole d'amour.

§ 32. — Ces organes sonores sont l'âme de la musique instrumentale. Timbre pénétrant et riche; sonorité capable de se plier à toutes les nuances d'intensité; mécanisme simple et admirable qui leur donne en même temps une rapidité d'articulation inaccessible à tout autre genre d'instruments et une tenue de son de durée illimitée; telles sont les qualités qui assignent aux instruments à archet une primauté incontestée, tant dans l'orchestre de symphonie que dans l'ensemble des voix et des instruments. Aussi le jeune musicien qui veut s'initier à la technique de l'instrumentation est-il tenu d'étudier avec soin leurs propriétés et leurs ressources par rapport à l'exécution collective.

Un traité d'orchestration ne pouvant renfermer une méthode pour chaque instrument, nous nous contenterons de donner ici les notions indispensables au compositeur qui n'a pas la pratique personnelle d'un instrument à archet.

Violon.

(En italien *Violino*, pluriel *Violini*; en allemand *Violine, Geige*.)

§ 33. — C'est le plus aigu des instruments à archet, le *soprano* de l'antique famille des violes porté au plus haut degré de perfection.

Les quatre cordes du violon sont accordées à la quinte l'une de l'autre. Touchées à vide, c'est-à-dire sans le contact de la main gauche, elles font entendre les sons que voici:

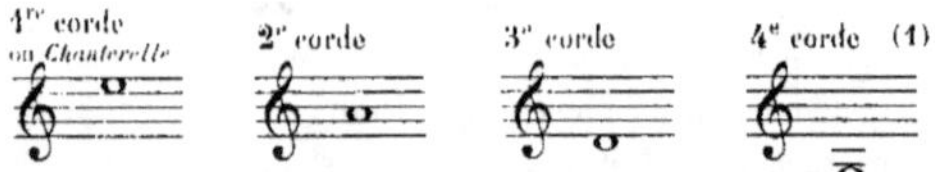

On voit que les cordes se comptent de l'aigu au grave. Il en a été ainsi depuis la plus haute antiquité pour tous les instruments à cordes pourvus ou non d'un manche.

§ 34. — A l'exception du pouce, les doigts de la main gauche servent à produire, par leur pression sur les cordes, les nombreux sons qu'embrasse l'étendue du violon. Lorsqu'on indique le doigté des instruments à archet, l'index est compté comme premier doigt, le médius est le 2e, l'annulaire le 3e et le petit doigt le 4e. Une corde à vide se marque par 0. L'écartement normal entre un doigt et le suivant correspond sur le violon à un degré de l'échelle diatonique, ton ou demi-ton.

1. A la *première position* l'index se pose sur le degré immédiatement à l'aigu de la corde à vide, et les gammes ont le doigté suivant:

(1) Parfois l'accord du violon est modifié dans le solo, jamais il ne varie à l'orchestre.

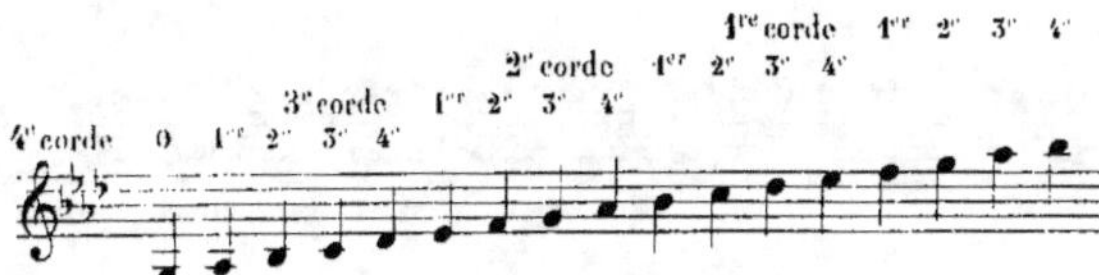

On aura remarqué dans la première de ces échelles que les sons *ré₃, la₃* et *mi₄* se produisent soit par une corde à vide, soit par une corde doigtée. Cette dernière manière est préférée dans la plupart des cas, la sonorité de la corde doigtée étant de meilleure qualité et plus vivante que celle de la corde à vide. Pour obtenir une grande puissance on fait parfois entendre l'unisson sur deux cordes. Ainsi dans le sublime monologue de quatre vers par lequel se termine le IIIe acte de l'*Armide* de Gluck,"l'horrible menace" de la Haine, que les seconds violons répètent avec une persistance impitoyable, n'atteint son maximum d'intensité que si la figure rythmique est exécutée de la manière suivante:

II. Pour produire des sons plus aigus que *si₄*, le violoniste doit *démancher*, c'est-à-dire déplacer la main gauche, et la rapprocher du chevalet. En la faisant successivement avancer d'un degré, l'exécutant passe de la première position à la 2e, de la 2e à la 3e, et ainsi de suite jusqu'à la 7e position, dont la note la plus aiguë, *la₅*, forme aujourd'hui la limite normale du violon à l'orchestre.

Les anciens maîtres classiques, Haendel et Bach, ne montent pas au-delà de la 5e position (*fa₅*). Haydn et Mozart eux-mêmes, en écrivant pour l'orchestre, se renferment dans ces limites. C'est depuis Beethoven seulement que le violon a conquis dans l'ensemble orchestral son étendue actuelle.

All° con brio.
Ex.2

Beethoven, EGMONT. Apothéose finale et péroraison de l'Ouverture.

Par exception on fait monter quelquefois les premiers violons jusqu'à l'*ut*₆ (9ᵉ position);

et de nos jours on n'a pas même craint de leur donner des *mi*₆ (11ᵉ position).

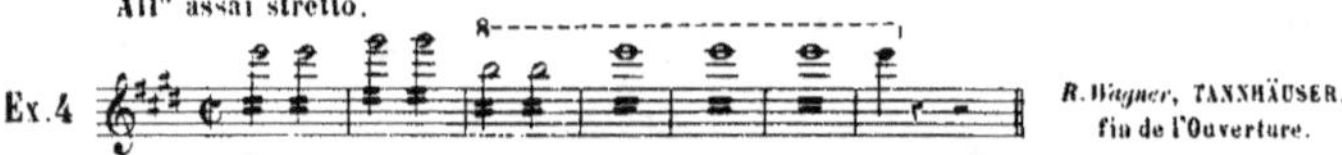

Mais il est à remarquer que les positions à l'aigu de la 7ᵉ (*la*₅) ont uniquement lieu sur la chanterelle et la 2ᵉ corde, et ne sont guère praticables à l'orchestre que pour des passages faciles en notes répétées, tels que les précédents.

Il y a toujours une certaine difficulté à passer d'une position à une autre dans les traits rapides. La difficulté est plus considérable pour descendre que pour monter: elle est réduite au minimum lorsque la descente se fait par une progression dont le modèle mélodique n'embrasse pas une distance plus grande que la quarte. En général il faut éviter plusieurs sauts successifs, à moins qu'on ne tombe sur une corde à vide, ce qui est le moyen le plus facile pour changer de position.

III. On vient de voir que le doigté du violon a pour base l'échelle diatonique. Pour exécuter sur cet instrument une gamme chromatique on est forcé de poser le même doigt sur deux degrés successifs de l'échelle, sauf aux endroits où l'échelle diatonique procède par demi-ton. Les degrés qui se font avec le même doigt sont ceux qui se trouvent à même hauteur sur la portée, en d'autres termes, ceux qui forment un demi-ton chromatique.

Les passages rapides mêlés d'intervalles chromatiques ne sont jamais d'une exécution facile à l'orchestre. Pour faire bon effet dans l'ensemble orchestral, les gammes chromatiques vives doivent ne pas contenir des sons très aigus et se jouer détachées.

Quant aux gammes chromatiques vives en sous liés, elles sont mieux à leur place dans les instruments à vent que dans les violons, à moins toutefois que le compositeur n'ait intentionnellement utilisé ces traînées de sons pour un effet pittoresque.

Le violon, n'étant pas un instrument tempéré (§29), fait entendre la différence entre les sons bémolisés et les sons diésés qui occupent les mêmes touches sur les instruments à clavier(1). Dans les passages chromatiques d'un mouvement modéré, et où chacune des notes a sa valeur harmonique bien définie, il est donc nécessaire d'écrire les sons correctement, par rapport à la tonalité employée, sans éviter les x et les ♭♭ (2). Mais lorsque les degrés de la gamme chromatique ne sont que des notes de passage, on choisira l'orthographe la plus simple, pourvu qu'elle soit compatible avec la tonalité. On écrira donc

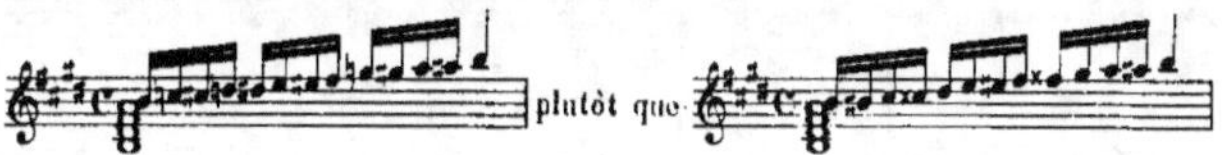

§35. — Le violon, de même que l'alto et le violoncelle, peut faire résonner à la fois deux, trois, voire quatre cordes, de manière à produire des accords ou des fragments d'accords. C'est là un procédé souvent usité à l'orchestre, depuis Haydn, qui paraît l'y avoir introduit (vers 1760). Haendel et J. S. Bach s'en sont abstenus presque totalement, bien que celui-ci ait montré dans ses admirables sonates pour violon seul (3) les richesses polyphoniques que recèlent les instruments à archet.

Pour être facilement exécutables et produire un effet satisfaisant, les accords en double-, triple- et quadruple corde ne doivent pas contenir les dissonnances chromatiques, dont la liaison harmonique est peu saisissable au sentiment spontané, telles que les tierces et sixtes diminuées et augmentées. Les accords sonneront d'autant mieux qu'ils contiendront plus de cordes à vide. Au reste c'est une erreur de croire que l'on augmente l'intensité du quatuor en prodiguant les doubles cordes et les accords. L'archet et les doigts ayant à atteindre plusieurs points à la fois, leur action est divisée, partant moins énergique.

I. Nous allons énumérer, dans l'ordre de leur difficulté croissante, les *doubles cordes* employées en dehors du solo.

---

(1) Grétry dans ses *Essais* (T. III. l.6. ch.4) raconte une anecdote qui prouve qu'à cet égard la pratique des exécutants est ancienne et universelle : Dans l'opéra de *l'Épreuve villageoise*, dans le duo « Bonjour, monsieur, » j'ai mis ce trait au second violon : Je remarquai bien les musiciens à la première répétition : sans les avoir prévenus, aucun deux ne joua la corde *sol* à vide : tous doigtèrent la corde pour l'élever d'un quart de ton (lisez « d'un comma »).

(2) On remarque à cet égard quelques inadvertances assez bizarres chez Beethoven. Dans le premier morceau du Concerto de Violon (10ᵉ mesure, et en d'autres endroits) *ré* ♯ remplace indûment *mi* ♭ ; dans l'Andante du Concerto en *mi* ♭ pour piano (7ᵉ mesure), *sol* ♮ figure à la place de *fa* x, tierce majeure d'un accord de septième de dominante posé sur *ré* ♯.

(3) Édition de la *Bach-Gesellschaft* (Leipzig. Breitkopf), t. XXVII. 1ʳᵉ partie.

a) Doubles-cordes à vide: **b)** Doubles-cordes dont l'une est à vide:

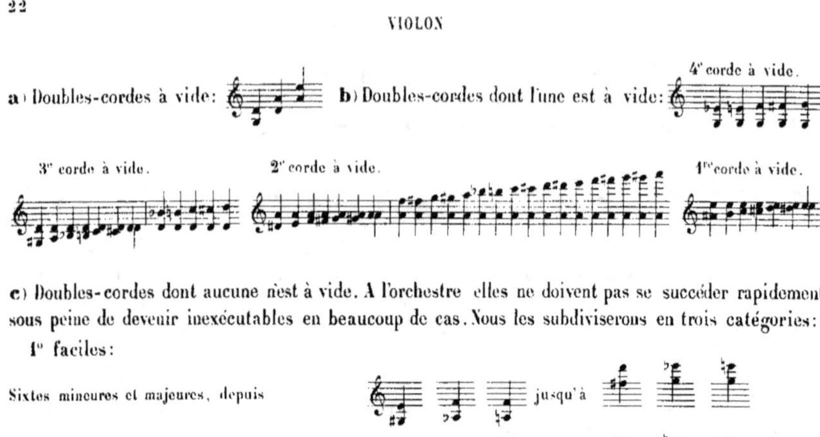

c) Doubles-cordes dont aucune n'est à vide. A l'orchestre elles ne doivent pas se succéder rapidement sous peine de devenir inexécutables en beaucoup de cas. Nous les subdiviserons en trois catégories:

1° faciles:

Sixtes mineures et majeures, depuis   jusqu'à

Septièmes diminuées, mineures et majeures, depuis   jusqu'à

Tierces mineures et majeures, depuis   jusqu'à   peu usitées

2° moins faciles:

Quartes justes et majeures, depuis   jusqu'à   peu usitées

Quintes mineures, justes et augmentées, depuis   jusqu'à   peu usitées

3° assez difficiles: les octaves et les secondes. Parmi les intervalles de cette espèce qui n'ont pas de cordes à vide, les suivants seuls s'emploient à l'orchestre:

Octaves

Secondes mineures et majeures

On doit éviter comme extrêmement difficiles, pour ne pas dire impossibles, les sauts en doubles cordes, chaque fois qu'ils nécessitent un déplacement complet de la main, par exemple:

De pareils sauts ne sont faisables que dans le cas déterminé plus loin (§ 37, III, c, p. 30.)

Les doubles cordes sont utilisées presque uniquement pour des parties d'accompagnement, soit en tenues, soit en notes répétées, soit en *tremolo*. On les emploie rarement dans la partie mélodique; cela n'arrive qu'au cas où le compositeur vise à une sonorité très pleine.

II. Les *triples cordes* forment des accords complets ou des fragments d'accords:

a) avec deux cordes à vide :

c) sans corde à vide : on n'écrit guère que des accords parfaits majeurs et mineurs, plus rarement des accords de quinte augmentée. Pour qu'ils soient facilement exécutables par une masse, les accords doivent être disposés de manière à présenter, soit une quinte à l'aigu et une sixte au grave ou vice versa, soit une sixte des deux côtés; à cette condition les accords en triple-corde n'offrent de difficultés ni sur le violon, ni sur l'alto, ni même sur le violoncelle.

Les accords de septième en triple-corde se font également sans grande difficulté sur les trois cordes les plus aiguës du violon.

III. *Quadruples cordes*;

a) avec une ou deux cordes à vide :

b) sans corde à vide on ne fait guère que des accords parfaits disposés ainsi :

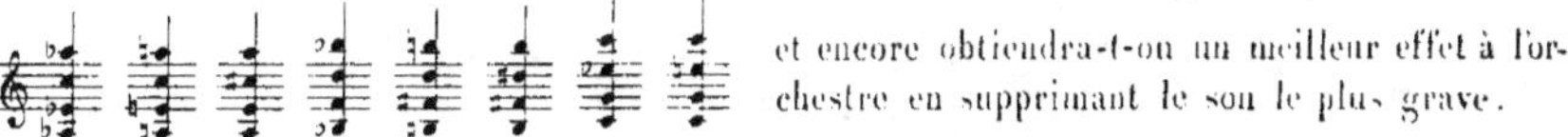

La convexité du chevalet empêchant l'archet d'attaquer avec une parfaite simultanéité trois ou quatre cordes, les accords sont arpégés très rapidement de bas en haut, et les deux sons supérieurs seuls peuvent être soutenus. Pour éviter toute méprise, le compositeur fera bien de montrer clairement par la notation si l'exécutant doit soutenir deux sons ou un seul.

Les accords en triple- et en quadruple-corde ne s'emploient généralement que dans le *forte*, et ne doivent pas se succéder avec une grande rapidité.

§ 36. — Les diverses manières dont les cordes sont attaquées par l'archet ont une grande importance et influent singulièrement sur la sonorité et le caractère des mélodies et des traits. Les deux mouvements fondamentaux de l'archet sont le *tiré* (qui s'indique, lorsqu'il y a lieu, par ⊓ ou ⊔) et le *poussé* (désigné par V ou ∧). La mise en mouvement de l'archet, soit vers le haut, soit vers le bas, donne au son de l'instrument une articulation distincte, analogue à celle que produit dans la voix chantante la consonne par laquelle commence une syllabe. Cette articulation ayant plus d'intensité au tiré qu'au poussé, l'exécutant s'arrange, autant que possible, pour que les temps forts, ou au moins ceux qui ont un accent prépondérant, tombent sur un tiré. Tous les accords en triple- ou en quadruple-corde se font en tirant. Selon que le violoniste, pour ébranler la corde, met en œuvre telle ou telle partie de l'archet, soit la *pointe*, soit le *talon*, soit le *milieu*, il se produira des différences sensibles dans la nature de la sonorité. La pointe de l'archet produit des sons fins et nets; le talon donne au timbre une énergie allant jusqu'à la rudesse; le milieu de l'archet favorise la production d'une sonorité souple et mélodieuse.

1. L'absence d'un *coulé* ⌒ au-dessus et au-dessous des notes signifie que les sons successifs doivent recevoir alternativement un *poussé* et un *tiré* (exception p. 27, **IV, b**), et avoir chacun, en conséquence, une articulation distincte. Une mélodie instrumentale ainsi conçue est l'équivalent exact d'une cantilène vocale dont chacun des sons correspond à une syllabe du texte poétique. Un point au dessus ou au dessous de la note signifie que le son doit être séparé du suivant par un petit silence.

Lorsque dans une phrase chantante et soutenue le compositeur veut que chaque son ait une articulation, il fera bien, pour éviter la sécheresse résultant de la négligence des musiciens d'orchestre à jouer avec l'archet à la corde, d'ajouter une indication supplémentaire telle que *cantabile*, *sostenuto* ou *archet à la corde*. On emploie aujourd'hui avec la même signification le petit tiret (-) au dessus ou au dessous de la note.

II. Lorsque plusieurs sons consécutifs doivent se faire d'un seul coup d'archet, on les réunit par un *coulé*. Un tel groupe n'a qu'une articulation unique, laquelle se trouve sur le son initial: de même dans la musique vocale plusieurs sons se chantent sur une même syllabe.

Dans les traits étendus composés de notes liées, ainsi que dans les phrases de chant, les compositeurs indiquent rarement avec précision la longueur des coups d'archet. La plupart se contentent de prescrire, par un coulé de longueur arbitraire (voir ex.65), une exécution liée pour tout le passage désigné, en laissant au jugement individuel de chaque violoniste la détermination des endroits où doivent se faire les reprises d'archet. Il n'est pas même rare de rencontrer dans certaines éditions d'œuvres classiques des liaisons mises de manière à rendre méconnaissable la structure de la période mélodique. Nous croyons presque superflu de dire que le compositeur obtiendra une exécution d'autant plus nette et plus sûre que ses indications seront moins équivoques.

Si le trait a une expression tranquille et ne nécessite pas une sonorité très intense, le mouvement de l'archet peut se faire avec une assez grande lenteur.

Il est évident que des coups d'archet aussi longs ne conviendraient pas à un *Allegro con fuoco*.

III. Les sons liés et les sons détachés se mêlent, suivant la fantaisie du compositeur, pour former les combinaisons les plus variées. En général un dessin formant progression se reproduit avec la même articulation.

a) IV. Quelquefois plusieurs sons consécutifs, sans être liés, se font d'un seul coup d'archet; l'attaque se produit alors au moyen d'une simple impulsion du poignet pour chacun d'eux. Ce mode d'articulation, distingué et fin, est fréquemment adapté à des notes répétées d'un mouvement peu rapide. Il s'exprime dans la notation par des points enfermés dans un *coulé* (C ♩♩♩♩). Lorsqu'il s'agit d'une phrase chantante, on fera bien, pour éviter la sécheresse dans l'exécution, de mettre à chaque note le petit tiret indiquant la tenue du son.

b) Le même coup d'archet s'emploie d'habitude, sans que le compositeur ait à le prescrire, pour certaines combinaisons de durées, notamment des groupes de deux notes dont la dernière est brève et dépourvue d'accent rythmique.

V. Toutes les variétés d'articulation analysées précédemment se font par le coup d'archet ordinaire (qu'Habeneck appelait *coup d'archet suivi*, Vieuxtemps, *coup d'archet traîné*). Il nous reste à décrire brièvement quelques espèces de détachés qui s'obtiennent par des coups d'archets spéciaux, introduits depuis longtemps dans tous les bons orchestres.

a) Pour des passages qui exigent une sonorité pleine et large, sans dureté, on emploie le *grand détaché* (en italien *sciolto*), obtenu par le *coup d'archet allongé*. On le désigne par des points ronds. A l'orchestre il n'est guère utilisé que dans le *forte*.

b) Un coup d'archet moins fréquent est le *détaché sec* ou *martelé*, lequel consiste dans un arrêt brusque de l'archet. Il se fait plus souvent de la pointe que du talon. De même que le *grand détaché*, il ne dépasse pas un certain degré de rapidité. En général il est appliqué à des passages en notes égales, auxquels on veut donner un caractère net et tranchant. On le désigne par des points allongés ou par l'interposition de silences entre les notes. Dans le *piano* on ajoute ordinairement l'indication « *a punta d'arco* » ou « *pointe de l'archet*. »

Le *grand détaché* et le *martelé* deviennent impraticables au-delà d'un maximum de vitesse dont nous fixerons la limite extrême aux doubles croches dans un mouvement *allegro moderato* (♩ = 100). Pour tous les traits composés de durées plus brèves l'exécutant ne peut se servir, dans le *forte*, que du coup d'archet ordinaire (1). Dans le *piano* le compositeur a le choix entre deux ou trois modes d'articulation, dont nous allons dire quelques mots.

c) 1" Le *sautillé*, articulation svelte et légère que l'on obtient en faisant rebondir doucement la partie médiane de l'archet sur la corde. Il s'emploie pour les passages légers d'un mouvement plus ou moins rapide, et se désigne par des points ronds.

Une variété du coup d'archet sautillé est le *jeté*. On l'obtient en lançant l'archet (employé dans son tiers supérieur), et le faisant rebondir sur la corde, de manière à produire une émission rapide de deux, trois ou quatre sons égaux en durée. Les notes *jetées* sont marquées par des points enfermés dans une liaison.

Le plus souvent ce coup d'archet s'emploie pour des formules rythmiques en notes répétées, servant à l'accompagnement de Boléros, Polonaises et autres airs de danse.

2º Le *détaché de la pointe* se fait par le coup d'archet ordinaire. Fin, élégant et facile, mais moins léger que le *sautillé*, il remplace celui-ci en certains cas, par exemple lorsqu'il s'agit de traits en durées fort brèves, exécutés sur la chanterelle et près du chevalet. Comme le détaché de la pointe n'a point de notation spéciale, le compositeur fera bien, lorsqu'il peut y avoir doute, de le prescrire explicitement.

---

(1) En conséquence il est inutile, dans le *forte*, de mettre des points sur des notes détachées d'une très courte durée.

Aux concerts du conservatoire de Bruxelles, j'ai obtenu un effet extraordinaire de ce détaché, fait à l'extrème pointe de l'archet, dans l'exécution de la formule rythmique si originale qui accompagne la merveilleuse strette du monologue de l'*Armide* de Gluck:

" Venez, secondez mes désirs,

Démons, transformez-vous en d'aimables zéphirs."

3° Enfin mentionnons pour mémoire le *staccato* proprement dit; c'est une suite de notes très brèves articulées dans un seul et même coup d'archet. Jusqu'à ce jour on n'a pas tenté de l'introduire à l'orchestre. Il s'indique ainsi:

§ 37.— Voici les points principaux que le compositeur doit avoir présents à l'esprit en é-crivant pour les instruments à archet des traits d'agilité destinés à être exécutés par une masse.

I. Toutes les tonalités ne sont pas également favorables à une grande multiplicité de sons, soit à cause des difficultés qu'elles présentent pour le doigté, soit par suite de leur manque d'éclat. Celles dont la gamme ne renferme aucune corde à vide sont les plus ingrates.

Par son caractère franc et la simplicité de ses intervalles, le mode majeur convient mieux à l'agilité que le mineur, toujours mêlé d'intonations chromatiques. Les tons majeurs sont d'autant plus faciles que leur armure s'éloigne moins de celle de *sol majeur*, le ton le plus facile de tous. On peut les diviser en trois catégories:

Faciles	mi♭. si♭. fa. ut. sol. ré. la. mi
Assez difficiles	la♭ .... si
Très difficiles	sol♭. ré♭ .... fa♯

Quant aux tons mineurs, ils se classent à peu près ainsi:

Faciles	ut. sol. ré. la. mi. si
Assez difficiles	fa .... fa♯
Très difficiles	la♭. mi♭. si♭ .... ut♯. sol♯

II. Les sons les plus aigus de l'instrument ne conviennent pas aux dessins d'un mouvement très animé. A mesure que la main gauche avance vers le chevalet, la partie vibrante de la corde se raccourcit et le son devient moins éclatant; en outre les doigts se rapprochent de manière à rendre l'intonation moins sûre. Au dessus de *la*, les figures en notes répétées sont les seules à employer (§ 34. II, p. 20).

III. Relativement à la contexture mélodique des traits destinés aux instruments à archet, voici ce qu'il y a de plus important à observer:

a) La répétition du même son, laquelle se produit naturellement par le mouvement de l'archet, constitue un des principaux éléments de ces passages, et se retrouve sous les formes les plus diverses, tant dans la partie prédominante que dans les accompagnements.

b) Les figures mélodiques formées de gammes ou de fragments de gammes, fournissent également une variété inépuisable de passages (ex: 5, 6, 7, 16, 19, 22, etc).

c) Dans les mouvements rapides il faut éviter le fréquent retour de grands intervalles; ceux que l'exécutant ne pourrait atteindre qu'en sautant par-dessus une corde sont à rejeter complètement.

Remarquons ici toutefois que les grands intervalles n'offrent pas de difficulté lorsque les sons dont ils se composent peuvent être attaqués simultanément, en d'autres termes lorsque ces intervalles sont réductibles à des doubles-cordes.

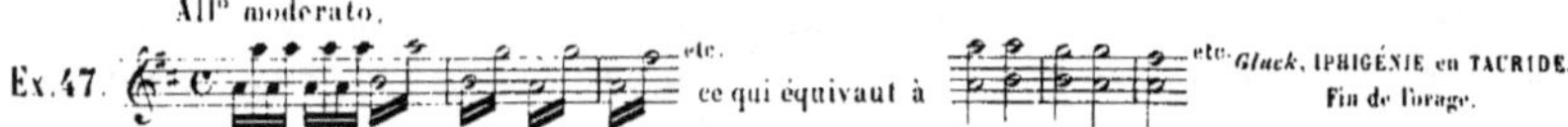

Le passage suivant est d'une exécution plus malaisée parce que les doubles-cordes qui en forment le fond ne s'emploient pas à l'orchestre.

La précédente observation s'applique également aux arpèges et aux batteries d'accompagnement. Tous les arpèges qui proviennent de la décomposition d'accords à triple ou à quadruple corde sont praticables à l'orchestre; cependant ils y sont rarement utilisés. Voici quelques unes de leurs formes.

Nous allons énumérer, d'après la tonalité employée, quelques ouvertures célèbres, dont l'étude est des plus instructives par rapport aux traits de violon qui s'y rencontrent.

Ut majeur: Beethoven, *Léonore*; Ut mineur et majeur: Weber, *Freyschütz*.

Ré majeur: Cherubini, *Lodoïska*, *les Abencérages*; Weber, *Obéron*; Hérold, *Zampa*.

Mi♭ majeur: Mozart, *la Flûte enchantée*; Weber, *Euryanthe*.

Mi majeur: Cherubini, *les Deux journées*; Beethoven, *Fidelio*; Mi mineur et majeur: Rossini, *Guillaume Tell*; Mendelssohn, *le Songe d'une nuit d'été*.

Fa mineur: Cherubini, *Médée*: Fa mineur et majeur: Beethoven, *Egmont*.

Sol mineur et majeur: Auber, *la Muette de Portici*.

§ 38.—1. Le *tremolo*, répercussion rapide du même son, est un effet dû au mécanisme même de l'archet, et qu'aucun autre genre d'instruments n'est capable de reproduire avec fidélité. On distingue deux espèces de tremolo.

a) le *tremolo mesuré*; malgré la vitesse d'articulation des sons, la netteté des divisions rythmiques est maintenue.

b) le *tremolo proprement dit*, frémissement aussi vif que possible et sans détermination rythmique bien précise. Comme l'exécution d'un *tremolo* très serré fatigue vite le poignet, elle se fait rarement à l'orchestre avec un soin suffisant. Selon le degré de rapidité du mouvement, on note le *tremolo* d'une des manières suivantes:

La musique dramatique, et surtout l'accompagnement du récitatif est le vrai domaine du *tremolo*. On en trouve déjà des essais chez Monteverde, l'un des créateurs du drame musical[1]. Mais il était réservé au génie de Gluck de montrer l'intensité d'effet à laquelle peut atteindre ce moyen expressif.

Sacchini, Spontini et Weber surent trouver quelques nouvelles applications du *tremolo* dramatique. Même aujourd'hui, bien qu'avili et devenu banal par un abus immodéré, cet effet garde toute sa puissance lorsqu'il est placé avec discernement et réalisé par une imposante masse sonore.

Chez les maitres du drame musical, le *tremolo* apparait dans les situations empreintes d'une grande solennité à laquelle se mêlent le trouble, la terreur, l'inquiétude. Sans essayer de caractériser pleinement les effets complexes de la musique, qui se dérobent à la précision du langage, disons que dans le *forte* et le *mezzo forte* le *tremolo* est violent, agité, orageux; mais tandis qu'au grave cette violence revêt des teintes sombres, à l'aigu elle éclate, elle étincelle. Dans le *piano* et le *pianissimo* le frémissement sonore éveillera naturellement des sensations plus douces: au grave il se transformera en un mystérieux murmure, sur la chanterelle il donnera la sensation d'un scintillement plus ou moins vif.

---

(1) *Il combattimento di Tancredi* (1624), fragment reproduit dans Reissmann, *Geschichte der Musik*, t. II, exemples inédits, p. 49.

Ex. 50. (Tremolo *f* au grave.)

Ex. 51. (Tremolo *f* dans le medium et sur la chanterelle.)

Ex. 52. (Tremolo *PP* au grave.)

Ex. 53. (Tremolo *PP* à l'aigu.)

II. Il existe deux variétés du *tremolo* que les maîtres classiques ont également utilisées pour l'accompagnement du chant dramatique, et dont l'usage est à peu près abandonné de nos jours:

a) le *tremolo brisé*, tantôt sur une corde  tantôt sur deux cordes

Gluck s'en est servi assez fréquemment dans certains récitatifs pleins d'agitation (exemple: *Iphigénie en Tauride*, acte III, scène 4; Oreste: "Les voici! de serpents leurs mains s'arment encore")

b) le *tremolo ondulé*, suite peu rapide d'articulations données à un même son, sans que la continuité de celui-ci cesse d'être complète. Cet effet est obtenu par une sorte d'ondulation que le poignet imprime à la baguette de l'archet; il ne s'emploie que pour l'accompagnement du récitatif. Comme la durée de chacune des articulations dépend uniquement du sentiment individuel des exécutants, et varie de l'un à l'autre, il se produit des fluctuations dans la sonorité générale, une indécision parfaitement propre à rendre l'inquiétude et l'anxiété de certaines scènes. Plusieurs modes de notation existent pour le *tremolo ondulé*.

Citons, parmi les spécimens clairsemés de cette espèce de *tremolo*, l'admirable apostrophe aux déités infernales par laquelle Alceste se voue à la mort: "Arbitres du sort des humains" (acte Ier, scène 5). L'application la plus récente de cet effet, à ma connaissance, se rencontre en certains passages du *Guillaume Tell* de Rossini, notamment dans le récitatif "La nuit à nos desseins propice". Sur le *crescendo* qui accompagne les deux vers

"Pour conquérir un digne sort"

"Ou l'indépendance ou la mort"

le *tremolo ondulé* se convertit en *tremolo ordinaire*, d'abord dans les violons et les altos, ensuite dans les violoncelles et contrebasses. Cela est du plus grand effet... mais seulement pour le lecteur de la partition; car je ne sache pas qu'aucun orchestre de nos jours se donne la peine d'exécuter, conformément aux indications du compositeur, le passage dont il s'agit.

§ 39.— Le battement rapide et lié de deux sons, exécuté sur la même corde et par le même coup d'archet, produit des ornements mélodiques et des formules d'accompagnement dont les instruments à archet font un fréquent usage.

I. Le *trille* par ton et par demi-ton diatonique, avec toutes ses variétés, est praticable dans l'étendue entière de l'instrument, excepté sur la dernière note au grave, où il ne pourrait avoir de résolution. De tout temps le solo de violon fit un fréquent usage de cet ornement. A l'orchestre je n'en connais guère d'exemple plus intéressant que le délicieux menuet chanté par une coryphée et le chœur au Ve acte de l'*Armide* de Gluck. Les trilles des 1ers et des 2^{ds} violons, auxquels se joignent plus tard ceux de la flûte, du hautbois et de la clarinette, produisent, lorsqu'ils sont exécutés en perfection, le gazouillis le plus ravissant qui se puisse imaginer.

Ex. 54.

II. Le *battement mesuré de deux sons liés*, à distance de seconde, de tierce ou de quarte, four‑
nit des figures d'accompagnement qui remplacent souvent le *tremolo*, et ont un mouvement dra‑
matique agité et véhément.

Ex. 55.

Cette sorte de dessins, transportée dans la région aiguë, prend un caractère mélodique, léger,
mystérieux et vague à la fois.

Ex. 56.

§ 40. — Parfois, au lieu de se servir de l'archet, on produit le son sur ce genre d'instruments
en ébranlant la corde directement par le bout charnu des doigts, ainsi que l'on fait pour la harpe,

la guitare, etc. Ce mode d'attaque s'indique par le terme italien *pizzicato* (abr. *pizz.*), participe
passé du verbe *pizzicare*, pincer. Il est surtout employé pour des formules d'accompagnement,
soit dans la musique vocale, soit dans l'instrumentale.

Néanmoins il arrive que la mélodie principale, aussi bien que les parties d'accompagnement,
est rendue par des sons pincés.

Bien qu'usité principalement dans le grave et dans le medium de l'instrument, le *pizzicato* est
de bon effet à l'aigu, jusqu'à l'*ut₄* au moins. Plus haut la chanterelle, trop raccourcie, rend des
sons durs et secs.

Les instrumentistes actuels, ne se servant en général que d'un ou tout au plus de deux doigts
pour l'exécution du *pizzicato*, y déploient une agilité médiocre. On fera donc bien de ne pas é-
crire en *pizzicato* des traits plus rapides que ceux des exemples 57 et 59.

La 2ᵉ et la 6ᵉ mesure de l'exemple 59 nous montrent que l'on peut faire entendre par un seul
attouchement de la corde deux sons qui se succèdent de très près, tels qu'une *acciaccatura* et
la note qu'elle prépare.

Lorsque l'effet du *pizzicato* doit cesser pour faire place aux sons produits par l'archet, le compositeur met l'indication italienne *coll'arco* (avec l'archet), ou simplement *arco*. Quelquefois la
transition de l'un à l'autre mode d'attaque est prompte et fréquente, et donne lieu à des effets
plus ou moins pittoresques.

Faisons remarquer, à propos de l'exemple précédent, que le *pizzicato* se fait sans difficulté en double - triple - et quadruple corde.

§ 41. — Les instruments à archet, particulièrement le violon et le violoncelle, ne sont pas limités, comme les instruments à vent, à un petit nombre de caractères de sonorité; leur timbre se nuance avec une variété infinie.

I. Chacune des cordes du violon a sa couleur sonore bien distincte. Quelquefois le compositeur ou le chef d'orchestre utilise cette particularité pour donner à certains traits de chant un relief extraordinaire, en les faisant exécuter sur une seule corde. La *chanterelle* a des accents vibrants, chauds, qui prêtent à la phrase mélodique toute l'intensité d'expression dont elle est susceptible.

Les sons très aigus de la chanterelle, placés dans une région où n'atteint pas l'organe humain, donnent une sensation lumineuse et éveillent l'idée du surnaturel, du merveilleux.

La *deuxième corde* n'a pas autant de mordant que la chanterelle; elle excelle à interpréter une mélodie idéale et suave.

La *troisième corde* se distingue par une douceur incomparable, qualité qui atteint le plus haut degré de poésie lorsque la cantilène est d'un style pur et élevé.

La *quatrième corde* est une voix de contralto, au timbre mâle et puissant.

Cette puissance va jusqu'à la dureté lorsque la corde est attaquée par le talon de l'archet (ce que l'on indique expressément en certains cas par les mots « *du talon* »).

II. La sonorité des instruments à archet subit une autre modification sensible, quant à l'intensité et au caractère, d'après l'endroit de la corde où se pose l'archet. Tandis que dans le voisinage du chevalet, où la corde a le plus de tension, le son atteint son maximum d'éclat, au dessus de la touche la sonorité est faible et mate. Aussi cette dernière qualité de son, compatible seulement avec la nuance *piano*, est employée dans les passages auxquels le compositeur veut donner tout le velouté possible. Lorsqu'il désire ce genre d'effet, il fera bien de mettre l'indication «*sur la touche*» (en italien «*sul tasto*»).

Dans les passages de force les exécutants posent l'archet à proximité du chevalet, où ils obtiennent, en attaquant la corde avec vigueur, une sonorité stridente et métallique. Rien n'égale l'impétuosité d'un *tremolo* très serré exécuté près du chevalet par un quatuor nombreux.

Toutefois les sons obtenus à cet endroit sont aussi de bon effet dans le **pp**, lorsque le caractère du passage exige un timbre scintillant, aérien. En ce cas le compositeur ajoute souvent l'indication «sur le chevalet» (en italien *sul ponticello*). Le plus beau spécimen, sans contredit, d'un pareil genre d'effet est le *tremolo mesuré* qui se trouve dans le final de la IXe symphonie (fin du 3/2), sur le vers «Au dessus de la voûte étoilée doit habiter un père aimant.»

§ 42. — Une troisième modification du timbre des instruments à archet, et la plus frappante, s'obtient par la *sourdine*. C'est un petit appareil en bois, en ivoire ou en métal, lequel, étant posé sur le chevalet, a pour effet d'intercepter les vibrations de la caisse de l'instrument et d'assourdir la résonnance. Les cordes vibrant seules, le timbre se trouve altéré et revêt un caractère de douceur étrange.

En tête du morceau ou du passage où cette modification artificielle du son est mise en œuvre, le compositeur écrit « *avec sourdines* » (italien *con sordini*). Si le changement se fait dans le cours du morceau, on doit laisser à l'exécutant le temps de mettre la sourdine, en lui ménageant un silence de quelque durée (soit deux mesures *allegro moderato.* ♩=100). Une interruption moins longue suffit pour enlever le petit appareil, ce qui s'indique par les mots « *sans sourdines* » (italien *senza sordini*). La transition subite des sons voilés aux sons clairs donne lieu à un effet saisissant, dont le plus ancien et le plus illustre exemple est le fameux passage au début de la *Création* d'Haydn : « Dieu dit: Que la lumière soit. Et la lumière fut ».

La sourdine des instruments à archet a été connue dès l'époque primitive de l'opéra. Déjà Lulli en a tiré un parti vraiment génial au IIe acte d'*Armide*, dans l'air « Plus j'observe ces lieux, » que Renaud chante en s'endormant sur le bord du fleuve magique, ainsi que dans la charmante danse des Naïades à la scène suivante:

Dans les œuvres symphoniques des maîtres de la grande période classique qui se termine avec Beethoven, la sourdine n'est pas employée, à part un petit nombre d'exceptions. Elle appartient, à proprement parler, à la musique de théâtre, laquelle, se produisant en compagnie d'autres arts, est tenue, pour agir fortement sur l'âme des spectateurs, de déployer un plus grand luxe de moyens matériels. De là l'usage fréquent des effets pittoresques dans la musique instrumentale de nos jours, entièrement convertie au principe dramatique.

C'est le caractère *vague* et *mystérieux* du timbre qui, détermine l'emploi de la sourdine dans toute une catégorie de situations dramatiques: scènes nocturnes, rêves et visions, intervention de puissances occultes, d'êtres appartenant au monde fantastique.

Exemples: Andante de l'air d'Agathe au IIe acte du *Freyschütz*.

Le Pré aux Clercs, III° acte, Quatuor: « L'heure nous appelle et voici l'instant. »
Le Comte Ory, II° acte, Trio: « A la faveur de cette nuit obscure; »
Obéron, Ouverture, Chœur des Génies (I°° acte), Chœur des Sirènes (II° acte);
Euryanthe, I°° acte, prédiction de l'ombre d'Emma;
Berlioz, *Roméo et Juliette*, Scherzo de la Reine Mab;
Le Prophète, II° acte, récit du songe de Jean de Leyde;
Gounod, *Faust*, hallucination de Marguerite dans la prison;
Ambr. Thomas, *Hamlet*, apparition du spectre.

Par une association d'idées, née de leur sonorité *étouffée* et *comprimée*, les sourdines interviennent aussi lorsqu'il s'agit d'exprimer l'accablement physique ou moral, une langueur maladive, l'angoisse, une terreur allant jusqu'à la prostration.

Exemples: Haydn, *les Saisons*, II° partie, air de Ténor (avant la tempête);

Halévy, *l'Éclair*, I°° acte, commencement de l'orage;

Gluck, *Alceste* italienne, II° acte, air « Chi mi parla »?

   — *Orphée*, III° acte, air d'Eurydice, « Fortune ennemie »;

Beethoven, *Fidelio*, III° acte, Duo entre le geôlier et Léonore déguisée.

Plusieurs de ces exemples démontrent que l'usage de la sourdine ne se borne nullement aux morceaux lents, mais qu'il est compatible avec toutes sortes de mouvements.

§ 43. — A notre époque, où l'effet est surtout recherché par la nouveauté des moyens, on a imaginé de produire des sons sur les violons, altos et basses en percutant les cordes au moyen de la baguette de l'archet. Ce procédé, qui donne un cliquetis très bizarre et peu de sonorité musicale, ne se justifie qu'en un fort petit nombre de cas et pour un moment très court. On le prescrit aux exécutants par l'indication: *avec le bois de l'archet* (italien *col legno*). M. Saint-Saëns en a fait une application caractéristique dans sa *Danse macabre* (p. 12 de la partition).

§ 44. — Nous avons exposé plus haut le mécanisme de la production des *sons harmoniques* sur les instruments à archet (§ 11, IV). Bien que les sons de cette espèce soient fort peu utilisés à l'orchestre, nous mentionnerons ceux dont l'emploi ne présente pas de difficultés sérieuses.

I. Sur chacune des cordes à vide on fait aisément entendre les sons 2 à 6 de l'échelle des harmoniques.

Le son 2, *octave aiguë de la corde à vide*, se produit lorsque le doigt de l'exécutant touche légèrement la corde à la *moitié* de sa longueur totale, à l'endroit où le doigt appuyé fait sortir la même octave en sons ordinaires.

Le son 3, *douzième aiguë de la corde à vide*, s'obtient de deux manières: a) lorsqu'on effleure la corde au *tiers* de sa longueur totale (prise du sillet au chevalet), à l'endroit où le doigt appuyé produit la quinte juste; b) lorsque la corde est touchée aux $\frac{2}{3}$ de sa longueur, où le doigt appuyé produit la susdite douzième en sons ordinaires.

Le son 4, *quinzième* ou *double octave aiguë* de la corde à vide, se fait entendre lorsque le doigt de l'exécutant touche légèrement la corde à l'un des deux points suivants: a) au *quart* de sa longueur totale, où le doigt appuyé produit la quarte juste; b) aux $\frac{3}{4}$, où le doigt appuyé produit la susdite double octave en sons ordinaires.

Le son 5, *tierce majeure au dessus de la double octave*, s'obtient lorsque la corde est effleurée à l'un des quatre points suivants: a) au *cinquième* de la longueur totale, où le doigt appuyé produit la tierce majeure de la corde à vide; b) aux $\frac{2}{5}$, où le doigt appuyé produit la sixte majeure; c) aux $\frac{3}{5}$, où le doigt appuyé produit la dixième majeure; d) aux $\frac{4}{5}$, où le doigt appuyé fait sortir en sons ordinaires la susdite tierce majeure au-dessus de la double octave.[1] Faisons remarquer ici que le son 5 de l'échelle des harmoniques est, par rapport à la gamme tempérée (§ 29, 30, 31), trop bas d'un comma pythagoricien ($\frac{1}{10}$ de ton à peu près). On fera donc bien de ne l'employer que de passage.

Enfin le son 6, *quinte juste au dessus de la double octave*, se fait entendre lorsque la corde est effleurée à l'un de ces deux endroits: **a)** au *sixième* de la longueur totale, où le doigt appuyé produit la tierce mineure de la corde à vide: **b)** aux $\frac{5}{6}$, où le doigt appuyé produit en sons ordinaires la même quinte juste au dessus de la double octave.

Le mode de notation le plus clair pour les sons harmoniques consiste à désigner le son fondamental (dans le cas actuel la corde à vide) par une note ordinaire, et l'endroit où la corde doit être touchée superficiellement par une note blanche en losange. Pour l'exécutant cette double indication suffit: mais pour le lecteur de la partition il est utile de désigner, en outre, par une petite note le son que l'oreille perçoit réellement. Toutefois une notation aussi compliquée n'est pas nécessaire lorsqu'il s'agit des sons harmoniques produits aux points de la corde où se forment les mêmes sons naturels. Cette catégorie d'harmoniques se désigne simplement par une note ordinaire surmontée d'un zéro.

Sons harmoniques produits sur les cordes à vide du violon.

II. Les sons harmoniques engendrés par la résonnance des cordes à vide ne sont pas les seuls que possèdent les instruments à archet. Chacun des degrés de l'échelle générale produits par le raccourcissement artificiel des cordes fournit également ses harmoniques. Pour faire entendre

---

[1] Lorsque tel ou tel harmonique ne sort pas, cela dépend souvent de l'endroit où l'archet touche la corde. Il est prouvé en effet qu'une corde ébranlée en un point quelconque ne peut produire aucun des harmoniques pour lesquels ce point est un *nœud* (Théorie de Young). Le pince des nœuds correspond aux points de division de la corde; ainsi pour l'harmonique 5 les nœuds se trouvent à $\frac{1}{5}$, $\frac{2}{5}$, $\frac{3}{5}$, $\frac{4}{5}$ de la longueur de la corde.

ceux-ci, l'exécutant n'a qu'un procédé unique de doigté: l'index, appuyé fortement contre la touche, donne la fondamentale, tandis que l'un des trois doigts restants est employé à effleurer la corde. La production de la plupart de ces harmoniques est difficile surtout en ce qu'elle amène des positions de la main gauche très incommodes et praticables tout au plus par des virtuoses. On peut faire une exception pour la double octave (le son 4) de chacun des sons fondamentaux, laquelle ne nécessite aucune extension anormale de la main gauche et peut conséquemment être tentée avec succès à l'orchestre. Au reste cet harmonique, à lui seul, suffit pour former une échelle chromatique complète de deux octaves et une tierce majeure au moins (depuis sol$_4$ jusqu'à si$_6$). Nous allons donner cette échelle *in extenso*, en désignant par un astérisque les sons que l'on trouve également parmi les harmoniques des cordes à vide. Par là le compositeur sera mis à même de noter correctement tous les sons harmoniques dont il veut se servir.

III. Quelquefois le compositeur prescrit l'emploi des sons harmoniques tout en les notant à la façon des sons usuels, c'est à dire en laissant à l'exécutant le soin de trouver le doigté convenable. Ainsi a procédé R. Wagner pour l'accord qui se trouve à la seconde mesure du prélude de *Lohengrin*. Cette pratique suppose chez tous les violonistes des connaissances qui, en réalité, existent seulement chez quelques-uns d'entre eux, même dans les meilleurs orchestres.

IV. Le plus ancien exemple, qui me soit connu, de l'usage des sons harmoniques à l'orchestre se trouve dans l'air de chasse de *Tom Jones*, opéra-comique de Philidor, joué en 1765. La notation originale du passage (pp. 42 et 43 de la partition) doit s'entendre ainsi qu'il suit:

Ex. 73.

Il faut avouer que les sons harmoniques apparaissent là d'une manière assez bizarre: perdus, en quelque sorte, au milieu d'une bruyante fanfare, ils ne devaient pas produire un effet bien frappant. Aussi l'innovation du musicien français semble-t-elle avoir passé inaperçue. Aucun maître de la fin du dernier siècle ou du commencement de celui-ci n'a tenté d'en faire un nouvel essai à l'orchestre. Ce fut le représentant musical de l'école romantique en France, Berlioz, qui le premier montra le parti que l'on peut tirer des sons harmoniques dans la musique d'orchestre (*Roméo et Juliette*, 1839); ce fut lui également qui, en sa qualité d'auteur didactique, a le mieux défini leur effet sur le sentiment. « Les sons harmoniques, » dit-il, « ont un caractère singulier de douceur mystérieuse... ceux de la 4ᵉ corde ont quelque chose du timbre de la flûte » (de là l'épithète de *flautato, flageolet* par lequel on désigne le timbre des harmoniques en général). « Sur les trois cordes supérieures ces sons acquièrent d'autant plus de finesse et de ténuité qu'ils sont plus aigus. Ce caractère même et leur timbre cristallin les rendent propres aux accords que j'appellerai *féeriques*, c'est à dire à ces effets d'harmonie qui font naître de brillantes rêveries et emportent l'imagination vers les plus gracieuses fictions du monde poétique et surnaturel. »

V. Les sons harmoniques prolongent l'échelle des instruments à archet au-delà des limites assignées aux sons ordinaires. En juxtaposant les deux séries de sons, telles que nous les avons établies ci-dessus, on arrive à un total de quatre octaves et une tierce majeure, dont une octave et demie est commune aux deux séries.

§ 45.— Considérée dans l'étendue générale du domaine instrumental (§ 23), l'échelle du violon, telle que nous venons de la déterminer, occupe la plus grande partie de la région moyenne et la région aiguë en entier; de plus elle atteint, grâce aux sons harmoniques, les limites extrêmes de la région suraiguë (§ 24). Envisagée simplement en elle-même, comme un tout indépendant, l'étendue du violon se décompose, à son tour, en quatre registres, lesquels s'établissent à peu près ainsi :

Toute la musique de violon s'écrit aujourd'hui, sans aucune exception, sur la clef de sol 2ᵉ ligne.

§ 46.—I. Après le piano, le violon est l'instrument le plus employé pour les *grands solos de concert* destinés aux virtuoses et accompagnés par l'orchestre. Les deux morceaux classiques les plus célèbres en ce genre sont le concerto de Beethoven et celui de Mendelssohn.

II. Dans l'*orchestre de symphonie et de théâtre*, la masse des violons se divise communément en *premiers* et *seconds*. La partie de second violon étant presque partout confiée aux exécutants les moins habiles, le compositeur évite, autant que possible, de lui donner des traits de grande difficulté. Rarement le second violon dépasse à l'aigu le mi₃, degré le plus élevé de la 4ᵉ position (§ 34. II).

La division des violons en premiers et seconds ne souffre pas d'exception chez les trois maîtres de la symphonie classique. Weber fut, je crois, le premier à introduire l'usage de diviser par moments les violons en plus de deux parties réelles (exemple : Ouverture d'*Euryanthe*, *Largo* en si ♮ : quatre parties de violon). Les compositeurs de l'école actuelle, qui disposent d'orchestres très nombreux, ont pu appliquer le procédé sur une vaste échelle ; Richard Wagner, dans le premier drame de sa tétralogie, (le *Rheingold*, *l'or du Rhin*), écrit jusqu'à 12 parties différentes de violon et 6 d'alto.

Parfois un seul premier violon se détache momentanément de la masse pour jouer une partie principale, *obligée*, tandis que le reste des premiers violons fait une partie d'accompagnement.

Exemples : Beethoven, *Benedictus* de la grande messe en Ré
          Gounod, *Faust*, air « Salut, demeure chaste et pure. »

D'autres fois le compositeur n'utilise pour chaque partie du *quatuor* qu'une fraction des exécutants (un pupitre, deux pupitres, etc), en certain cas un seul artiste lui suffit.

EX. 74.

Gounod. FAUST, Scène du jardin.
(p.265 de la gr. partition.)

Ce fractionnement du quatuor était très usité à la fin du XVIIᵉ siècle et au commencement du XVIIIᵉ, alors que l'orchestre se bornait presque uniquement à des instruments à archet: le petit groupe, composé de premier violon, second violon et violoncelle, s'appelait *concertino*. à l'opéra de Paris le *petit chœur*; la masse entière formait le *ripieno* ou *concerto grosso*, le *grand chœur*.

    Exemple : Hændel, 6 grands Concertos (édition de la *Hændel-Gesellschaft*, livr. 21).

    III. Le violon joue un rôle capital dans la *musique de chambre*, soit en solo avec accompagnement de clavecin ou piano (Sonate. Suite, etc.) soit en instrument concertant. Les principales associations de l'espèce sont le Duo (ou Sonate) pour piano et violon, le Trio pour piano, violon et violoncelle, le Quatuor pour deux violons, alto et violoncelle. le Quintette pour deux violons, deux altos et violoncelle, ou pour deux violons, alto et deux violoncelles, etc. etc.

Alto ou Viole

(En italien *Viola*. pluriel *Viole*; en allemand *Bratsche*.)

    § 47.— Le mot *viole* a servi dès le moyen-âge à dénommer les types primitifs de nos instruments à archet et fourni les noms appliqués aux diverses variétés de cette famille. *Violino* est un diminutif italien qui signifie *petite viole*. L'augmentatif *violone* (grande viole) désignait anciennement une contrebasse de moindre dimension que celle d'aujourd'hui; son diminutif est le *violoncello*.

ALTO

L'alto, placé entre le violon et le violoncelle, occupe la région moyenne de l'étendue générale (§24), le parcours des voix de ténor et de contralto (§25). Ses quatre cordes donnent la quinte grave de celles du violon: de là le nom de *quinte*, par lequel on désignait autrefois l'alto.

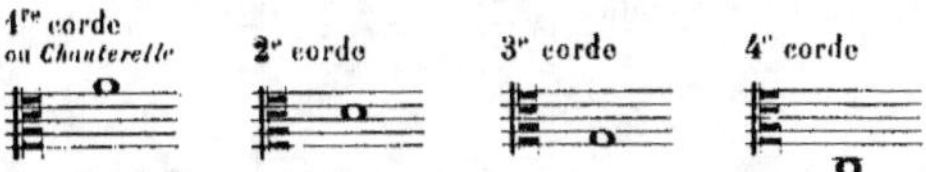

On voit que la 2e la 3e et la 4e corde du violon donnent l'unisson de la chanterelle, de la 2e et de la 3e corde de l'alto, en sorte que chacun des deux instruments n'a qu'une seule corde qui lui appartienne en propre, le violon sa chanterelle (*mi₁*), l'alto sa 4e (*ut₂*).

Pas plus que l'accord du violon, celui de l'alto ne varie à l'orchestre. Nous signalerons toutefois à cet endroit une exception intéressante. Dans la scène de la barque au IIIe acte du *Pré aux clercs* (p. 337 de la partition) l'alto descend sa 4e corde au *si₁* pour jouer le passage.

§ 48. — Tout ce qui a été dit relativement au doigté du violon (§ 34) s'applique à l'alto, avec la seule restriction que cet instrument, par suite de ses dimensions, nécessite des écarts de la main gauche plus considérables, et est en conséquence d'un maniement moins aisé.

Les *positions* du violon se reproduisent à la quinte grave. On ne dépasse pas la 7e position, et encore monte-t-on rarement jusque-là. Les derniers sons à l'aigu se notent habituellement en clef de sol.

§ 49. — Les *doubles — triples —* et *quadruples cordes* ne sont pas moins usitées sur l'alto que sur le violon. C'est une exacte reproduction des mêmes intervalles une quinte plus bas.

I. *Doubles cordes*; **a)** toutes deux à vide

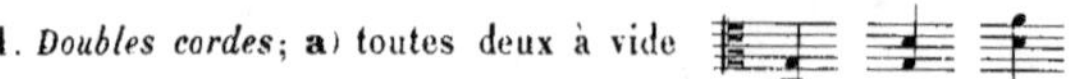

b) avec une seule corde à vide

c) sans corde à vide. Voici ces doubles-cordes disposées, comme ci-dessus, dans l'ordre de leur difficulté croissante.

Ces deux dernières catégories de doubles cordes (octaves et secondes sans corde à vide), qui se produisent au moyen des deux doigts extrêmes, sont moins faciles sur l'alto que sur le violon à cause de l'extension qu'elles nécessitent.

II. *Triples cordes* les plus en usage pour l'alto,

a) avec deux cordes à vide:

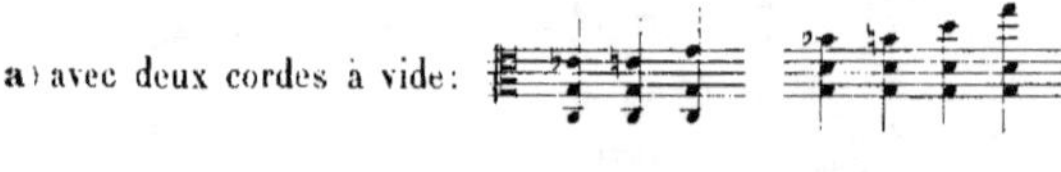

b) avec une corde à vide :

c) sans corde à vide : la règle est la même que pour le violon (§35, II, c) avec la seule restriction que les accords de septième sont plus malaisés. L'étendue à utiliser est comprise entre les accords suivants :

III. *Quadruples cordes.*

a) avec deux cordes à vide

b) avec une corde à vide

c) sans corde à vide

§ 50. — Pour les coups d'archet, le tremolo, les trilles et le *pizzicato*, l'alto ne diffère en rien du violon; il suffira donc de renvoyer aux §§36, 38, 39 et 40, où ces diverses matières ont été traitées avec les développements nécessaires.

En ce qui concerne les traits et passages, nous nous contenterons de faire observer que, grâce à l'habileté de la plupart de nos musiciens d'orchestre, le compositeur peut aujourd'hui traiter l'alto comme le violon, à condition de tenir compte des allures caractéristiques de l'instrument, peu favorables à une trop grande légèreté.

Anciennement, lorsque les altistes étaient pris dans le rebut des violonistes, il eût été imprudent de leur confier des traits quelque peu difficiles. Personne ne se serait avisé il y a soixante ans d'écrire des passages tels que les suivants.

§51. — L'alto n'offre pas cette merveilleuse variété de timbres qui a fait du violon l'interprète universel du sentiment. La note brillante et passionnée, l'énergie mâle lui font également défaut. Placé aux confins de la voix d'homme et de femme, l'alto a un caractère indécis, mixte. Sa sonorité voilée, d'une mélancolie élégiaque, convient au mode mineur, à des cantilènes chromatiques, à tout ce qui exprime la souffrance, la tristesse, la dépression du sentiment.

C'est là ce qui a porté Gluck à confier la mélodie principale aux altos (doublés par la flûte) dans le poignant *a parte* que chante Alceste pendant la fête célébrée en réjouissance de la guérison de son époux.

Ex. 78.   Andantino.

Les altos sont employés parfois, à l'exclusion des violons, pour l'accompagnement de certains morceaux de chant auxquels le compositeur veut donner une teinte uniforme de tristesse et de grandeur. (Exemple: Introït et *Pie Jesu* de la messe de *Requiem* en Ut mineur de Cherubini).

Dans l'opéra d'*Uthal*, Méhul a étendu ce système d'instrumentation à toute son œuvre, ce qui parut trop monotone au théâtre, malgré l'engouement du public d'alors (1803) pour tout ce qui rappelait la couleur rêveuse de la poésie ossianique.

Le caractère peu varié de l'alto comporte toutefois des nuances de sonorité d'un effet saisissant. Les deux cordes aiguës ont une vibration pénétrante jusqu'à l'âpreté, qui double l'intensité d'expression d'un chant plaintif, langoureux. Trop rarement ce timbre est mis en évidence dans la musique d'orchestre.

Ex. 79.

Sur les deux cordes inférieures le timbre de l'alto revêt une couleur sombre et austère qui peut aller jusqu'au sinistre. L'exemple le plus extraordinaire de ce genre de sonorité se trouve dans le sublime *arioso* d'Oreste, « le calme rentre dans mon cœur, » au II° acte d'*Iphigénie en Tauride* de Gluck. Rappelons également ici le passage suivant dont l'effet saisissant est dans l'oreille de tout le monde.

Ex. 80.

Les modifications de sonorité obtenues par le jeu *sur la touche* et *près du chevalet* (§ 41, II) sont applicables à tous les instruments à archet. Il en est de même pour l'usage de la *sourdine* (§ 42). En général le compositeur prescrit des sourdines aux altos dans les morceaux ou passages où il en fait mettre aux violons. Weber, parmi les maîtres classiques, fait exception à cet égard. Dans les éditions gravées de ses trois chefs-d'œuvre dramatiques, l'indication *con sordini* ne se trouve qu'aux premiers et aux seconds violons; probablement le timbre naturel des altos lui a paru suffisamment voilé pour n'avoir pas besoin d'une modification artificielle.

Exemples: le *Freyschütz*, II° acte, adagio de l'air d'Agathe;

        Oberon, chœur des Génies, etc;

        Euryanthe, Ouverture, etc.

§ 52. — Les *sons harmoniques* de l'alto sont la reproduction exacte de ceux du violon transposés à la quinte grave (§ 44). Voici d'abord ceux que produisent les cordes à vide:

sur la 2ᵉ corde: les mêmes que sur la 3ᵉ corde du violon;

sur la 1ʳᵉ corde: les mêmes que sur la 2ᵉ corde du violon.

À l'aide du procédé décrit plus haut pour le violon, (§ 44. II) l'alto peut également fournir en sons harmoniques une gamme chromatique continue de plus de deux octaves. Les sons que nous marquons d'un astérisque se rencontrent aussi parmi les harmoniques des cordes à vide.

En tenant compte des sons harmoniques mentionnés ci-dessus, on arrive pour l'alto à une étendue totale de quatre octaves et tierce majeure, laquelle reproduit exactement, à la quinte grave, l'échelle du violon (§ 45) et se divise d'une manière identique. Nous distinguons la série des sons harmoniques par des petites notes.

§ 53. — I. Bien que l'alto ait aujourd'hui une technique complètement développée, il n'a pas assez de variété ni de brillant pour se produire avec succès dans les grands solos de *concert*, aussi sa littérature spéciale est-elle des plus pauvres. C'est par essence un instrument d'ensemble.

II. Son rôle, aussi important que celui du second violon dans l'orchestre rigoureusement polyphonique de J. S. Bach et de Haendel, s'amoindrit vers le milieu du XVIIIᵉ siècle, sous l'influence des maîtres de l'école napolitaine. Ceux-ci n'ayant guère eu en vue que l'accompagnement des cantilènes théâtrales, remplacent la marche mélodique des parties intermédiaires par des formes plus libres, plus légères (batteries, redoublement du chant à la tierce ou à la sixte, etc): pour cela le second violon leur suffit presque toujours. Dès lors l'alto n'a plus guère d'autre emploi que de renforcer la partie grave, et le compositeur se contente de mettre l'indication: *viola col basso*: souvent il l'omet comme sous-entendue. Ce procédé d'instrumentation se rencontre encore fréquemment chez Gluck, même chez Haydn et chez Mozart. Il est à remarquer que dans la plupart des cas de l'espèce, le redoublement de l'alto doit se faire, non à l'unisson de la basse écrite, du violoncelle, mais à son octave aiguë (1), conséquemment à la double octave de la contrebasse, en sorte que la partie inférieure de l'harmonie se fait entendre dans trois octaves à la fois.

Ex. 81.

À partir de Beethoven l'alto a pris dans l'orchestre symphonique et dramatique le rang et l'importance qui lui reviennent de par son caractère sonore et ses ressources techniques. Dans les œuvres où l'orchestre est employé, le compositeur n'écrit ordinairement qu'une seule partie d'alto. Toutefois les cas sont assez fréquents où il est amené à diviser la masse des altos en *premiers et seconds*, ce qui n'offre pas d'inconvénient dans les orchestres modernes, où les altos sont presque aussi nombreux que les seconds violons. Ce dédoublement s'indique par le mot *divisés*.

Ex. 82.

____

(1) On trouve à cet égard une observation instructive dans le *Dictionnaire de musique* de J. J. Rousseau à l'article *Copiste*: « Il ne faut « point bigarrer la partie de quinte ou de viole de la clef de basse et de la sienne, mais transporter à la clef de viole tous les endroits « où elle marche avec la basse; et il y a là-dessus encore une autre attention à faire, c'est de ne jamais laisser monter la viole au-dessus « des parties de violon, de sorte que, quand la basse monte trop haut, il n'en faut pas prendre l'octave mais l'unisson, afin que la viole ne « sorte jamais du *medium* qui lui convient. »

Mozart, Symphonie en Sol mineur.

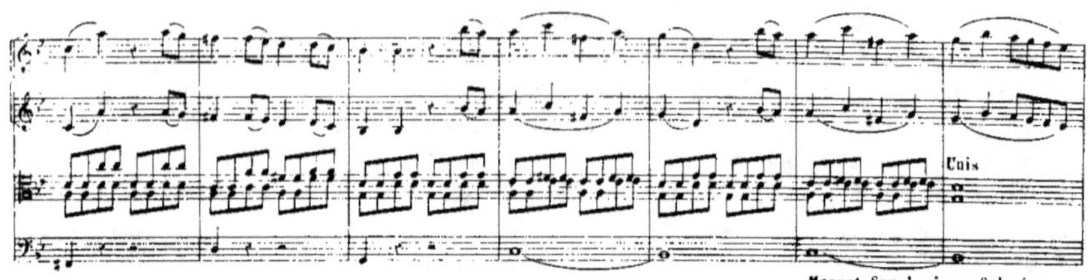

Lorsque, dans un passage où les altos se divisent, on fait usage de doubles cordes, il faut indiquer avec soin la manière dont les accords se répartissent entre les premiers et les seconds.

Ex. 83.

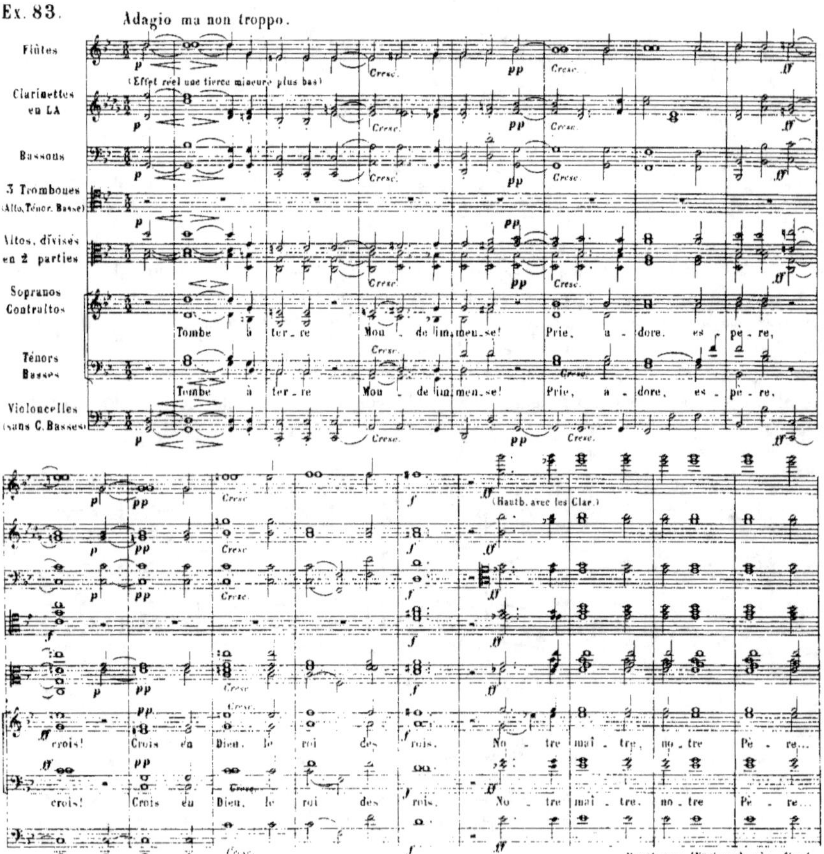

Beethoven. IXe Symphonie, final.

Il arrive aussi que l'on divise les altos en plus de deux parties (Exemple: *la Reine de Chypre*, acte IV, récitatif du héraut: « Peuple de Chypre, » p. 515 de la gr. partition).

Les compositions vocales destinées au théâtre ou au concert renferment assez souvent des morceaux où l'alto est traité en instrument solo. Outre la partie récitante, jouée par un seul exécutant, le compositeur écrit alors d'ordinaire une partie d'accompagnement pour la masse des altistes (les *ripieni*).

Ex. 84.

Autre exemple: Romance de Raoul, « Plus blanche que la blanche hermine, » au 1er acte des *Huguenots* (Ex. 130).

III. La musique de chambre emploie principalement l'alto dans le quatuor et le quintette d'instruments à archet.

Violoncelle ou Basse

(En italien et en allemand *Violoncello*, par abréviation *Cello*, pluriel *Celli*.)

§ 54. — Remplaçant de l'ancienne Basse de viole, le violoncelle joue tantôt la partie de basse, tantôt la partie de ténor dans le quatuor des instruments à archet. Non-seulement il occupe en entier les régions grave et moyenne de l'étendue générale (§ 24), il s'étend jusque dans la région aiguë, même sans avoir besoin de recourir aux sons harmoniques.

Ses quatre cordes à vide donnent l'octave grave des cordes de l'alto.

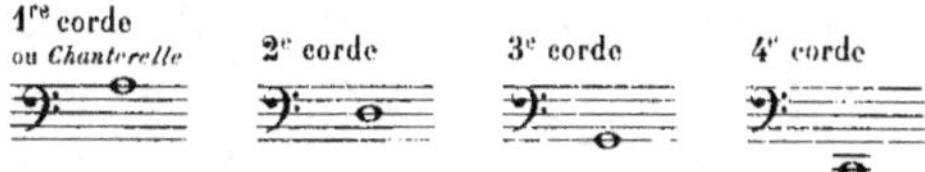

La 4e corde résonnant à vide a une vibration pleine et harmonieuse, surtout quand elle s'associe à la 3e. Elle s'emploie très heureusement de cette manière pour des basses en bourdon d'orgue ou de musette (1)

---

(1) Schumann, à la fin de l'andante de son quatuor Op 47, pour piano, violon, alto et violoncelle, fait baisser d'un ton entier la 4e corde du violoncelle, afin d'obtenir un effet de pédale au moyen de l'octave

§ 55. — Le doigté du violoncelle est moins simple, moins régulier que celui du violon et de l'alto. En voici la cause. Les cordes ayant une longueur presque double de celles du violon, la grandeur des intervalles sur le manche de l'instrument s'accroît dans la même proportion, et la distance entre les degrés conjoints de l'échelle diatonique ne correspond plus à l'écartement naturel des doigts, lequel ne dépasse pas en moyenne l'intervalle de demi-ton. De l'index (1ᵉʳ doigt) au médius (2ᵉ doigt) le violoncelliste, à la vérité, fait tantôt un ton entier, tantôt un demi-ton; mais du 2ᵉ au 3ᵉ doigt et du 3ᵉ au 4ᵉ il ne fait qu'un demi-ton. Abstraction faite du pouce, la main gauche du violoncelliste, étant posée dans la partie inférieure du manche, n'embrasse donc au maximum qu'un intervalle de tierce majeure.

I. Il résulte de tout ceci que la main ne peut garder la position ordinaire (ou *première position*) que dans les gammes diatoniques dont chaque intervalle de quarte contient une corde à vide. Cette condition ne se réalise dans toute sa rigueur que pour les tons majeurs d'*ut*, de *sol*, de *fa*, de *si b* et pour le ton de *sol mineur*, lorsqu'ils ne s'étendent pas à l'aigu de *ré*₃;

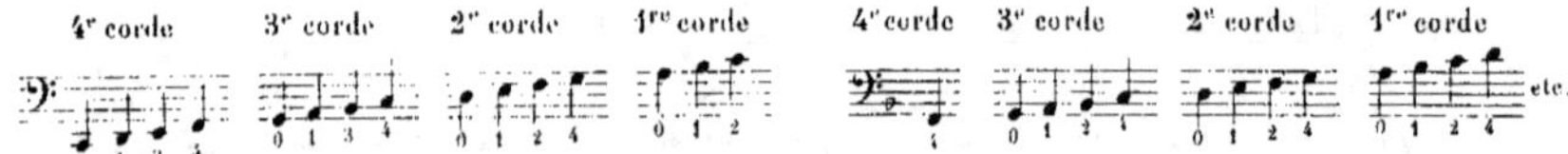

mais elle s'applique aussi aux tons de ré majeur et de ré mineur, sauf le cas unique où l'*ut ♯*₁ est employé.

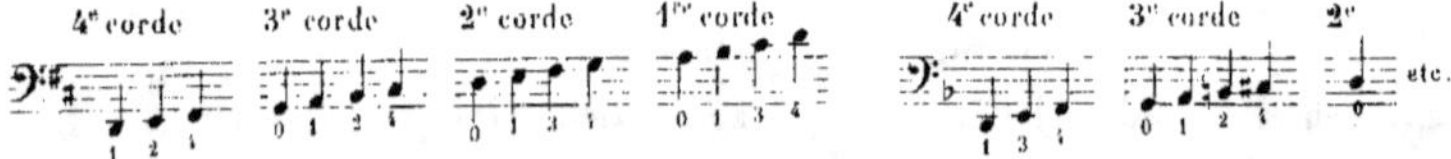

Les gammes plus chargées de dièses ou de bémols et toutes celles, sans exception, qui s'élèvent à l'aigu de *ré*₃ ne peuvent s'exécuter sans que la main gauche ne se déplace pour s'avancer dans la direction du chevalet. Ces déplacements sont déterminés et réglés par les traditions techniques. Les méthodes de violoncelle, comme celles de violon, distinguent une 2ᵉ, une 3ᵉ, une 4ᵉ position, mais avec cette différence importante que chacune d'elles, ne produisant sur chaque corde que trois degrés diatoniques, ne peut engendrer à elle seule une échelle complète.

Pour atteindre tous les degrés de la gamme, le violoncelliste est donc tenu de combiner les diverses positions entre elles, ainsi que le fait voir la gamme suivante (doigté de la Méthode de Duport):

II. La gamme chromatique s'exécute par un procédé différent de celui qui est usité pour le violon et l'alto (§ 34. III); jamais le même doigt ne sert à produire deux sons successifs. Comme il y a invariablement six degrés chromatiques entre une corde à vide et la suivante, on a établi un doigté qui se répète sur chacune des cordes et s'adapte à tous les tons, quelle que soit l'orthographe adoptée par le compositeur.

Une dernière particularité du doigté du violoncelle consiste dans l'usage du pouce: on l'indique, quand il y a lieu, par le signe ϙ. L'adjonction de ce doigt permet à la main gauche d'atteindre des intervalles inabordables par le doigté ordinaire, et lui donne un point d'appui pour démancher. Mais chez les violoncellistes non virtuoses, le pouce n'est guère utilisé que pour les passages écrits à l'extrême aigu, passages que l'on note habituellement en clef d'ut 4ᵉ ligne.

III. Cette gamme atteint la limite aiguë assignée aux violoncelles dans la musique d'orchestre. Des sons aussi élevés apparaissent déjà chez Haydn.

Ex. 85.

Beethoven (dans un solo, il est vrai) ne craint pas de monter en sons naturels jusqu'au *sol*₁.

Ex. 86.

Pour la facilité de la lecture il vaut mieux substituer la clef de sol à la clef d'ut 4ᵉ dès que les lignes additionnelles se multiplient. On notera donc ainsi le passage ci-dessus:

A propos de l'usage de la clef de sol dans la musique de violoncelle, faisons remarquer ici que les maîtres classiques, lorsqu'ils se servent de cette clef (et cela est fréquent dans leur musique de chambre), écrivent toutes les notes une octave au-dessus de leur diapason réel.

Aujourd'hui l'on écrirait avec plus de logique ainsi:

Afin d'éviter toute équivoque on fera bien de n'employer la clef de sol *qu'après la clef d'ut*, et de noter les sons à leur hauteur effective.

§ 56. — L'attaque simultanée de plusieurs cordes est, à l'orchestre, moins fréquente dans les parties de violoncelle que dans les instruments aigus du quatuor. Elle est soumise à quelques restrictions spéciales résultant du doigté de l'instrument. Il nous suffira d'énumérer les combinaisons accessibles à la moyenne des violoncellistes.

I. *Doubles cordes*: **a**) toutes deux à vide

c) sans corde à vide on se contentera d'employer les intervalles suivants:

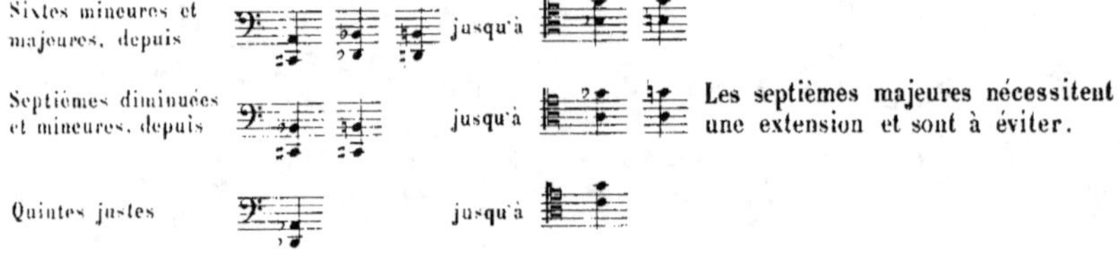

Les tierces majeures et mineures, les quartes justes et majeures, la quinte mineure, sans présenter de grandes difficultés, exigent une exécution trop soigneuse pour être employées avec succès dans l'ensemble orchestral. Quant aux secondes et aux octaves, elles impliquent l'emploi du pouce et sont à éviter également, sauf le cas où l'octave en double corde se présente sous forme d'une tenue isolée, préparée par un silence ou par une tenue précédente. Exemple: Beethoven, Andante de la IX° Symphonie, 3/4 en ré (*Andante moderato*). Dans la musique de chambre, où l'exécution est confiée à de véritables virtuoses, il n'y a nul inconvénient à employer les diverses espèces de doubles cordes.

II. *Triples cordes* ; a) deux à vide

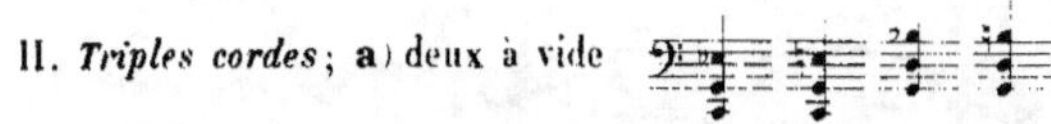

4ᵉ corde à vide

b) une corde à vide

3ᵉ corde à vide   2ᵉ corde à vide   1ʳᵉ corde à vide

c) sans corde à vide : aucun intervalle de septième ne doit entrer dans l'accord. Sauf cette restriction, la règle est la même que pour l'alto (§ 49, II, c) et pour le violon (§ 35, II, c).

L'étendue à utiliser va de 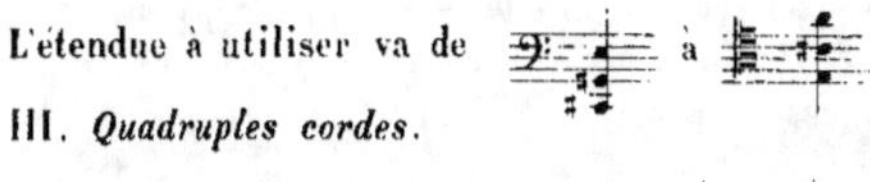 à

III. *Quadruples cordes*.

a) deux à vide :

b) une à vide :

c) sans corde à vide (presque inusitées) :

§ 57. — En ce qui concerne les *coups d'archet*, le *tremolo* et les *trilles*, nous n'avons rien à ajouter à ce qui a été dit plus haut (§ 36, 38 et 39). Le *pizzicato* est très fréquent dans la partie de violoncelle ; les compositeurs modernes s'en servent volontiers pour des accompagnements d'un dessin léger et gracieux. En raison de la longueur des cordes, il n'y a pas d'inconvénient à monter jusqu'aux notes les plus aiguës.

Ex. 88.

On peut confier aux violoncelles tous les traits d'agilité qui cadrent avec la nature mâle de l'instrument. À l'orchestre les figures en sons liés prédominent.

Ex. 89.

Lorsqu'après avoir démanché l'on descend vers le médium, il faut éviter les sauts fréquents; ceux de quarte particulièrement sont très ingrats pour le violoncelle, en ce qu'ils dépassent la portée de la main gauche. Les dessins formant progression qui se décomposent en tierces sont les moins difficiles, tant pour monter que pour descendre.

Les passages en arpèges ou en batteries sont plus usités pour le violoncelle que pour les autres parties du quatuor.

Ex. 94.

§58.— De tous les instruments aptes à interpréter une idée mélodique, aucun ne possède au même degré que le violoncelle l'accent de la voix humaine; aucun n'atteint aussi sûrement les fibres intimes du cœur. Pour la variété des timbres il ne le cède guère au violon. Il réunit les caractères des trois voix d'hommes: la juvénilité ardente du ténor, la virilité du baryton, la rudesse austère de la basse-taille.

I. Sa chanterelle vibrante est appelée à traduire les effusions d'un sentiment exalté: regrets, douleurs, extase amoureuse.

Exemples: Meyerbeer, *les Huguenots*, IV⁰ acte:"Tu l'as dit, oui tu m'aimes;"

Robert le Diable, IVᵉ acte: Air de ballet (séduction par l'amour)

le Prophète, IVᵉ acte, Scène de l'Exorcisme.

Ex. 95.

La 2ᵉ et la 3ᵉ corde ont une sonorité onctueuse et insinuante qui exprime des sentiments plus contenus. Rarement on leur confie une mélodie saillante dans la musique d'orchestre.

Ex. 96.

La 4ᵉ corde du violoncelle ne convient qu'à des chants d'un caractère sombre et mystérieux.

Ex. 97.

II. On adapte des *sourdines* aux violoncelles comme aux instruments aigus du quatuor, mais l'usage de ce moyen d'effet est assez rare. Nous en signalerons toutefois un exemple extraordinaire dans l'Andante de la Symphonie pastorale de Beethoven, morceau que l'auteur intitule: «Au bord du ruisseau» (*Am Bache*). Deux violoncelles seuls munis de sourdines font entendre le dessin ondulé en tierces, qu'exécute, à l'octave supérieure, la masse entière des seconds violons et des altos jouant sans sourdines. L'effet est des plus saisissants: une vraie trouvaille des Muses». On croirait voir les ondulations légères de la surface se répéter, affaiblies, au fond des eaux.

Ex. 98.

§ 59. — Pour la production des *sons harmoniques*, les cordes et les tuyaux, on le sait, se comportent de la même manière (§ 11). Les cordes du violoncelle, longues et peu épaisses, se divisent facilement en un grand nombre de parties aliquotes et engendrent en conséquence beaucoup de sons harmoniques (§ 15). Sur chacune des cordes à vide le violoncelliste atteint sans difficulté le son 16, limite extrême de l'étendue du cor. Mais en écrivant pour l'orchestre le compositeur n'a aucune raison de dépasser la série des harmoniques accessibles aux violons et aux altos. Il lui suffira amplement d'avoir à sa disposition les sons suivants:

a) sur les cordes à vide:

b) sur une corde doigtée (les astérisques marquent les sons qui s'obtiennent aussi sur une corde à vide):

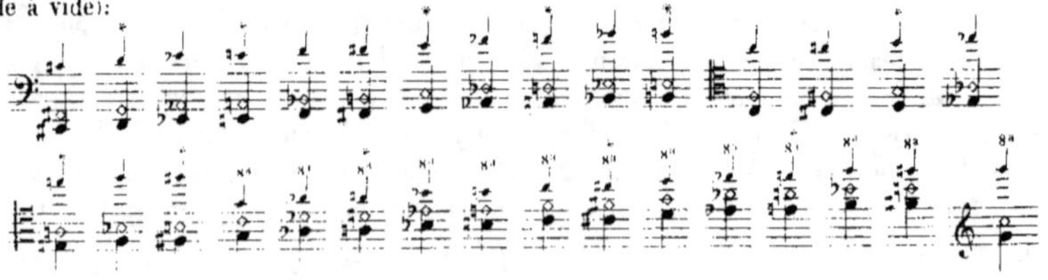

La réunion des sons ordinaires et des sons harmoniques donne l'échelle complète du violoncelle,
laquelle reproduit à l'octave grave celle de l'alto et se divise d'une manière identique (§52).

Cette étendue est utilisée presque en entier dans la terminaison du quintette de violoncelles
par lequel débute l'ouverture de *Guillaume Tell*.

§60. — Sous la main des habiles virtuoses de notre époque le violoncelle a conquis une
place des plus brillantes parmi les instruments de concert. Dans l'ensemble de l'orchestre sa
fonction ordinaire est de faire entendre, concurremment avec les contrebasses, la partie inférieure de l'harmonie. Jusqu'à la fin du dernier siècle les compositeurs symphoniques et dramatiques ne lui assignent guère d'autre rôle; aussi dans leurs partitions les violoncelles et
les contrebasses se trouvent-elles écrites généralement sur une seule portée. Mozart ne leur
donne presque jamais une partie distincte; Haydn le fait un peu plus souvent. Il était réservé
au génie de Beethoven de dénouer le lien qui tenait le violoncelle enchaîné à son lourd compagnon, et d'enrichir le chœur des instruments à archet d'une cinquième voix, plus mélodieuse, plus pathétique qu'aucune autre. Cette révolution féconde qui marque l'avénement de
l'instrumentation moderne se fait sentir déjà dans l'*Eroica*, mais elle n'est pleinement accomplie qu'à partir de la Symphonie *en ut mineur*. Il est à remarquer que le maître immortel
de la musique instrumentale, dans les moments où il fait chanter aux violoncelles le thème
principal, leur associe les altos, parfois renforcés ou remplacés par les bassons. Le timbre
du violoncelle devient par là plus moëlleux, sans cesser de prédominer.

Allegretto. 80 = ♩.

Ex. 104.

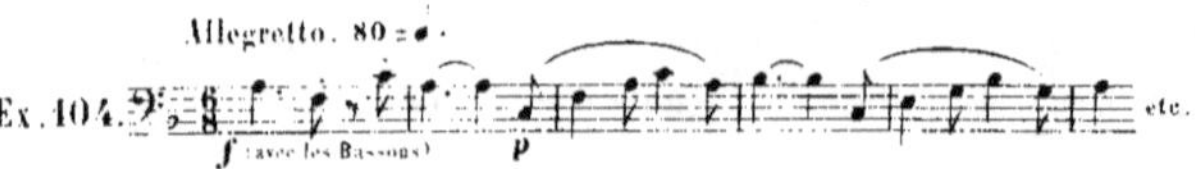

Par son caractère mélodique le violoncelle se prête mieux que tout autre instrument à être traité en partie obligée, dialoguant avec la voix. Haendel et J.S. Bach font déjà grand usage de cet effet d'instrumentation dans leurs oratorios et cantates.

Ex. 105. Largo.

Haendel, LA FÊTE D'ALEXANDRE, 1re part. Air de Ténor "*Softly sweet*"

Assez souvent les compositeurs modernes divisent en deux ou en plusieurs parties le groupe des violoncelles, lequel dans un orchestre bien équilibré doit être à peu près égal à tous les violons. Rossini commence l'ouverture de *Guillaume Tell* par un quintette de violoncelles; Wagner reproduit une combinaison analogue dans un des plus beaux moments de sa tétralogie, l'*Anneau du Niebelung*.

Ex. 106. Andante.

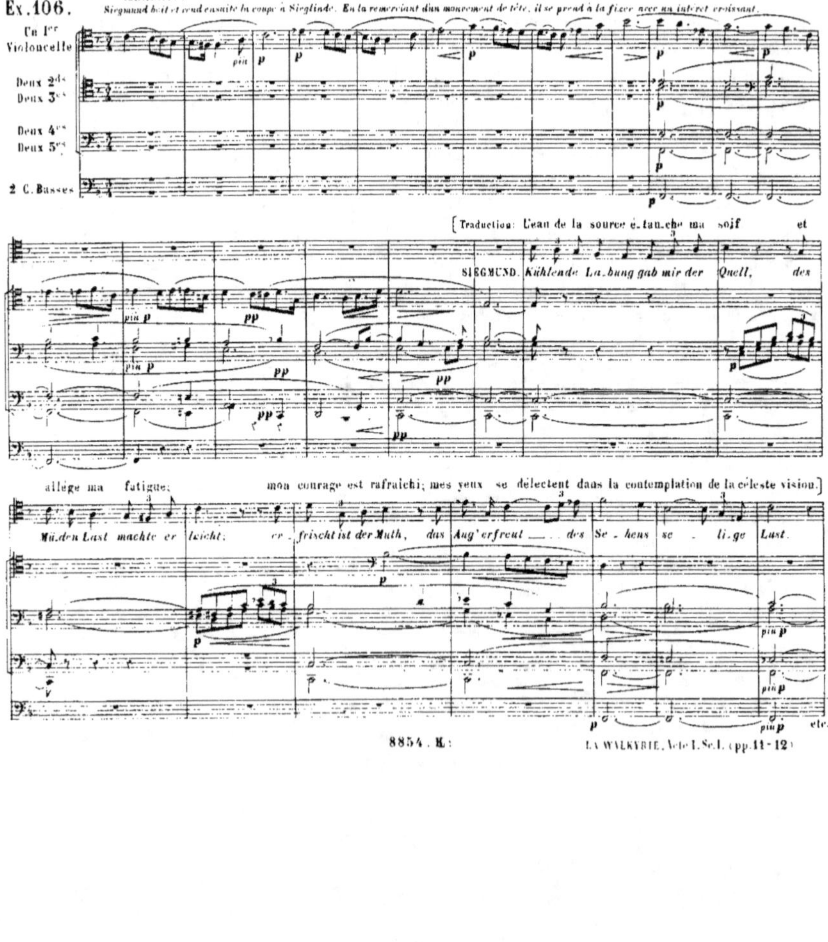

 LA WALKYRIE, Acte I. Sc. I. (pp. 11-12)

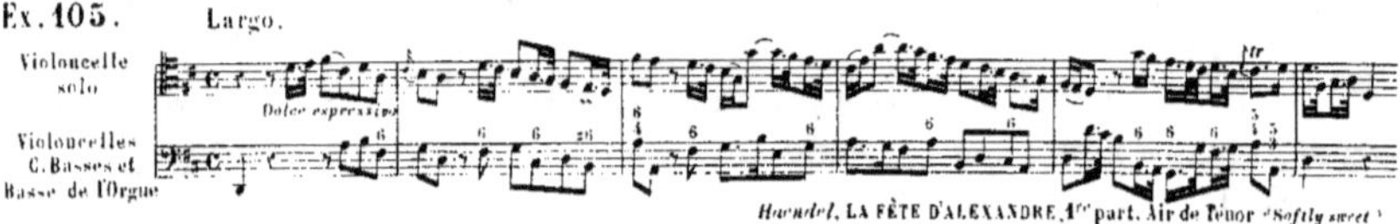

Le violoncelle participe aux principales combinaisons instrumentales de la musique de chambre: le trio pour piano, violon et violoncelle, le quatuor pour instruments à archet. C'est dans cette sorte de compositions seulement que Mozart et Haydn ont mis à profit toutes les ressources techniques du violoncelle, toutes ses richesses de timbre et d'expression.

Contrebasse

(En italien *contrabasso*, anciennement *violone*, en allemand *Contrabass*, pl.-*bässe*.)

§61. — Cet instrument, dont l'échelle est située presque entièrement dans les régions grave et sous-grave de l'étendue générale (§24), forme le complément harmonique du système des instruments à archet. Sa fonction essentielle est de renforcer la basse, de consolider le fondement sur lequel repose tout l'édifice polyphonique. Jusqu'à ces derniers temps deux espèces de contrebasses étaient en usage; l'une à trois, l'autre à quatre cordes. La contrebasse à quatre cordes, la seule qui comporte un doigté régulier, est aujourd'hui, à l'exclusion de l'autre, adoptée par tous les bons orchestres et enseignée dans les Conservatoires.

En raison des dimensions du manche, partant de l'écartement considérable des degrés successifs de la gamme, on accorde la contrebasse, non en quintes, comme les violons, altos et violoncelles, mais en quartes. Les quatres cordes à vide se traduisent dans l'écriture musicale par les notes suivantes:

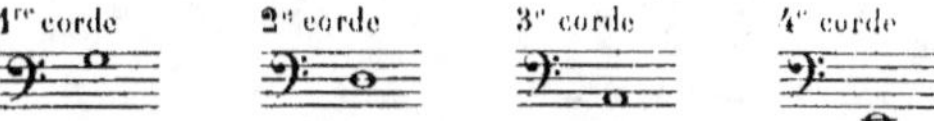

mais leur intonation réelle est à une octave au-dessous.

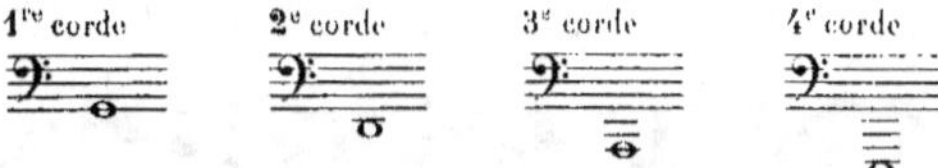

Il résulte de là qu'une partie de basse exécutée par les contrebasses réunies aux violoncelles se fait entendre dans deux octaves à la fois.

Ex. 107.

Dans le prélude du *Rheingold* (l'or du Rhin), superbe introduction à une scène mythique qui se passe au fond du fleuve sacré de la Germanie, Richard Wagner, voulant se procurer une pédale très profonde, baisse d'un demi-ton la 4e corde de la contrebasse. Le *mi♭*, ainsi obtenu se prolonge pendant 136 mesures; une moitié des contrebasses double cette note à l'octave aiguë.

Chez la plupart des compositeurs antérieurs à 1830 les parties de contrebasse descendent souvent au dessous du mi ̩, et vont jusqu'à l'ut ̩, en sorte que les exécutants actuels sont obligés de transposer certains traits, en entier ou en partie, à l'octave aiguë.

Ex. 108.

ce qui ne peut s'exécuter aujourd'hui que de la manière suivante:

Comme le fait se présente fréquemment, et à des endroits où le violoncelle et la contrebasse ont chacun sa partie spéciale, il faut supposer que les quatre cordes de la contrebasse s'accordaient à cette époque en quintes, comme celles du violoncelle. Mais dans cette hypothèse on ne s'explique pas comment les contrebassistes parvenaient à rendre d'une manière tant soit peu satisfaisante des passages tels que celui-ci

Ex. 109.

§ 62. _ Le doigté de la contrebasse moderne a beaucoup d'analogie avec celui du violoncelle; mais la longueur des cordes étant du double, la distance entre les degrés conjoints de l'échelle diatonique se trouve également doublée sur le manche. De l'index au petit doigt la main gauche du contrebassiste n'embrasse que l'intervalle de seconde majeure ou celui de tierce diminuée ; en conséquence l'écartement normal des doigts dans le bas du manche ne va pas jusqu'à un demi-ton. Seuls le 1er et le 2e doigt peuvent s'éloigner assez l'un de l'autre pour atteindre cet intervalle. Mais l'augmentation de la distance entre les sons est compensée par la diminution de l'intervalle qui sépare les cordes à vide, en sorte que les déplacements de la main ne sont pas plus nombreux sur la contrebasse que sur le violoncelle.

I. On joue sans changement de position les échelles dont chaque intervalle de tierce renferme une corde à vide: à savoir les gammes majeures de fa, d'ut, de sol et de ré (partiellement celles de si♭ et de la), lorsqu'elles ne montent pas au-dessus de la portée.

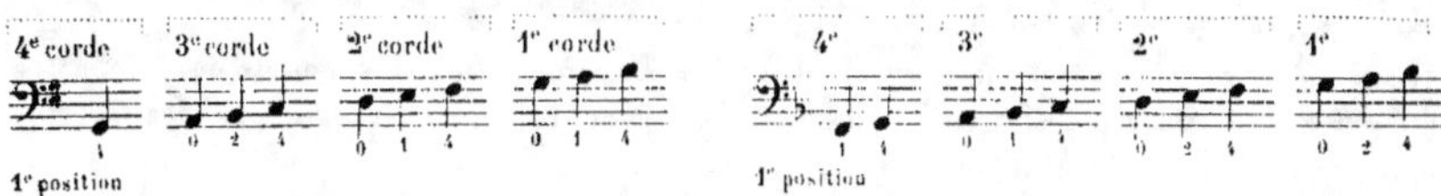

Les échelles plus chargées d'accidents ou s'étendant davantage à l'aigu s'exécutent à l'aide des huit positions déterminées par la technique de l'instrument. Comme les démanchés de la contrebasse sont plus limités que ceux du violoncelle, ils nécessitent rarement l'emploi du pouce.

Le doigté de la gamme chromatique est d'une régularité parfaite, si l'on excepte les notes les plus aiguës.

À l'orchestre on ne dépasse pas à l'aigu le dernier son de la précédente échelle: la_3 pour la notation, la_2 pour l'oreille. On n'emploie guère la clef d'ut 4e ligne.

Ex. 110.   All° con spirito.

II. La trop grande convexité du chevalet et la difficulté de mettre en vibration d'aussi grosses cordes font que le compositeur s'abstient d'écrire pour la contrebasse des accords, même de deux sons. Tout au plus pourrait-il risquer les quintes et octaves dont la note inférieure est une corde à vide.

§63.—I. L'archet de la contrebasse étant plus court que celui des autres instruments à archet, ses mouvements sont plus fréquents. C'est là un fait dont le compositeur devra tenir compte en écrivant pour les basses des dessins liés dans un *forte*.

Ex. 111.

Dans le *piano* la même figure se fait sans difficulté d'un seul coup d'archet.

Les diverses variétés de coups d'archet énumérés plus haut (§ 36) se pratiquent aujourd'hui sur la contrebasse.

II. De même le compositeur moderne peut confier sans inquiétude aux basses de l'orchestre toute sorte de traits rapides, tant liés que détachés, pourvu qu'il ne s'écarte pas des formes propres aux instruments à archet.

Ex. 112.

Ex. 113.

Ex. 114.

Ex. 115.

Ex. 116.

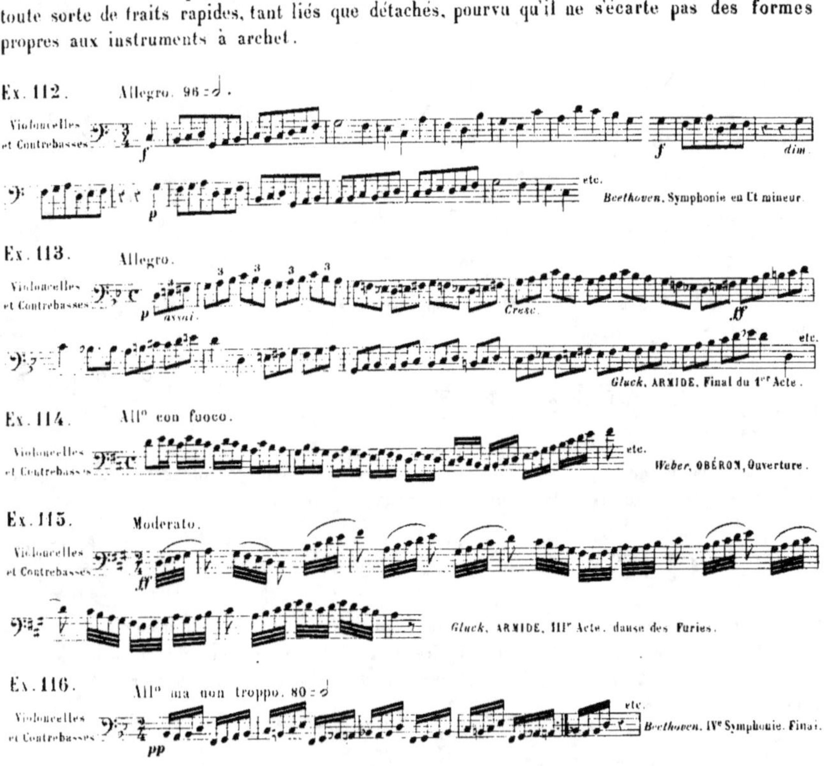

III. Anciennement la plupart des contrebassistes avaient l'habitude, en jouant leur partie à l'orchestre, de simplifier à leur guise les dessins qu'ils trouvaient trop difficiles, et d'en abandonner l'exécution intégrale aux violoncelles. Cette pratique vicieuse n'est plus tolérée aujourd'hui. Lorsqu'un trait placé dans la région inférieure du quatuor ne peut être textuellement rendu par les contrebasses, le compositeur indique lui-même dans sa partition la manière dont le passage doit être simplifié.

Ex. 117.

Il en est de même quand un trait des violoncelles doublé par les contrebasses descend au-dessous de mi $_{-1}$. Le contrebassiste qui se trouve devant un passage tel que le suivant n'a aucun moyen pour reconnaître sûrement les endroits où il passera le plus convenablement à l'octave supérieure.

Ex. 118.

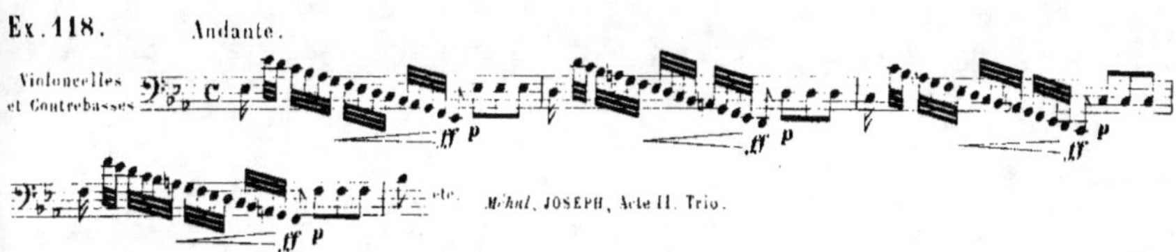

Aussi en pareil cas a-t-on pris de nos jours l'habitude de noter exactement la partie que les contrebasses ont à jouer. Voici celle que j'ai adoptée pour l'exemple précédent.

IV. Des traits rapides exécutés par les contrebasses, sans violoncelles, ne peuvent produire un effet agréable ni ressortir avec clarté, même dans l'orchestre le plus parfait. Ils ne sont à leur place qu'au cas où il s'agit précisément de rendre un bruit confus, par exemple le grondement sourd d'une tempête qui approche ou qui disparaît dans le lointain.

Ex. 119.

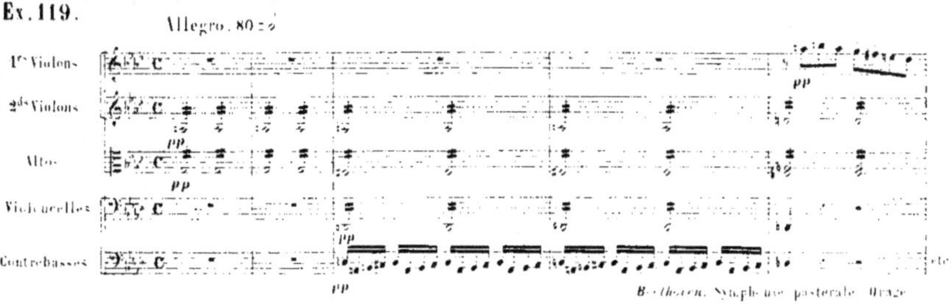

CONTREBASSE

Ex. 120.

V. Des trois variétés du *trémolo* décrites plus haut (§38), deux sont praticables sur la contrebasse: le *trémolo proprement dit* (I) et le *trémolo ondulé* (II); mais le premier seul est d'un usage régulier à l'époque actuelle. Exécuté avec tout le soin nécessaire, un tremolo de violoncelles et de contrebasses peut donner lieu aux effets les plus formidables lorsqu'il apparaît dans un moment décisif du drame musical; mais il ne doit pas se prolonger trop longtemps, sans quoi l'impression s'affaiblit et la fatigue qu'il donne aux contrebassistes consciencieux en rendrait bientôt l'exécution molle et flasque. Voici deux applications merveilleuses de ce moyen d'expression musicale, l'une dans le *forte*, l'autre dans le *piano*.

Ex.121. All° non troppo, un poco maestoso.

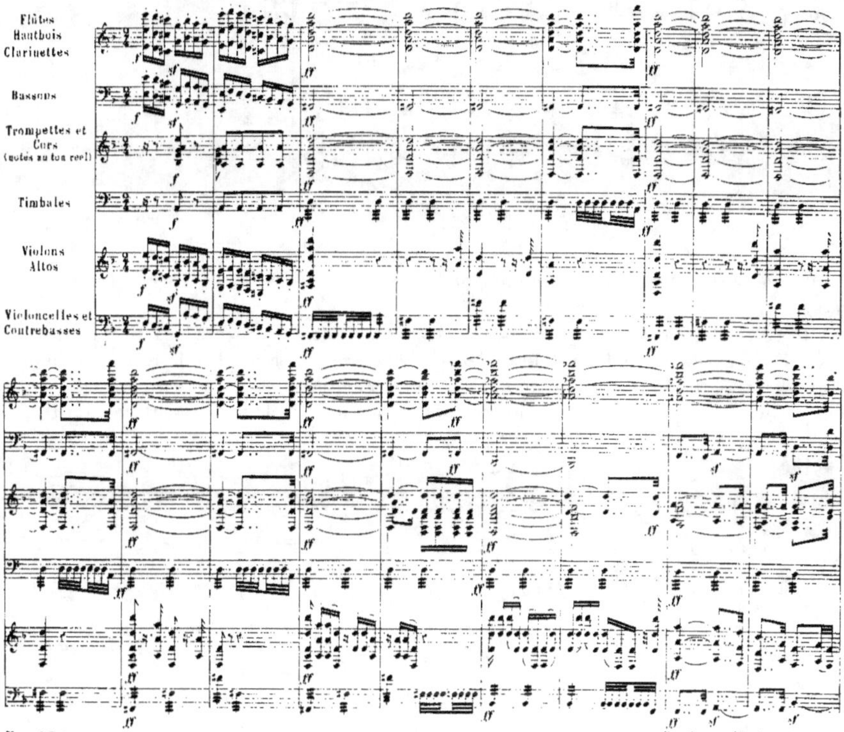

Beethoven, IXe Symphonie.

Ex.122.

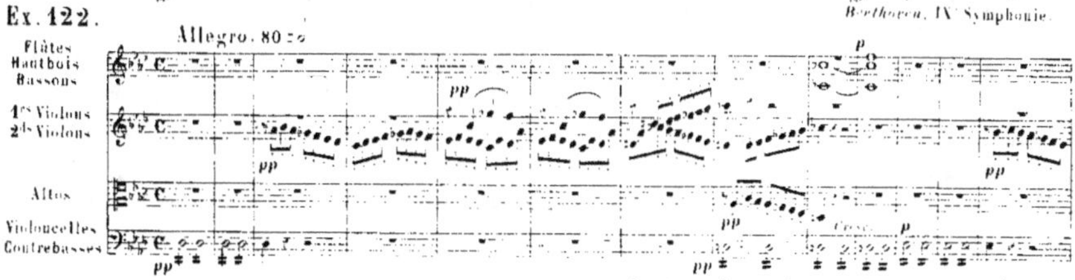

Beethoven, Symphonie pastorale, commencement de l'orage.

Nous rappellerons ici également le trémolo des contrebasses qui fournit un accompagnement si plein de trouble à la phrase éperdue de Raoul « Tu l'as dit, oui tu m'aimes » au IVe acte des *Huguenots*.

VI. Le *trille* s'exécute sans difficulté sur la contrebasse. Le battement mesuré de deux sons liés (§ 39, II) s'y emploie fort peu et seulement lorsqu'il est formé de deux degrés conjoints (voir aussi ex. 120).

Ex. 123.

Néanmoins si la note inférieure est une corde à vide, rien n'empêche de composer ces battements d'intervalles plus grands.

VII. Le *pizzicato* (§ 40) sur les grosses cordes de la contrebasse a une sonorité pleine, assez lente à s'éteindre. Haendel, dans l'*Allegro e il Pensieroso*, l'a employé, en le renforçant aux deux octaves supérieures, pour rendre le tintement lointain de la cloche du soir: sa cantilène, d'une délicieuse mélancolie, semble inspirée par les fameux vers du Dante (*Purgatoire*, Ch. VIII).

Ex. 124.

Cet effet, au reste, produit des impressions très diverses selon les harmonies auxquelles il s'associe. Ainsi dans le *Freyschütz* le *la pizzicato* des contrebasses, renforcé par un coup de timbale, ce *la* qui annonce toutes les scènes infernales du drame, doit sa résonnance sinistre à l'accord de septième diminuée dont il forme le complément au grave.

§64. — La contrebasse est loin de posséder la variété de timbre qui fait le charme des autres instruments à archet. Ses cordes n'offrent pas dans leur sonorité des différences bien tranchées; c'est le degré d'acuité qui détermine presque exclusivement le caractère du timbre et donne aux notes graves leur expression sévère, aux sons aigus leur âpreté si difficile à adoucir. Comme tous les instruments placés en dehors des limites de la voix humaine, la contrebasse est impuissante à rappeler ses accents, et conséquemment à interpréter à elle seule une cantilène expressive. Elle doit se contenter de donner une ampleur extraordinaire aux chants du violoncelle, en les reproduisant dans l'octave inférieure.

Ex. 125.

En revanche la contrebasse peut être appelée à dessiner au-dessous des violoncelles, et dans la région la plus grave de l'orchestre, un contrepoint mélodique. Beethoven lui a confié ce rôle dans son plus merveilleux chef d'œuvre.

Ex. 126.

§ 65. — I. Par suite de la longueur de ses cordes, la contrebasse est très favorable à la production des *sons harmoniques*; mais d'un autre côté les conditions de son doigté en restreignent le nombre. Il suffira d'énumérer ici ceux dont le compositeur peut tenter l'usage à l'orchestre, à savoir les sons 2 à 6 des cordes à vide. Les plus aigus s'écrivent à la clef d'Ut 4e, voire même à la clef de sol.

Nous trouvons un exemple de l'usage de cette sorte de sons dans l'*Aïda* de Verdi. Il s'agit de la scène nocturne sur le bord du Nil, au commencement du IIIe acte. Le compositeur, ayant à rendre les bruits mystérieux de cette nature solitaire, forme au moyen des sons harmoniques des violoncelles et des contrebasses une triple pédale à l'aigu, laquelle, combinée avec les dessins répétés des violons en sourdines et des altos, accompagne un chant de la flûte, plein d'étrangeté. Tout cet ensemble a beaucoup de caractère. On remarquera dans les premiers violons un trait des plus hardis et qui est néanmoins exécutable, parce que les doigts de la main gauche n'ont pas à bouger.

Ex. 127.

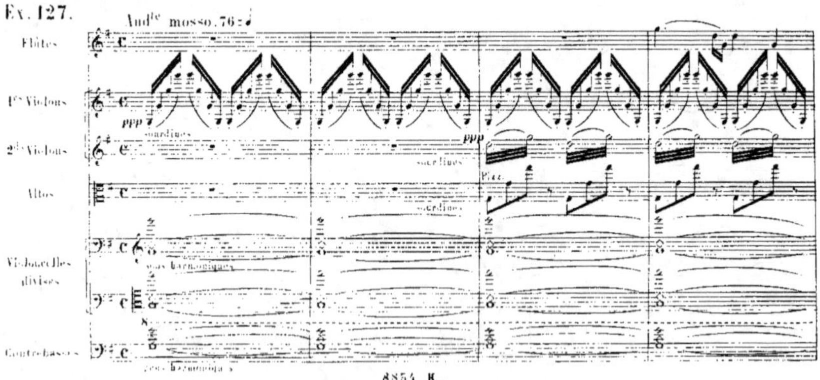

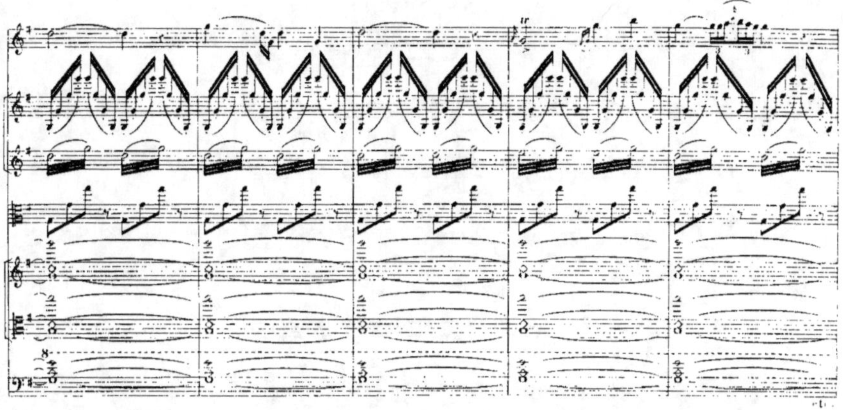

II. La contrebasse ne saurait, comme les autres instruments à archet, fournir à l'extrême aigu une échelle chromatique continue uniquement formée de sons harmoniques, puisqu'elle se borne à utiliser ceux de ses cordes à vide. Si nous ajoutons ces notes *flûtées*, en assez petit nombre, à la suite des sons produits par le doigté ordinaire, nous obtenons l'étendue totale de la contrebasse, étendue dont nous déterminons les limites et les divisions intérieures de la manière suivante:

a) d'après la notation adoptée pour l'instrument

b) d'après la hauteur effective des sons

§66. — Grâce au talent extraordinaire de certains virtuoses, la contrebasse s'est parfois fait tolérer comme instrument de concert, mais elle ne convient nullement à ce rôle. Elle n'est également admise que par exception, et en compagnie des instruments à vent, dans la musique de chambre (Exemples: Septuor en *mi* ♭ de Beethoven, Septuor en *ré mineur* de Hummel). Son domaine propre est l'orchestre dans ses diverses destinations (symphonie, musique dramatique, musique religieuse, etc.).

Rarement les compositeurs écrivent plusieurs parties de contrebasse. Voici toutefois deux exemples de ce cas.

Ex. 128.

Ex. 129.

Viole d'amour

(En italien *Viola d'amore*.)

§ 67. — Cet instrument n'a droit à une mention ici que pour avoir été employé de notre temps dans une œuvre dramatique très renommée. Depuis la mort d'Urhan, lequel lui redonna une vogue éphémère, aucun artiste n'a plus essayé de s'en approprier le doigté.

La viole d'amour est une modification de la *haute-contre* ou de la *taille de viole*. Elle a sept cordes en boyau dont les trois plus graves sont, comme la 4e et la 3e de l'alto, recouvertes de fil d'argent; leur accord le plus ordinaire est celui-ci:

Au dessous de la touche, et passant sous le chevalet, se trouvent en outre sept cordes en acier, dites *sympathiques*. Celles-ci ne sont pas ébranlées directement; elles vibrent sous l'influence des cordes principales, à l'unisson desquelles on les accorde. L'addition des cordes sympathiques est un procédé emprunté aux instruments de l'Orient et introduit en Europe au XVIIe siècle;[1] la viole acquiert par là une seconde résonnance, pleine de poésie et de mystère.

On comprend combien le doigté d'un instrument accordé en quartes et en tierces majeures et mineures doit dérouter un violoniste ou un altiste de nos jours; aussi n'y a-t-il aucune probabilité de voir jamais la viole d'amour reprendre sa place dans l'art pratique des Occidentaux. Nous croyons dès lors inutile d'en décrire le mécanisme, et nous nous

---

[1] Voir l'*Annuaire du Conservatoire Royal de Bruxelles* pour 1878, p. 193.

bornons à mettre sous les yeux du lecteur le solo que Meyerbeer lui a donné au premier
acte des *Huguenots*. La partition gravée ne fait pas mention de la viole d'amour et porte
simplement en tête du morceau l'indication: «un Alto solo»

CHAPITRE IV

**Instruments à cordes pincées: la harpe, la guitare, la mandoline;
instruments à cordes percutées sans clavier: le zimbalon hongrois ;
avec clavier: le piano.**

§ 68.— Par suite de la manière dont leurs cordes sont ébranlées, ces instruments ne possèdent pas la faculté de prolonger à volonté leurs sons, de réunir en une seule articulation plusieurs intonations distinctes; parmi tous les organes musicaux ils ont le moins
d'affinité avec la voix humaine. Aussi les formes musicales auxquelles ils ont donné naissance (les arpèges et batteries) ont au plus haut degré un caractère instrumental et
sont devenues, en vertu du principe des contrastes, les types d'accompagnement de la
cantilène vocale.

Aucun instrument dont nous avons à parler ici ne forme un élément essentiel de l'orchestration moderne. Même la harpe, si souvent mise à contribution dans l'opéra de notre
époque, reste exclue de l'orchestre symphonique. La guitare, la mandoline et le zimbalon
ont un caractère national fortement prononcé et n'apparaissent dans certaines compositions pittoresques que pour donner une réalité plus saisissante à ce qu'on appelle la
couleur locale. Quant au piano, le puissant agent de propagation de l'art européen chez
tous les peuples du globe, il ne fait pas davantage partie de l'orchestre. Quand il prend
place dans l'ensemble instrumental c'est pour assumer le rôle de soliste (1).

---

(1) Nous n'avons pas à tenir compte du cas où le piano sert de pis-aller en l'absence d'une harpe. C'est là un fait irrégulier,
justifiable par la nécessité, mais que la technique rationnelle doit ignorer.

Harpe

(En italien *arpa*, plur. *arpe*; en allemand *Harfe*, plur.-*en*.)

§69. — De tous les instruments à cordes cultivés jusqu'à nos jours c'est sans contredit le le plus ancien: en Egypte la harpe figure sur des monuments qui remontent à six mille ans; en Europe elle était en usage chez les Celtes et les Germains longtemps avant l'ère chrétienne. Mais c'est seulement à une époque très rapprochée de nous que l'instrument des bardes et des scaldes est entré dans la pratique de l'art universel, et que son mécanisme a été perfectionné en vue de sa nouvelle destination. Grâce au système du *double mouvement*, inventé par Sébastien Erard dans les premières années de ce siècle, la harpe, tout en conservant quelque chose de sa physionomie exotique, a été appropriée aux conditions multiples de la composition moderne.

Depuis sa dernière transformation la harpe est montée de 46 cordes (les instruments les plus récents ont une corde de plus à l'aigu, *sol* b_8), lesquelles forment une gamme diatonique de 6 octaves et demie: presque toute l'échelle des sons musicaux. Comme le piano, la harpe se joue à deux mains (voir plus loin une exception intéressante, ex: 132) et se note sur deux portées avec les clefs de sol et de fa 4° ligne. On l'accorde en *ut* b majeur, en sorte que toutes les notes de sa gamme fondamentale sont bémolisées. Les divisions de son échelle coïncident avec celles de l'étendue générale (§ 24).

§70. — Les sons non compris dans la gamme d'*ut* b *majeur* s'obtiennent au moyen de sept pédales mises en mouvement par les deux pieds du harpiste: le pied gauche en fait mouvoir trois (si, ut et ré), le pied droit quatre (mi, fa, sol, la). Chaque pédale est pourvue d'un double mécanisme fonctionnant de manière à hausser le son bémolisé, soit d'un demi-ton, soit d'un ton, selon que la pédale s'abaisse d'un ou de deux crans.

Chacune des cordes de la harpe produit donc trois sons de hauteur différente, représentés par la même note à l'état de bémol, de bécarre ou de dièse.

Sons primitifs:	haussés d'un ½ ton;	haussés d'un ton.
Ut b	ut ♮	ut ♯
Ré b	ré ♮	ré ♯
Mi b	mi ♮	mi ♯
Fa b	fa ♮	fa ♯
Sol b	sol ♮	sol ♯
La b	la ♮	la ♯
Si b	si ♮	si ♯

I. L'effet des pédales se produit à la fois dans toutes les octaves; ainsi lorsque l'artiste hausse d'un demi-ton la corde *fa ♭*, il obtient du même coup *fa ♮* d'un bout à l'autre de l'échelle, et l'instrument entier est établi en *sol ♭ majeur*.

Une opération analogue convertit tous les *ut ♭* en *ut ♮*, les *sol ♭* en *sol ♮*, les *ré ♭* en *ré ♮*, etc. en sorte que les sept pédales étant baissées et fixées au premier cran, la harpe se trouve accordée en *ut majeur*.

En fixant successivement les sept pédales au second cran, on obtient les tons à dièses et en dernier lieu celui d'*ut ♯ majeur*.

II. La harpe s'accommode donc avec une égale facilité à toutes les tonalités usitées dans la musique moderne, mais sa sonorité est d'autant meilleure que l'on s'éloigne moins du ton d'*ut ♭ majeur*. Le passage d'un ton à un autre s'effectue avec promptitude et sans interrompre le jeu de l'exécutant. Toutefois comme le harpiste ne peut toucher, avec chacun de ses pieds, qu'une pédale à la fois, on doit s'abstenir dans la partie de harpe de transitions soudaines à un ton très éloigné (1). Des modulations passagères, telles que les suivantes, n'offrent pas de difficulté.

Ex. 131.

(1) Autrefois les compositeurs avaient l'habitude d'indiquer les mutations de l'accord par des annotations telles que « préparez le *fa ♯* », « ôtez le *si ♭* », etc. Cela ne se fait plus aujourd'hui, toutefois il est nécessaire que le compositeur se rende un compte exact des mouvements de pédales, s'il ne veut courir le risque d'écrire des impossibilités.

HARPE

Gounod, FAUST, Tableau de la prison. p. 481 et suiv.

8854. H.

Mais s'il s'agissait, par exemple, de passer de *ré♭ majeur* en *mi♮ majeur*, un repos de quelques mesures dans la partie de harpe serait nécessaire pour préparer le changement, lequel n'entraîne pas moins de neuf mouvements de pédales (*sol♮–sol♯, ré♮–ré♯, la♮, mi♮, si♮, fa♯, ut♯*).

III. Le mode mineur moderne, avec ses deux degrés variables (le 6ᵉ et le 7ᵉ), ne peut s'exécuter sur la harpe sans de nombreux mouvements de pédales, même dans les passages où il n'y a pas de véritables modulations.

Ex. 132.

IV. On voit que la harpe est, de sa nature, un instrument diatonique, et que toute musique chargée de modulations et d'harmonies altérées y a quelque chose d'artificiel et de forcé. Le compositeur devra user avec sobriété de broderies contenant des appoggiatures étrangères à la gamme diatonique, et s'abstenir complètement de donner à la harpe des gammes chromatiques; inexécutables dans la vitesse, elles sont de mauvais effet dans un mouvement lent. Une pédale prise et quittée aussitôt donne lieu à de fausses résonnances dont l'effet est détestable. Même un seul degré chromatique intercalé dans une gamme rapide présente à l'exécution une difficulté hors de proportion avec l'effet produit. Le passage suivant n'aurait certes rien perdu à être rendu tout à fait diatonique.

Ex. 133.   Allᵗᵗᵒ molto moderato.

Quant aux harmonies renfermant des éléments chromatiques, elles ne conviennent à la harpe qu'autant que les accords s'y succèdent sans précipitation.

Ex. 134.

Des passages aussi compliqués que les suivants ne sont supportables et possibles qu'entre les mains de virtuoses rompus à toutes les difficultés, et capables de corriger au besoin, par des modifications adroites, les inadvertances du compositeur. On fera donc bien de ne pas écrire de pareils traits, manifestement contraires au caractère technique de l'instrument.

Ex. 135.

1 Wagner, l'incantation du feu dans la WALKYRIE. Acte III p. 445 et suiv.

8854. H.

V. Bien que la harpe ne possède ni doubles dièses ni doubles bémols, les compositeurs de l'école actuelle ne se font pas faute de lui donner des sons de cette espèce. Il n'y a pas à faire d'objection fondamentale à un tel usage, puisque la harpe appartient à la catégorie des instruments tempérés (§§ 27 et 29). Les sons *fa* x, *ut* x et *sol* x, de même que *la* ♭♭, *mi* ♭♭ et *si* ♭♭, y sont rendus respectivement par *sol* ♮, *ré* ♮ et *la* ♮, leurs *homophones* ou, comme on dit improprement, leurs *synonymes* (§ 29).

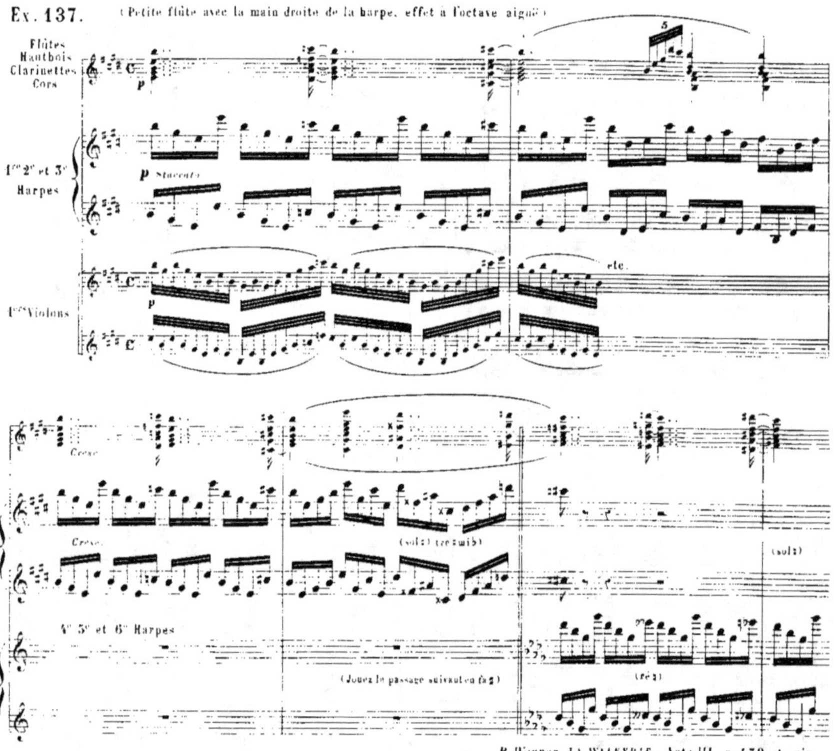

R. Wagner, LA WALKYRIE, Acte III, p. 439 et suiv.

Cependant, si le compositeur a le souci de faciliter l'exécution de son œuvre, il agira prudemment en employant, autant que le permet l'orthographe harmonique, la manière de noter la plus conforme à la technique spéciale de l'instrument. Le passage suivant, par exemple, joué tel qu'il est gravé dans la grande partition, nécessite des changements de pédales nombreux et compliqués, à cause de la modulation de si ♮ en mi ♭ :

Ex.138. Mod^{to} maestoso.

Si, au contraire, cette partie de harpe est notée et exécutée en ut♭, toute difficulté
disparaît: le passage devient d'une simplicité extrême, et en outre la sonorité est meilleure.

Ex.139. Mod^{to} maestoso.

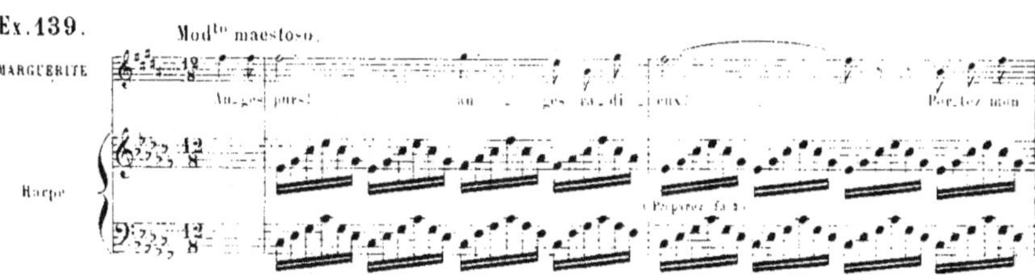

VI. Il existe certaines combinaisons harmoniques dont l'exécution sur la harpe ne peut être strictement conforme à l'orthographe exigée par les lois tonales. Lorsque, par exemple, un degré diatonique de la gamme est attaqué en même temps que son altération chromatique, le harpiste est forcé de remplacer l'un des deux sons par son *homophone* enharmonique.

La transformation enharmonique n'est pas possible dans les trois combinaisons suivantes, qui sont inexécutables.

En voici la cause. Les sons *la* ♮, *ré* ♮ et *sol* ♮ n'ont pas d'homophones sur la harpe, et ne s'y produisent en conséquence que d'une seule manière, tandis que tous les autres sons, désignés soit par un bécarre, soit par un dièse, soit par un bémol, s'y rencontrent sous deux dénominations distinctes, ainsi que le démontre le tableau suivant.

```
                                                    si ♯ = ut ♮
                                                    si ♮ = ut ♭   ( corde ut ♭ )
                                              la ♯ = si ♭
                                            • la ♮                 corde si ♭
                                        sol ♯ = la ♭
                  corde mi ♭           • sol ♮              corde la ♭
                                  fa ♯ = sol ♭
        corde ré ♭          mi ♯ = fa ♮              corde sol ♭
  corde ut ♭                mi ♮ = fa ♭
                       ré ♯ = mi ♭              corde fa ♭
( corde si ♭ )        • ré ♮
               ut ♯ = ré ♭
        si ♯ = ut ♮
        si ♮ = ut ♭
```

Cette faculté, propre à la harpe moderne, de faire entendre la même intonation sur deux cordes distinctes a conduit les virtuoses à imaginer un genre de traits dont l'effet est des plus extraordinaire. Ils réduisent les *sept* degrés de l'octave diatonique à *quatre*, en mettant à l'unisson les cordes contiguës, deux à deux; par exemple:

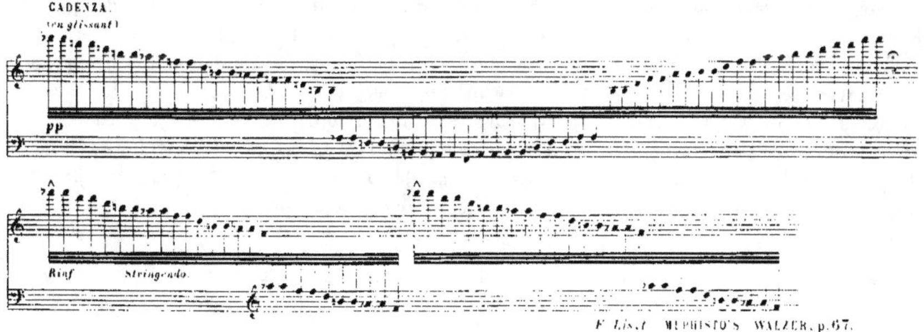

Accordé de l'une de ces manières, l'instrument fait entendre du haut en bas de son échelle un accord de septième diminuée, que l'exécutant peut arpéger dans tous les sens avec une vélocité et une force extrêmes; puisque en glissant les doigts, ou en promenant au hasard ses mains sur les cordes, ou en faisant résonner simultanément un nombre indéterminé de cordes, il n'est jamais exposé à rencontrer un son étranger à l'accord.

Cette combinaison est applicable non-seulement à l'accord de septième diminuée, si fécond en transformations enharmoniques, mais encore à *quinze* accords de septième mineure. Les voici (1):

a) 5 Septièmes de dominante ou de 1re espèce

(à employer aussi comme accords de sixte augmentée).

b) 5 Septièmes de seconde ou de 2e espèce.

c) 5 Septièmes de sensible ou de 3e espèce.

§ 71. — La harpe, avec ses sons percutés et secs, est peu faite pour chanter. Sa principale fonction dans l'orchestre est d'accompagner la cantilène principale, de la rehausser par de riches *arpèges*, broderies harmoniques qui ont pris leur nom de l'instrument.

I. Les principales formes musicales propres à la harpe (nous allons les énumérer brièvement) sont réductibles à des accords ou à des successions d'accords que le compositeur a la faculté de présenter sous les aspects les plus divers.

a) Accords émis par une seule attaque. Ils conviennent à tous les registres et sonnent aussi bien dans le *piano* que dans le *forte*. Si l'on désire obtenir une sonorité puissante et nourrie, il sera bon d'observer les conditions suivantes : 1° ne pas employer plus de quatre doigts à chaque main dans chacun des accords ; 2° espacer également les sons de tout l'accord, de manière à ne pas laisser de vide dans la région moyenne : lorsqu'on n'écrira qu'une seule partie de harpe il faudra donc rapprocher les deux mains ; 3° éviter de faire jouer longtemps les deux mains dans le grave, combinaison qui force l'exécutant à garder une position du corps très fatigante. Ajoutons en outre qu'il n'est pas nécessaire d'enfermer chaque main dans les limites d'une octave, comme le font généralement les compositeurs non harpistes : la main gauche, aussi bien que la main droite, atteint sans effort la dizième, voire même la onzième.

<hr>

(1) Pour retrouver ces 15 accords de mémoire, on n'a qu'à retenir la règle suivante. *la tierce majeure contenue dans chacun d'eux doit pouvoir s'écrire régulièrement de deux manières (par dièse et par bémol), sans nécessiter l'emploi d'aucun double accident.* Or 5 tierces majeures seulement sont dans ce cas : 1° sol♯-si♯ (la♭-ut), 2° ut♯-mi♯ (ré♭-fa), 3° fa♯-la♯ (sol♭-si♭), 4° si-ré♯ (ut♭-mi♭), 5° mi-sol♯ (fa♭-la♭).

HARPE

Ex. 140.

Allᵒ maestoso.

Meyerbeer, LE PROPHÈTE, Acte III. p.476.

Ex. 141.   Andᵗᵉ cantabile. 69 = ♩.

Meyerbeer, LES HUGUENOTS. Acte II. p.223.

b) Accords décomposés en arpèges. Cette forme de traits, typique pour la harpe, est de
beaucoup la plus usitée à l'orchestre: elle s'adapte à tous les degrés de vitesse, à toutes les
mesures. Tantôt l'arpège est joué par une seule main, pendant que l'autre se borne à marquer les temps forts; tantôt les deux mains exécutent alternativement une portion de l'accord arpégé.

Ex. 142.

Ex. 143.

Souvent aussi des accords arpégés sont rendus par les deux mains à la fois (Ex. 131).
Lorsqu'ils sont réductibles à des accords plaqués, tels que les exige le mécanisme de
l'instrument (p. 86), la difficulté n'est jamais grande, quels que soient le ton et le
mouvement. Quant aux arpèges parcourant une étendue de plusieurs octaves, ils peuvent se
doubler également si leur mouvement est très modéré. Mais dans la vitesse ils ne s'écrivent qu'en notes simples, leur exécution réclamant le concours des deux mains. Tour à
tour l'une des mains fait entendre trois ou quatre sons successifs, pendant que l'autre
change de position. (Outre le passage suivant, voir le début de l'ex. 147.)

R.Wagner. LA WALKYRIE. Acte I. Scène III. pp.65 et suiv.

c) **Batteries**. Elles ne sont guère moins usitées que les arpèges proprement dits.

Ex. 145.

Ex. 146.

II. Les traits d'agilité formés principalement d'éléments mélodiques trouvent de nos jours
une application moins fréquente dans les parties de harpe écrites pour l'orchestre. Toutefois les gammes diatoniques simples, jouées par la main droite ou par les deux mains,
fournissent des passages faciles et bien appropriés au style de l'instrument. Par contre les
successions rapides d'octaves, de sixtes et même de tierces s'exécutent difficilement lorsque
les deux sons doivent être produits par la même main; le compositeur fera bien de s'en
passer à l'orchestre.

Ou évitera également la répétition rapide d'un son, à moins qu'on ne puisse en atténuer
l'effet dur et sec par l'usage des homophones (p. 85). La corde répercutée à un trop court
intervalle de temps ne peut se mettre en vibration, en sorte que le son est étouffé dès sa
naissance. On s'abstiendra pour le même motif de faire jouer les deux mains en face l'une
de l'autre.

Le trille, ornement propre à la voix et aux instruments qui s'en rapprochent, convient peu
à la harpe. Tout au plus est-il tolérable dans la région aiguë.

L'exemple suivant, qui contient une grande variété de traits mélodiques, donnera une idée
de la manière dont on traitait la musique de harpe il y a une soixantaine d'années.

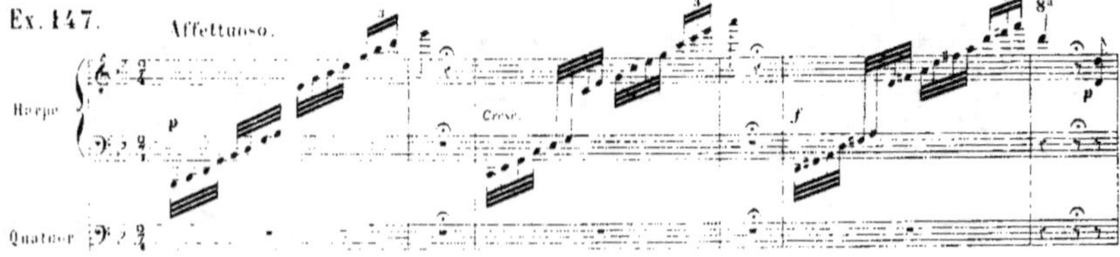

Rossini, OTELLO, Acte III, ritournelle de la romance du Saule.

§72. — Au milieu des sonorités multiples dont se compose l'orchestre européen, aucune ne produit une impression plus déterminée que celle des harpes. Son caractère dominant est l'idéalité, l'immatérialité. Les sons de la harpe transportent l'esprit, loin du mouvement tumultueux des passions terrestres, aux régions sereines où règnent le calme et la paix avec la force et la majesté. Ils expriment le ravissement des sens, l'extase, l'enthousiasme, tous les sentiments transcendants; ils éveillent des idées de triomphe, de gloire et de splendeur. Aussi la harpe est-elle appelée par le compositeur dramatique à résonner dans les pompes religieuses et publiques; à accompagner les chants mis dans la bouche de personnages élevés: prophètes, prêtres, rois; à poétiser le coloris instrumental des scènes où interviennent des êtres surnaturels: anges, génies, etc.

Bien que le timbre de la harpe soit d'une homogénéité remarquable, il prend nécessairement des nuances plus accentuées aux points extrêmes d'une échelle de plus de six octaves.

Les cordes de l'avant-dernière octave grave (*ut*♭..., à *ut*♭₁) se distinguent par une sonorité pleine en même temps que suave et mystérieuse.

---

(1) C'est là aussi l'impression que produisaient sur les anciens leurs instruments à cordes, la cithare et la lyre, proches parents de la harpe. Voir mon *Histoire et théorie de la musique de l'antiquité*, t. I, p. 36, t. II, p. 472.

HARPE

Ex. 148.
Flûtes et Clarinettes
2 Harpes
assai vibrato
1res Violons
ppp divisés
2ds Violons
ppp divisés
Altos
ppp
sotto voce dolcissimo
MARGHERITA
Lonta_no lonta_no lonta_no   Sui flut_ti d'un ampio oce_a_no,   Fra i ro_ridi efflu_vi del mar,
FAUST
Lonta_no lonta_no lonta_no   Sui flut_ti d'un ampio oce_a_no,   Fra i ro_ridi efflu_vi del mar,
Violoncelles et C. Basses
ppp
ppp
unis.
divi.
Fra l'al_ghe, fra i fior, fra le pal_me,   Il por_to dell'in_ti_me cal_me,   L'azzur_ra i_so_let_ta m'appar;
Fra l'al_ghe, fra i fior, fra le pal_me,   Il por_to dell'in_ti_me cal_me,   L'azzur_ra i_so_let_ta m'appar;
Flûtes, Hautb. Clar.
unis.
divi.
unis.
divi.
M'appa_re sul cie_lo se_re_no,   Ri_cin_ta d'un ar_co ba_le_no,   Specchiante il sorri_so del sol.
M'appa_re sul cie_lo se_re_no,   Ri_cin_ta d'un ar_co ba_le_no,   Specchiante il sorri_so del sol.

Les sons de la région aiguë ont un éclat cristallin et rayonnant, qui évoque à l'esprit l'idée de fêtes brillantes, de banquets magnifiques inondés de lumières, ou qui transporte notre imagination dans le monde gracieux de la féerie.

Ex. 149.   All^{tto} ben moderato. 63=♩.

Ex. 150.

Allegro, mouvement de Valse.

§ 73. — La harpe fournit au compositeur des timbres d'une douceur plus étrange et plus poétique encore par ses *sons harmoniques* (§ 11, IV). Boïeldieu le premier les employa à l'orchestre dans *la Dame blanche*, représentée en 1825.

Dans la pratique on n'utilise que le son 2 de la série harmonique, l'octave du son produit par l'attaque franche de la corde (1). On obtient cette octave en touchant, avec la partie charnue de la paume de la main, le point milieu de la corde, tandis que le pouce et les deux premiers doigts de la main sont employés à ébranler la corde. Toutes les cordes de la harpe ne sont pas dans les conditions convenables de longueur, de grosseur et de tension pour produire facilement de tels sons; la partie de l'instrument la plus favorable à cet effet est comprise entre *si♭₁* et *ré₄*; dans cet espace de plus de 2 octaves le compositeur peut employer en sons harmoniques tous les degrés de l'échelle, qu'ils soient marqués par un ♭, par un ♮ ou par un ♯.

En écrivant un passage en sons harmoniques, on ne doit pas désigner la hauteur réelle des intonations, mais bien les cordes sur lesquelles se produisent les sons en question. Un o au dessus de la note indique à l'exécutant l'effet voulu par le compositeur. Voici l'échelle des sons harmoniques de la harpe: nous négligeons tous les demi-tons étrangers à la gamme de *si♭* majeur.

Il existe peu d'exemples de l'usage des sons harmoniques de la harpe à l'orchestre. Le plus heureux et le plus caractéristique de tous, peut-être, est le premier en date.

Ex. 151.

(1) Les virtuoses gréco-romains faisaient usage dans le jeu de la cithare du son harmonique d'octave, auquel ils donnaient le nom de *syrigma* (= sifflement, flageolet). Voir mon *Histoire et théorie de la musique de l'antiquité*, t. II, pp. 268 et 637.

Fin du morceau:

La valse du ballet des Sylphes dans la *Damnation de Faust* de Berlioz offre également un spécimen remarquable de l'emploi de ce timbre mystérieux.

Ex. 152.

Fin du morceau:

Il n'y a pas d'inconvénient à confier des sons harmoniques aux deux mains à la fois,
pourvu que la droite n'ait pas de doubles notes (la main gauche peut en avoir).

§ 74. — L'usage de la harpe à l'orchestre a traversé trois périodes. Dans la première,
qui se prolonge jusqu'au commencement de ce siècle, le compositeur n'a recours à la
harpe qu'en guise d'allusion historique, pour ainsi dire: lorsque le sujet de son œuvre
appelle l'emploi d'un instrument plus apte que tout autre à évoquer des souvenirs antiques.
C'est en ce sens que Haendel a introduit la harpe dans la première version de son oratorio d'*Esther* (1720), Gluck dans son opéra d'*Orphée* (1762), Beethoven dans son ballet de
Prométhée (1799).

La deuxième période appartient presque exclusivement à la France: elle s'ouvre vers l'é-
poque où la harpe reçoit ses perfectionnements définitifs: sous le premier empire. Rien ne
concordait mieux avec le goût dominant du jour qu'un instrument rappelant à la fois l'antiquité et la poésie ossianique: toute la littérature alors en vogue. A partir de ce moment,
la harpe apparaît de plus en plus souvent à l'orchestre de l'Opéra ou de l'Opéra-comique.
particulièrement lorsque le sujet de la pièce est emprunté soit à la Bible. soit à l'histoire
de Grèce ou de Rome (Méhul, *Joseph*. 1807; Spontini, *la Vestale*. 1807. et *Olympie*. 1819;
Rossini. *le siège de Corinthe*. 1826, et *Moïse*, 1827). ou quand l'action se passe en Irlande ou
en Ecosse (Méhul. *Uthal*. 1803; Lesueur. *les Bardes*. 1807; Catel. *Wallace*. 1817; Boïeldieu. *la
Dame blanche*. 1825). En Allemagne la harpe continue à être inusitée pendant tout ce temps,
même au théâtre (je ne sache pas que Weber l'ait utilisée une seule fois). Il faut descendre jusque vers 1840 pour la voir apparaître timidement chez les compositeurs allemands
(Mendelssohn. Ouverture d'*Athalie*).

Enfin la période actuelle. la troisième, fut inaugurée également en France, par Hector Berlioz. le représentant musical de l'école romantique après 1830. La harpe devient dès lors
une partie intégrante de l'orchestre et se mêle fréquemment à toute sorte de combinaisons instrumentales: réminiscences historiques ou couleur locale à part. Trois maîtres surtout ont contribué à développer le rôle de la harpe dans la musique moderne: Berlioz,
Meyerbeer et Richard Wagner: leurs œuvres sont trop connues pour qu'il soit besoin de les
rappeler ici.

L'effet des harpes réunies aux autres timbres de l'orchestre est d'autant meilleur que leur nombre est plus grand. Rien n'égale la belle sonorité d'une masse de harpes mise habilement en œuvre. Qui ne se rappelle l'impression grandiose que produisit aux premières représentations du *Prophète* cette entrée exécutée par quatre harpistes.

Lorsque l'auteur n'a écrit qu'une seule partie de harpe, comme dans l'exemple précédent, le chef d'orchestre devra, autant que possible, la faire jouer par deux instrumentistes au moins, sauf le cas où il s'agit d'une cantilène intime que le personnage scénique est censé accompagner lui-même (Ex. 147). La manière la plus usuelle consiste à écrire deux parties de harpe, destinées à être doublées (Ex. 137, 140, 144, 146, 152); cette combinaison fournit au compositeur toutes les ressources désirables. De nos jours néanmoins on a poussé plus loin le luxe instrumental: Richard Wagner a imaginé jusqu'à six parties de harpe dans la scène finale du *Rheingold*, lorsque le cortège des dieux germaniques marche vers le Walhalla en passant sur l'arc-en-ciel, jeté comme un pont gigantesque entre la terre et les airs (p. 297 et suiv. de la gr. partit.).

Guitare

(En italien *Chitarra*, en allemand *Guitarre*.)

§75.— C'est l'instrument national de l'Espagne, d'où il a été importé chez les autres peuples de l'Europe. Il est très répandu aussi en Italie. Le manche est divisé par des touches qui servent à indiquer avec précision les endroits où doivent se poser les doigts de la main gauche: les cordes sont pincées par la main droite.

La guitare s'accorde d'après l'ancien système adopté pour la famille des luths: une succession de quartes interrompue par une seule tierce majeure. Son échelle appartient aux régions grave et moyenne; elle est produite par six cordes lesquelles, touchées à vide, doivent faire entendre les sons suivants:

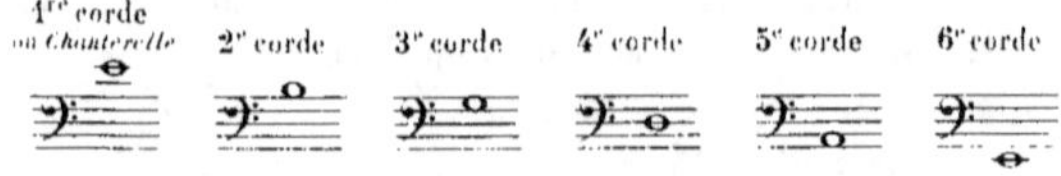

La musique destinée à la guitare se note en clef de *sol*, une octave à l'aigu des sons effectifs, en sorte que les cordes à vide se traduisent par les notes suivantes:

Dans la position ordinaire, le pouce de la main droite doit pincer les trois cordes graves, l'index pince la 3e corde, le médius la 2e, l'annulaire la chanterelle. Lorsqu'il se présente des accords plaqués à plus de quatre sous, le pouce ne pouvant attaquer simultanément ses trois cordes est obligé de glisser. Il est clair qu'on ne peut en ce cas employer la 6e et la 4e corde sans se servir aussi de la 5e.

La guitare n'est pour le compositeur qu'un instrument d'accompagnement. Au lieu donc de tenter l'explication de son doigté assez compliqué. nous allons donner les cadences finales de tous les tons majeurs et mineurs. Cela suffira à indiquer la disposition des accords les plus usités.

TONS MAJEURS[1]

TONS MINEURS

---

(1) Ce tableau est tiré du *Traité général d'instrumentation* de Kastner. (Paris, Prilipp et Co), p 17.

Les accords se décomposent en diverses façons et produisent ainsi des figures d'accompagnement telles qu'arpèges, batteries, etc.

Les sons harmoniques de la guitare s'emploient dans les morceaux de virtuosité. Ceux des cordes à vide sont les plus faciles; ils se produisent de la même manière que sur les instruments à archet, sauf le mode d'ébranlement de la corde. On fait en outre sortir sans difficulté l'octave harmonique des sons obtenus par le raccourcissement artificiel des cordes. Voici le procédé employé à cet effet. Tandis que les doigts de la main gauche appuient fortement la corde, l'index de la main droite la touche légèrement au point milieu *de la partie vibrante*, et le pouce de la même main est employé à la pincer[1]. Jusqu'à présent les sons harmoniques de la guitare n'ont pas été essayés à l'orchestre, ce qui est d'autant moins étonnant que l'instrument lui-même y a fait de très rares apparitions.

La sonorité de la guitare est faible, mais elle possède beaucoup de charme poétique et accompagne à merveille le chant d'une voix isolée. Ce timbre est fait pour se marier à des cantilènes simples et populaires: complaintes et sérénades. C'est pour des morceaux de ce genre que la guitare a été employée dans quelques œuvres dramatiques de notre siècle.

Ex. 154.

Rossini. IL BARBIERE DI SIVIGLIA, Acte I.

(1) Voir Berlioz, Grand *Traité d'instrumentation et d'orchestration* (Paris, Lemoine), p. 86. Nous renvoyons à cet ouvrage les personnes qui désirent de plus amples détails sur cet instrument, si peu en faveur à notre époque.

Mandoline

(En italien *mandolino*)

§ 76. — Comme l'indique son nom, la mandoline n'est qu'une mandore de petite dimension. Dans les pays de l'Europe méridionale, d'où cette sorte d'instrument est originaire, la mandoline sert de soprano à la guitare. Sa fonction est de jouer les ritournelles et de broder un accompagnement figuré à l'aigu de la cantilène vocale, manière empruntée à la musique gréco-romaine, et reproduite délicieusement par Mozart dans sa ravissante sérénade de *Don Giovanni*.

On fait résonner les cordes de la mandoline en les grattant soit avec un bec de plume, soit avec un morceau d'écorce ou d'écaille. Leur nombre et leur accord paraissent avoir varié assez souvent. La mandoline napolitaine, la plus répandue, est montée de quatre cordes doubles qui donnent l'unisson des quatre cordes simples du violon.

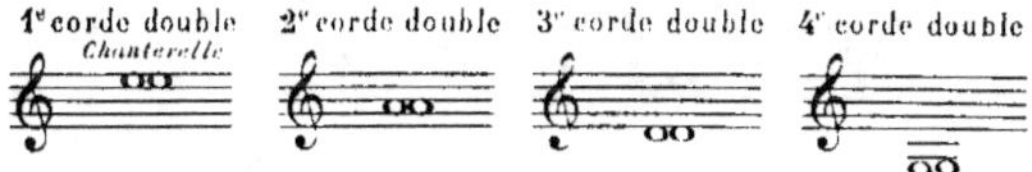

Le mécanisme de la main gauche ne diffère pas non plus de celui du violon. Toutefois le caractère populaire de l'instrument ne s'accommode guère de raffinements techniques et veut un style simple, des traits faciles. On ne doit pas monter au-delà de mi, octave aiguë de la chanterelle.

Comme le mode d'attaque exclut la prolongation des sons, la mandoline supplée aux tenues par une répercussion très rapide de la même note. C'est là un de ses effets favoris. Aucun compositeur ne s'est approprié plus heureusement le style caractéristique de la mandoline, que notre inimitable maître liégeois Grétry.

Ex. 156.

Gr..y. L'AMANT JALOUX, Acte III. Sérénade.

Le timbre de la mandoline, tout grêle et nasillard qu'il soit, a quelque chose de piquant et «d'original» (Berlioz). Quelle expression railleuse il prête au chant d'amour que Don Juan roucoule sous la fenêtre de la camériste de sa femme! Cependant les dessins sautillants et légers ne sont pas les seuls qui conviennent à cet instrument. La sérénade du *Barbier de Séville* de Paesiello démontre que la mandoline napolitaine était reconnue capable d'interpréter des mélodies d'un style soutenu.

Ex. 157.

Zimbalon

§ 77. — Elément indispensable des orchestres hongrois qui sont venus souvent visiter nos pays depuis une vingtaine d'années, le zimbalon, aux sons pétillants comme des étincelles, est bien connu de quiconque a eu occasion d'entendre les Czardas et autres morceaux caractéristiques du répertoire des Tziganes. Ce genre d'instrument n'était pas inconnu auparavant en Occident, mais il n'y est jamais devenu, comme chez les Magyares, l'objet d'une culture artistique développée. Au fond ce n'est autre chose qu'un *tympanon* perfectionné et muni d'étouffoirs. Chacune des mains de l'exécutant est munie d'un petit maillet en bois, destiné à frapper les cordes pour les faire résonner.

Actuellement le zimbalon possède une échelle entièrement chromatique de quatre octaves, dont les intervalles, comme ceux des instruments à clavier, sont tempérés (§ 29) :

Les virtuoses hongrois exécutent sur cet instrument toutes sortes de mélodies et de traits en gammes, en arpèges, en accords brisés, etc. Ils parviennent même à y faire entendre des accords de quatre sons et davantage. Mais leurs effets les plus originaux consistent en trilles et en batteries rapides. Le prolongement du son, de même que sur la mandoline, s'obtient par une répercussion précipitée de la même note, procédé qui s'indique par le signe⁓

On aura une idée de la manière de traiter le zimbalon par les deux morceaux suivants, extraits d'une méthode récemment publiée en Hongrie (1).

Ex. 158.

---

(1) Schnuda, V. J. *Cimbalom-iskola*, Buda-Pesth, 1876.

Ex. 159.

Piano

(En italien *Pianoforte*, en allemand *Clavier*.)

§78.— Donner un aperçu de la technique du piano moderne, à l'usage des compositeurs serait une tâche ou superflue ou impossible. Tout musicien cultivé manie cet instrument chaque jour et en connaît par lui-même et l'étendue et les principes de doigté, mais un gros volume suffirait à peine pour expliquer les procédés élémentaires du clavier à quiconque ne les possède pas en pratique. Le meilleur précepte à observer pour le compositeur, en matière d'instruments à clavier, est de n'écrire que ce qu'il peut à peu près jouer lui-même.

Le prédécesseur du piano, le clavecin, faisait partie intégrante de l'orchestre; il était spécialement chargé du remplissage harmonique, des parties d'accompagnement en accords plaqués, que le claveciniste improvisait sur une basse continue plus ou moins chiffrée. Cette fonction, essentielle dans les œuvres de l'ancienne école classique (Alessandro Scarlatti, Marcello, Haendel, J. S. Bach, etc.), diminua d'importance après la révolution inaugurée par Haydn dans la musique instrumentale, par Gluck dans le drame chanté; elle se maintint le plus longtemps à l'*opera buffa* (et n'y est pas encore abolie complètement), mais limitée à l'accompagnement du *recitativo secco*.

En dehors de quelques tentatives isolées, les maîtres du XIXᵉ siècle n'ont réuni le piano avec l'orchestre qu'à titre d'instrument concertant. Il nous suffira en conséquence de donner, dans le traité qui complètera celui-ci, les indications nécessaires pour l'instrumentation des grands solos de piano.

CHAPITRE V

Instruments à vent mis en vibration par le souffle humain. Leurs caractères généraux. Particularités dans la manière de noter leurs intonations.

§ 79. — Au point de vue de son importance dans l'orchestre moderne, cette catégorie d'agents sonores vient immédiatement après les instruments à archet. Elle partage avec eux la précieuse faculté de prolonger le son au même degré de force; elle les surpasse de beaucoup quant à la puissance de la sonorité [1]. Mais elle est loin de déployer autant de richesse, de variété et de souplesse dans les moyens techniques. Les instruments à vent ne disposent pas en général d'une grande étendue (quelques uns même manquaient naguère d'une échelle suivie); ils ne jouissent pas d'une liberté entière pour la production des nuances d'intensité; leur émission est plus lente, leur volubilité d'articulation beaucoup moindre que celle des violons, des altos et des violoncelles. En outre tout instrument à cordes est, à un degré quelconque, polyphone, c'est à dire capable de produire à lui seul de l'harmonie simultanée; au contraire nos instruments à vent sont strictement monophones: ils n'émettent qu'un son à la fois [2]. Des contrastes analogues existent entre les deux classes d'organes musicaux par rapport au caractère des timbres. L'expression d'un instrument à vent est plus déterminée, plus parlante, plus intelligible que l'expression d'un violon, d'un violoncelle; mais par là même elle a quelque chose de moins poétique, de moins élevé. En résumé les instruments dont il va être question montrent de l'affinité avec la voix humaine; aussi le style mélodique qui leur convient le mieux est celui de la musique vocale.

Jusqu'à la fin du dernier siècle les instruments à vent n'ont paru à l'orchestre qu'en nombre fort restreint; depuis lors leur place n'a cessé de s'y élargir. Cet envahissement progressif, qui a entraîné par contrecoup une augmentation proportionnelle de la masse du quatuor, s'est considérablement accéléré à partir de 1830: vers cette date commencent à surgir les innovations et découvertes qui ont transformé la partie la plus arriérée du matériel instrumental. Chose étrange: tandis que la fabrication des violons, altos et basses avait atteint le dernier degré de perfection à un moment où l'orchestre venait à peine de naître (les grands luthiers italiens fleurirent au temps de Lulli et peu après), l'art du facteur d'instruments à vent était encore dans l'enfance au commencement du siècle actuel. Grâce à quelques trouveurs éminents (il nous suffira de nommer pour l'Allemagne Boehm, pour la Belgique et la France Adolphe Sax), cette branche de l'activité artistique entra à son tour dans la voie du progrès. De nombreuses améliorations furent apportées au mécanisme des flûtes, des clarinettes et des hautbois; un nouveau type instrumental, ayant sa voix et son caractère propre, le saxophone, fut créé de toutes pièces. Mais la transformation la plus radicale, s'accomplit dans les instruments à embouchure: tous furent pourvus d'une échelle chromatique, et, à l'aide des nouveaux procédés mécaniques, on sut adapter aux besoins de la pratique musicale certains appareils sonores (le cornet, le clairon) auparavant exclus du domaine de l'art. Telle est l'abondance des ressources acquises de ce côté que la plupart des instruments récemment inventés n'ont pas encore

---

(1) Dans un orchestre bien équilibré le nombre des instruments à archet, par rapport à celui des instruments à vent, est *pour le moins*, comme 3 est à 1.

(2) Les musiciens gréco-romains avaient des instruments à vent à double tuyau et à double anche. Voir mon *Histoire de la musique de l'antiquité*, t. II, pp. 190, 600 etc.

pénétré à l'orchestre et ne sont utilisés jusqu'à ce jour que dans les bandes militaires[1]. Nous n'avons pas le projet d'énumérer tout ce qui s'est produit dans ce genre depuis un demi-siècle. Il y a là beaucoup de créations avortées, beaucoup d'essais sans originalité, beaucoup de nouveautés qui n'ont eu qu'une heure de vogue. Il nous suffira de décrire les instruments dont l'usage s'est propagé plus ou moins dans nos pays, et particulièrement ceux qui ont été mis en œuvre par les maîtres de notre époque.

§ 80. — La notation musicale, dans son application aux instruments à vent, présente plusieurs singularités qui rendent la lecture des partitions modernes difficile et rebutante pour un commençant. La plus frappante est l'usage d'écrire certaines parties instrumentales dans une tonalité fictive, en sorte que les notes n'indiquent pas la hauteur absolue des sons, mais seulement leur hauteur relative. Il ne s'agit donc pas ici d'un simple déplacement d'octave, comme nous l'avons vu pour la contrebasse (§ 61) et pour la guitare (§ 75). Les instruments à vent dits *transpositeurs* figurent dans la partition avec une armure autre que celle du ton réellement perçu par l'oreille. À cette catégorie appartiennent les clarinettes, le cor anglais, les saxophones et tous les instruments à embouchure, les trombones exceptés.

Voici la raison de cette habitude en apparence si bizarre. À l'origine, les instruments à vent furent des appareils grossièrement construits, pauvres en ressources musicales; leur échelle était des plus restreintes. Sur les flûtes et les instruments à anche, le nombre et la place des trous étaient entièrement subordonnés à la conformation des mains. En outre les intonations étrangères à l'échelle primitive de l'instrument (engendrée par l'ouverture des trous dans leur ordre successif) ne pouvaient s'y produire qu'à l'aide de *doigtés fourchus*, et manquaient par là de justesse. Même après que l'on eût imaginé le mécanisme des clefs, certaines gammes restaient presque inexécutables à cause de leur doigté compliqué. Quant aux cors et trompettes, leur tube étant fixe, ils possédaient seulement quelques harmoniques isolés issus d'une fondamentale immuable.

À mesure que les instruments à vent s'introduisirent à l'orchestre, il fallut les plier aux exigences multiples de la composition musicale et les mettre notamment en état d'aborder tous les tons usités. Pour les trompettes et les cors on se contenta jusqu'au commencement de ce siècle de les munir de *tons de rechange* (§ 17). Pour les instruments à anche et les flûtes l'on s'avisa d'un procédé imposé par la présence des trous, et déjà mis en pratique dans l'antiquité [2]. Ce fut de les construire en différentes dimensions, de manière à hausser ou à baisser le diapason de l'instrument entier, sans d'ailleurs modifier en rien la disposition des trous et des clefs, et conséquemment sans introduire aucun changement dans le doigté.

Grâce à ce moyen, un clarinettiste, par exemple, en ouvrant successivement les trous affectés sur l'instrument-type à la production de la gamme sans dièses ni bémols

---

[1] Le nombre de ces nouveaux instruments est moins excessif que ne le ferait supposer la multiplicité de leurs dénominations, parfois assez barbares. Chaque facteur voulant s'attribuer un mérite d'invention a forgé des termes à sa guise pour désigner ses produits, alors même que ce ne sont que des imitations plus ou moins déguisées. De là vient que des instruments au fond identiques portent souvent deux ou trois noms différents

[2] *Histoire de la musique de l'antiquité*, t. II, p 298 et suiv.

fait entendre en réalité

selon qu'il embouche un instrument dont le diapason, par rapport à l'instrument type, est abaissé d'un ton, d'un ton et demi, ou haussé d'un ton.

Or, les échelles transposées par ce procédé ne se notent pas telles qu'elles sonnent à l'oreille. De même que les instruments transpositeurs gardent le doigté de l'instrument-type, de même on leur conserve une notation identique, sans avoir égard à la hauteur absolue des sons. En d'autres termes la transposition des échelles s'opère par l'instrument lui-même et non par l'artiste. Ce procédé a été adopté pour la facilité de l'exécution: en effet l'esprit de l'instrumentiste, par la force de l'habitude, établit une relation plus directe entre la note et le doigt à mouvoir qu'entre la note et l'intonation. Il s'ensuit de là que les instruments dont le diapason a été baissé d'un intervalle quelconque, se trouvent haussés d'autant dans l'écriture; et réciproquement ceux dont le diapason a été haussé sont notés plus bas du même intervalle. Sur les cors et les trompettes simples, la transposition s'effectue également d'elle-même par l'apposition des corps de rechange. La musique destinée à ces instruments s'écrit comme si la fondamentale était invariablement ut_1.

Afin d'indiquer au lecteur de la partition le rapport entre les sons écrits pour les instruments transpositeurs et ceux que perçoit l'oreille, on est convenu de prendre pour terme de comparaison la note *ut* : à la suite du nom de l'instrument on indique le degré de l'octave chromatique qui répond à l'*ut* écrit (1). Conformément à ce système, on appelle *clarinette en si♭* l'instrument qui fait entendre *si♭* alors que la notation indique *ut*; *clarinette en la*, celle qui produit pour l'oreille *la*, quand le compositeur a noté *ut*, et enfin *clarinette en ut* celle qui émet réellement un *ut*, chaque fois que l'écriture musicale indique *ut* (2). Le son effectif étant déterminé pour un seul degré de l'échelle chromatique, se trouve par là même connu pour tous les autres degrés, et il devient facile au lecteur de rétablir par la pensée la véritable armure du morceau (3).

Un instrument *en si ♮* fait entendre la seconde mineure au-dessous ou la septième majeure au-dessus des notes écrites; son armure a *5 dièses de moins* (ou 5 bémols de plus) que celle des instruments notés dans le ton réel. (Ôter un dièse équivaut à mettre un bémol; ôter un bémol équivaut à mettre un dièse; en effet le bécarre fait office de bémol lorsqu'il élimine un dièse; il tient la place du dièse lorsqu'il annule un bémol.)

<hr>

(1) Une pareille indication est omise lorsque l'instrument transposé a pris un tout autre nom que son prototype (exemples: *Cor anglais* au lieu de *Hautbois en fa*; *Cor de basset* au lieu de *Clarinette en fa*).

(2) Les dénominations autrefois appliquées aux variétés de la famille des flûtes (dénominations encore en vigueur parmi les musiciens), se rapportent à la note *ré* prise comme terme de comparaison (voir ci-après § 87).

(3) Si à la première inspection d'une partition d'orchestre on éprouve quelque difficulté à se rendre compte de la tonalité réelle, on n'a, pour écarter toute incertitude, qu'à jeter les yeux sur certaines parties d'instruments toujours écrites sans transposition: dans la musique d'orchestre le quatuor, les flûtes, les hautbois, les bassons; dans les morceaux de musique militaire, les trombones.

Un instrument *en si ♭* fait entendre la seconde majeure au-dessous ou la septième mineure au-dessus des notes écrites; son armure a *2 bémols de moins* (2 dièses de plus) que celle des instruments notés dans le ton réel.

Un instrument *en la* fait entendre la tierce mineure au-dessous ou la sixte majeure au-dessus des notes écrites; son armure a *3 dièses de moins* (trois bémols de plus) que celle des instruments notés dans le ton réel.

Un instrument *en la ♭* fait entendre la tierce majeure au-dessous ou la sixte mineure au-dessus des notes écrites; son armure a *4 bémols de moins* (quatre dièses de plus) que celle des instruments notés dans le ton réel.

Un instrument *en sol* fait entendre la quarte juste au-dessous ou la quinte juste au-dessus des notes écrites; son armure a *un dièse de moins* (un bémol de plus) que celle des instruments notés dans le ton réel.

Un instrument *en sol ♭* ou *en fa ♯* fait entendre la quarte majeure ou la quinte mineure soit au-dessous, soit au-dessus des notes écrites; son armure a *6 bémols ou 6 dièses de moins* que celle des instruments notés dans le ton réel.

Un instrument *en fa* fait entendre la quarte juste au-dessus ou la quinte juste au-dessous des notes écrites; son armure a *un bémol de moins* (un dièse de plus) que celle des instruments notés dans le ton réel.

Un instrument *en mi* fait entendre la tierce majeure au-dessus ou la sixte mineure au-dessous des notes écrites; son armure a *4 dièses de moins* (quatre bémols de plus) que celle des instruments notés dans le ton réel.

Un instrument *en mi♭* fait entendre la tierce mineure au-dessus ou la sixte majeure au-dessous des notes écrites; son armure a *3 bémols de moins* (3 dièses de plus) que celle des instruments notés dans le ton réel.

Un instrument *en ré* fait entendre la seconde majeure au-dessus ou la septième mineure au-dessous des notes écrites; son armure a *2 dièses de moins* (2 bémols de plus) que celle des instruments notés dans le ton réel.

Enfin un instrument *en ré♭* fait entendre le demi-ton au-dessus ou la septième majeure au-dessous des notes écrites; son armure a *5 bémols de moins* (5 dièses de plus) que celle des instruments notés dans le ton réel.

Deux observations pour compléter la théorie des instruments transpositeurs.

a) La question de savoir si les sons réels se trouvent au grave ou à l'aigu des sons écrits ne peut se résoudre rationnellement que par l'étude détaillée des instruments individuels. Par anticipation sur cette étude, disons ici que toutes les flûtes transposées sonnent plus haut que les notes indiquées; les cors, cornets et tubas sonnent plus bas. Les trompettes sonnent plus haut dans leurs meilleurs tons; les clarinettes, les saxophones et les saxhorns sonnent plus bas, à l'exception de leurs variétés les plus aiguës. Faisons remarquer en outre que pour certains instruments, l'écart entre les notes et les sons réels dépasse une et même deux octaves.

b) La partie mécanique des instruments à vent étant entièrement conçue d'après le principe de l'échelle tempérée (§ 29 et 31), on peut en toute occasion écrire les degrés homophones de cette échelle à la place l'un de l'autre, dès que la lecture devient par là plus aisée pour l'exécutant. La notation par bémols est généralement préférée à la notation par dièses, à moins qu'elle n'entraîne une armure beaucoup plus chargée. Mais on doit éviter de mêler dans la même partie instrumentale les dièses et les bémols au point de rendre les accords méconnaissables à la vue. Cette pratique, que l'on regrette de rencontrer chez d'illustres compositeurs, n'apporte aucun avantage réel à l'exécutant, et elle embrouille inutilement la lecture de la partition.

Ex. 160.

Il est évident que les clarinettistes n'auraient pas plus de difficulté à jouer une partie notée ainsi:

Avant de quitter cet exemple nous appellerons encore l'attention sur une particularité de la notation des instruments transpositeurs. On voit qu'en écrivant la partie des clarinettes, l'auteur, au lieu d'indiquer à la clef l'armure régulière, a mis tous les accidents à côté des notes. C'est la pratique des maîtres classiques: chez eux la clarinette a rarement plus d'un accident à la clef. Cette habitude avait sa raison d'être à une époque où cette sorte d'instrument n'abordait que les deux ou trois tons les plus simples. Dans l'état actuel de l'art, il est inutile de s'y astreindre. Meyerbeer aurait pu écrire, sans effrayer aucun clarinettiste de notre temps:

Même pour nos cors et trompettes chromatiques il n'y a pas d'inconvénient à mettre toute l'armure à la clef.(1)

§81.— Une dernière singularité de la notation des instruments transpositeurs doit être signalée ici, bien que nous ayons encore à y revenir plus tard.

Certains d'entre eux et notamment les cors, à raison de leur grande étendue, se servent et de la clef de *sol* et de la clef de *fa*. Mais au lieu de donner à celle-ci sa valeur normale, on écrit toutes les notes une octave trop bas, en sorte que les deux échelles suivantes sont considérées comme étant à l'unisson.

Il résulte de cette pratique bizarre qu'à chaque changement de clef la notation saute d'une octave entière (2).

Ex. 160 bis

ce que les cornistes lisent ainsi:

Comme il est inutile de compliquer davantage la lecture des partitions modernes, déjà assez difficile par elle-même, le compositeur fera bien, en écrivant pour des cors chromatiques, de se passer autant que possible de la clef de *fa*, et, au cas où il serait amené à s'en servir, de lui donner sa valeur régulière.

Ajoutons, pour en finir avec les anomalies de la notation, que l'usage des clefs n'est pas fixé d'une manière uniforme en ce qui concerne quelques instruments (le cor anglais, la clarinette basse, les trombones, tubas, etc.). Les divers procédés d'écriture suivis à cet égard dans la pratique contemporaine seront mentionnés à leur place.

---

(1) Afin de ne pas rompre en une fois avec des habitudes invétérées, il serait peut-être utile d'adopter un système transitoire pour les tons trop chargés d'accidents. En voici un qui me paraît répondre aux besoins pratiques du moment actuel. Noter les tons majeurs de *fa*♯, de *si*, de *mi* et de *la* avec l'armure des mêmes tons mineurs; donner aux tons mineurs de *la*♭, de *mi*♭, de *si*♭ et de *fa* l'armure des mêmes tons majeurs. Cette combinaison allège l'armure de trois accidents, que l'on peut écrire à côté des notes sans encombrer la partie d'une trop grande quantité de dièses ou de bémols.

(2) La même manière d'écrire était aussi en vigueur autrefois pour la clarinette et le cor de basset.

(3) C'est ce que nous avons fait dans les exemples consacrés ci-après au cor à pistons.

CHAPITRE VI

Instruments à vent dits à bouche: grandes et petites flûtes, flageolet.

§82.— Toute cette branche de la classe des instruments à vent (§12) est renfermée dans les quatre octaves supérieures de l'étendue générale: de ut_3 à ut_7 (§23). Depuis longtemps on a renoncé à faire descendre davantage les flûtes: les dimensions du tuyau, l'écartement des trous et la quantité d'air absorbée par l'instrument s'augmentent dans une proportion trop considérable pour les facultés physiques de l'exécutant, dès que l'on dépasse les limites ci-dessus déterminées. De nos jours les sons graves des tuyaux à bouche ne se font entendre que sur l'orgue, où ils sont produits à l'aide d'un souffle artificiel. Les deux espèces de flûtes ne forment donc pas des familles au sens exact du mot, puisque l'élément mâle, grave, leur fait défaut.

§83.— L'origine des instruments dont nous allons nous occuper remonte à une époque très reculée. Selon toute probabilité la flûte à bec (ou à sifflet) est le plus vieux de tous les instruments de musique: on la rencontre déjà parmi les monuments des temps préhistoriques comme un témoin des premières manifestations de l'instinct musical. Chez les peuples gréco-romains son invention, qui se confond avec celle de la flûte de Pan, a donné lieu à de gracieux mythes, empreints d'une couleur agreste et bucolique: la musique des *syringes* appartient aux champs et aux bois [1]. Quant à la flûte traversière ou oblique, elle se montre sur les monuments égyptiens à la même époque que la harpe (§69) et souvent associée avec celle-ci: d'Alexandrie elle passa en Occident aux temps de l'empire romain. Instrument susceptible d'une technique développée, il remplit dès lors un rôle plus élevé, plus divers. Sans renier totalement son origine champêtre, il embellit les noces, les banquets opulents, et accompagne les processions du culte égyptien, joué par les prêtres eux-mêmes [2].

Mais tandis que la flûte traversière a su, durant le cours des siècles, suivre pas à pas les transformations de la pratique musicale et se perfectionner au point de devenir un des éléments essentiels de l'orchestre moderne, la flûte pastorale n'a pas réussi à dépouiller sa rusticité première ni à conquérir une place dans l'art. Après de rares tentatives faites par quelques maîtres du dernier siècle, elle n'a plus reparu à l'orchestre. Des champs elle a passé, sous la forme d'un vulgaire flageolet, dans les guinguettes des faubourgs, d'où elle se voit aujourd'hui expulsée par le démocratique cornet à pistons; en sorte que le descendant direct du patriarche des instruments n'a désormais plus de rôle même dans les plus humbles manifestations de la musique.

FLÛTES TRAVERSIÈRES OU FLÛTES PROPREMENT DITES

§84.— L'ancêtre commun de cette famille incomplète est la *flûte allemande*, introduite à l'orchestre par Lulli (*Isis*. 1677) et devenue notre grande flûte actuelle.

L'étendue commune à toutes les flûtes traversières, entièrement chromatique, embrasse un intervalle de deux octaves et quinte, compris dans l'écriture musicale entre les sons $ré_2$ et la_5

---

[1] *Histoire et théorie de la musique de l'antiquité*. T. II. p. 275.

[2] Ibid. t. II. p. 280.

Seule la grande flûte en *ut*, l'instrument des solos de concert, usitée aussi à l'orchestre, dépasse un peu cette étendue, tant au grave qu'à l'aigu (§88).

Le son le plus grave des flûtes [♪] est donné par la résonnance du tube entier. Les autres sons de l'octave inférieure [♪] se produisent par le raccourcissement graduel de la colonne d'air (§10); ceux qui font partie de la gamme de *ré* majeur (mi_3, $fa\sharp_3$, sol_3, la_3, si_3, $ut\sharp_4$) correspondent aux trous primitifs de la flûte allemande. Quant aux sons $fa\natural_3$, $sol\sharp_3$, $si\flat_3$, ut_4, on les obtint d'abord à l'aide de *doigtés fourchus*; mais ce procédé ne donnant pas des intonations d'une justesse satisfaisante fut abandonné plus tard, et l'on se procura ces notes par des trous spéciaux recouverts de clefs, comme on l'avait déjà fait auparavant pour $mi\flat_3$.

Chacun des douze degrés de cette octave inférieure est le son 1 d'une échelle d'harmoniques (§10). Pour obtenir l'octave supérieure, il suffit de reprendre le doigté des douze premiers sons en augmentant légèrement la pression du souffle; toute la série saute à l'octave aiguë et l'instrument fait entendre le son 2 (l'octave) de chacune des fondamentales.

Les degrés de la troisième octave se forment à l'aide des sons 3, 4 ou 5 (la douzième, la double octave, la dix-septième majeure) de quelques-unes des fondamentales; pour produire ces notes aiguës, l'exécutant force de plus en plus la pression de l'air.

§85. — D'après la tension plus ou moins grande de la sonorité, résultant du degré de pression, l'échelle des flûtes se divise en quatre registres dont les limites s'établissent ainsi dans l'écriture musicale:

La musique destinée aux flûtes de toute espèce se note aujourd'hui invariablement en clef de sol 2ᵉ ligne; chez les compositeurs très anciens on trouve souvent la clef de sol sur la 1ʳᵉ ligne.

---

(1) Comme un même son fait partie de plusieurs séries harmoniques (la, par exemple est à la fois son 6 de la fondamentale ..., son 5 de la fondamentale fa_3 et son 4 de la fondamentale la_2), les notes de l'octave aiguë s'obtiennent sur la flûte au moyen de plusieurs doigtés. Voir Mahillon. *Étude sur le doigté de la flûte Boehm.* Bruxelles, 1882.

§86. — Nous avons vu que l'échelle originaire de la flûte est en *ré majeur*. De là vient que le mécanisme du doigté atteint sa simplicité la plus grande dans les tonalités dont l'armure ne s'éloigne pas beaucoup de celle du ton susdit. Lorsque le compositeur veut donner aux flûtes des traits de bravoure, il dépasse rarement soit 3 bémols, soit 4 dièses: les tons brillants et faciles entre tous sont *ut, sol, ré* et *la*, majeurs. A la vérité, le mécanisme de la flûte Boehm, adopté aujourd'hui par la grande majorité des instrumentistes, a supprimé les nombreuses complications de l'ancien doigté, et rendu, jusqu'à un certain point, tous les tons majeurs et mineurs abordables pour des exécutants d'une habileté moyenne. Toutefois la liaison rapide et réitérée de certaines notes continue à présenter quelque difficulté. Le compositeur fera bien notamment de s'abstenir des batteries et trilles composés des notes suivantes.

En résumé aucun instrument à vent n'est comparable, pour la facilité d'émission, aux flûtes; elles rivalisent à cet égard avec les gosiers les plus merveilleux. Gammes diatoniques et chromatiques liées ou détachées, arpèges, trilles, groupes et broderies, tout leur convient également. Les sauts à des intervalles éloignés ne leur coûtent rien; comme le passage d'un harmonique à un autre s'opère sans aucun effort sur les tuyaux à bouche, les flûtes exécutent des suites d'octaves arpégées avec une prestesse telle que les deux notes de l'intervalle semblent parler simultanément.

L'articulation de la langue comporte un degré de vélocité inaccessible à la plupart des autres instruments à vent: de là un procédé technique assez fréquent dans les solos de flûte: la répercussion très rapide, au moyen du *double coup de langue*, de plusieurs sons placés sur le même degré.

Ex. 161.

§87. — La famille des flûtes traversières ne renferme à notre époque que deux individualités fortement accusées: la grande flûte, la petite flûte. Chacun de ces instruments possède deux variétés transposées, en sorte que la composition actuelle de toute la famille est la suivante:

> Grande flûte en *ut* (l'instrument-type).
> Grande flûte en *ré* ♭.
> Grande flûte en *mi* ♭.
>
> Petite flûte en *ut*.
> Petite flûte en *ré* ♭,
> Petite flûte en *mi* ♭.

Avant de passer à l'analyse des propriétés spéciales de chacun de ces instruments, nous devons prévenir le lecteur d'une irrégularité qui s'est transmise jusqu'à nos jours, dans la désignation du diapason des flûtes. Comme le ton fondamental de l'ancienne flûte est *ré*, ainsi qu'on l'a vu plus haut, les musiciens ont pris tacitement cette note comme terme de comparaison entre le son écrit et celui que perçoit l'oreille. Ils appellent flûte en *ré* (au lieu de flûte en *ut*) celle qui ne transpose pas; flûte en *mi* ♭ (au lieu de flûte en *ré* ♭) celle qui fait entendre *mi* ♭, quand la notation porte *ré*. En un mot le son indiqué par eux est toujours trop haut d'un ton par rapport à la désignation correcte. C'est celle-ci naturellement que nous emploierons. Néanmoins, comme en matière de pratique musicale on doit tenir compte des habitudes invétérées, nous ajouterons partout l'expression vicieuse entre parenthèses.

Grande flûte d'orchestre ou flûte en ut (improprement dite en ré)

(En italien *flauto*, plur. *flauti* ; en allemand *Flöte*, plur. *Flöten*.)

§88.—I. Cet instrument cultivé depuis deux siècles par d'éminents virtuoses a été considérablement perfectionné et développé de notre temps. Avant la réforme de Boehm le tuyau de la flûte avait d'habitude la forme d'un cône renversé; en d'autres termes le canal allait en se rétrécissant du trou d'embouchure à l'extrémité inférieure; aujourd'hui la perce cylindrique est devenue générale. Les qualités de sonorité et d'intonation ont été de beaucoup augmentées par là. En outre, les limites ordinaires de l'étendue des flûtes ont été reculées aux deux extrémités de l'échelle. Au grave l'instrument a gagné deux demi-tons ($ré♭_3$, ut_3) par l'adoption de la *patte d'ut*, invention française restée à peu près inconnue pendant cent cinquante ans (1); à l'aigu il s'est enrichi d'une tierce mineure au moins. La flûte moderne possède de la sorte trois octaves pleines. Elle se note toujours à son diapason réel.

Manière d'écrire et effet pour l'oreille (2):

Les deux derniers sons suraigus (si_5 , ut_6) sortant assez difficilement, ont une sonorité dure et revêche: ils sont à éviter dans le *piano*.

II. Bien que la flûte descende jusqu'aux sons inférieurs du soprano, elle n'en doit pas moins être considérée comme plus élevée d'une octave environ. En effet la partie essentielle de son étendue, le registre du médium, concorde avec les bonnes notes du mezzo-soprano, non pas à l'unisson, mais à l'octave aiguë (§25). Lors donc que la flûte aura à soutenir une cantilène de femme, sa place naturelle sera à l'octave du chant; il en sera de même lorsqu'elle doublera un instrument à vent situé dans la même région que les voix féminines.

____

(1) Voir Mahillon, *Catalogue du musée instrumental du Conservatoire de Bruxelles*, p.207 (*Annuaire de* 1879, p.123)

(2) À l'époque où les compositeurs n'usaient pas du registre grave, quelques-uns avaient l'habitude d'écrire la partie de flûte une octave au-dessous de sa hauteur réelle, sans toujours prendre soin de l'indiquer au début du morceau par une annotation (8ªalta).

§89.— Tout ce qu'il importe au compositeur de savoir par rapport au doigté et aux moyens d'exécution des flûtes a été dit au §86. Il ne nous reste à faire qu'une observation spéciale au mécanisme de la grande flûte: la liaison rapide des deux sons les plus graves est impraticable. On aura donc à s'abstenir des batteries suivantes:

Les maîtres anciens et modernes confient souvent à la flûte de véritables passages de bravoure, où l'instrument fait briller toute la richesse et toute la variété de ses figures mélodiques.

Ex. 162.

Beethoven. Ouverture de LÉONORE. N° 3.

Ex.163.   Andante. 76 = ♩

(1) Cette partie est notée dans la partition de *Guillaume Tell* d'après le système italien (voir ci-après § 147). Nous nous servons ici de la notation la plus usitée et la plus logique.

Clar. en La. (Effet une tierce mineure plus bas)
etc.
Rossini, GUILLAUME TELL, Ouverture.
Ex.164. Andte cantabile.
Flûte seule
Meyerbeer, LES HUGUENOTS, prélude du IIe acte
(p.221 de la gr. partit.)

§90. — Comme la harpe et le cor, la flûte a un caractère poétique très marqué (1): témoin
l'un des chefs-d'œuvre dramatiques de Mozart, où elle symbolise le pouvoir surhumain des
sons. Par son mode d'émission, non moins que par le diapason, elle se sépare de la voix
humaine (notre larynx est un instrument à anche): aussi la flûte ne possède pas l'accent vibrant de la passion: son souffle éthéré manque de chaleur et de vie. Lorsque ses notes lim-
pides sont illuminées par le mode majeur, elles aiment à traduire les voix de la nature qui
réveillent des idées riantes et gracieuses: le gazouillement des oiseaux, les soupirs de la
brise, tout ce qui est naïf et idyllique, tout ce qui dans le monde extérieur est supposé
sympathiser avec l'être humain. La flûte magique de Tamino dompte les forces brutes de
la création, l'eau et le feu; sa suave cantilène, bien que formée en grande partie des faibles
sons du registre moyen, plane avec sérénité au-dessus des cuivres dont elle refrène la
violence.

Ex. 165.

En raison du caractère spécial de sa sonorité, la flûte, lorsqu'elle paraît au premier plan
dans l'orchestre dramatique, est plutôt apte à rendre des sensations qu'à traduire des sentiments.

Ainsi au IIe acte de l'*Armide* de Gluck, dans la scène au bord du fleuve enchanté, la délicieuse ritournelle de flûte, colorée par le timbre frais du registre moyen, exprime la langueur
voluptueuse dont l'âme du héros est envahie au milieu des séductions que l'art de la magi-
cienne a semé sous ses pas: la beauté du paysage, le parfum des fleurs, le ramage des oiseaux, l'ombrage épais, l'herbe molle...

____

(1) Mozart a écrit un concerto pour flûte et harpe.

Ex. 166.   Andante.

Ainsi encore lorsqu'au IIIe acte du *Faust* de Gounod (scène du jardin) Marguerite ouvre sa fenêtre et jette aux échos nocturnes la confidence de son amour éperdu, les notes cristallines du registre aigu de la flûte semblent refléter le doux rayonnement des étoiles, éclairant d'une lumière discrète le mystérieux concert des bruits de la nature.

Par la simple substitution du mode mineur au majeur le timbre lumineux de la flûte pâlit
et prend une teinte morne: ce changement de coloris est surtout frappant dans les tons à
bémols. L'aptitude de la flûte à exprimer des sentiments de regret et de désolation avait
vivement frappé les peuples de l'antiquité: ils se servaient de ce genre d'instrument pour
accompagner leurs élégies (1). Nos plus anciens musiciens dramatiques, eux aussi, ont de
préférence présenté la flûte sous son aspect mélancolique. En 1677 Lulli fit entendre pour
la première fois ce timbre à l'orchestre de l'Opéra dans la déploration de Pan sur la mort de
la nymphe Syrinx.

____

(1) *Histoire et théorie de la musique de l'antiquité*, t. II, p. 324 et à plusieurs autres endroits.

Ex. 168

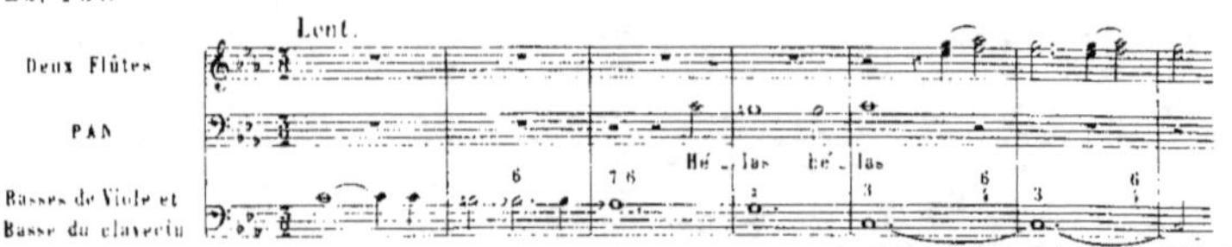

1818. Acte III, Scène VI (p. 202 de la part. typogr.)

Un siècle plus tard Gluck tira un parti génial de cette sonorité élégiaque dans quelques-
unes de ses plus belles conceptions tragiques: l'ombre d'Eurydice pleurant au séjour des
bienheureux la perte de son époux(1); Alceste, vouée à la mort et se voyant déjà entourée
de spectres au milieu de la fête célébrée pour la guérison d'Admète (voir ci-dessus ex.78) ;
Oreste, au moment de recevoir le coup mortel, s'attendrissant à la voix de sa sœur inconnue
(*Iphigénie en Tauride*, acte IV, scène II). Weber, ce grand poète instrumental, fait soupirer à la
flûte la plainte d'Euryanthe abandonnée au fond des forêts.

Ex.168 bis.

De nos jours Mendelssohn a trouvé une application aussi neuve qu'ingénieuse du timbre de
la flûte dans le mode mineur, en écrivant les dernières pages du ravissant *Scherzo* du *Songe
d'une nuit d'été*. Les notes veloutées du registre grave à l'émission molle, qui se précipitent ha-
letantes, essoufflées, font naître l'image saisissante d'une course nocturne d'êtres impalpables,
sylphes ou génies.

Ex.169

(1) Berlioz a écrit une page remarquable sur ce morceau sublime dans son *Traité d'instrumentation* (p. 155)

A propos du registre grave, dont la sonorité est si pénétrante, faisons remarquer ici qu'il n'a été employé par aucun des trois grands symphonistes. En revanche les créateurs de l'instrumentation dramatique et pittoresque, Gluck et Weber, ont montré les précieuses ressources qu'il offre pour l'expression de certaines situations théâtrales. Nous nous contenterons de rappeler l'imposante marche religieuse d'*Alceste* (acte I, scène III) où les flûtes, jouant à l'unisson des premiers violons, rehaussent tant la noblesse et l'onction du dessin mélodique, ainsi que la scène de la fonte des balles dans le *Freyschütz* (final du IIe acte). Qui a jamais pu entendre sans frissonner ces tierces longuement soutenues par deux flûtes, pendant l'opération magique?

Ex. 169 bis.

Avant les derniers perfectionnements apportés à la construction des flûtes, ce registre ne comportait qu'un usage assez restreint, à cause de son échelle trop courte et le manque de justesse de plusieurs de ses intonations. Aujourd'hui le compositeur a toute liberté pour lui confier des mélodies largement développées. Un des plus beaux exemples de ce genre d'effet est le récit de la vision de Jean de Leyde, au IIe acte du *Prophète* (p. 111 et suiv. de la gr. partit.). Le futur roi des Anabaptistes voit en songe la solennité de son couronnement dans la cathédrale de Munster; il entend chanter les hymnes qui saluent en lui le Messie, le fils de Dieu. Au-dessous des violons, dont les dessins en sourdine montent au ciel et ondulent comme des nuées d'encens, le timbre mystique des flûtes sonne comme les notes d'une trompette entendue au loin, tandis que le bruit assourdi des cymbales et de la grosse caisse évoque l'idée d'une cérémonie publique entourée de pompe et d'éclat.

§ 91. — En dehors de la musique faite par des virtuoses-compositeurs, il s'écrit pour la flûte peu de grands solos de concert avec accompagnement d'orchestre (1). Dans la musique de chambre la flûte a un rôle moins effacé: elle y figure plus fréquemment qu'aucun des autres instruments à vent. Le répertoire des maîtres classiques contient un certain nombre de trios pour piano. flûte et violoncelle.

Mais la place naturelle des flûtes est l'orchestre. tant au concert qu'au théâtre. L'usage ordinaire des compositeurs modernes est d'écrire deux parties de grande flûte. Celles - ci, dans les moments où elles se détachent du reste de l'orchestre. marchent souvent en tierces ou en sixtes. La consonnance de tierce réalisée par deux flûtes possède une sonorité pure entre toutes. laquelle, selon le mode. le ton, le rythme, le mouvement et le registre de l'instrument. prendra l'accent de la foi naïve. de l'enjouement, de la mélancolie et en général des états de l'âme propres aux natures sereines.

---

(1) Mozart a écrit deux concertos de flûte. (Œuvres complètes publiées par Breitkopf et Härtel, Série XII, 2e Section, Nos 13 et 14)

En beaucoup de cas les compositeurs se contentent d'une seule flûte. Mozart a procédé de la sorte dans ses trois grandes symphonies, et cette manière d'écrire n'est pas rare de nos jours, surtout lorsque l'auteur emploie une petite flûte, instrument qui en plusieurs orchestres est joué par l'artiste chargé de la partie de seconde flûte.

Le timbre d'une grande flûte et celui d'un soprano léger se marient agréablement pour former ensemble une sorte de dialogue ou de duo concertant. Cette combinaison, où la voix est traitée à la façon d'un instrument, a donné naissance à une nombreuse catégorie de morceaux de bravoure, dont Haendel a fourni le modèle dans le célèbre air «du rossignol» de son oratorio *l'Allegro e il Pensieroso*.

Grétry s'est servi de trois flûtes pour accompagner les récitatifs de son héroïne dans l'opéra d'*Andromaque*. «C'est la première fois,» écrit l'auteur lui-même, «qu'on a eu l'idée d'adopter les mêmes instruments pour accompagner partout le récitatif d'un rôle qu'on veut distinguer (1).» Les altos complètent l'harmonie.

Ex. 174.

Le suave trio a fourni au génie candide de Haydn la sonorité destinée à dépeindre musicalement le Paradis terrestre (début de la III° partie de l'oratorio *la Création*). De nos jours la réunion de trois flûtes n'est plus une exception. Elle se rencontre assez souvent chez deux illustres compositeurs dramatiques de l'époque actuelle, Meyerbeer et Richard Wagner.

(1) *Mémoires ou essais sur la musique*, Paris, an V (1797), t. I, p. 356. Grétry se trompe. Cette idée, qui rappelle certains procédés familiers aux peintres du moyen âge, a été poursuivie déjà par les premiers compositeurs d'opéra, et notamment par Monteverde dans l'*Orfeo*.

Ex. 175.

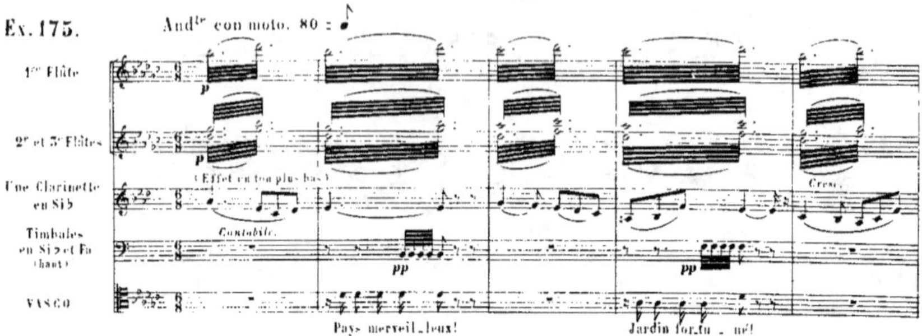

Meyerbeer. L'AFRICAINE. Acte IV. p. 597 de la gr. part.

Dans les bandes d'harmonie la grande flûte ne peut se faire entendre au milieu des puissantes sonorités qui l'écrasent, aussi n'y est-elle plus guère employée.

VARIÉTÉS DE LA GRANDE FLÛTE

§92. — La *flûte en ré*♭ (improprement dite *en mi*♭) est accordée un demi-ton à l'aigu de l'instrument-type: les notes ut_1, mi_1, sol_1, font pour l'oreille *ré*♭$_1$, *fa*$_1$, *la*♭$_1$.

Pour obtenir le ton d'*ut* il faut donc écrire en *si*: pour obtenir le ton de *si* il faut écrire en *si*♭, etc. Les quatre tons les plus faciles de la flûte: *ut*, *sol*, *ré* et *la* majeurs, donnent sur la flûte en ré♭ les tonalités réelles de *ré*♭, *la*♭, *mi*♭ et *si*♭ majeurs (voir ci-dessus, p.111).

Ex. 176.

Cet instrument, étranger à l'orchestre, fut imaginé pour les bandes d'harmonie militaire, qui se servent presque exclusivement des tons à bémols, mais il y est fort peu usité.

§93. — La *flûte en mi*♭ (dite *flûte tierce*) est accordée un ton et demi à l'aigu de l'instrument-type; les notes ut_1, mi_1, sol_1, font pour l'oreille *mi*♭$_4$, *sol*$_1$, *si*♭$_1$.

Pour obtenir le ton d'*ut* il faut donc écrire en *la*, pour obtenir le ton de *si* il faut écrire en *sol*♯ (=*la*♭), pour obtenir le ton de *si*♭ il faut écrire en *sol*. Les quatre tons les plus faciles de la flûte, *ut*, *sol*, *ré* et *la* majeurs, donnent sur la flûte tierce les tonalités réelles de *mi*♭, *si*♭, *fa* et *ut* majeurs (voir ci-dessus p.111).

Ex. 177.

La flûte tierce n'est pas davantage un instrument d'orchestre. Elle faisait partie des bandes d'harmonie militaire au temps où leurs sonorités étaient moins puissantes qu'aujourd'hui. Elle ne s'y rencontre plus souvent depuis un demi-siècle.

Petite flûte octave (ou en ut).

(En italien *flauto piccolo, ottavino*, en allemand *kleine Flöte, Pickelflöte*.)

§ 94. — Cet instrument étant le seul de son espèce employé à l'orchestre, on a l'habitude de l'appeler *petite flûte* tout court. Son diapason est à l'octave aiguë de la grande flûte en ut; les notes ut_1, mi_1, sol_1 font pour l'oreille ut_2, mi_2, sol_2.

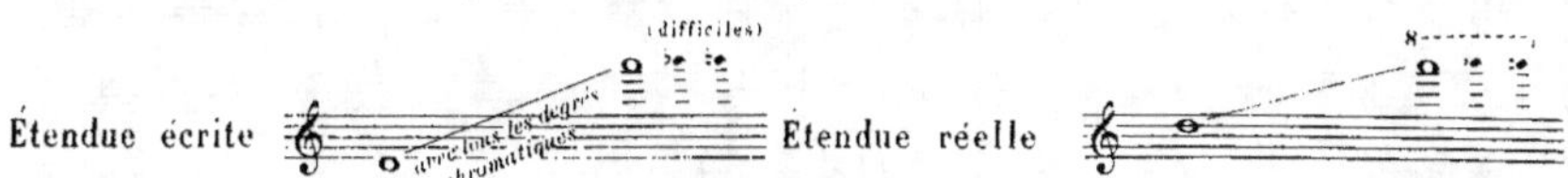

Le plus élevé de tous les instruments de l'orchestre moderne, la petite flûte touche aux limites extrêmes de la région suraiguë (§ 24): son registre moyen, de beaucoup le plus employé, est situé à deux octaves au-dessus des bonnes notes de la voix normale de femme, le mezzo-soprano (§ 88, II).

Ex. 178.

Les sons du registre grave ont une trop faible intensité pour être de grand usage. Ceux du registre aigu sont perçants et durs; les trois derniers ($la_3, si\flat_3, si\natural_3$, à l'oreille $la_6, si\flat_6, si\natural_6$) ne sont à leur place que dans le plus véhément *fortissimo*.

§ 95. — Ayant le même doigté que la grande flûte, la petite possède les mêmes ressources d'exécution. Toutes les tonalités lui sont accessibles. Les traits d'agilité, particulièrement les trilles et les fusées diatoniques ou chromatiques, ont dans ce diapason élevé une sonorité étincelante. Deux passages classiques suffiront à indiquer quelques-uns des effets les plus caractéristiques de la petite flûte.

Ex. 179.

PETITES FLÛTES
pte Flûte.
Flûtes.
Hautb.
Clar.
Bassons.
Cres.
Cors.
Unis.
Trompettes
Trombones (Alto, Ténor et Basse).
Timbales.
p Cres
Unis.
Contrebasson avec la C. Basse
p
Cresc. poco a poco.
Cresc. poco a poco.
Cresc. poco a poco.
Cresc. poco a poco.
Cresc. poco a poco.
Cors
p (Tromp. tacet) Cresc. poco a poco.
Cresc. poco a poco.
Cresc. poco a poco.
Cresc. poco a poco.
(Contrebasson tacet)
Beethoven. SYMPHONIE en Ut Mineur, Final.
8854. H.

Ex. 180.

Beethoven. EGMONT. Ouverture et apothéose finale.

§96.— La petite flûte n'a rien de la douceur poétique qui distingue la grande: l'extrême acuité de ses sons et leur manque de flexibilité la rendent impropre à moduler un chant expressif. Tout au plus est-elle admise parfois à renforcer à l'octave une phrase mélodique jouée par d'autres instruments. Son intervention dans l'orchestre dramatique a pour but principal de reproduire des sensations externes et particulièrement des bruits stridents; soit les sifflements de la tempête, soit les vociférations d'une horde barbare, soit «les éclats d'une joie infernale.»

Ex. 181.

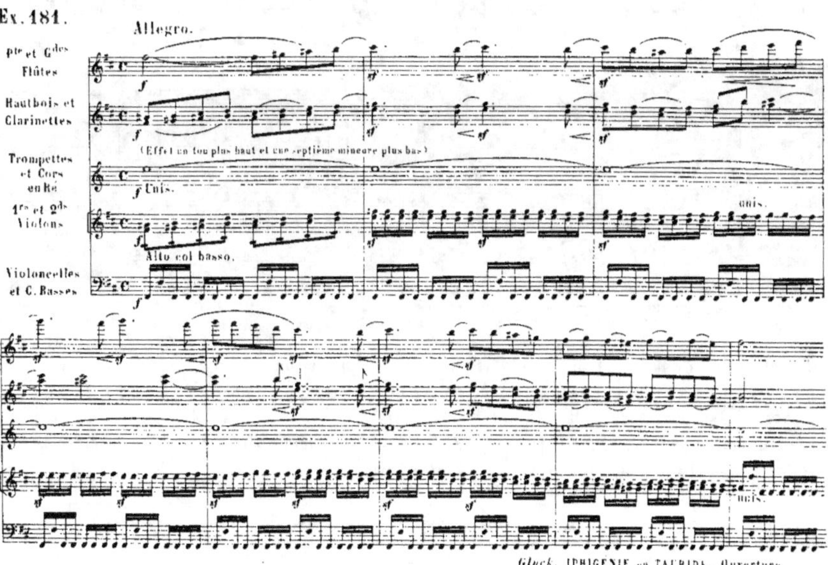

Gluck. IPHIGÉNIE en TAURIDE. Ouverture.
(Voir aussi l'Orage de la Symphonie pastorale de Beethoven)

On remarquera que la petite flûte, partout où elle exprime une fureur orgiaque, s'associe avec des instruments à percussion d'un timbre métallique: triangle, cymbales.

L'habitude séculaire de régler le pas des soldats sur les sons des fifres et des tambours a communiqué à cette catégorie d'instruments une physionomie toute martiale, empreinte tour à tour de brutalité, d'entrain, de verve soldatesque.

---

(1) Nous notons les parties d'instruments de cuivre telles qu'elles se jouent aujourd'hui à l'Opéra de Paris et dans tous les grands thé. âtres. Cet arrangement a été fait du vivant de Meyerbeer et avec son approbation.

Ex. 185.

Meyerbeer. LES HUGUENOTS, Acte I.
p. 108 et suiv. de la gr. partit.

D'autre part, en vertu de sa proche parenté avec le flageolet bucolique, la petite flûte traversière, prenant un ton entièrement placide, peut exprimer l'inoffensive gaîté du peuple à la ville comme aux champs. Haydn, avec son réalisme plein de bonhomie, imite à l'aide des sons tenus du médium la chanson sifflotée par le laboureur en train de conduire sa charrue.

Ex. 186.

§ 97. — Une sonorité aussi aiguë ne peut s'utiliser ni pour le solo de concert ni pour la musique de chambre. La petite flûte octave est exclusivement propre à l'orchestre, son usage s'y établit dans la dernière moitié du XVIIIe siècle. Chez les maîtres classiques elle est traitée comme un instrument accessoire, et réservée pour certains effets spéciaux. Mozart et Haydn s'en sont abstenus dans leurs symphonies; Beethoven s'en sert quelquefois, mais avec quel tact génial! Qu'on se rappelle le final de la Symphonie en *Ut mineur*, l'orage de la Pastorale, la dernière partie de la Neuvième. Gluck et Weber ne produisent la petite flûte qu'à de rares moments et lorsque son usage est pleinement justifié par l'action scénique. Sous l'influence de l'instrumentation rossinienne, avec son placage et ses formules toutes faites, les musiciens dramatiques de l'époque moderne se sont trop souvent écartés de cette sage sobriété: la petite flûte est devenue un timbre banal, au grand détriment de son effet pittoresque. Heureusement il y a lieu de constater chez les compositeurs distingués de la génération actuelle un retour marqué vers des principes plus sains en matière d'orchestration.

L'habitude la plus répandue est de ne donner à la petite flûte qu'une seule partie, même lorsque le compositeur a plusieurs exécutants en vue, comme Gluck dans le sauvage ballet des Scythes (Ex. 182). Weber écrit assez souvent deux parties distinctes; nulle part il n'a appliqué cette combinaison avec plus de bonheur que dans le passage suivant: un vrai ricanement de damné.

Ex. 187.

VARIÉTÉS DE LA PETITE FLÛTE

§ 98. — La *petite flûte en ré♭* (improprement dite *en mi♭*) est accordée un demi-ton plus haut que la petite flûte octave, une neuvième mineure à l'aigu de l'instrument-type de la famille, une octave juste au-dessus de la grande flûte en ré♭ (§ 92). Les notes ut_4, mi_4, sol_4, font pour l'oreille ré♭$_5$, fa$_5$, la♭$_5$.

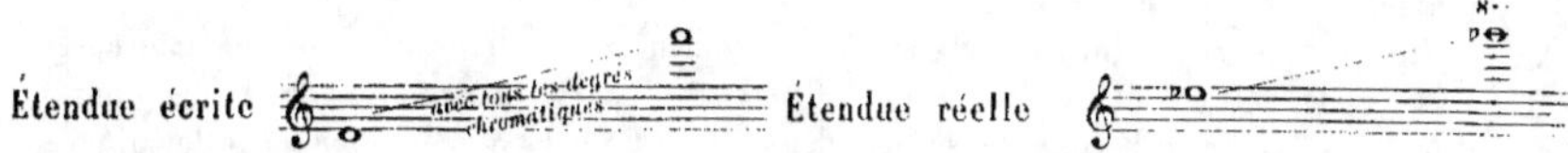

Étendue écrite — Étendue réelle

Les changements de l'armure, et conséquemment les tons faciles, concordent avec ceux de la grande flûte en ré♭.

Ex. 188.

Petite flûte en ré♭ (mi♭) — Effet réel

C'est la petite flûte des bandes actuelles de musique militaire.

§ 99. — La *petite flûte en mi♭* (improprement dite *en fa*) est accordée un ton et demi plus haut que la petite flûte octave, une dixième mineure à l'aigu de l'instrument-type de la famille, une octave juste au-dessus de la flûte tierce (§ 93). Les notes ut_4, mi_4, sol_4, font pour l'oreille mi♭$_5$, sol$_5$, si♭$_5$.

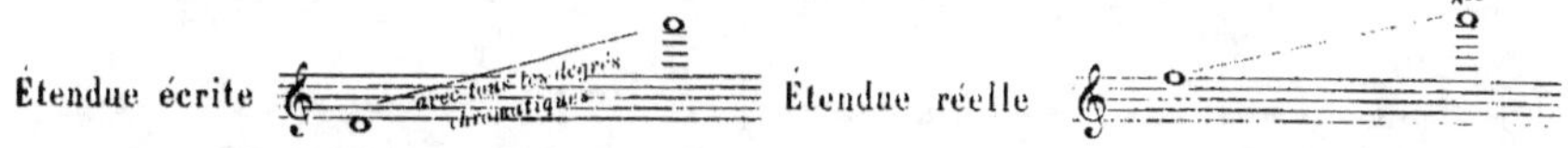

Étendue écrite — Étendue réelle

Les changements de l'armure et les tons faciles sont les mêmes que sur la flûte tierce

Ex. 189.

Petite flûte en mi♭ (fa) — Effet réel

Autrefois la petite flûte de nos musiques militaires, elle n'y est plus en usage depuis une soixantaine d'années. En Angleterre elle joue la partie aiguë dans les bandes de fifres; la partie intermédiaire est tenue par des *flûtes en la♭* (improprement dites *en si♭*), plus basses d'une tierce majeure que la petite flûte octave. Des flûtes tierce font entendre la partie inférieure de cette harmonie haut perchée.

Ex. 190.

FAMILLE DES FLÛTES A BEC.

§ 100. — Bien qu'elle soit aujourd'hui exclue de la pratique sérieuse de l'art, nous devons une brève mention à son dernier rejeton, le *flageolet*, désigné en italien sous les noms de *flauto piccolo* ou de *piffero*. Des maîtres classiques n'ont pas dédaigné de lui donner une modeste place dans leur orchestre.

La variété la plus répandue de ce genre d'instrument est le *flageolet en sol*, improprement dit en *la* (1), celui dont se sont servis Gluck et Mozart, le premier dans son opéra-comique, *les Pèlerins de la Mecque*, le second dans l'*Enlèvement au sérail*. Son échelle, placée dans la même région que celle des petites flûtes, s'écrit une douzième (octave et quinte) au-dessous de sa hauteur réelle. Les notes ut_4, mi_4, sol_4, sonnent pour l'oreille sol_5, si_5, $ré_6$. En conséquence la partie de flageolet a un bémol de plus ou un dièse de moins que les instruments notés dans le ton réel.

Ex. 191.

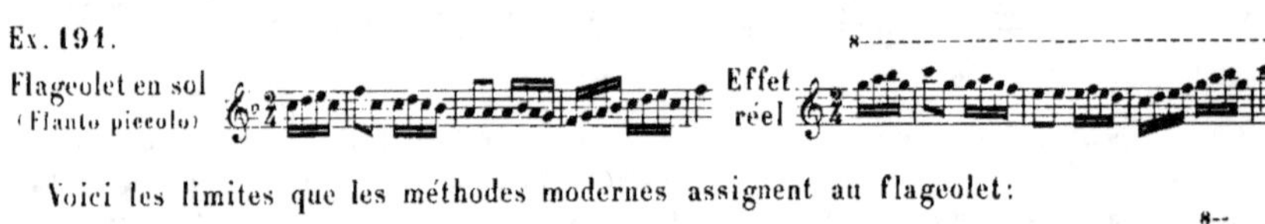

Voici les limites que les méthodes modernes assignent au flageolet :

Ces limites paraissent s'être un peu déplacées depuis le dernier siècle : Mozart les dépasse au grave d'un demi-ton (Ex. 193), à l'aigu d'une tierce mineure ; Gluck monte jusqu'au $fa\sharp_5$, à l'oreille $ut\sharp_7$, son que ne donne aucun autre instrument de musique sauf l'orgue (§ 238).

L'échelle du flageolet se produit comme celle des flûtes traversières (§ 84). L'octave inférieure est formée par une série de sons fondamentaux : ceux qui appartiennent au ton d'*ut* ($ré_3$ mi_3 fa_3 sol_3 la_3 si_3 ut_4) proviennent de l'ouverture successive des six trous ; les degrés chromatiques s'obtiennent au moyen de *doigtés fourchus* (2). Toute la série saute à l'octave aiguë par une pression plus forte du souffle.

Avec ses procédés primitifs de doigté, le flageolet ne se hasarde guère à aborder des tons dont l'armure est tant soit peu chargée ; il ne va pas au-delà de deux bémols et de deux dièses. Son style technique doit être simple, naturel, et exclure toute prétention à la virtuosité.

Un instrument aussi rudimentaire n'a guère d'emploi dans l'orchestre, sinon pour rappeler avec plus de force l'époque et le lieu d'une action dramatique. Haendel, mettant en musique la fable grecque des amours du cyclope Polyphème et de la nymphe Galatée, a eu recours au *flauto piccolo* comme réminiscence de la flûte bucolique du vieux Pan (1ᵉʳ air de Galatée «*Hush, ye pretty warbling quire*» ; air bouffe de Polyphème (3) «*O ruddier than the cherry*»). Gluck et Mozart, ayant à traiter un sujet d'opéra placé en pays musulman, emploient le flageolet en qualité d'élément de la *musique turque*, et l'associent constamment au triangle, aux cymbales et à la grosse caisse, instruments caractéristiques de pareilles bandes. On sait que depuis Mozart l'orchestre européen s'est approprié ces bruyantes sonorités.

---

(1) L'irrégularité signalée plus haut (§ 87) dans la désignation des flûtes traversières s'étend au flageolet dont la limite grave est la même.

(2) Quelques instruments sont pourvus de deux clefs : l'une pour le $mi\flat_3$, l'autre pour le $sol\sharp_3$.

(3) Pour ce dernier morceau la partition ne porte que l'indication *flauto*.

Ex. 192.

Allegro.
Flageolet en Sol (Piffero)
Hautbois
Cors en La
Cymbales
1ers et 2ds Violons
Altos
Basses Violoncelles et C. Basses
unis
unis
Gluck, LES PÈLERINS de la MECQUE. Ouverture.

Ex. 193.

Allegro.
Flageolet en Sol (Flauto piccolo)
Flûtes et Hautbois
Clarinettes en La
Bassons
Triangle
Cymbales
G. Caisse
1res Violons
2ds Violons
Altos
PEDRILLO
Die Mäd _ chen,die Blon _ den,die Brau _ nen,sie le _ ben doch! Vi _ vat Bacchus,vi _ vat der den Wein er _ fand
OSMIN
Die Mäd _ chen,die Blon _ den,die Brau _ nen,sie le _ ben hoch! Vi _ vat der den Wein er _ fand
Violoncelles et C. Basses
unis
Mozart, DIE ENTFÜHRUNG AUS DEM SERAIL. Acte II.

CHAPITRE VII

Instruments à vent résonnant au moyen d'une anche: hautbois, bassons, clarinettes, saxophones, etc.

§ 101. — Cette branche des instruments à vent (§ 13 et 14) a des affinités plus nombreuses et plus étroites avec la voix humaine que les deux autres. Ainsi que nous avons déjà eu l'occasion de l'observer (p.121), l'ébranlement de l'air est produit, de part et d'autre, par un même principe physique; il en résulte que l'émission du son a un caractère semblable. Les instruments à anche sont en quelque sorte des voix créées par l'art; ils reproduisent le cri de la passion individuelle, ils parlent le langage inarticulé des plus intimes affections du cœur. Aussi leurs effets se produisent-ils plutôt par l'intonation que par le rythme.

Ces organes sonores expriment mieux les états douloureux de l'âme que ses sensations joyeuses. Déjà dans l'antiquité leur rôle caractéristique était d'accompagner les déplorations funéraires et les nombreuses classes de chants qui en dérivaient.

§ 102. — A leur état rudimentaire le hautbois et la clarinette sont les descendants des instruments à anche gréco-romains; mais ils ont été si prodigieusement transformés depuis deux siècles (la clarinette surtout) qu'on peut les considérer comme créés à nouveau sous l'influence de l'art moderne. Le basson remonte au XVIᵉ siècle. Notre époque a vu se produire un nouveau type d'instrument à anche, le saxophone (§ 14), et quelques autres essais de même genre, moins importants.

§ 103. — Les quatre instruments dénommés en tête de ce chapitre forment des *familles* : ils se construisent en différentes dimensions correspondant au diapason des genres caractéristiques de voix (§25). Deux familles sont incomplètes: les hautbois et les bassons; la famille des hautbois se compose seulement de voix féminines (1), celle des bassons n'a que des voix masculines. Toutes deux appartiennent à la même section (tuyau conique et anche double); c'est pourquoi on les considère d'habitude comme formant une famille unique. Mais cette manière de voir ne se concilie pas avec le sens spécial attaché au mot famille. En définitive le hautbois et le basson sont deux types apparentés mais distincts, ainsi que le prouvent la division du tuyau et ce qui s'ensuit: l'étendue de l'échelle et le doigté.

FAMILLE DES HAUTBOIS

§ 104. — A l'époque actuelle elle ne compte plus que deux individus: le *hautbois*, l'instrument-type, correspondant à la voix de *soprano aigu*, et le *cor anglais*, le *contralto*. Mais il est à espérer que le culte grandissant des immortelles œuvres de Jean Sébastien Bach aura pour effet de faire revivre dans les orchestres le *hautbois d'amour*, le *mezzo soprano*, dont le timbre a son caractère propre (2). Nous lui consacrons plus loin quelques lignes.

---

(1) Anciennement il existait aussi une *taille* de hautbois, une *basse* et même une *contrebasse de hautbois* (dite *bombarde*). Ces hautbois graves ont été abandonnés vers le milieu du siècle dernier. Voir le *Catalogue du musée instrumental du Conservatoire de Bruxelles*, p.489 et suiv.

(2) M. Victor Mahillon a construit, il y a onze ans, deux hautbois d'amour, dont on se sert pour l'exécution des compositions de J. S. Bach aux concerts du Conservatoire de Bruxelles.

Hautbois

(En italien *oboè*, plur. *oboi*; en allemand *Hoboe*, plur. *Hoboen*.)

§105. — L'étendue normale du hautbois et des autres instruments de cette famille embrasse deux octaves et une quarte, intervalle exprimé par les notes 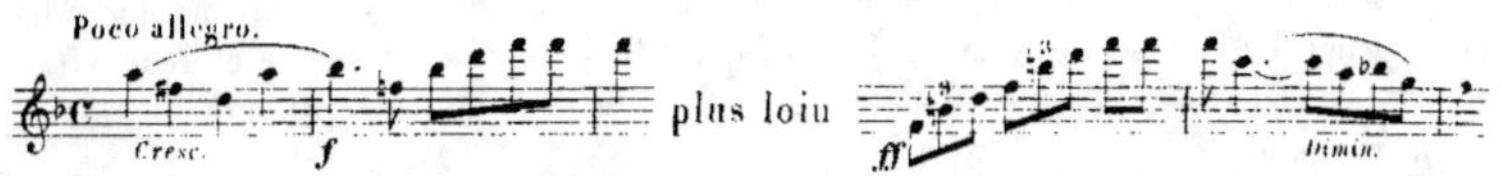

On peut obtenir à l'aigu un demi-ton de plus (*fa*): mais cette note est périlleuse et il est prudent de s'en passer, bien que Beethoven n'ait pas cru devoir le faire.

Les hautbois de fabrication française descendent généralement jusqu'au *si*$\flat_2$. Cette note supplémentaire n'existant pas sur tous les instruments, ne peut guère être utilisée par le compositeur.

La formation de l'échelle et le doigté sont à peu près les mêmes que sur la flûte. Par l'ouverture progressive des trous (ils correspondent à la gamme de *ré majeur*) et des clefs, l'exécutant obtient une série chromatique de 15 (ou 16) sons fondamentaux qu'il reproduit à l'octave (les trois ou quatre premiers exceptés), pour former la partie de l'échelle comprise entre *ré*$_1$ et *ut*$\sharp_3$.

L'échelle se complète à l'aigu au moyen d'harmoniques plus élevés (sons 3, 4 et 5). — Toute la musique de hautbois se note au diapason réel et en clef de sol 2e ligne.

§106. — Si l'on excepte les trois sons les plus graves et ceux qui composent la dernière quarte à l'aigu, l'échelle des hautbois a une remarquable homogénéité de timbre. Aussi la séparation des registres y est peu marquée. Voici les limites que nous leur assignerons:

Le médium et les trois ou quatre sons qui confinent avec lui, au grave et à l'aigu, offrent le plus de ressources au compositeur, tant pour les phrases chantantes que pour le remplissage harmonique. Les notes extrêmes du registre grave sont rauques et sauvages: l'exécutant réussit difficilement à les adoucir. Celles du registre aigu deviennent de plus en plus grêles à mesure qu'elles s'élèvent.

§107. — De même que la flûte, le hautbois aborde toutes les tonalités usitées: mais si le compositeur veut lui donner des passages vifs à découvert, il devra s'abstenir des tons armés de plus de 3 bémols ou de 3 dièses. En ce qui concerne les trilles et les batteries rapides formées de deux degrés conjoints, voici ce qu'il y a d'essentiel à observer: 1° ils doivent être compris dans les limites suivantes

2° au dedans de ces limites les trilles et batteries composés de deux notes diésées ou bémolisées sont d'une exécution difficile

ceux-ci sont même inexécutables

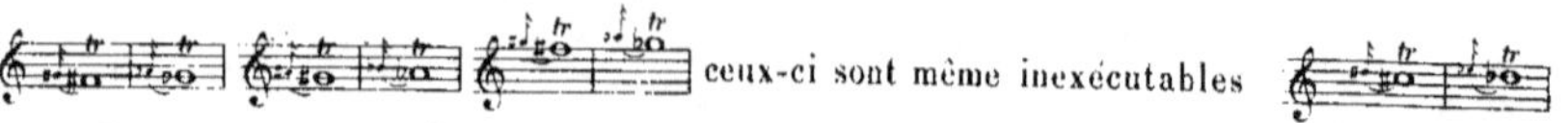

§ 108. — Les formes de traits dont l'effet est le plus satisfaisant sur le hautbois, traité en solo, sont des gammes ou des fragments de gammes, diatoniques ou chromatiques, des arpèges et en général toute sorte de figures mélodiques d'une contexture simple et d'une vitesse modérée, lorsqu'elles sont placées dans le médium et s'étendent par exception seulement jusqu'au registre aigu.

Ex. 194. Presto.

Beethoven, IXe Symphonie, Trio du scherzo.

Ex. 195. Allegretto.

Beethoven. EGMONT. 3e Entr'acte.

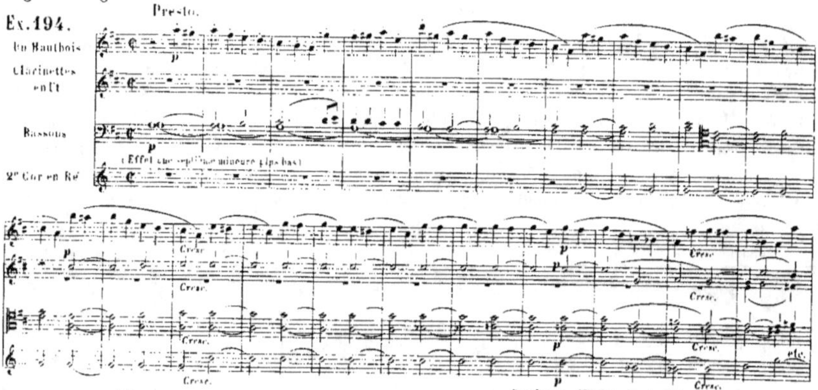

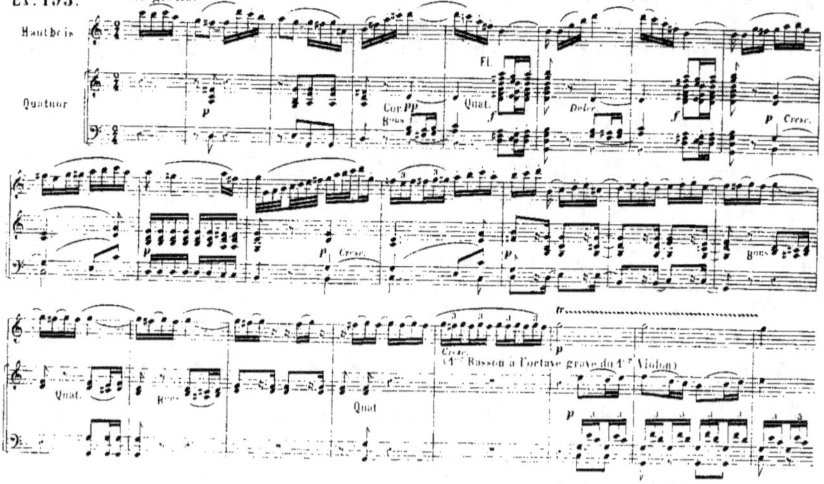

Des traits mélodiques en notes piquées et répétées sont susceptibles d'une finesse qu'aucun instrument à vent ne saurait leur donner au même degré que le hautbois.

§109. — Avec son timbre clair et mordant, le hautbois ne passe jamais inaperçu dans l'orchestre, et lorsqu'il se détache de l'ensemble, le caractère expressif de sa sonorité captive immédiatement l'attention de l'auditeur. Le trait fondamental de ce caractère est la *franchise* : aucun instrument n'exprime avec un réalisme aussi frappant ce qu'il est en son pouvoir d'exprimer.

Comme élément pittoresque d'une composition symphonique ou théâtrale, le hautbois, rappelant la musette des pâtres, fait passer devant notre imagination des tableaux de gaîté rustique.

Ex.198.

Mais ce n'est là que le côté matériel, pour ainsi dire, de son rôle. Comme interprète immédiat du sentiment, surtout du sentiment féminin, le hautbois est un des organes les plus éloquents de l'instrumentation dramatique. Animé par le génie de Gluck, il traduit avec une poignante vérité l'accent des passions et affections primordiales de la nature humaine. Il fait entendre la voix du sang qui parle au cœur d'Agamemnon et le conjure de résister au cruel arrêt de l'oracle, les supplications désespérées de Clytemnestre implorant le secours d'Achille, les lamentations d'Iphigénie pleurant, loin de sa patrie, la mort de tous les siens.

Ex. 200.

IPHIGÉNIE EN AULIDE. Acte I, Scène III.

Ex.201.

All⁰ moderato.
Hautbois seul
Violons
Altos
Violoncelles et C. Basses
CLYTEMNESTRE
Par un pè - re cru - el à la mort condam.né...
IPHIGÉNIE EN AULIDE. Acte II, Scène IV.

Ex.202.

And^te moderato.
Hautbois seul
(Effet une quarte plus bas)
Cors en Sol
unis
1^rs Violons
2^ds Violons
Altos
(1er Basson avec les Violoncelles)
Violoncelles et C. Basses
pizz
IPHIGÉNIE
O malheu_reuse I_phi_gé_ni_e. Ta fa.
IPHIGÉNIE EN AULIDE. Acte II, Scène VI.

Les maîtres modernes n'ont pas prêté à cet instrument un langage moins émouvant; ainsi Beethoven, lorsque dans une des plus belles pages symphoniques de son *Egmont* il a confié au hautbois les accents suprêmes de la douce et aimante Claire.

Ex. 203.

Meyerbeer aussi a été admirablement inspiré, lorsque à la fin du IV⁰ acte des *Huguenots*, il fait parler le hautbois pour Valentine évanouie et rappelle sa cantilène amoureusement suppliante.

Ex. 204.

Ce n'est pas seulement dans les moments très pathétiques d'un drame musical que les qualités expressives de ce timbre sont à leur place; elles trouvent un emploi aussi heureux lorsqu'il s'agit pour le compositeur de traduire des émotions d'un genre plus doux, des affections propres aux natures tendres, gracieuses. En effet la sonorité du hautbois communique un frais parfum de jeunesse à toute cantilène exprimant un sentiment naïf et simple: joie, mélancolie, émoi du bonheur, gaité expansive. "Le hautbois" dit Grétry, "fait luire un rayon d'espoir au milieu des tourments" (1).

____

(1) *Essais sur la musique*, t. I, p. 258.

§110. — Instrument de caractère avant tout, le hautbois ne possède ni assez de variété dans le timbre, ni des ressources techniques suffisantes pour accaparer longtemps l'attention de l'auditeur: aussi les compositeurs n'ont pas écrit pour lui de grands solos de concert. Les mêmes causes font que le hautbois prend rarement part à la musique de chambre; disons toutefois qu'il est employé dans deux célèbres compositions de ce genre: le quintette de Beethoven, œuvre 16 (piano, hautbois, clarinette, basson, cor) et le septuor en *ré mineur* de Hummel (piano, flûte, hautbois, cor, alto, violoncelle, contrebasse).

Le vrai domaine du hautbois est l'orchestre, où il a sa place depuis Lulli. Pendant un siècle il y a représenté presque à lui seul tout le groupe des instruments à anche. On écrit habituellement deux parties de hautbois, mais en laissant reposer souvent la seconde partie. Dans les passages doux, ou lorsqu'ils accompagnent la voix, deux hautbois se font trop remarquer pour qu'on leur donne un simple remplissage harmonique. Leur timbre incisif augmente singulièrement l'âpreté des dissonnances de seconde et de septième. Gluck et Weber ont tiré un parti admirable, chacun à sa manière, de cette propriété des hautbois: le premier dans une scène remplie du plus haut *pathos* tragique, le second dans un divertissement villageois.

Ex. 209.

Ex. 210.

Deux hautbois à l'unisson, se détachant à l'aigu de l'orchestre, possèdent une intensité suffisante pour percer une masse nombreuse de voix et d'instruments. C'est encore Gluck qui
nous fournit un exemple frappant de cet effet de sonorité dans le célèbre chœur des démons d'*Orfeo*: "Chi mai nell'Erebo" (en français: "Quel est l'audacieux"). Les hautbois doublent
à l'unisson des sopranos la mélodie puissamment rythmée, qu'entonnent à la fois les quatre
parties du chœur avec les violoncelles et les contrebasses, tandis que le reste du quatuor
exécute un accompagnement en trémolo mesuré (triolets de doubles croches). Quel éclat strident les deux instruments à vent ajoutent à la sombre violence de ce chant!

L'orchestre wagnérien, dans sa forme la plus complète (la tétralogie des *Nibelungen*, *Parsifal*),
comprend trois hautbois et un cor anglais. Mais on ne doit jamais perdre de vue que ce formidable ensemble instrumental est destiné à se faire entendre d'un peu loin.

Les hautbois (de même que les bassons) n'ont plus de rôle utile dans les bandes de musique
militaire. Leur petite voix grêle, presque enfantine, ne peut parvenir à se faire entendre à
travers la sonorité massive des cuivres modernes; elle y devient d'un grotesque parfait, dit
avec raison Berlioz. Quelques chefs de musique s'obstinent néanmoins à conserver le hautbois;
ils ne s'en servent, à la vérité, que pour des solos.

Cor anglais

(En italien *corno inglese*, en allemand *englisches Horn*.)

§ 111. — Perfectionnement de l'ancien *hautbois* de *forêt* ou *de chasse* (*oboe di caccia*) qui se rencontre assez souvent dans les cantates d'église de J. S. Bach, le cor anglais est un hautbois en *fa* accordé une quinte au-dessous de l'instrument-type. Les notes *ut*, *mi*, *sol*, font pour l'oreille *fa*, *la*, *ut*. L'étendue du cor anglais concorde de tout point avec l'étendue ordinaire du hautbois.

Outre ce mode régulier de notation, commun à tous les instruments transpositeurs, il en existe pour le cor anglais deux autres (1). Les anciens compositeurs français, jusqu'à Halévy inclusivement, écrivent les sons à leur hauteur effective, en clef d'ut 2ᵉ ligne; le hautboïste, pour retrouver son doigté, suppose la clef de sol. Les Italiens antérieurs à Verdi notent la partie de cor anglais dans le ton réel, mais une octave trop bas; ils emploient la clef de fa 4ᵉ ligne. Ce dernier procédé est d'une absurdité flagrante, et aussi incommode pour le lecteur de la partition que pour l'exécutant: celui-ci, pour retrouver le doigté du hautbois, doit lire les notes à la clef d'ut 4ᵉ ligne.

Si l'on fait abstraction du registre suraigu, dont il n'y a pas lieu de se servir, la sonorité du cor anglais possède une homogénéité remarquable dans tout le parcours de l'échelle. Les dernières notes au grave ont, grâce à la forme arrondie du pavillon, une qualité de son beaucoup meilleure que sur le hautbois. Le registre du médium concorde aussi exactement que possible avec la belle octave d'une vraie voix de contralto. Gluck a marié ces deux timbres vibrants dans une de ses plus émouvantes cantilènes.

Ex. 211.

(1) J. S. Bach écrit le hautbois de chasse à la clef d'Ut 3ᵉ ligne, sans transposition.

§ 112. — Aucune différence n'existe entre le doigté du cor anglais et celui du hautbois; les deux instruments sont toujours joués par le même artiste. Comme le cor anglais, de par son diapason et son caractère exclusivement chantant, n'a jamais à jouer de véritables passages de bravoure, aucune tonalité majeure ou mineure ne lui est interdite; toutefois les armures chargées de dièses sont peu employées. Lorsque le ton exigé par la notation du cor anglais possède un homophone usité (par exemple *fa* ♯ = *sol* ♭ majeur, *sol* ♯ = *la* ♭ mineur), le compositeur choisit de préférence l'armure par bémols.

Ex. 212.

Ambr. *Thomas*, HAMLET, Acte III (p. 333 de la gr. partit.).

§ 113. — Parmi les instruments qui ne se mêlent pas à l'ensemble habituel de l'orchestre et ne sont pas exhibés sans une intention marquée du compositeur, le cor anglais produit peut-être l'impression la plus profonde. Berlioz a marqué en quelques traits sentis les côtés saillants du caractère de ce poétique instrument (1). "Son timbre, "dit-il, "moins perçant, plus voi-"lé et plus grave que celui du hautbois, ne se prête pas comme lui a la gaîté des refrains "rustiques. Il ne pourrait non plus faire entendre les plaintes déchirantes; les accents de "la douleur vive lui sont à peu près interdits. C'est une voix mélancolique, rêveuse, dont la "sonorité a quelque chose d'effacé, de *lointain*, qui la rend supérieure à toute autre quand "il s'agit d'émouvoir en faisant renaître les images et les sentiments du passé, quand le "compositeur veut faire vibrer la corde secrète des tendres souvenirs." Tout le monde a présents à la mémoire ces deux morceaux typiques et en quelque sorte classiques pour l'usage du cor anglais :

Ex. 213.

(1) *Traité d'instrumentation*, p. 122.

Ex. 214.

Ajoutons toutefois que l'effet expressif de ce timbre n'est pas circonscrit à une seule classe de situations dramatiques; il s'offre au compositeur partout où il s'agit de produire une impression calme, mêlée de mystère ou de tristesse vague. A l'appui de notre dire il nous suffira de citer deux morceaux de caractère très différent: l'hymne du soir dans un monastère de chartreux; un air alpestre entendu au loin.

Ex. 215.

Ex. 216.

Il existe d'autres exemples de l'emploi du cor anglais comme instrument rustique, sorte de hautbois avec sourdine: Rossini, ouverture de *Guillaume Tell* (ci-dessus, ex. 163); Richard Wagner, *Tannhäuser*, acte Ier (p. 83 et suiv. de la gr. part.). Bach a employé dans le même sens l'ancêtre du cor anglais moderne, le *hautbois de chasse* ou *de forêt* (ci après, ex. 221); ces dénominations démontrent de la manière la plus évidente l'origine agreste de l'instrument.

§ 114. — Le cor anglais ne s'emploie guère qu'à l'orchestre; [1] encore est-il étranger à la symphonie classique. Sa véritable place est dans les compositions vocales et instrumentales de style dramatique. Bien qu'avant ces derniers temps il fut utilisé avec une excessive rareté et réservé pour certains effets spéciaux, son apparition dans la musique de théâtre remonte à une date assez éloignée. Déjà en 1762 l'orchestre du théâtre impérial de Vienne, encore dépourvu de clarinettes, possédait des cors anglais, ainsi que nous l'apprend la partition italienne d'*Orphée* de Gluck [2]. Plus tard le cor anglais disparaît, pour plus de soixante ans, de l'œuvre des compositeurs allemands; ni Haydn, ni Mozart, ni Beethoven ne s'en servent; Weber aussi le laisse de côté. Ce furent les maîtres de la scène musicale

---

[1] On trouve parmi les compositions de Beethoven un trio pour deux hautbois et cor anglais, op. 87 (ou 29 ou 55).

[2] A l'Opéra de Paris la situation était absolument renversée; en adaptant *Orphée* et *Alceste* à la scène française, Gluck transcrivit les parties du cor anglais pour des clarinettes: *Orphée*, acte Ier 3e strophe de l'air *Objet de mon amour* (*Chiamo il mio ben così*); *Alceste*, acte III, Cavatine *Ah! divinités implacables* (*Non vi sdegnate, nò, pietosi Dei*). Ce ne fut qu'en 1808, dans *Alexandre chez Apelle* de Catel, que le hautboïste Vogt fit entendre le cor anglais à l'Académie impériale de musique. Lavoix fils, *Histoire de l'Instrumentation*, p. 336.

en France durant la première moitié de ce siècle. Catel. Cherubini. Rossini. Meyerbeer et Halévy. qui remirent le cor anglais en honneur et lui restituèrent sa place parmi les instruments de l'orchestre européen. Berlioz développa le rôle de cet organe sonore; il fut le premier à le produire en combinaison avec d'autres timbres.

Comme le cor anglais est toujours joué par un hautboïste, le compositeur ne lui assigne souvent qu'une seule partie, en gardant à sa disposition un des hautbois: lorsque deux cors anglais sont nécessaires il se passe complétement de hautbois. C'est là l'habitude générale. Dans le gigantesque orchestre de Richard Wagner, où chaque famille d'instrument à anche est représentée par trois ou quatre individus, le cor anglais fonctionne pendant toute la durée du drame. Naturellement un pareil système d'instrumentation [1] n'est pas réalisable avec les orchestres ordinaires de nos théâtres et de nos concerts.

Hautbois d'amour

(En italien *oboè d'amore*)

§ 115. — On déterminerait plus nettement sa situation dans la famille en l'appelant *hautbois mezzo-soprano* ou *hautbois en la*. En effet il est accordé une tierce mineure au-dessous de l'instrument-type (comme la clarinette en *la*). Les notes *ut₁, mi₁, sol₁*, font pour l'oreille *la₃, ut♯₄, mi₄*.

Étendue écrite 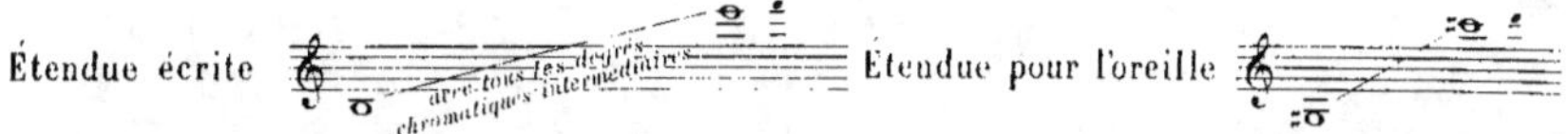 Étendue pour l'oreille

Dans les partitions de J.S.Bach le hautbois d'amour se rencontre souvent, noté tantôt à la manière ordinaire des instruments transpositeurs, tantôt à sa hauteur réelle et à la clef de sol 2ᵉ ligne: en ce cas l'exécutant doit lire sa partie à la clef de sol 1ʳᵉ ligne, et ôter trois dièses. Nous nous conformerons partout à l'usage régulier.

Ex. 217.

Hautbois d'amour 

Le registre du médium est compris entre les sons réels *mi₃* et *fa₄*. ce qui concorde avec les bonnes notes de la plupart des voix de femme.

Bach et ses comtemporains se servent du hautbois d'amour pour des morceaux appartenant aux tons diésés, *sol majeur* et *mi mineur, ré majeur* et *si mineur, la majeur* et *fa ♯ mineur, mi majeur* et *ut ♯ mineur*, lesquels sur cet instrument se traduisent respectivement par les tons de *si b, fa, ut, sol* majeurs et leurs mineurs relatifs. Le compositeur acquiert par cette substitution d'instrument, outre une extension de l'échelle des hautbois vers le grave, une plus grande aisance dans l'usage des tons chargés de dièses. Des passages comme celui qui suit, gauches et sans agrément sur le hautbois ordinaire,

---

[1] Il a été appliqué pour la première fois, si je ne me trompe, dans *Lohengrin*, composé en 1847.

Ex. 218.

J.S. Bach. Cantate d'église. N° 8 (Oeuv. compl. t.I, p 227).

deviennent élégants et agréables lorsqu'ils sont transcrits pour un hautbois en la.

Ce n'est pas uniquement pour des considérations techniques que l'immortel maître s'est décidé souvent en faveur du hautbois d'amour. Le timbre plus doux de l'instrument, son caractère calme et contenu ont déterminé son choix en mainte occasion. L'intention expressive du compositeur se laisse facilement apercevoir dans ce verset du cantique de la Vierge.

Ex. 219.

MAGNIFICAT en Ré majeur, Oeuv. compl. t.XI, p.25.

Dans la plupart des cas deux hautbois d'amour, traités en instruments concertants, sont mis en œuvre.

Ex. 220.

Cantate d'église N°8. Oeuv. compl. t.I, p.213.

Réunis à des hautbois de chasse (cors anglais), ils forment avec ceux-ci une harmonie de timbres homogènes, que Bach a utilisée pour un ravissant effet de musette au commencement de la seconde journée de son *Oratorio de Noël* (la "Veillée des bergers"). Cela rappelle les concerts de *pifferari* que les vieux peintres florentins font exécuter devant la crèche de l'Enfant Dieu.

Ex. 221.

Œuvres complètes, t.V, 2e partie. p.52.

FAMILLE DES BASSONS

§ 116. — Elle doit son origine au besoin que l'on ressentit vers le milieu du XVIe siècle de donner une forme plus maniable à la basse de hautbois. Cet instrument, construit en ligne droite, avait une longueur de près de deux mètres (1). Pour délivrer l'exécutant d'une pareille gène, on imagina de replier le tuyau sur lui-même; en outre l'on diminua son diamètre, ce qui eut pour effet d'adoucir la crudité du timbre. Mais cette transformation s'opéra d'une manière tout empirique, et la nouvelle basse de hautbois, notre basson actuel, se trouva dans de mauvaises conditions de sonorité et de justesse, par suite des proportions irrationnelles du tuyau et du placement arbitraire des trous. Malgré ce vice originel, qui persiste encore aujourd'hui, le basson a été adopté de bonne heure à l'orchestre et n'a pas cessé d'y jouer un rôle important comme basse des instruments à anche, rôle qu'il était naguère seul à remplir. Il est juste de dire que ce genre d'instrument possède des qualités précieuses pour son emploi dans l'ensemble: d'abord une nature de son qui s'allie bien avec tous les timbres de l'orchestre, puis une étendue plus grande qu'aucun autre instrument à vent, la clarinette exceptée.

La famille des bassons est peu nombreuse. A l'époque actuelle elle compte trois individus:

le basson proprement dit, l'instrument-type;

le contre-basson, plus grave que le précédent,

le basson-quinte, le plus aigu des trois.

Seul le premier a sa place constante à l'orchestre: le second n'y paraît que de loin en loin, le troisième jamais.

Basson

(En italien *fagotto*, pl. -*ti*, en allemand *Fagott*, pl. -*te*.)

§ 117. — Son étendue normale embrasse trois octaves pleines qui coïncident à peu près avec le parcours du violoncelle. Les notes plus aigües, assez nombreuses, que les bassonistes parviennent à émettre ne sont d'aucun usage. On écrit l'échelle du basson à sa hauteur effective,

(1) Voir le *Catalogue du Musée instrumental du Conservatoire Royal de Bruxelles*, pp. 190, 194 (Annuaire de 1879, pp. 106, 110).

en se servant de deux clefs: fa sur la 4ᵉ ligne pour les sons graves et moyens, ut sur la 4ᵉ ligne pour les sons aigus.

Étendue pour l'écriture et pour l'oreille 

Cette étendue considérable se produit de la même manière que sur le hautbois et la flûte. Au moyen de huit trous et d'un grand nombre de clefs (les trous correspondent à la gamme d'*ut majeur*), l'on obtient 20 sons fondamentaux (de *sib*₋₁ à *fa*₂). dont les 12 plus aigus, en sautant à l'octave, fournissent la partie de l'échelle comprise entre *fa*♯₁ et *fa*₄.

Les notes les plus élevées de l'instrument ♯♯♯ proviennent des sons 3, 4 et 5 de l'échelle des harmoniques.

On construit aujourd'hui, principalement en Allemagne, des bassons qui ont un demi-ton de plus au grave: *la*₋₁. Cette note se rencontre fréquemment chez Richard Wagner (voir ci-après, ex. 234).

§118.— Nous délimiterons ainsi les registres du basson:

On voit que cette échelle embrasse l'étendue totale des voix d'homme (§ 25); aussi, dans le chœur des instruments à anches ou dans l'ensemble orchestral, le basson fait tantôt une partie de ténor, tantôt la partie inférieure de l'harmonie. Lorsqu'il est appelé à doubler la cantilène, sa place normale est à l'unisson du violoncelle (Ex. 103, 104), à l'octave au-dessous de la voix de soprano et du hautbois, à la double octave au-dessous de la flûte, à la triple octave au-dessous de la petite flûte. Les notes du registre grave, vibrantes et pleines comme celles de certains jeux de l'orgue, fournissent une excellente basse aux instruments à vent quand les trombones se taisent (voir le début de l'ouverture du *Tannhäuser*, ci-après, ex. 417. Le médium possède une sonorité assez volumineuse, mais flasque et molle. Quant au registre supérieur, il a quelque analogie avec celui du violoncelle, mais le timbre est terne et l'émission a un je ne sais quoi de serré et de pénible. Les sons les plus aigus, de même que ceux du registre grave, s'attaquent difficilement en *pianissimo*.

§119.— Tous les tons usités dans la musique d'orchestre conviennent au basson, quand il s'agit simplement de phrases mélodiques ou de dessins conçus dans un mouvement modéré. Il en est différemment lorsque le compositeur lui confie des passages en solo chargés de notes: en ce cas le choix des tons est limité par les conditions du mécanisme technique. Une des principales difficultés du doigté de cet instrument est la liaison rapide et réitérée des sons *fa♯* et *sol♯* (= *sol♭*–*la♭*) dans toutes les octaves: les échelles tonales réputées faciles sont celles qui ne donnent pas lieu à la succession de pareils accouplements de notes, à savoir *ut, sol, ré* et *fa* majeurs et mineurs; *si♭, mi♭* et *la♭* majeurs.

Les trilles à utiliser par le compositeur sont compris entre les deux suivants:

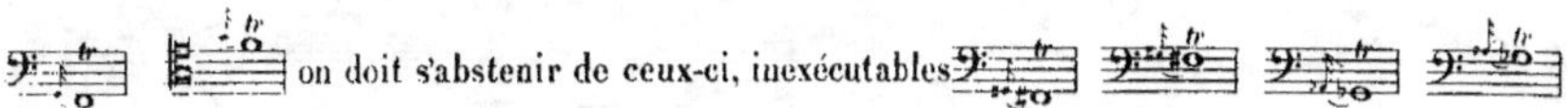

on doit s'abstenir de ceux-ci, inexécutables

§120. — Malgré la gravité de son diapason, le basson se prête à un jeu assez véloce, pourvu que l'on touche avec sobriété au registre inférieur. Les formes de traits ont de l'analogie avec celles qui dominent dans la musique destinée au hautbois.

Il existe de plus un genre de passages, en notes détachées, exclusivement propre au basson: ce sont des dessins formés de sauts d'octaves, d'accords décomposés en batteries.

Ex. 226.

Beethoven, Fantaisie pour piano, chœur et orchestre, Op. 80.

Les anciens maîtres se sont beaucoup complu à cette sorte de passages, dont la gaîté humoristique tourne facilement au grotesque, passé une certaine limite. Notre bon Grétry a certainement franchi cette limite dans son entr'acte de la *Rosière de Salency*.

Ex. 227.

etc.

§ 121. — Si par le diapason le basson correspond à la voix d'homme, il en diffère complètement par le caractère expressif. Sa sonorité ne rappelle en rien la fougue passionnée du ténor ou la mâle énergie de la basse; elle est tout à fait dénuée de force et de noblesse. Dans un chant pathétique le registre aigu seul figure parfois au premier plan; cette voix souffreteuse traduit avec une vérité parlante la plainte d'un être débile, abandonné, triste jusqu'à la mort.

Ex. 228.

Weber, EURYANTHE, Acte III,
monologue de l'héroïne abandonnée au désert.

Souvent, chez les maîtres, une note isolée, un accent senti, suffit pour produire les plus surprenants effets.

Ex. 229.

de même quelques mesures plus loin:

Ex. 230.

Le médium et les degrés supérieurs du registre grave sont appelés à rendre un tout autre ordre de sentiments, quand le compositeur les met en évidence avec une intention caractéristique. Leur timbre, comparable à l'organe d'un vieillard morose, prend facilement des intonations railleuses, sardoniques, et se prête même à la caricature musicale, à des sous-entendus grossiers.

Ex. 231.

Mais la raillerie bouffonne se convertit en un ricanement sépulcral qui donne froid, lorsque Meyerbeer fait jouer aux bassons cet effrayant passage de la "Résurrection des nonnes maudites", au III° acte de *Robert le diable*.

Ex. 232.

§ 122.— De nos jours le basson n'a plus la prétention de briller au concert. Il ne paraît que par exception dans la musique de chambre (exemples chez Beethoven: Septuor pour violon, alto, violoncelle, contrebasse, clarinette, cor et basson, œuvre 20; Quintette pour piano, hautbois, clarinette, cor et basson, œuvre 16). Il se contente d'être à l'orchestre un serviteur utile, infatigable: de tous les instruments à vent c'est celui qui se repose le moins.

Sa première apparition dans la musique orchestrale remonte au commencement du siècle dernier: on le trouve, sous son nom français, dans l'opéra *Rinaldo* de Haendel (1711). Mais le vieux maître, comme son immortel émule Jean Sébastien Bach, n'exhibe le basson que de loin en loin, et presque exclusivement pour renforcer les basses du quatuor. De même Gluck, qui dans ses tragédies musicales sait prêter un langage si éloquent au hautbois et à la flûte, tire un parti fort restreint du précieux instrument. Haydn et Mozart en font un élément essentiel de leur orchestre, et le détachent du quatuor pour le relier aux instruments à vent; mais eux aussi, par l'influence d'une ancienne habitude, l'emploient trop souvent à doubler des basses insignifiantes. Beethoven le premier débarrassa le basson de cette besogne superflue, il mit en lumière les ressources multiples de l'instrument et lui fit produire des effets d'une originalité incomparable, tels que le merveilleux passage de la Neuvième symphonie (ex. 126). Après lui Weber et Meyerbeer réussirent encore à découvrir dans ce timbre des ressources nouvelles pour l'expression des caractères et des situations dramatiques.

En tant qu'interprète de la mélodie proprement dite, le basson a vu se réduire de beaucoup son rôle, depuis que l'orchestre s'est enrichi d'autres voix graves plus sonores, plus caractérisées: la clarinette basse, le cor chromatique, le saxophone. Mais il a gardé toute son importance comme timbre de combinaison.

L'usage ordinaire des compositeurs, à partir de Haydn, est d'écrire deux parties de basson destinées à être jouées chacune par un seul exécutant. A l'Opéra de Paris où l'on emploie quatre bassonistes (1), les deux parties sont doublées dans les *tutti* de l'orchestre, à moins que l'auteur n'ait écrit quatre parties distinctes. Cette combinaison n'est pas rare chez les maîtres de l'école française.

----

(1) A l'époque de Gluck on en avait huit. Voir le commentaire critique de *Céphale et Procris* dans la collection des œuvres de Grétry publiée par le Gouvernement belge.

Ex. 233.

En Allemagne Richard Wagner a introduit l'usage, depuis *Lohengrin* (1847), d'écrire trois parties de basson.

Ex. 234.

Pas plus que le hautbois, le basson n'est à sa place dans les bandes d'harmonie de notre époque; à côté des sonorités puissantes et nourries dont il y est entouré, la sienne paraît être d'une maigreur tout-à-fait comique.

Contre-basson

(En italien *contraffagotto* en allemand *Contrafagott*.)

§123.— L'instrument auquel ce nom revient légitimement est peu connu hors de l'Allemagne, et même là il n'apparait à l'orchestre qu'en de rares occasions [1]. Comme la contrebasse par rapport au violoncelle, il reproduit à l'octave grave l'échelle du basson et s'écrit de la même manière: les notes ut_2 mi_2 sol_2 font à l'oreille ut_1 mi_1 sol_1. Anciennement le contre-basson avait au grave l'étendue intégrale de l'instrument-type; les instruments actuels ne possèdent pas les quatre degrés inférieurs, ré♭₁, ut₁, si—₁, si♭—₁ (écrits), lesquels au reste sortaient difficilement et n'étaient d'aucune utilité pratique. Malgré ce raccourcissement de son échelle, le contre-basson descend encore d'un ton au-dessous de la contrebasse; sauf l'orgue aucun instrument n'émet des sons aussi profonds. A l'aigu il n'y a pas de raison pour aller au-delà des sons 2. L'étendue employée se détermine conséquemment ainsi:

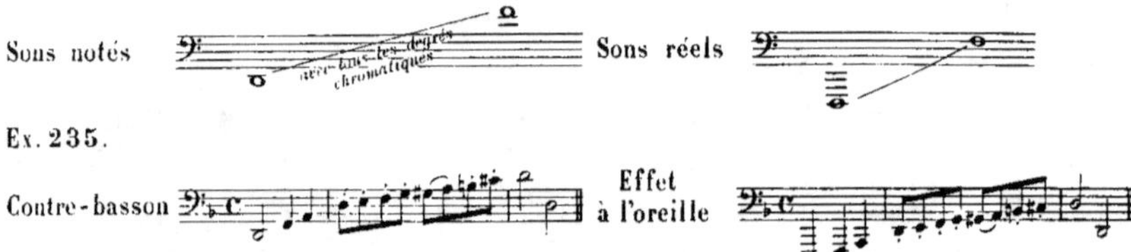

Ex. 235.

Il est presque superflu de dire qu'un instrument aussi grave n'est propre ni à des traits d'agilité ni à des chants expressifs, et ne peut avoir d'autre fonction que de renforcer la basse dans le *tutti* des instruments à vent ou de tout l'orchestre. Les maîtres lui font doubler parfois des traits de contrebasse assez chargés de notes;

Ex. 236.

Ex. 237.

mais il est douteux que ces passages aient jamais été rendus sur le contre-basson avec toute la netteté désirable, et en pareil cas on fera bien de donner à l'instrument à vent une version simplifiée.

Les compositeurs allemands de la période classique, particulièrement Haydn et Beethoven, ont adjoint le contre-basson au grand orchestre dans quelques morceaux d'une sonorité très éclatante, tels que les principaux chœurs de la *Création* et des *Saisons*, le final de la Symphonie *en Ut mineur* (ex. 179), la Marche des janissaires des *Ruines d'Athènes*, et le dernier morceau de la IX° Symphonie, où son entrée produit un effet si original:

---

(1) En Belgique, de même qu'en Angleterre (voir Mahillon, *Éléments d'acoustique musicale*, p.173), on fait jouer les parties de contre-basson sur une basse à anche, inventée en Autriche il y a vingt ans environ. Le nouvel instrument a la même étendue que l'ancien et il est très facile à jouer; par contre son timbre manque de corps et est accompagné d'un bourdonnement tant soit peu nasillard. En France on a commencé à prendre l'habitude de remplacer le contre-basson par un sarrusophone-contrebasse en *Ut* (voir ci-après § 151).

Ex. 238.

Au dernier acte de *Fidelio*, dans la scène où l'épouse déguisée creuse, en compagnie du geôlier, la tombe destinée à son mari, le contre-basson, doublant les contrebasses, sert à accuser le contour du dessin placé au-dessous des pesantes harmonies des instruments à vent.

Ex. 239.

Basson-quinte

(En allemand *Quintfagott* ou *Tenorfagott*.)

§124.— Il correspond aux voix de ténor et de contralto. Son échelle reproduit exactement à la quinte aiguë celle du basson: les notes ut_2, mi_2, sol_2 font à l'oreille sol_2, si_2, $ré_3$. On pourrait donc appeler cet instrument *Basson en sol*.

Étendue pour la notation  Étendue effective

Ex. 240.

Basson-quinte   Effet réel 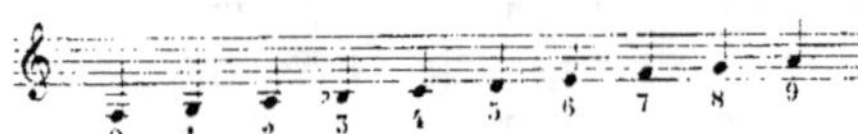

Le timbre, assez terne (comme celui du basson), a plus de tension et de force que celui du cor anglais. Je ne connais aucun exemple de l'emploi de cet instrument ni chez les anciens, ni chez les modernes.

FAMILLE DES CLARINETTES

§125.— L'instrument rudimentaire qui fut le précurseur de la clarinette a son origine en France; il est toujours désigné par son nom français chez les compositeurs italiens et allemands du XVIII° siècle qui s'en sont servis (§14). Chose singulière: on n'en trouve pas trace dans les œuvres des anciens maîtres français.

Le chalumeau était formé d'un tuyau cylindrique percé de neuf trous et résonnant au moyen d'une anche battante (1). Toute son échelle se composait des sons fondamentaux fournis par l'ouverture successive des trous.

Notre clarinette diffère du chalumeau par son aptitude à reproduire à la douzième aiguë toute la série des sons fondamentaux. Ce résultat est obtenu à l'aide d'un petit trou (recouvert d'une clef), lequel provoque la division de la colonne d'air en trois parties aliquotes (2). L'innovation est attribuée à Christophe Denner, facteur d'instruments à Nuremberg vers 1700. Le registre aigu, qui à l'origine était séparé de l'échelle primitive par un intervalle de tierce mineure,

fut appelé, à cause de son éclat, *clarinetto* (=petite trompette), nom devenu plus tard celui de tout l'instrument. On garde jusqu'à nos jours le mot *chalumeau* pour désigner le registre grave.

---

(1) *Catalogue du musée instrumental du Conservatoire de Bruxelles*, p.180 (*Annuaire* de 1879, p.96).
(2) *Instruments de musique et lutherie*, dans l'*Encyclopédie* de Diderot et d'Alembert, p.135 (Éd. in 4°).

La découverte de Denner est un fait capital dans l'histoire de l'instrumentation; elle donna à l'orchestre un de ses organes essentiels. Par sa sonorité riche et expressive, par ses ressources multiples, la clarinette prit au milieu des instruments à vent une place analogue à celle qu'occupe le violon parmi les instruments à archet.

§126. — La fécondité du nouveau type instrumental s'est manifestée de bonne heure par la formation d'une famille embrassant la plus grande partie de l'étendue générale des sons. Vers le milieu du XVIIIe siècle on commença à construire des *petites clarinettes* pour les musiques militaires; celles-ci, à partir de ce moment, abandonnèrent le hautbois. Un peu plus tard apparut la *clarinette alto*, sous le nom bizarre de *cor de basset*, puis, dans les dernières années du siècle, la *clarinette basse*. Grâce aux conditions favorables de cette sorte d'instruments, en ce qui concerne la longueur du tuyau et l'écartement des doigts (§14), on a pu construire facilement des clarinettes plus graves encore.

D'autre part les difficultés croissantes du doigté, à mesure que se multiplient les dièses et les bémols ont nécessité pour chacune de ces individualités la création de plusieurs instruments transpositeurs. Les variétés de la clarinette plus ou moins connues de notre temps se montent à douze. Nous les énumérons dans la direction de l'aigu au grave :

Petites clarinettes (soprano aigu)	en *la* ♭ en *fa* en *mi* ♭ en *ré*
Clarinettes ordinaires (soprano)	en *ut*, l'instrument-type en *si* ♮ en *si* ♭ en *la*
Clarinettes-alto	en *fa* (dite aussi *cor de basset*) en *mi* ♭
Clarinettes-basse	en *si* ♭ en *la*

Nous pourrons ajouter encore les clarinettes-contrebasse en *fa* et en *mi* ♭, à l'octave des clarinettes-alto (1), mais ces instruments, créés par M. Adolphe Sax, n'ont pas jusqu'à ce jour pénétré dans la pratique.

Clarinette ordinaire (soprano).

(En italien *clarinetto*, pl. *-ti*, en allemand *Klarinette*, pl. *-en*.)

§127. — Le plus ancien instrument de cette espèce employé à l'orchestre, et le type primitif de toute la famille est la *Clarinette en Ut* (*clarinetto in C*). Son échelle, qui se reproduit, au diapason près, sur tous les instruments dérivés, est de trois octaves et une sixte.

---

(1) H. Lavoix, *Histoire de l'instrumentation depuis le seizième siècle*, Paris, Firmin Didot, 1878, p. 125.

Étendue pour l'écriture et pour l'oreille :

Au temps de Mozart il existait des clarinettes qui avaient une tierce majeure de plus au grave (voir ci-dessous ex. 241).

Pour former son échelle, plus étendue encore que celle du basson, la clarinette moderne est munie de 18 trous dont 13 sont recouverts par des clefs : ils fournissent une série chromatique de 19 fondamentales (sons 1).

En sa qualité de tuyau cylindrique résonnant au moyen d'une anche, la clarinette ne peut former la partie aiguë de son étendue qu'en utilisant les sons impairs de l'échelle des harmoniques (§ 14) ; aucun autre instrument de l'orchestre ne présente cette particularité. Les degrés compris entre $si\natural_3$ et fa_5 se produisent comme sons 3 (douzièmes) de la série des fondamentales.

Les degrés plus aigus se forment à l'aide des sons 5 (quinte au-dessus de la double octave) et 9 (seconde majeure au-dessus de la triple octave). Le son 7, étant un harmonique discordant, ne peut guère être utilisé.

La musique de clarinette est notée à la clef de sol 2ᵉ ligne. Les exceptions à signaler à cet égard sont rares. Mozart écrit parfois les sons les plus graves du chalumeau en clef de fa 4ᵉ ligne, mais en les notant une octave trop bas, d'après l'habitude anormale adoptée pour les cors (§ 81, p. 113).

Ex. 241.

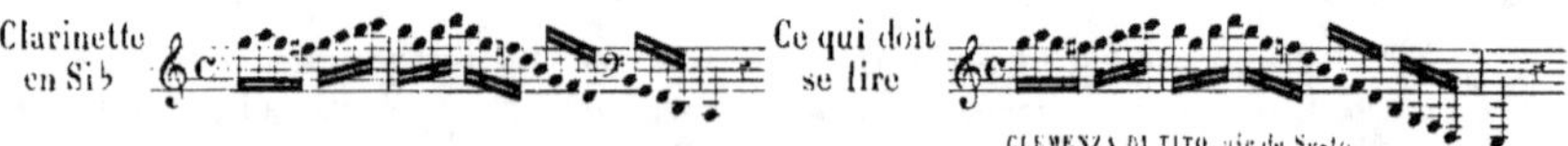

Dans quelques partitions de Richard Wagner on trouve aussi de loin en loin la clef de fa aux clarinettes, mais avec sa valeur régulière (ex. 265).

§ 128.— On distingue dans les clarinettes quatre registres:

Abstraction faite du registre suraigu, situé au-delà des limites de l'organe humain, la clarinette ordinaire embrasse l'étendue du soprano et celle du contralto réunies. Elle reproduit dans ses deux principaux registres le caractère opposé de ces deux voix: le *clairon* a le brillant du soprano élevé, le *chalumeau* avec son timbre creux et mordant rappelle les accents de la voix grave de femme. Moins vivante, moins sympathique est la sonorité des deux autres registres. Le médium, transition entre le chalumeau et le clairon, est terne, faible; $sol\sharp_3$ la_3 $si\flat_3$ sont les plus mauvaises notes de la clarinette; on tâchera autant que possible, de les toucher seulement en passant, surtout dans un chant ou un trait en solo.

Quant au registre suraigu, il a des sons perçants dont il n'est pas facile de tirer un bon parti. Mendelssohn y a réussi en harmonisant le célèbre choral de Luther au début du final de sa *Reformations-Symphonie*; à cet endroit les notes aiguës de la clarinette font l'effet de certains registres de l'orgue: la *doublette*, le *cornet*.

Beethoven, au contraire, a utilisé les sons du registre suraigu pour une idée mélodique de caractère joyeux et populaire, le trio du menuet de la VIIIe Symphonie (ex. 251). Il fait monter la clarinette jusqu'à *sol*, limite extrême de son étendue à l'orchestre: les sons plus élevés ne se rencontrent que dans les morceaux de pure virtuosité.

En définitive la clarinette peut être considérée comme une juxtaposition de deux sonorités distinctes, assez faiblement reliées entre elles. Les deux registres du milieu sont de beaucoup les plus usités.

§129. — En raison du nombre considérable de sons fondamentaux qui se reproduisent à la douzième aiguë (§127), la clarinette a nécessité de tout temps plus de clefs que les autres instruments à anche; de là des complications inévitables dans son doigté, dès que les dièses ou les bémols se multiplient. A cet égard il y aura donc lieu pour le compositeur de tenir compte des observations suivantes:

I. Des passages surchargés de notes, surtout s'ils sont à découvert, ne doivent s'écrire que dans les tonalités dont l'armure s'éloigne peu de celle de la gamme primitive de l'instrument[1]. Sont réputés faciles les tons majeurs depuis deux bémols jusqu'à deux dièses (*si b, fa, ut, sol, ré*), les mineurs depuis trois bémols jusqu'à un dièse (*ut, sol, ré, la, mi*). Les traits et arpèges formés des accords principaux de ces divers tons s'exécutent sans difficulté. Mais dès que les accidents deviennent plus nombreux, on agira prudemment en donnant à la clarinette une partie très simple.

II. Le battement alternatif de deux notes voisines, sous forme de trille ou autrement, ne doit pas dépasser à l'aigu les notes

En deçà de la limite indiquée les trilles suivants sont impraticables:

On fera bien de s'abstenir également, dans le médium, de ceux qui ont pour note inférieure un dièse ou un bémol:

III. Il faudra éviter aussi les traits entièrement compris dans le médium (§128), tels que ceux-ci par exemple:

§130. — Afin de faciliter au compositeur l'usage de la clarinette dans toutes les tonalités usitées, on a adopté à l'orchestre, concuremment avec la clarinette en *ut*, deux instruments transpositeurs: l'un en *si b*, pour tous les tons à bémols, l'autre en *la*, pour les tons diésés. Les clarinettistes attachés à un orchestre de concert ou de théâtre sont tenus d'avoir constamment

---

[1] Les anciens compositeurs ne marquent jamais dans la partie des clarinettes plus d'un bémol ou d'un dièse à la clef. S'ils abordent des tonalités ayant une armure plus chargée, ils mettent les accidents devant les notes, fût-ce même pendant tout un morceau. Exemples: Mozart, Ouverture de *la Clemenza di Tito*; Beethoven, Scherzo de la VIIIe Symphonie. Voir plus haut, p. 113.

les trois instruments à leur disposition. Selon la tonalité du morceau, on écrit la partie des clarinettes pour l'une des trois espèces d'instruments. Parfois un changement de clarinette est indiqué au cours même du morceau: quelques mesures de repos suffisent à cet effet (exemple: final du Ier acte de *Don Giovanni*, avant la dernière strette). Mais ceci ne doit pas avoir lieu pour une modulation passagère; la substitution rapide d'un instrument à un autre entraînant des inconvénients pratiques par rapport à la justesse de l'intonation.

Le choix entre les trois clarinettes n'est pas toujours motivé par de simples considérations de facilité; souvent il se fonde sur le caractère de sonorité spécial à chacune d'elles. La *clarinette en ut* possède un timbre éclatant jusqu'à la rudesse. Les classiques allemands ne l'ont employée en général que pour des morceaux de force appartenant aux tons d'*ut* ou de *sol* majeur (exemples: Haydn, chœur final de la Ire partie de *la Création*; Mozart, Finals du Ier acte de *Don Giovanni* et de la *Flûte enchantée*; Beethoven, Final de la Symphonie en *ut mineur*. Ouvertures N°s 1, 2 et 3 de *Léonore*; Mendelssohn, dernier morceau de la *Reformations-Symphonie*, marche nuptiale du *Songe d'une nuit d'été*), ou bien encore pour des pages empreintes d'une couleur gaie et populaire. Exemples: Haydn, *les Saisons*, chœur final de la IIIe partie (les Vendanges); Mozart, Ouverture et morceaux de caractère turc dans *l'Enlèvement au sérail*; couplets du nègre Monostatos dans la *Flûte enchantée*:

Ex. 244.

En dehors de ces deux catégories d'œuvres, Haydn et Mozart ne se servent pas des clarinettes pour des morceaux composés dans les tons majeurs d'*ut* et de *sol*, dans les tons mineurs de *ré* et de *la*.

Les anciens maîtres de l'opéra français ont une manière spéciale de noter cet instrument. Quel que soit le ton de la composition, ils écrivent des parties de clarinettes en *ut*, en laissant, par une convention tacite, aux exécutants le soin d'opérer la transposition, s'il y a lieu, sur un des deux autres instruments. Ainsi, par exemple, le passage suivant est évidemment fait pour la clarinette en *si* ♭.

Ex. 245.

Bien que cette pratique se recommande de noms très illustres (Gluck, Cherubini, Spontini), on ne saurait l'approuver: elle a le double défaut d'ouvrir un trop vaste champ à l'arbitraire des instrumentistes et de détourner l'attention du compositeur de certains points techniques importants: délimitation des registres, conditions de doigté, etc. Aussi est-elle complètement abandonnée en France par les compositeurs de l'époque actuelle.

§131. — La *clarinette en si♭* (*clarinetto in B*) est accordée un ton au-dessous de l'instrument-type; les notes *ut, mi, sol,* sonnent à l'oreille *si♭, ré, fa,*.

C'est la clarinette par excellence, celle des virtuoses: son timbre réalise à un degré éminent les qualités maîtresses de cette voix instrumentale: la pureté et le mordant. Les variétés aiguës perdent en distinction et en charme à mesure que leur diapason s'élève au-dessus de celui de la clarinette en *si♭*.

À l'orchestre son usage est plus étendu que celui des deux autres clarinettes. Elle s'emploie principalement dans les tons favoris de l'instrument (§ 129.I), correspondant aux tonalités réelles de *la♭, mi♭, si♭, fa* et *ut,* majeurs, de *si♭, fa, ut, sol* et *ré,* mineurs. Mais on ne craint pas de lui donner à l'occasion des armures plus chargées d'accidents. Le tableau suivant indique dans tous les tons usités sur la clarinette en *si♭* le rapport entre sa notation et celle des instruments non transpositeurs.

---

(1) Quelques chefs d'orchestre ont le tort de permettre aux exécutants de jouer sur leur clarinette en si♭ des parties écrites pour des clarinettes en Ut ou en La. Outre que le caractère de la sonorité est altéré par là, l'instrument perd un demi-ton au grave. En effet, le mi♭ de la clarinette en La pour l'oreille ut♯, répondrait sur la clarinette en si♭ à un re♯ qui n'existe pas.

CLARINETTE ORDINAIRE

§132. — La *clarinette en la* (*clarinetto in A*) est accordée une tierce mineure au-dessous de l'instrument-type; les notes *ut*, *mi*, *sol*, font à l'oreille *la*, *ut♯*, *mi*.

Plus basse d'un demi-ton que la clarinette en *si♭*, la clarinette en *la* est moins propre aux traits brillants; en revanche elle possède une suavité incomparable. Mozart affectionnait cet instrument dont la sonorité s'harmoniait avec son génie tendre, élégiaque. Il en a fait choix pour son concerto de clarinette (ex. 250) et pour son célèbre quintette avec instruments à cordes.

On n'emploie guère la clarinette en *la* que pour des morceaux appartenant aux tons diésés.

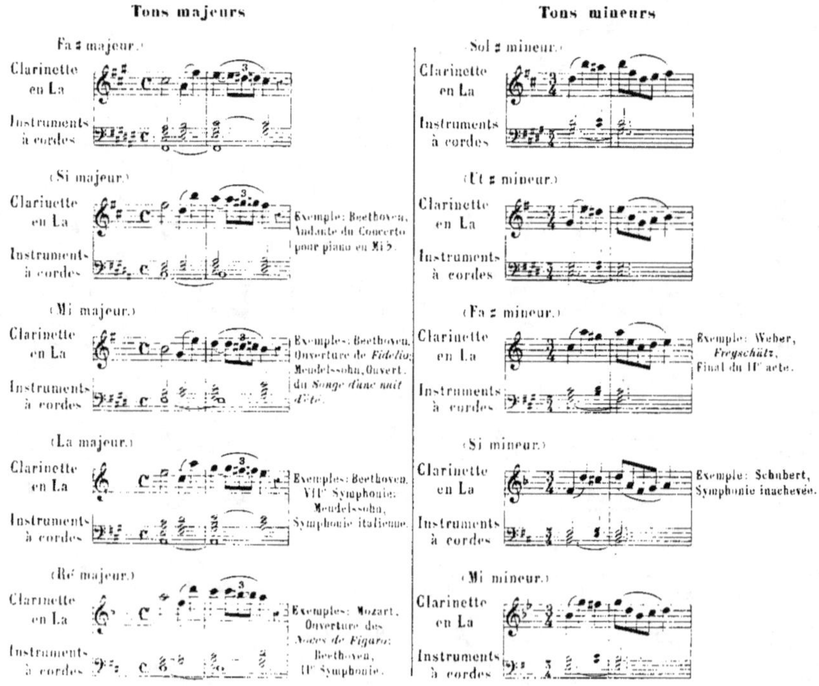

Pour certains morceaux composés dans les tons de *fa ♯ majeur, si majeur* ou *sol ♯ mineur,* il est parfois préférable de prendre la clarinette en *si♭* (cela dépend de la manière dont la modulation est conduite): on écrit alors par enharmonie, comme si le ton réel était *sol♭ majeur, ut♭ majeur* ou *la♭ mineur.*

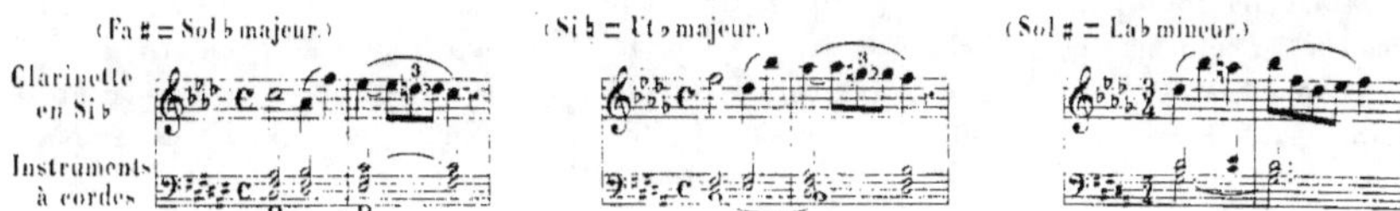

Dans un passage en *sol♭* au IV° acte des *Huguenots,* "Tu l'as dit, oui tu m'aimes," Meyerbeer emploie une clarinette en *la,* en même temps qu'une clarinette en *si♭,* afin d'atteindre au grave l'*ut♯₂,* note qui résonne comme le tintement d'un beffroi lointain au milieu de cette scène nocturne d'amour et de meurtre.

Ex.248.

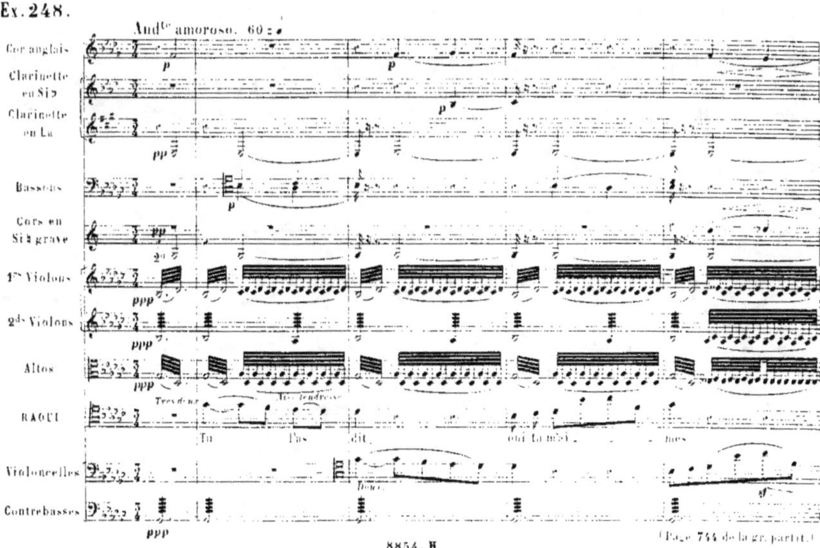

§133. — La quatrième variété des clarinettes soprano, dite en *si ♮* (*clarinetto in H*) hors d'usage aujourd'hui, est accordée un demi-ton au-dessous de l'instrument-type: les notes *ut, mi, sol,* font à l'oreille *si♮, ré♯, fa♯*.

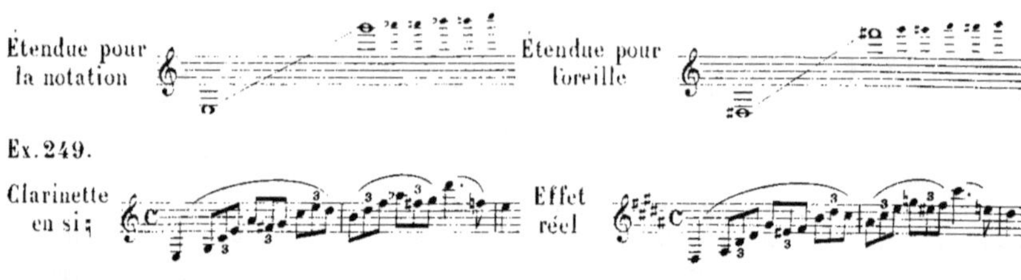

Ex.249.

Parmi les maîtres classiques, Mozart est le seul qui ait employé parfois cet instrument (*Idomeneo*, Chœur N°14, Air N°17; *Cosi fan tutte*, Air N°25), et toujours pour des morceaux en *mi♮* majeur, ce qui donne pour la clarinette en *si♮* l'armure de *fa majeur*, c'est-à-dire un bémol.

Au point de vue de la facilité de l'exécution, l'utilité d'un pareil instrument est fort contestable, sauf le cas où l'on voudrait écrire dans les tons de *si♮* ou de *fa♯ majeurs* des traits ou des arpèges d'une grande rapidité et mal conçus pour le doigté de la clarinette en *la*.

§134. — Aucun instrument à vent n'offre au compositeur une aussi grande variété de ressources techniques que la clarinette. On connaît sa grande étendue, la diversité de ses timbres. Sa souplesse pour la production des nuances n'est pas moins remarquable. L'attaque du son est à la fois suave et précise; mieux que le hautbois et le basson, la clarinette sait enfler les sons et les diminuer jusqu'à l'extrême limite du *pianissimo*. Elle possède aussi au besoin une articulation plus rapide. Enfin elle se plie admirablement aux diverses formes de la pensée musicale: le chant soutenu trouve en elle un interprète éloquent, et les traits d'agilité lui sont aisés et naturels, pourvu qu'ils ne s'éloignent pas des tons usuels de l'instrument (§129, I).

Les éléments principaux des passages de bravoure sont à peu près les mêmes que sur la flûte: des gammes diatoniques et chromatiques, des arpèges, des trilles, etc. Ils se trouvent réunis pour la plupart dans l'extrait suivant du Concerto de clarinette de Mozart.

Ex. 250.

Les œuvres orchestrales non écrites pour faire briller la virtuosité des solistes ne comportent pas naturellement un style aussi orné. Toutefois les parties de clarinettes y sont en général plus chargées de notes et contiennent des dessins plus hardis que celles des autres instruments à anche.

Ex. 251.

Ex. 252.

Les sons du chalumeau fournissent des dessins d'accompagnement (particulièrement des arpèges ou des batteries), dont l'effet, grâce au timbre mordant de ce registre, est des plus caractéristiques.

Ex. 253.

Ex. 254.

On utilise aussi le registre grave pour des battements rapides en secondes, en tierces ou en
quartes; cette sorte de tremolo se rencontre surtout dans les parties d'accompagnement de la
musique d'harmonie.

§135. — On a vu plus haut (§128) que l'échelle chantante de la clarinette se décompose en
deux parties, douées chacune de son caractère sonore et conséquemment de son expression propre.

La partie correspondant à la voix de soprano (elle comprend le registre aigu et accessoirement les notes du médium) est de beaucoup la plus usitée: c'est la clarinette au sens étroit du
mot (§125). Le timbre y tient à la fois du hautbois et de la flûte: il a l'accent vibrant de l'organe humain, mais adouci et idéalisé. Il exprime le sentiment féminin dans ses manifestations affectives et sérieuses: amour, tendresse, dévouement, pudeur, regrets; seule la note en-
jouée paraît lui faire défaut. Cette dernière particularité a déjà été relevée par Grétry à une
époque où la clarinette commençait à se produire timidement à l'orchestre. Cet instrument, dit
notre maître liégeois, exprime la douleur... Lorsqu'il exécute des airs gais, il y mêle encore
une certaine teinte de tristesse. Si l'on dansait dans une prison, je voudrais que ce fût au son de
la clarinette. (1) Un demi-siècle plus tard Berlioz caractérise cette sonorité d'une manière plus
poétique et plus complète. Voici ses paroles: «La clarinette est un instrument épique, comme
les cors, les trompettes et les trombones. Sa voix est celle de l'héroïque amour; et si les masses

---

d'instruments de cuivre, dans les grandes symphonies militaires, éveillent l'idée d'une troupe
« guerrière, couverte d'armures étincelantes, marchant à la gloire ou à la mort, les nombreux
unissons de clarinettes, entendus en même temps, semblent représenter les femmes aimées,
« les amantes à l'œil fier, à la passion profonde, que le bruit des armes exalte, qui chantent
« en combattant, qui couronnent les vainqueurs ou meurent avec les vaincus. Je n'ai jamais
« pu entendre de loin une musique militaire sans être vivement ému par ce timbre féminin
« des clarinettes et préoccupé d'images de cette nature, comme après la lecture des antiques
« épopées. Ce beau soprano instrumental, si retentissant, si riche d'accents pénétrants, quand on
« l'emploie par masses, gagne dans le solo en délicatesse, en nuances fugitives et en affectuosités
« mystérieuses, ce qu'il perd en force et en puissants éclats. » Ce caractère fièrement passionné,
dramatique, appartient principalement à la clarinette en *si b*; la plupart des solos épars dans
les partitions d'opéras lui sont destinés.

Ibid., IIIe acte (p.478 de la gr. partit.)

Les notes aiguës et moyennes de la clarinette en *la* ont une expression plus contenue, plus timide.

Ex. 260.

Mozart, Quintette pour clarinette et instr. à cordes.

Dans la clarinette en *ut*, au contraire, le timbre franc du soprano est trop accentué et *tourne* facilement à la vulgarité, voire même à la caricature. Mendelssohn en composant la musique du *Songe d'une nuit d'été* a tiré parti de cette sonorité pour la symphonie burlesque qui accompagne la tragi-comédie de *Pyrame et Thisbé*, représentée par le tisserand Bottom et ses rustiques compagnons.

Ex. 261.

La voix grave des clarinettes agit sur le sentiment et l'imagination d'une manière tout autre que la voix aiguë. Au lieu d'évoquer des visions sympathiques, lumineuses, l'âpre résonnance du chalumeau procure une sensation d'étrangeté, ayant un je ne sais quoi de sinistre; elle traduit avec une rare intensité d'expression les sombres pressentiments, la terreur inspirée par des puissances mystérieuses. Ce timbre est essentiellement dramatique. Ses effets les plus extraordinaires connus jusqu'à ce jour ne consistent pas en dessins mélodiques; ils ont été obtenus, soit par des tenues isolées (ex. 248), soit par des harmonies chromatiques.

Ex. 262.

Le même genre d'effet se retrouve à d'autres endroits du même opéra (ex. 52) et a été reproduit fréquemment depuis lors.

L'expression dramatique des sons du chalumeau se maintient dans une cantilène suivie.

Ex. 263.

§ 136. — De même que Weber, Mozart n'a pas dédaigné d'écrire pour la clarinette de la musique propre à faire briller le talent d'un virtuose; les concertos de ces deux maîtres sont les joyaux les plus précieux du répertoire des clarinettistes. Dans leur musique de chambre les compositeurs classiques ont admis cet instrument à vent plus souvent que tout autre. On a de Mozart le beau quintette en *la* pour clarinette et instruments à archet; Beethoven emploie la clarinette dans son Trio en *si b* (œuvre 11), dans le quintette pour instruments à vent et piano (œuvre 16) et dans le grand septuor en *mi b* (œuvre 20); enfin Weber associe son instrument de prédilection tantôt au piano (Duo concertant, œuvre 48, Variations, œuvre 33), tantôt au quatuor (Quintette, œuvre 34).

À l'orchestre la clarinette paraît avoir été utilisée en Belgique longtemps avant qu'elle le fût en France et même en Allemagne, son pays d'origine. Les archives de la cathédrale d'Anvers possèdent une messe composée en 1720 par le maître de chapelle Jean Adam Joseph Faber, où l'on voit avec surprise la clarinette traitée en instrument concertant.(1) Voici le début remarquable d'un passage de cette œuvre (*Qui tollis peccata mundi*, solo de contralto):

(1) Je dois la communication du fait et du document à M. le Chevalier Léon de Burbure, le musicologue bien connu.

Ex. 264.

En dehors de ce fait isolé, nous ne connaissons aucun exemple de l'emploi de la clarinette antérieurement à 1751 (Rameau, *Acante et Céphise*, pastorale héroïque). L'orchestre du théâtre impérial de Vienne ne possédait pas encore de clarinettes en 1767, témoin la partition de l'*Alceste* italienne de Gluck, où l'on rencontre les antiques chalumeaux. Le grand réformateur du drame lyrique se servit du nouveau timbre dans ses ouvrages français, mais il avait appris à le connaître trop tard pour se familiariser avec lui et en tirer de grands effets. Mozart employa pour la première fois des clarinettes dans la symphonie qu'il composa et fit exécuter à Paris en 1778, et depuis lors ne s'en passa plus au théâtre. Vers la même époque Haydn commença aussi à les introduire dans ses compositions. Enfin à partir de la 1re Symphonie de Beethoven (1800), les clarinettes sont devenues un élément indispensable du programme instrumental de l'orchestre symphonique.

Une particularité à noter, c'est que les trois grands maîtres, en écrivant leus œuvres orchestrales, s'abstiennent presque complètement du registre inférieur. Mozart, qui en use largement quand il traite la clarinette en solo, n'a touché au chalumeau qu'une seule fois, à ma connaissance, hors de ce cas : dans le célèbre trio des masques, au final du 1er acte de *Don Giovanni*. Il était réservé au créateur de l'opéra romantique de révéler dans le *Freyschütz* l'expression menaçante, infernale, dont ces notes sont susceptibles.

La pratique générale à l'orchestre est d'employer deux clarinettes. Chez les anciens compositeurs d'opéras, la première se détache parfois de sa compagne, pendant des morceaux entiers, pour jouer une partie obligée dialoguant avec la voix. Mozart notamment a des airs de soprano avec clarinette solo, exemple: la *Clemenza di Tito*, 1er acte, air de Sesto "Parto! ma tu ben mio) genre de composition aujourd'hui complètement démodé.

L'orchestre des derniers drames de Wagner comprend trois parties de clarinette, sans compter la clarinette basse.

Ex.265.

Depuis le milieu du XVIIIe siècle jusque vers 1840 les clarinettes étaient dans la musique d'harmonie les seuls instruments de la région moyenne capables de faire entendre toute sorte de chants et de traits; elles y figuraient en fort grand nombre et remplissaient à peu près le rôle dévolu aux violons et altos dans la musique d'orchestre (la basse était confiée à des instruments à embouchure). De nos jours ce rôle tend à passer de plus en plus (en France et en Belgique du moins) aux saxophones, dont la sonorité ample et nourrie lutte avec plus d'avantage contre la formidable puissance des cuivres modernes.

Clarinette-alto

§137.—La variété la plus importante de cette sorte d'instruments, et la seule qui jusqu'ici ait paru à l'orchestre, est la *clarinette-alto en fa*, appelée par les Allemands *Bassethorn* (terme que les Italiens ont traduit par *corno di bassetto*, les Français par *cor de basset*). Elle est accordée à la quinte grave de la clarinette en *ut*, à la quarte grave de la clarinette en *si♭*; les notes *ut*, *mi*, *sol* font à l'oreille *fa*, *la*, *ut*. Les cors de basset fabriqués en Allemagne ont au grave l'étendue attribuée autrefois à la clarinette en *si♭* (§127, ex.241): ils descendent chromatiquement jusqu'à *ut* (pour l'oreille *fa*).

Mozart, qui dans les dernières années de sa vie affectionnait cet instrument, écrit le registre inférieur en clef de *fa*, d'après le singulier système suivi de son temps pour la notation de la clarinette (ex.241).

Ex.266.

En indiquant l'étendue de la clarinette-alto nous avons négligé le registre suraigu, inutile en pratique: c'est aux clarinettes-soprano à faire entendre des sons aussi élevés. Les différences de timbre entre les notes du chalumeau et celles des registres plus élevés se reproduisent dans toutes les variétés de la famille.

Au point de vue du mécanisme technique, le cor de basset ne diffère pas de la clarinette-soprano. Malgré la gravité de son diapason, on peut lui confier toute sorte de gammes, d'arpèges, de batteries et de traits, à condition de ne pas s'écarter beaucoup des tonalités faciles de l'instrument (§ 129), lesquelles répondent sur le cor de basset aux tons *réels* de *mi♭, si♭, fa, ut* et *sol* majeurs, de *fa, ut, sol, ré* et *la* mineurs.

Ex. 267.

Le timbre de cet instrument se distingue par sa gravité onctueuse; les morceaux où Mozart a mis en œuvre, au lieu de clarinettes, deux cors de basset respirent une sérénité presque surhumaine. Il suffit de nommer l'entrée de Sarastro au final du 1er acte de la *Flûte enchantée*, la

____

(1) Dans cet exemple et les deux suivants nous avons transcrit la partie entière du cor de basset en clef de *sol*, suivant la notation rationnelle de l'instrument.

marche des prêtres, avec la sublime prière qui s'y rattache, au commencement du IIe acte, et l'admirable Introït de la Messe des morts :

Ex. 269.

Le caractère expressif est moins saisissant dans les morceaux où l'instrument concerte avec la voix de femme, tel que le grand air de Vitellia, vers la fin de la *Clemenza di Tito* (voir ci-dessus ex. 268) et l'air ajouté au rôle de la Comtesse dans les *Nozze di Figaro*. Ici le compositeur semble avoir eu simplement en vue d'obtenir une sonorité très moëlleuse et se mariant bien au timbre du contralto ou du mezzo-soprano.

Ex. 270.

§138. — La *clarinette-alto en mi♭* est plus grave d'un ton que le cor de basset; son diapason est conséquemment à la sixte majeure au-dessous de la clarinette en *ut*; les notes *ut, mi, sol,* font pour l'oreille *mi♭₃ sol₃ si♭₃*. L'échelle a l'étendue ordinaire des clarinettes de nos jours; elle ne contient pas les notes ajoutées au grave pour la *clarinette-alto en fa*.

Jusqu'ici cet instrument n'a pas été introduit à l'orchestre. On l'utilise dans les bandes de musique d'harmonie, particulièrement en Angleterre.

Clarinette-basse

§139._ En France et en Belgique on ne connaît qu'une variété de cet instrument: la *clarinette-basse en si♭*, dont le diapason est à l'octave grave de la clarinette-soprano en *si♭*, une neuvième majeure au-dessous de la clarinette en *ut*: les notes *ut, mi, sol*, répondent conséquemment aux sons réels *si♭₂ ré₃ fa₃*. L'échelle ne dépasse pas l'étendue ordinaire des instruments de cette famille:

Chez les compositeurs allemands d'aujourd'hui on voit parfois la partie de clarinette-basse notée une octave plus bas et en clef de *fa* (pour les sons les plus aigus seulement on se sert de la clef de *sol*). Dans ce cas l'intonation réelle ne se trouve qu'à un ton au-dessous de la note indiquée. Un tel mode d'écriture facilite peut-être la lecture de la partion, mais non pas à coup sûr l'exécution, puisqu'il supprime la relation entre le doigté et la note. Le système suivi en France, uniforme pour tous les instruments transpositeurs, est évidemment préférable.

Ex. 272.

Le registre grave est le plus beau et le plus caractérisé: à l'aigu on dépasse rarement la note *ut*, (*si♭₃* réel). La technique est identique à celle des autres clarinettes: il est presque superflu de dire que le caractère de l'instrument répugne aux traits légers, mais il admet parfaitement certaines formes de passages rapides (par exemple des arpèges liés).

La voix de la clarinette-basse a une sonorité sombre et ténébreuse dont l'expression est très pénétrante. Meyerbeer, qui le premier sut apprécier la puissance dramatique de cet organe, a réalisé par lui quelques-unes de ses plus belles conceptions théâtrales. Citons d'abord, au V° acte des *Huguenots*, l'imposant colloque des voix et de l'instrument, pendant la scène où l'union des deux amants est consacrée au milieu des horreurs de la saint Barthélemy.

Ex. 273.

(1) Wagner a successivement suivi les deux manières. Dans *Tannhäuser* la Clarinette-basse est notée à la française; dans *Lohengrin* et dans les œuvres plus récentes, à l'allemande.

Rappelons ensuite, au IV° acte du *Prophète* (scène de l'exorcisme), le dessin tortueux qui se déroule au-dessous de la cantilène insinuante du roi des Anabaptistes, pendant qu'il fascine du regard la pauvre Fidès, terrifiée, bouleversée, partagée entre l'horreur pour l'apostat et la tendresse pour son enfant.

Ex. 274.

À l'orchestre on n'écrit jamais plus d'une partie de clarinette-basse. Jusqu'à notre époque cet instrument était réservé pour quelques situations extraordinaires. Depuis *Lohengrin* (1848) Wagner en a fait un élément constant de sa luxuriante instrumentation, le réunissant à deux (parfois même à trois) clarinettes-soprano (ex. 265), afin d'obtenir dans cette nature de timbre un groupe harmoniquement complet.

On a commencé il y a une quarantaine d'années à introduire la clarinette-basse dans la musique d'harmonie, et non sans succès; aujourd'hui on lui substitue généralement le saxophone-baryton (en *mi♭*), qui possède un timbre et un diapason presque semblables avec plus de puissance mais moins d'étendue.

§140. — Les opéras allemands modernes renferment des passages écrits pour la *clarinette-basse en la*, dont le diapason est à l'octave inférieure de la clarinette-soprano en *la*, à la dixième mineure au-dessous de l'instrument-type de la famille. Les notes *ut₁ mi₁ sol₁* font à l'oreille *la₂ ut♯₃ mi₃*.

Étendue pour la notation   Étendue pour l'oreille

La notation illogique employée en Allemagne pour la clarinette-basse en *si ♭* subsiste également ici.

Ex. 275.

Ex. 276.

Petites clarinettes

§141. — On range dans cette catégorie toutes les clarinettes plus aiguës que l'instrument primitif de la famille. En raison de leur sonorité dure et peu distinguée, elles ont joué jusqu'à présent un rôle assez mince dans les manifestations élevées de l'art. Leur domaine est la musique militaire. Seule la variété la plus grave, la *clarinette en ré*, a été admise parfois à l'orchestre. Elle est accordée un ton au-dessus de la clarinette en *ut*; les notes *ut₁ mi₁ sol₁* font à l'oreille *ré₁ fa♯₁ la₁*.

Si l'on fait abstraction de l'ouverture d'*Écho et Narcisse*, où Gluck a mis des clarinettes en *ré* sans une intention bien accusée, je ne vois guère à citer qu'un exemple de l'emploi de cet instrument, c'est l'*incantation du feu* (le *Feuerzauber*) à la dernière scène de la *Walkyrie*, page symphonique d'un éclat vraiment merveilleux (ex. 136 et 137). Pour donner plus de fermeté à la ligne mélodique de son thème, Richard Wagner met en œuvre une clarinette en *ré* jouant dans la partie la plus élevée du registre aigu. Ce timbre de *doublette* se marie en perfection au crépitement des cordes hautes de la harpe, aux notes étincelantes lancées par les petites flûtes, aux traits de violons s'élevant comme des tourbillons de flammes, au tintement du triangle, bref à tout un ensemble de sonorités pittoresques qui évoque devant l'esprit la vision d'un immense embrasement produit par un pouvoir surnaturel. Mais il n'est pas hors de propos de faire observer qu'un pareil usage de la petite clarinette, conçu en vue d'une masse instrumentale dont la force doit être atténuée par son emplacement matériel (1), serait d'un effet un peu cru dans les conditions ordinaires de nos orchestres de théâtre ou de concert.

§142.— La *petite clarinette en mi* ♭, une partie essentielle des musiques militaires de notre époque, est accordée à la tierce mineure aiguë de la clarinette en *ut*; les notes *ut*, *mi*, *sol*, font pour l'oreille *mi* ♭₄ *sol*, *si* ♭₄.

Employé surtout dans son registre aigu, dont la sonorité a beaucoup de brillant et d'éclat, cet instrument sert à combler la distance entre la clarinette en *si* ♭ (ou le saxophone soprano) et la petite flûte, plus haute de deux octaves (§ 94). Les fonctions ordinaires de la petite clarinette dans les bandes d'harmonie consistent à renforcer la partie mélodique, en la doublant à l'octave. Les traits d'agilité (en gammes, arpèges, trilles, etc.) lui conviennent non moins bien que les passages franchement rythmés.

Hector Berlioz a fait entendre la petite clarinette en *mi* ♭ dans une de ses productions orchestrales les plus échevelées, « afin », dit-il lui-même, « de parodier, dégrader, *encanailler* une mélodie : le sens dramatique de l'œuvre exigeant cette étrange transformation (2). » On reconnaît bien là un romantique français de 1830.

---

(1) On sait que l'orchestre du théâtre Wagner à Bayreuth est placé sous la scène et invisible au spectateur.
(2) *Traité d'instrumentation*, p. 137.

Ex. 279.

Symphonie fantastique, p. 93 de la gr. partit.

§143. — La *petite clarinette en fa* était anciennement celle dont se servait la musique militaire. Son diapason est à la quarte aiguë de la clarinette en *ut*: les notes *ut, mi, sol,* font pour l'oreille *fa, la, ut.* . L'étendue se restreint un peu vers le haut.

Cette variété de la famille des clarinettes est aujourd'hui complètement abandonnée, et il n'y a guère lieu de le regretter: le timbre en était aigre et criard outre mesure.

§144. — Enfin le dernier instrument de la famille à l'aigu, le plus criard de tous, est la *petite clarinette en la♭*, employée dans les musiques militaires de l'Autriche. Les sons se produisent une sixte mineure au-dessus des notes écrites.

FAMILLE DES SAXOPHONES

§145. — La construction de ce type d'instrument repose sur un principe dont on ne connaît pas d'application certaine dans les nombreux appareils sonores que les siècles passés ou les peuples étrangers ont transmis à l'Europe moderne: la mise en vibration d'une colonne d'air contenue dans un tuyau conique, au moyen d'une anche battante semblable, sinon identique, à celle de la clarinette (1). On fabrique d'habitude le tuyau du saxophone en métal, mais si l'on employait du bois ou toute autre matière, la qualité du son n'en serait nullement modifiée.

---

(1) La languette du saxophone est plus forte, plus large et légèrement bombée au centre.

En créant cet instrument, M. Adolphe Sax a enrichi l'orchestre d'une voix nouvelle et douée de son expression propre : voix riche et pénétrante, dont le timbre, un peu voilé, tient à la fois du violoncelle, du cor anglais et de la clarinette, mais avec une sonorité plus intense.

§146. — Grâce à l'homogénéité remarquable de ce timbre dans les diverses régions sonores, et à des procédés de facture et de mécanisme ingénieusement perfectionnés, le célèbre facteur belge a pu construire des saxophones à toutes les dimensions possibles, et créer une famille d'instruments plus complète, plus régulière qu'aucune autre. Elle se compose actuellement de six individus :

1) le *sopranino* ou *petit soprano*,   4) le *ténor*,
2) le *soprano*,   5) le *baryton*,
3) le *contralto*,   6) le *saxophone-basse*,

lesquels se succèdent alternativement à distance de quarte et de quinte, en sorte que les n°ˢ 1, 3 et 5 d'une part, les n°ˢ 2, 4 et 6 d'autre part, correspondent entre eux à l'octave ou à la double octave. De plus chaque individu est représenté par deux variétés accordées à un ton d'intervalle. La famille des saxophones forme donc une double série parallèle de six instruments : l'une, la moins usitée, bien que très recommandable pour la musique d'orchestre, est accordée aux diapasons d'*ut* et de *fa*; l'autre, mieux appropriée à la musique d'harmonie, se construit aux diapasons de *si* ♭ et de *mi* ♭.

Série **a** :	Série **b** :
1 ᵃ⁾ Saxophone-*sopranino* en *fa* :	1 ᵇ⁾ Saxophone-*sopranino* en *mi* ♭ ;
2 ᵃ⁾ Saxophone-*soprano* en *ut* ;	2 ᵇ⁾ Saxophone-*soprano* en *si* ♭ ;
3 ᵃ⁾ Saxophone-*contralto* en *fa* :	3 ᵇ⁾ Saxophone-*contralto* en *mi* ♭ ;
4 ᵃ⁾ Saxophone-*ténor* en *ut* ;	4 ᵇ⁾ Saxophone-*ténor* en *si* ♭ ;
5 ᵃ⁾ Saxophone-*baryton* en *fa* ;	5 ᵇ⁾ Saxophone-*baryton* en *mi* ♭ ;
6 ᵃ⁾ Saxophone-*basse* en *ut*.	6 ᵇ⁾ Saxophone-*basse* en *si* ♭.

Ces douze instruments ont une échelle identique (abstraction faite de la hauteur absolue des sons), le même doigté et la même notation. Leur étendue ordinaire, entièrement chromatique, s'exprime dans l'écriture musicale par les notes comprises entre si_2 et $mi♭_4$. Les individus utilisés pour les solos de virtuosité (n°ˢ 3 4 et 5 : le contralto, le ténor et le baryton) ont deux demi-tons de plus à l'aigu; chacun d'eux monte conséquemment jusqu'au son désigné par la note fa_4.

1. On peut considérer comme instrument-type de la famille le *saxophone-soprano en ut* (2ᵃ) dont les sons, comme ceux du hautbois et de la clarinette en *ut*, ont la hauteur indiquée par l'écriture musicale.

Étendue pour la notation et pour l'oreille

Ex. 281.

Saxophone-soprano en Ut

II. Le *saxophone-soprano en si♭* (2^b) est accordé un ton plus bas; les notes *ut, mi, sol,* font pour l'oreille *si♭₃ ré, fa,* (comme sur la clarinette en *si♭*).

Étendue pour la notation   Étendue effective

Ex. 282.

Saxophone-soprano en Si♭   Effet réel

III. Le *saxophone-contralto en fa* (3ᵃ) donne la quinte inférieure de l'instrument-type; les notes *ut, mi, sol,* font pour l'oreille *fa₃ la₃ ut,* (de même que sur le cor anglais).

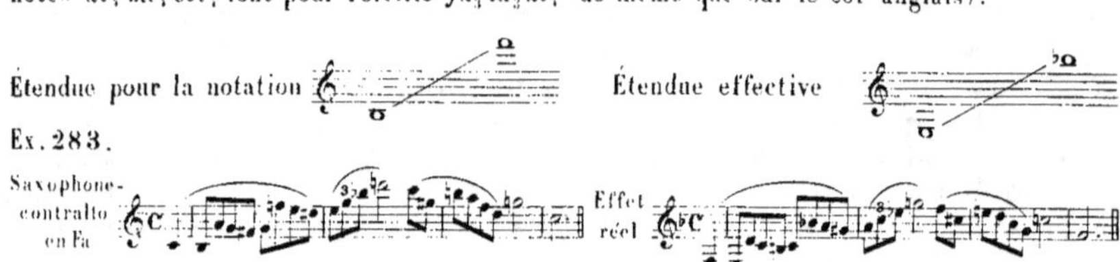

Étendue pour la notation   Étendue effective

Ex. 283.

Saxophone-contralto en Fa   Effet réel

IV. Le *saxophone-contralto en mi♭* (3^b) est accordé un ton au-dessous du précédent, une sixte majeure au-dessous de l'instrument-type: les notes *ut, mi, sol,* font pour l'oreille *mi♭₃ sol₃ si♭₃*.

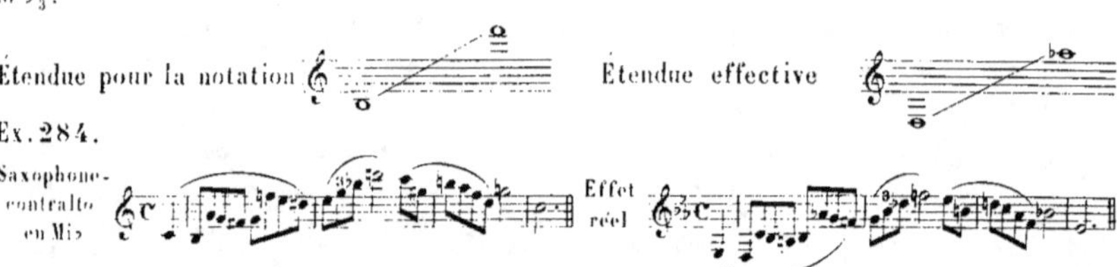

Étendue pour la notation   Étendue effective

Ex. 284.

Saxophone-contralto en Mi♭   Effet réel

V. Le *saxophone-ténor en ut* (4ᵃ) fait entendre l'octave inférieure de l'instrument-type; les notes *ut, mi, sol,* font pour l'oreille *ut₃ mi₃ sol₃*.

Étendue pour la notation   Étendue effective

Ex. 285.

Saxophone-ténor en Ut   Effet réel

VI. Le *saxophone-ténor en si♭* (4^b) est accordé une octave au-dessous du soprano en *si♭*, une neuvième majeure au grave de l'instrument-type; les notes *ut, mi, sol,* font pour l'oreille *si♭₂ ré₃ fa₃* (de même que sur la clarinette basse en *si♭*). On retrouve la hauteur réelle des sons en lisant la musique à la clef d'ut, 4ᵉ ligne, et en ajoutant deux bémols à l'armure.

VII. Le *saxophone-baryton en fa* (5ª) donne l'octave inférieure du contralto en *fa*, la douzième grave de l'instrument-type; en conséquence les notes *ut, mi, sol,* font pour l'oreille *fa₂ la₂ ut₃*.

VIII. Le *saxophone-baryton en mi♭* (5ᵇ) s'accorde un ton au-dessous de la variété précédente, une treizième majeure (sixte majeure et octave) au-dessous de l'instrument-type; les notes *ut, mi, sol,* sonnent à l'oreille *mi♭₂, sol₂ si♭₂*. Pour trouver facilement sa hauteur réelle il faut le lire en clef de fa 4ᵉ ligne, et ajouter trois bémols à l'armure indiquée.

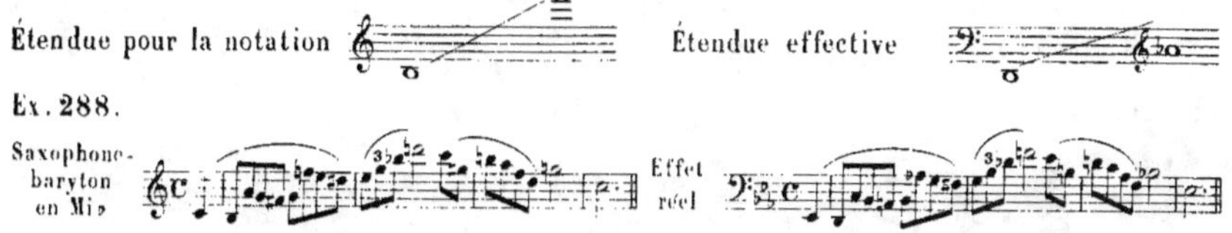

IX. Le *saxophone-basse en ut* (6ª) produit l'octave inférieure du ténor en *ut*, la double octave inférieure de l'instrument-type; les notes *ut, mi, sol,* font pour l'oreille *ut₂ mi₂ sol₂*.

X. Le *saxophone-basse en si♭* (6ᵇ), la variété la plus grave de la famille, est accordé un ton plus bas, deux octaves et un ton (= seizième majeure) au-dessous de l'instrument-type; en conséquence les notes *ut, mi, sol,* font pour l'oreille *si♭₁ ré₂ fa₂*.

Étendue pour la notation   Étendue effective

Ex. 290.

Saxophone-
basse
en Si♭   Effet
                                                               réel

XI. Il nous reste à définir l'étendue des deux variétés les plus aiguës. Le *saxophone-sopra-nino* (ou *petit soprano*) *en fa* (1ª), le plus aigu de tous, est à une quarte au-dessus de l'instrument-type; les notes *ut, mi, sol,* font à l'oreille *fa₄ la₄ ut₅*.

Étendue pour la notation   Étendue effective

Ex. 291.

Saxophone-
sopranino
en Fa   Effet
                                                              réel

XII. Enfin le *sopranino en mi♭* (1ᵇ) est plus bas d'un ton; il donne conséquemment la quarte supérieure du soprano en *si♭*, la tierce mineure aiguë de l'instrument-type. Les notes *ut₄ mi₄ sol₄* font pour l'oreille *mi♭₄ sol₄ si♭₄* (comme sur la petite clarinette en *mi♭*. §142. p.185).

Étendue pour la notation   Étendue effective

Ex. 292.

Saxophone-
sopranino
en Mi♭   Effet
                                                              réel

§147. — L'échelle du saxophone se produit à peu près de la même manière que celle du hautbois. Au moyen d'une série de clefs ouvrant des trous latéraux disposés de façon à diminuer progressivement la longueur de la colonne d'air, le saxophone obtient en sons fondamentaux (sons 1) les 15 premiers degrés de l'échelle chromatique dont il dispose.

Le tuyau étant conique se divise comme un tuyau ouvert et fournit en conséquence les octaves (sons 2) de ses fondamentales. Ainsi se produit la portion de l'échelle comprise entre *ré₄* et *ut♯₅*. Des clefs à octavier facilitent le partage de la colonne d'air.

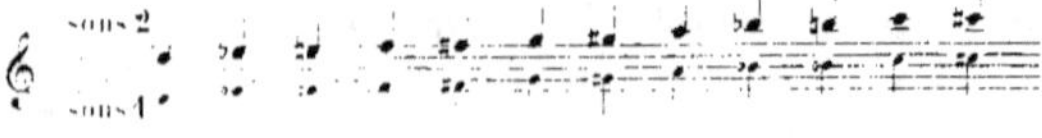

Les degrés plus élevés sont émis à l'aide de clefs supplémentaires. Ce sont également des sons 2: leurs fondamentales faisant double emploi avec les quatre premiers sons de la série des octaves ne sont pas utilisées en pratique.

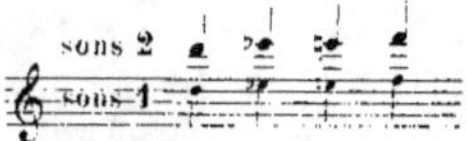

Ces deux dernières notes, nous l'avons dit plus haut, n'existent que sur les instruments appelés parfois à faire entendre des solos de virtuosité.

§148. — Au point de vue de la notation, les registres des saxophones se limitent par les mêmes notes que les registres du hautbois.

Si l'on veut se rendre un compte exact de la situation effective des registres dans les diverses variétés de cette famille, il faut transcrire l'étendue de chacune d'elles à la hauteur qui lui est propre. Voici cette transcription pour les quatre variétés les plus usitées

Tout en gardant son identité originaire, le caractère du timbre se nuance différemment selon le diapason de l'instrument. Ainsi l'énergie inhérente aux sons du registre aigu, par l'effet de leur émission serrée, prend dans les variétés graves une expression pénible et douloureuse.

De même la plénitude des sons du registre grave produit une impression de calme imposant qui s'accuse davantage à mesure que le diapason s'abaisse. Plus que dans toutes les autres familles d'instruments, le registre du médium possède les qualités propres à l'exécution du *cantabile*. «L'extraordinaire facilité qu'ont les saxophones, et particulièrement le baryton et la basse, d'enfler et d'éteindre les sons peut donner lieu, dans la partie inférieure de l'échelle, à des effets inouïs jusqu'à ce jour, effets analogues à ceux de l'harmonium» (Berlioz).

§149. — Grâce à un système de clefs et de palettes très ingénieusement combiné, le doigté du saxophone est d'une régularité parfaite et permet à l'artiste d'aborder, sans changer d'instrument, la série entière des tons usités ainsi que toutes les formes de traits accessibles aux hautbois, aux clarinettes et aux bassons. Les passages liés conviennent surtout à cette famille d'instruments. Les arpéges sont aussi faciles mais moins légers que sur la clarinette. Presque tous les trilles s'exécutent sans difficulté.

§ 150. — Jusqu'à ce jour le saxophone ne s'est guère répandu hors de la France et de la Belgique, et dans ces pays même il n'a paru à l'orchestre qu'en de rares circonstances. Son rôle s'est développé davantage dans la musique d'harmonie; la sonorité du saxophone, dont la puissance est triple au moins de celle de la clarinette, ne se laisse pas absorber par les cuivres, tout en se mariant très bien avec eux. Aujourd'hui toutes les bandes militaires françaises et belges font un usage plus ou moins étendu de cette nouvelle famille instrumentale.

On l'emploie en deux façons différentes. La plus caractéristique, non encore essayée à l'orchestre, consiste à mettre simultanément en œuvre tous les individus dont se compose la famille, ou du moins les principaux d'entre eux, de manière à former un groupe de sonorités homogène et complet, à l'instar du quatuor des voix ou des instruments à archet. Nous appellerons *petit chœur* la réunion du *soprano*, de l'*alto*, du *ténor* et du *baryton*.

Ex. 293.

On obtient le *grand chœur*, à six parties, en ajoutant au groupe susdit les deux voix extrêmes : à l'aigu le *sopranino*, au grave le *saxophone-basse*. Ces instruments supplémentaires se bornent souvent à renforcer la mélodie et la basse.

Ex. 294

D'après un choral de J. S. Bach (N° 232 du recueil
de Ludwig Erk, nouv. édit. Leipzig, Peters).

L'autre mode d'emploi du saxophone, et le seul dont on trouve des exemples à l'orchestre, se
réduit à exhiber séparément un des individus (de préférence l'*alto*, le *ténor* ou le *baryton*), soit
en solo, soit en combinaison avec d'autres instruments à vent. C'est ainsi que plusieurs maîtres
français de notre époque, Meyerbeer, Ambroise Thomas, Massenet, ont produit dans leurs
opéras l'invention de l'éminent facteur belge.

Ex. 295

Ex. 296.

§ 151. — Nous ne terminerons pas ce chapitre sans donner les renseignements indispensables sur une autre famille nouvelle d'instruments à anche: celle des *sarrusophones*, inventée vers 1863 par un chef de musique de l'armée française, M. Sarrus (1). Elle ne procède pas, comme le saxophone, d'un principe nouveau; le sarrusophone est une colonne d'air conique mise en vibration à l'aide d'une anche double, et ne diffère du hautbois et du basson que par une sonorité plus puissante, conséquence de la largeur du tuyau. Sous ce dernier rapport l'instrument dont il s'agit a d'étroites affinités avec les variétés graves du hautbois primitif: le hautbois de chasse, la bombarde, (2) etc. Les sarrusophones se fabriquent en cuivre; leur mécanisme de doigté est emprunté en grande partie au saxophone.

Par l'ouverture successive des trous latéraux se produisent les fondamentales suivantes:

(1) H. Lavoix, fils, *Histoire de l'instrumentation* (Paris, 1878, Firmin Didot) p. 118.

(2) *Catalogue du musée instrumental du conservatoire royal de Bruxelles*, p. 189 et suiv. (*Annuaire de 1879*, p. 105 et suiv.).

lesquelles sautent à l'octave supérieure par une plus forte pression des lèvres sur l'anche, et par l'adjonction d'une clef dont le jeu provoque le partage de la colonne d'air. L'exécutant obtient ainsi les notes

Les degrés les plus hauts de l'échelle sont formés par les sons 3 ou 4 de quelques-unes des fondamentales

La famille des sarrusophones, visiblement calquée sur celle du saxophone, comprend les six instruments que voici:

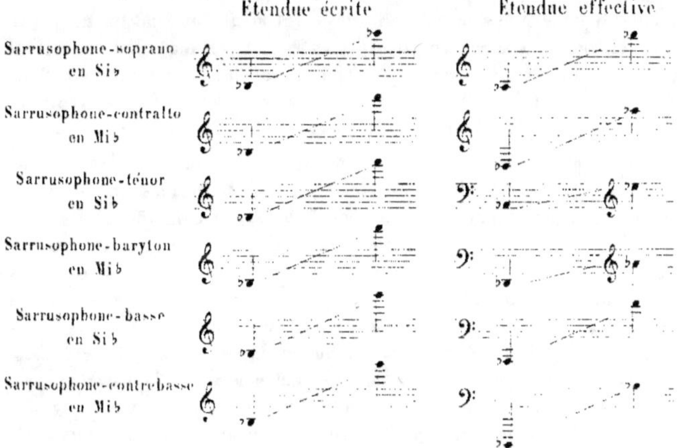

On pourrait ajouter à cette énumération: le *sarrusophone sopranino en mi♭*, accordé à la quarte aiguë du soprano en si♭ (étendue effective *ré♭₂ à sol♭₄*), et le *sarrusophone-contrebasse en si♭*, à la quarte grave de la contrebasse en mi♭ (étendue effective *la♭₋₂ à fa₂*). Mais ces deux instruments extrêmes sont à peu près inusités.

Jusqu'à présent le sarrusophone a paru seulement dans les musiques militaires en France. Il y a toutefois lieu de remarquer que l'on s'est mis récemment à construire pour l'orchestre des *sarrusophones-contrebasse en ut*.

Étendue écrite

ou bien

Effet à l'oreille

Cet instrument est destiné à remplacer —et avec avantage— l'ancien contrebasson (ci-dessus p.160), rôle qui lui convient parfaitement en vertu de sa proche parenté avec la famille des hautbois.

CHAPITRE VIII

Instruments à embouchure naturels: cor et trompette simples, cornet de poste et clairon d'ordonnance.

§152.— Longtemps toute cette branche d'instruments, que les musiciens désignent habituellement sous le nom de *cuivres*, eut une place fort effacée et une faible importance numérique dans la pratique réelle de l'art. Aujourd'hui les cuivres sont devenus un élément indispensable des combinaisons instrumentales et forment dans nos orchestres une masse imposante, dominant par sa puissance les *bois* (flûtes, clarinettes, hautbois et bassons). Ils occupent dans l'étendue générale des sons musicaux les mêmes régions à peu près que les instruments à anche. Mais la nature et le caractère de leur sonorité sont tout autres. Tandis que l'échelle des instruments à anche se forme principalement de sons fondamentaux, auxquels viennent s'adjoindre un ou tout au plus deux des harmoniques voisins, l'étendue des instruments à embouchure est constituée presque exclusivement par les harmoniques supérieurs (3, 4, 5, 6 etc.). Or cette espèce de sons a un timbre caractéristique, moins apparenté à la voix que le timbre des anches. Aussi les cors, les trompettes et les trombones ne sont pas faits pour la mélodie monodique, expression naturelle des sentiments instinctifs de l'être humain; leurs accents métalliques et mâles appellent l'harmonie simultanée; ils traduisent des états de l'âme plus complexes, où intervient la conscience morale. Leurs moyens techniques impliquent des formes musicales sérieuses, sévères, sans ornements ni figures rapides ; la tenue du son et le rythme en sont les facteurs principaux.

§153.— Ainsi qu'il a été dit plus haut (§16) les instruments à embouchure analysés dans le présent chapitre montrent cette branche d'organes sonores à son état le plus simple et dénuée de tout moyen mécanique pour changer instantanément la longueur du tuyau. Ils n'ont pas conséquemment d'échelle suivie et leurs ressources mélodiques sont très restreintes.

Avant de paraître dans nos orchestres, les cors et les trompettes n'eurent, pendant des siècles, d'autre destination que de faire entendre des appels de chasse et de guerre. Mais tels que nous les connaissons actuellement, ces instruments ne remontent pas à des types d'une date fort reculée. Le cor est la trompe de chasse du temps de Louis XIV, perfectionnée et munie de corps de rechange. La trompette, plus anciennement adaptée à la pratique de l'art, a pris pour modèle l'instrument du XVIᵉ siècle. Tous deux font partie intégrante de l'orchestre des maîtres classiques, et y ont régné sans partage jusqu'en 1830. Depuis cette époque ils se sont vus supplanter peu à peu par les cors et les trompettes chromatiques. De jour en jour le cor simple apparaît plus rarement dans l'œuvre des compositeurs; partout, en dehors de la France, il est en train de céder sa place au cor à pistons. La trompette simple a complètement disparu de tous les orchestres de l'Europe.

Quant au cornet et au bugle simples, ils n'y ont jamais eu accès. Si nous nous en occupons ici, c'est parce qu'ils ont donné naissance à des instruments chromatiques adoptés par les maîtres de notre époque. Or pour être en mesure d'utiliser toutes les ressources des nouveaux instruments, on doit connaître à fond les propriétés sonores des types primitifs. C'est faute de posséder ces connaissances que beaucoup de compositeurs (et des plus célèbres) se montrent si incertains, si inexacts dans leur manière d'écrire pour cette portion importante de nos forces instrumentales. Au reste la longueur du suivant article fait voir que parmi ces instruments dits simples, quelques-uns ont une technique des plus compliquées.

Cor

(En italien *corno*, pl. *corni*; en allemand *Horn*, pl. *Hoerner*)

§ 154. — En raison du peu de largeur de son diamètre, le tuyau du cor entre difficilement en vibration sans se partager; c'est pourquoi il ne donne pas régulièrement le son fondamental de l'échelle des harmoniques. Par contre, sa grande longueur (1) lui permet de se diviser en beaucoup de parties aliquotes et de faire entendre conséquemment une portion considérable de la susdite échelle: à cet égard le cor surpasse tous les autres instruments. Son étendue générale chez les maîtres classiques est comprise entre les sons 2 et 16: J.S. Bach le fait monter jusqu'au son 18.

Quelle que soit la hauteur absolue de la série harmonique, on écrit la partie de cor comme si la fondamentale était ut_1. Lorsqu'on se sert de la clef de *fa*, ce qui arrive souvent pour le grave, les notes s'écrivent une octave plus bas qu'il ne le faudrait (§ 80, II).

Tous les degrés de cette échelle s'obtiennent par des modifications graduelles dans la pression des lèvres, sans l'intervention de la main dans le pavillon; c'est pourquoi on les appelle *sons ouverts*. Ceux qui dépassent le son 12 à l'aigu sont redoutés de la majorité des cornistes; on les rencontre rarement dans les productions récentes. Et de fait, ces harmoniques supérieurs sont toujours assez périlleux, placés à découvert. A mesure que les divisions du tuyau deviennent plus petites et que leurs différences diminuent, la moindre erreur dans la pression des lèvres fait sortir un harmonique pour un autre.

Autrefois cependant, compositeurs et virtuoses étaient moins timorés. Beethoven écrit souvent le 16ᵉ harmonique. Haendel et Bach ont à chaque page de leur œuvre des passages de cor (et de trompette) réputés absolument inexécutables aujourd'hui.

Ex. 297.

(1) Le tuyau du cor à sa plus petite longueur usitée (en *Si♭ aigu*) mesure 2ᵐ 95; il a donc *presque six mètres* (5ᵐ 90) lorsqu'il est accordé une octave plus bas (en *Si♭ grave*). Le ton de *Fa* donne une longueur de 3ᵐ 939. Mahillon. *Éléments d'acoustique musicale*, p. 101.

§ 155. — Grâce aux *corps de rechange* ou *tons* (§17), l'échelle du cor se transpose sur tous les degrés de la gamme chromatique. On compte *seize* tons dont les deux extrêmes sont distants d'une dixième mineure. Ils se divisent en trois groupes:

a) six tons aigus, embrassant à peu près l'étendue des voix de mezzo-soprano et de contralto, à savoir: *ut* (aigu), *si♯* (aigu), *si♭* (aigu), *la♯* (aigu) *la♭* et *sol*;

b) quatre tons moyens, correspondants à l'étendue du contralto et du ténor: *fa♯* (ou *sol♭*), *fa, mi♯* et *mi♭*;

c) six tons graves, parallèles au ténor et au baryton: *ré, ré♭, ut* (grave), *si♯* (grave), *si♭* (grave) et *la♯* (grave).

Les tons moyens ont la meilleure sonorité et offrent le plus de ressources au compositeur et à l'exécutant: *fa* est considéré comme le ton par excellence.

Selon la longueur plus ou moins grande des corps de rechange, l'étendue pratique de l'instrument est sujette à se modifier aux deux extrémités de l'échelle. Les harmoniques au-dessus du son 12 ne sortent bien qu'avec les tons graves: réciproquement le son 2 s'émet d'autant plus facilement que l'instrument porte un ton plus aigu. La cause en est que, pour s'opérer facilement sous l'impulsion des lèvres, les divisions du tube ne doivent être ni trop grandes ni trop petites.

Voici l'étendue normale du cor dans chacun de ses tons. Les notes indiquées comme "difficiles" sont peu utilisées de notre temps.

I. Tons aigus

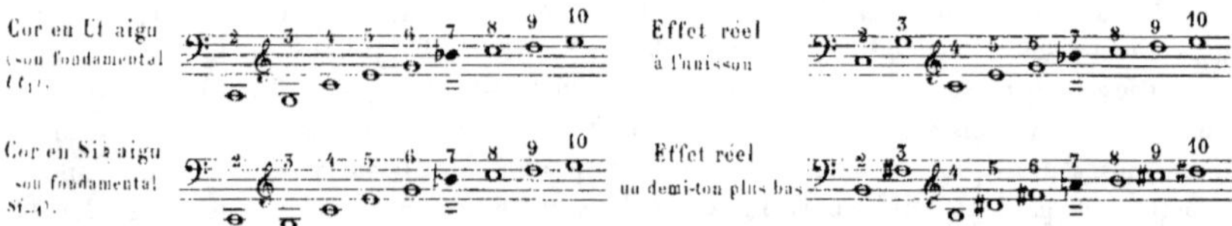

Ces deux tons, à peu près inusités, ont un timbre maigre et de mauvaise qualité. Il n'existe pas d'exemple de leur emploi chez les maîtres classiques.

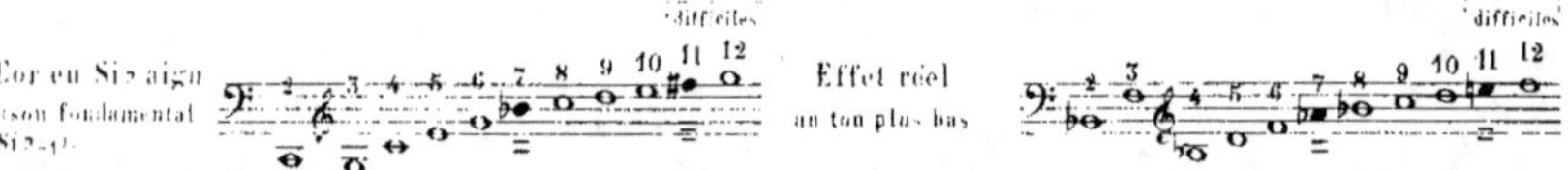

Rarement employé. Exemples: Mozart, *la Flûte enchantée*, premier Air de la Reine de la nuit (n°4) et Quintette (n°5); Weber, Ouverture d'*Euryanthe*; la Chasse infernale du *Freyschütz*.

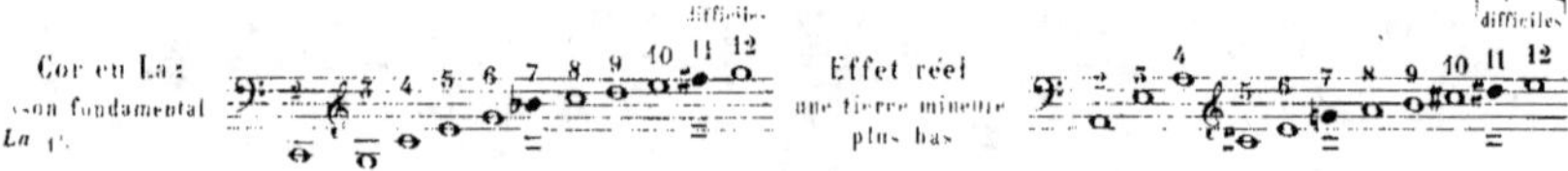

Exemples: Beethoven, VII Symphonie, 1er morceau, Scherzo et Final; Larghetto de la II° Symphonie.

Cor en La♭
(son fondamental
La♭₋₁)

Aucun exemple de son emploi dans le répertoire classique ne me vient à l'esprit.

Cor en Sol
(son fondamental
Sol₋₁).

Exemples: Mozart, Symphonie en Sol mineur, 1ᵉʳ morceau, Menuet et Final; Beethoven, Ouverture des *Ruines d'Athènes*, Concerto de piano en sol.

II. Tons moyens

Cor en Sol♭
ou en Fa♯
(son fondamental
Sol♭₋₁ ou Fa♯₋₁).

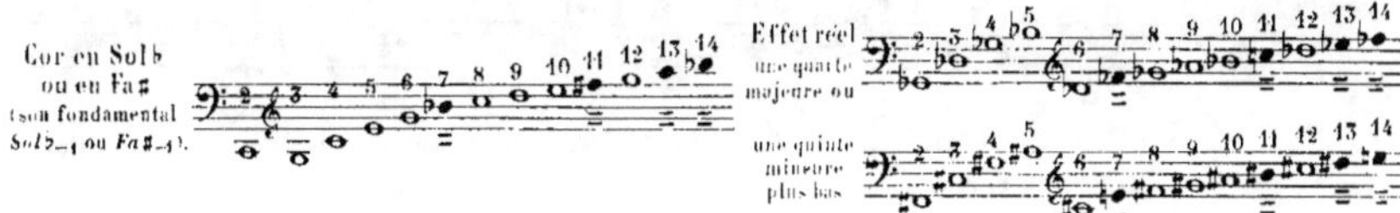

Presque inusité. On trouve un exemple de son emploi chez Haydn: Andante de la Symphonie en fa♯ mineur, dite "Où l'on s'en va" (nᵒ 9 de la Coll. Leduc).

Cor en Fa
(son fondamental
Fa₋₁).

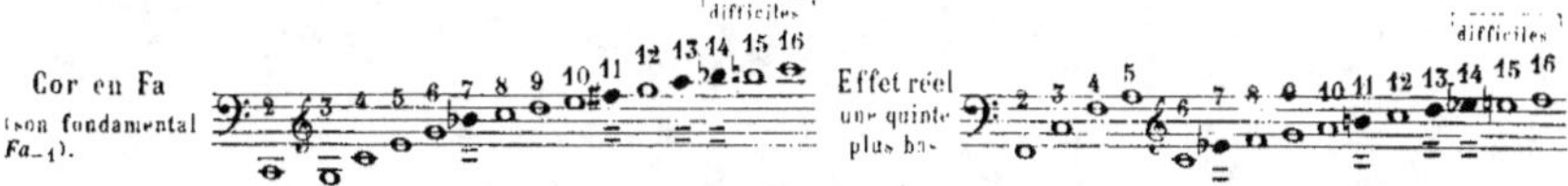

Exemples: Beethoven, Symphonie pastorale, 1ᵉʳ morceau, Scherzo et Final; VIIIᵉ Symphonie.

Cor en Mi♮
(son fondamental
Mi₋₁).

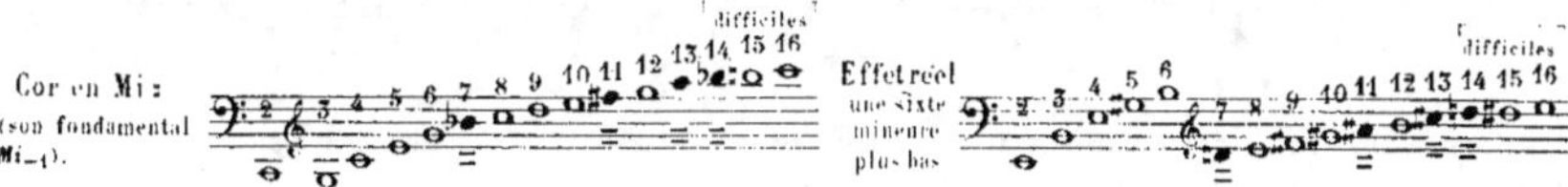

Rare chez Haydn et chez Mozart. Exemples chez Beethoven: Ouvertures de *Léonore* et de *Fidelio*, Allegretto de la VIIᵉ Symphonie.

Cor en Mi♭
(son fondamental
Mi♭₋₁).

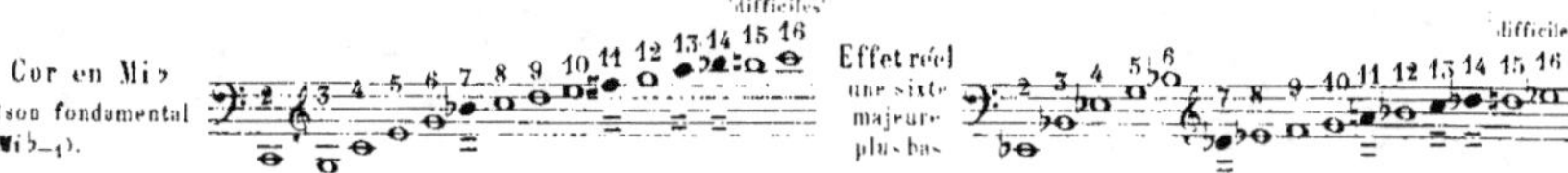

Exemples: Mozart, Symphonie en mi♭, Ouverture de la *Flûte enchantée*; Beethoven, IIIᵉ Symphonie (*Eroica*), Adagio de la IVᵉ Symphonie, Adagio de la IXᵉ.

III. Tous graves

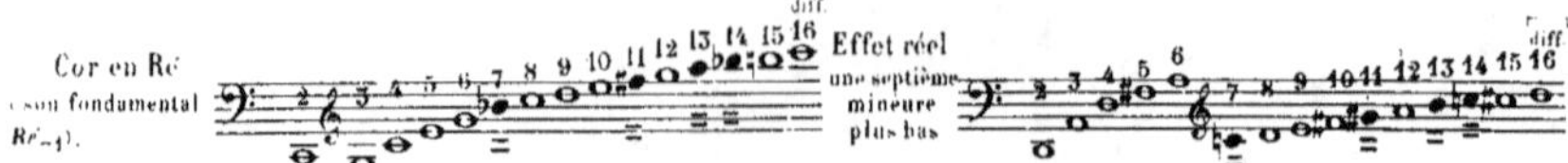

Cor en Ré (son fondamental Ré₋₁). — Effet réel une septième mineure plus bas.

Exemples: Mozart, Ouvertures des *Noces de Figaro* et de *Don Juan*; Beethoven, IIe Symphonie, 1er morceau, Scherzo et Final; IXe Symphonie.

Cor en Réb (son fondamental Réb₋₁). — Effet réel une septième majeure plus bas.

Je n'en connais pas d'exemple dans le répertoire classique.

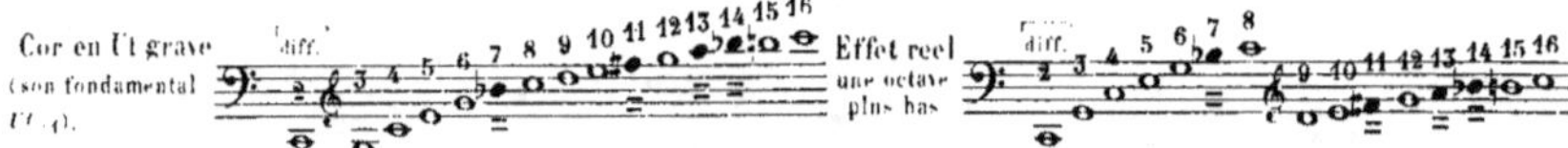

Cor en Ut grave (son fondamental Ut₋₁). — Effet réel une octave plus bas.

Exemples: Mozart, Symphonie en Ut (*Jupiter*); Beethoven, I^e Symphonie, 1er morceau, Scherzo et Final; Andante et Final de la Ve Symphonie (en Ut mineur).

OBSERVATION. *Cor en ut* signifie toujours *en ut grave*, le ton d'ut aigu étant absolument inusité.

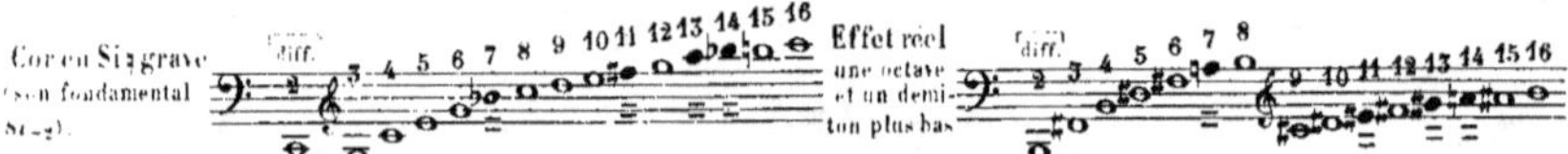

Cor en Si♮ grave (son fondamental Si₋₂). — Effet réel une octave et un demi-ton plus bas.

Il n'en existe pas d'exemple chez Haydn, Mozart, Beethoven ou Weber.

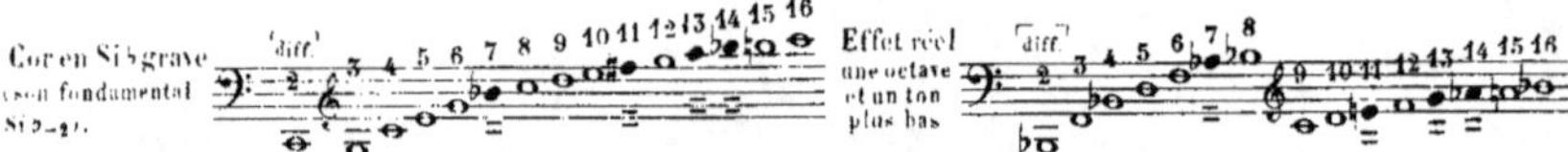

Cor en Si♭ grave (son fondamental Si♭₋₂). — Effet réel une octave et un ton plus bas.

Exemples: Beethoven, IVe Symphonie, 1er morceau, Scherzo et Final; Andante de la VIe Symphonie (pastorale); Andante scherzoso de la VIIIe Symphonie; Adagio de la IXe.

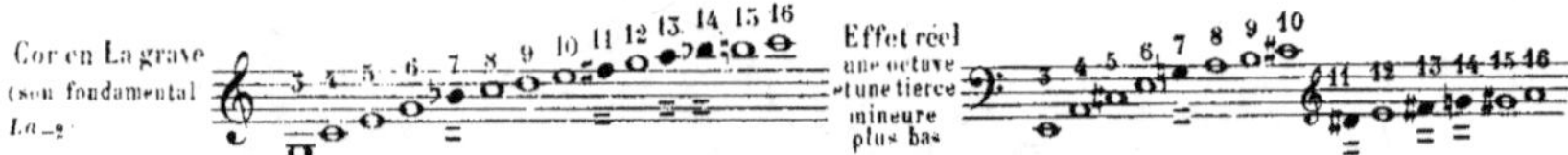

Cor en La grave (son fondamental La₋₂). — Effet réel une octave et une tierce mineure plus bas.

Ce ton, le plus grave, est inusité chez les maîtres classiques.

En réunissant les éléments des 16 échelles qui précèdent, on voit que l'étendue totale du cor, *transcrite en sons réels*, atteint trois octaves et demie et qu'elle a pour limites, au grave, les sons

à l'aigu

Peu de cornistes sont capables de parcourir cette longue échelle d'un bout à l'autre avec la même facilité et la même plénitude de son. Chacun d'eux, d'après ses aptitudes physiques, s'exerce à développer plus particulièrement les qualités du timbre, soit à l'aigu, soit au grave, et se sert à cet effet d'une embouchure *ad hoc*. De là vient que l'exécutant est ou *cor-alto* (en ce cas il joue l'une des deux parties aiguës, 1er et 3e cors) ou *cor-basse* (2e et 4e). Si l'on excepte les solos, où le compositeur s'étend avec plus de liberté,(1) les harmoniques supérieurs (sons 12 à 16) sont réservés au cor-alto, les harmoniques inférieurs (sons 3 et 2) au cor-basse. Voici des passages connus où se rencontrent quelques-unes de ces notes extrêmes.

(1) Le passage de la IXe Symphonie, reproduit ci-après (ex. 317 p. 208), renferme un solo de cor-basse qui embrasse une étendue de trois octaves et un demi ton: depuis Si♭-1 jusqu'à Ut♭4 = Si♯3 (sons réels).

On évite autant que possible de faire prendre aux cors un autre ton de rechange pendant la durée du morceau. Des changements fréquents et subits de ce genre entraînent de graves inconvénients dans l'exécution: en effet le peu de sûreté de l'attaque des sons sur le cor simple n'a pas d'autre cause que les variations constantes de la longueur du tube. Lorsqu'un changement de ton est jugé indispensable, la partie des cors doit avoir un nombre suffisant de mesures à compter (soit huit dans un mouvement modéré), pour que l'exécutant puisse préparer son instrument, et se préparer lui-même à l'emboucher dans ces nouvelles conditions. On devrait s'abstenir en toute occasion de passer d'un des tons aigus à un ton grave ou vice versa; malheureusement cette règle n'est observée par aucun compositeur.

§156. — Les intonations de l'échelle naturelle du cor diffèrent de celles que fournissent les instruments accordés par une série de quintes, soit exactes, soit tempérées (1). Toutefois, si l'on fait abstraction des quatre sons discordants qu'elle renferme (7, 11, 13 et 14), les différences ne sont pas assez fortes pour se faire sentir désagréablement dans la pratique.

Les deux *mi* (5, 10) ainsi que le *si* aigu (15) sont un peu plus bas (approximativement $\frac{7}{10}$ de comma) que les sons correspondants de la gamme issue d'une succession de quintes exactes. Mais ils se rapprochent sensiblement des intonations de la gamme tempérée, et se joignent à elles dans l'ensemble, sans que l'oreille en soit offusquée. Réunis à une des octaves de la fondamentale (2, 4, 8, 16) ou à une des quintes (3, 6, 12), ces *mi* forment des tierces ou des sixtes parfaitement consonnantes, dont la suavité frappe surtout l'auditeur lorsque deux cors, se séparant du reste de l'orchestre, font entendre une de ces phrases simples et concises auxquelles ce timbre donne un accent si profond.

Ex. 303.

De même le *si* aigu (son 15) forme avec le *sol* (12) une tierce majeure consonnante, semblable en tout à *ut-mi* (4-5 et 8-10). Rien ne s'opposerait donc à ce que l'on fît entendre, au moins dans les tons graves du cor, les intervalles et les accords suivants uniquement constitués par des sons ouverts: la justesse en est irréprochable.

L'existence du *si♮* aigu, à l'état de son ouvert, semble être restée à peu près inconnue des compositeurs depuis J.S. Bach. Ce degré de l'échelle naturelle n'apparaît même pas chez ceux qui montent couramment jusqu'à l'*ut*. Chez Beethoven je ne l'ai rencontré que deux ou trois fois (ex. 299. 324). Gluck est l'unique maître de la période classique proprement dite qui ait fait un usage fréquent du son 15.

Ex. 304. 

Des quatre harmoniques discordants du cor, les deux *si b* (7 et 14) sont les seuls dont on peut tirer quelque parti comme sons ouverts. Ils sont trop bas d'un grand comma: *si b–ut* (7-8 ou 14-16) forment sur le cor un *ton maxime*, intervalle étranger à la constitution harmonique de l'art européen. Haydn, Mozart et leurs contemporains ont laissé totalement de côté le *si b*, en écrivant leurs parties de cor, et peut-être n'avaient-ils pas tort: toujours est-il que si l'on a quelque souci de la justesse, on n'en saurait user avec assez de prudence et de tact.

Rossini dans une fanfare de chasse a produit un effet saisissant en faisant attaquer le son 7 par tous les cors réunis (le même effet se trouve dans le chœur des chasseurs d'*Euryanthe*): isolée ainsi de toute harmonie, cette note insolite a un cachet étonnant de sauvagerie et de romantisme.

Ex. 305.

Cependant les sons 7 et 14 ne doivent pas être systématiquement exclus de toute combinaison harmonique: ils sont acceptables dans certains accords dissonants (comme septième de dominante, par exemple, ou septième diminuée), surtout lorsque l'intonation irrégulière n'est pas doublée par un instrument à sons fixes (voir ci-après, ex. 316 et 342). On peut aussi, sans inconvénient, se servir du son 7 en guise de note de passage. Mais, je le répète, c'est vraiment faire violence à l'oreille que d'employer cette intonation fausse à la façon d'un degré régulier de la gamme, alors que l'exécutant ne possède aucun moyen pour l'amener à la hauteur voulue par notre sentiment musical. Et cependant c'est là l'usage presque général des compositeurs du XIXᵉ siècle, sans en excepter même Beethoven. Quelques-uns vont jusqu'à faire de ce *si b* trop bas la tonique d'une mélodie développée (ex. 309. ci-après). L'invention du cor à pistons a rendu inutiles ces combinaisons recherchées auxquelles la nature de l'instrument est rebelle.

Les sons 11 et 13 se trouvent entre les touches du clavier tempéré (§ 11) et n'ont par conséquent aucune application rationnelle dans notre système musical. À l'état de sons ouverts, ils ne s'emploient pas de nos jours. On rencontre ces deux harmoniques chez les maîtres de la première moitié du XVIIIᵉ siècle, et tout nous porte à croire qu'à cette époque on les entendait avec leur intonation naturelle (c'est-à-dire discordante), puisque, d'après l'opinion générale, les sons bouchés n'étaient pas encore connus en 1750. J.S. Bach et ses contemporains utilisent le son 11, tantôt comme *fa ♮*, tantôt comme *fa ♯* (voir ci-dessus ex. 298) le son 13 fait chez eux fonction de *la ♮*, bien que pour cela il soit trop bas de 3 commas. Une pareille pratique nous autorise à penser que l'on devait alors être singulièrement tolérant à l'endroit de la **justesse** des intonations.

§ 157. — Lorsque le corniste, en faisant résonner son instrument, introduit la main dans le pavillon, toutes les intonations s'abaissent et le timbre s'assourdit. A mesure que la main s'avance et que l'orifice inférieur du tuyau devient plus étroit, ces deux effets s'accusent davantage. L'exécutant peut arriver ainsi à *baisser* tous les degrés de l'échelle harmonique, depuis une fraction presque imperceptible de demi-ton, jusqu'à un intervalle de ton, *à peu près*. Ce phénomène découvert, dit-on, vers 1753, par un corniste allemand nommé Hampl,[1] est utilisé pour combler artificiellement les nombreuses lacunes que présente l'échelle musicale du cor simple.

Nous distinguerons trois applications pratiques du procédé dont il s'agit.

Et d'abord on s'en sert pour adapter à notre gamme actuelle les harmoniques discordants. Le son 11 (*fa* ♯ trop bas) devient *fa* ♮; c'est le premier son bouché que l'on ait employé dans la musique d'orchestre.

Ex. 306. 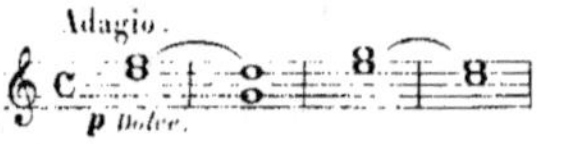 Beethoven, Ouverture de FIDELIO.

Le son 13 (*la* ♯ trop bas) se convertit en *la* ♭; les sons 7 et 14 (*si* ♭ trop bas) deviennent des *la* ♮. Ces quatre intonations, produites par un abaissement de *moins d'un demi-ton*, ont une sonorité excellente et fort peu voilée; parmi les sons bouchés ce sont les meilleurs.

En second lieu on fait entendre l'intonation située à un intervalle de demi-ton au-dessous de chacun des sons justes de l'échelle des harmoniques (2, 3, 4, 5, 6, 8, 9, 10, 12, 15, 16), en sorte que le diapason de l'instrument entier se trouve pour ainsi dire transposé un demi-ton plus bas.

Ces deux catégories de sons bouchés n'exigent que l'obturation partielle de l'orifice du tuyau et gardent en conséquence une sonorité assez distincte. Il n'en est pas de même d'une troisième espèce de sons bouchés, situés à un intervalle plus grand que le demi-ton au-dessous de l'harmonique qui sert à les produire. On a recours à ces notes, très sourdes, pour obtenir dans le grave, où les harmoniques sont plus espacés, quelques-uns des échelons essentiels de la gamme; mais toutes, excepté le *la* ♭₃ sont trop hautes. Le corniste ne réussit pas à baisser d'un intervalle de ton entier le son ouvert.

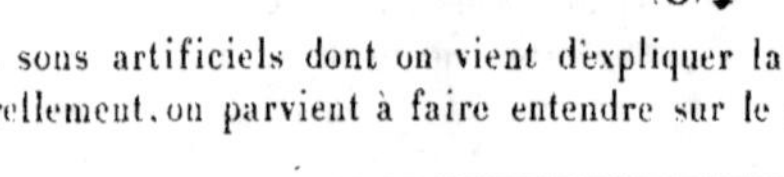

En réunissant tous les sons artificiels dont on vient d'expliquer la formation à ceux que l'instrument produit naturellement, on parvient à faire entendre sur le cor, avec une force et un

---

[1] L. Mahillon, *Catalogue du musée instrumental du Conservatoire royal de Bruxelles*, p. 55 (*Annuaire* de 1878, p. 133).

timbre inégaux, à la vérité une échelle continue de plus de deux octaves, chromatique à un seul demi-ton près. Nous désignons par o les sons ouverts; (marquera les sons abaissés d'un demi-ton au maximum, ● les sons abaissés de plus d'un demi-ton.

Comme l'exécutant modifie à son gré la hauteur des sons bouchés, ceux d'entre eux qui sont marqués d'un accident font indifféremment fonction de notes diésées ou de notes bémolisées homophones. Quant au son 7 (ouvert), déjà trop bas comme *si♭*, il ne peut d'aucune manière tenir lieu d'un *la♯*: ce dernier degré de l'échelle chromatique manque totalement à l'octave moyenne du cor (1).

Dans leurs compositions orchestrales les maîtres classiques antérieurs à Beethoven s'abstiennent des sons bouchés, à l'exception de *fa♮* (son 11 abaissé) qu'ils traitent en son ouvert. Beethoven lui-même use très sobrement de ces notes lorsqu'il ne met pas les cors en évidence; il les réserve pour les passages *obligés*. La pratique générale des compositeurs consiste à mêler, avec plus ou moins de discrétion, les intonations artificielles à celles qui se produisent sans le secours de la main, et de se servir seulement des premières avec les corps de rechange de *fa*, de *mi*, de *mi♭* et de *ré*. Cette restriction est purement arbitraire: les sons bouchés s'obtiennent de la même manière sur tous les tons du cor.

(1) On peut l'obtenir facilement dans l'octave aiguë par l'abaissement du son 15 (*si*).

Ex. 312.

Cor en Ré

Parfois le timbre sourd et lugubre des sons bouchés est utilisé intentionnellement en vue de l'expression dramatique. Dans ce cas l'exécutant force un peu l'émission, de manière à *cuivrer les sons*, à obtenir une vibration étouffée dont l'impression est sinistre. Un pareil moyen expressif se remarque au III.e acte de *Robert*: lorsque Robert s'avance pour cueillir le rameau magique sur le tombeau de S.te Rosalie, les cors font entendre le ricanement des nonnes damnées

Ex. 314.

Il est assez étonnant que les compositeurs modernes n'aient pas songé à mettre les sons bouchés à profit pour répéter, au demi-ton inférieur, de petites phrases mélodiques formées à l'aide des seuls harmoniques naturels. Cette sorte de réponses, *en écho modulant*, est d'une exécution facile, et l'effet en est charmant.

Ex. 315.

§ 158. — Les cornistes habiles font entendre en outre, dans le voisinage des harmoniques les plus graves de l'instrument (sons 2, 3 et 4), quelques notes purement factices, se produisant par la seule action des lèvres. De pareilles intonations sont naturellement vacillantes et faibles; pour acquérir une fixité relative, elles doivent s'émettre posément. On ne les utilise que dans le *piano* et à découvert, en les faisant précéder autant que possible, de l'harmonique auquel elles se rattachent. Il n'existe plus aucune raison pour recourir à ces sons irrationnels, aujourd'hui que les mêmes intonations s'obtiennent avec sûreté et justesse à l'aide de pistons. Si nous en faisons mention ici, c'est pour expliquer leur présence dans l'œuvre des maîtres.

En forçant légèrement la pression des lèvres nécessitée pour la production du son 3 (note sol_2) on fait sortir le demi-ton supérieur ($la\,\flat_2$). Cette note se rencontre dans les dernières mesures de ce célèbre passage:

Ex. 316.

En relâchant graduellement les lèvres, tout en s'aidant de la main, un corniste habile fait sortir avec plus ou moins de netteté, au grave du son 2, les notes suivantes qui s'écrivent, on le sait, une octave trop bas.

Le dernier de ces sons est employé dans une des pages les plus merveilleuses de Beethoven, laquelle offre en même temps un spécimen admirable de l'art de traiter les sons bouchés du cor

Ex. 317.   Adagio.

IXe Symphonie.

Quelques autres sons dus uniquement à l'habileté du corniste se produisaient d'une manière plus ou moins imparfaite dans l'octave grave. Boïeldieu (voir ci-dessus ex.134) descend chromatiquement depuis le son 4 jusqu'au son 3. Weber n'hésite pas à écrire des la_2 et des fa_2.

Ex. 318.

PRECIOSA. Chœur des bohémiens.

Ex. 318 bis.

Ibid. Chanson de la bohémienne.

§159. — Bien que le cor ait au besoin une émission rapide et légère, il ne se prête.ni par la constitution de son échelle, ni par sa sonorité noble et sérieuse, aux traits d'agilité proprement dits. La plupart de ceux qui se rencontrent dans la musique d'orchestre sont très courts et composés de sons ouverts.

Les traits mêlés de sons bouchés ont une saveur moins caractérisée. Ils sont rares à l'orchestre. Le passage suivant, qui renferme des notes très sourdes, est renforcé en partie par les bassons, par les altos et les violoncelles.

Cette dernière gamme, qui monte diatoniquement jusqu'au son 16, n'est exécutable que par des artistes d'une habileté consommée. Outre que le registre aigu est toujours d'un abord périlleux, il y a une difficulté particulière à passer rapidement du *sol₁* au *la₁*, l'exécutant étant obligé de sauter un degré de l'échelle des harmoniques: après le son 12 (ouvert) il doit prendre le son 14 (bouché). La difficulté s'accroît naturellement quand la succession des deux sons se fait d'une seule articulation, ou qu'elle se présente plusieurs fois de suite, comme dans les mesures suivantes, l'effroi des cornistes:

Ex. 325.

La manière la plus sûre d'exécuter ce passage bizarre est de le transposer sur le ton de *si♭* aigu: par là il devient relativement facile.

Le *trille*, toujours difficile, n'a lieu qu'entre deux notes du médium, formées, soit par des degrés conjoints de l'échelle des harmoniques, soit par un seul et même harmonique alternativement ouvert et bouché. Voici tous les trilles usités sur le cor simple:

Ex. 326.

§ 160. — Après avoir durant des siècles fait retentir les montagnes de ses joyeuses fanfares et servi de signal à tous les acteurs du noble jeu de la chasse, le cor, transformé par l'art du virtuose et du facteur, est devenu une des voix les plus riches de l'orchestre moderne. Voix tour à tour énergique et douce, rude et moëlleuse, elle relie dans l'ensemble symphonique les sonorités opposées des bois et des cuivres; isolée de la masse instrumentale, elle communique à la plus simple cantilène le charme de son timbre pénétrant. Le cor est un instrument essentiellement poétique, comme la harpe et la flûte: mais sa poésie est plus intime, plus romantique. Il n'affecte pas le sentiment à la manière des instruments à anche, en reproduisant directement le cri de la passion modulé par l'organe humain: les impressions qu'il procure naissent surtout d'associations d'idées. Aucun instrument peut-être n'agit aussi puissamment sur la fantaisie de l'auditeur. Les sons du cor transportent l'esprit au loin, dans les libres espaces, au sein des vastes forêts, sous l'ombrage des chênes séculaires, ou dans les pays charmants du rêve et de la féerie, aux bords des claires fontaines où l'on entend par les belles nuits d'été résonner les notes mystérieuses du cor d'Obéron.

Ex. 327.

Dans l'orchestre dramatique, qui s'attache à traduire non-seulement de vagues aspirations, mais des états déterminés de l'âme, le cor traité en instrument principal a pour domaine les sentiments et les situations où l'imagination intervient d'une manière active: espoir en l'avenir (air de Léonore "*Komm Hoffnung*" au II° acte de *Fidelio*); rappel du passé, réminiscence de paroles émouvantes prononcées dans un moment solennel ("Va, dit elle, va, mon enfant." ex. 335); souvenir de l'objet aimé ("Ah! l'ingrat, d'une offense mortelle," ex. 334); appel à un être inconnu et mystérieux ("Viens, gentille dame," ex. 311); attente inquiète du bien-aimé ("Il va venir," ex. 303). Partout ici le cor est conçu comme une voix tout idéale, qui se fait entendre à travers le temps et l'espace (1).

Mais les qualités poétiques de l'instrument ne se déploient en toute liberté que dans les tons moyens, correspondant à la partie centrale de l'échelle du contralto (§ 25): ce sont les seuls auxquels on confie des phrases mélodiques de longue haleine. Les tons aigus, par suite de l'émission tendue de leurs notes élevées, ont un timbre mince et sec, peu fait pour le *cantabile* de grand style, mais bien approprié aux morceaux d'un rythme franc et d'une allure sans pesanteur. Gluck a donné aux cors en *la* l'accent héroïque, chevaleresque (Air de Renaud "Le repos me fait violence" au II° acte d'*Armide*); les trois grands symphonistes ont su tirer souvent des tons aigus du cor un parti caractéristique. Il me suffira de rappeler deux œuvres de leur répertoire.

---

(1) Grétry est sans doute le plus ancien compositeur qui ait saisi ce caractère en quelque sorte métaphysique des sons du cor. Voir dans le *Huron* (sa pièce de début à Paris, jouée en 1769) le *Récitatif obligé* de Mlle de saint Yves au II° acte p. 114 et suiv. de la gr. partit.) ainsi que le commentaire sur ce passage dans les *Essais* (Paris, pluviôse, an V), t. I, pp. 167-168.

Ex. 328.

Tout au contraire, les tons les plus graves ont une résonnance pleine et vibrante, mais peu de mobilité: ce qui leur convient, quand ils sont mis en évidence, ce sont des motifs d'un dessin très ample.

Ex. 330.

Ex. 331.

En forçant l'intensité de l'émission, l'exécutant obtient des sons d'une rudesse sauvage; embouché de cette façon, le cor redevient trompe de chasse. Un pareil procédé d'intonation (qui s'indique quelque fois par les mots *pavillon en l'air*) n'est de mise que pour certains effets bruyants: fanfares, appels, etc. Des applications géniales de ce genre de sonorité se rencontrent dans plusieurs scènes de Gluck, principalement des évocations de divinités malfaisantes (Exemples: "Esprits de haine et de rage" au IIe acte d'*Armide*; "Venez, venez, Haine implacable" au IIIe acte; "Divinités du Styx" à la fin du Ier acte d'*Alceste*). Dans tous ces passages, la partie des cors se compose uniquement de notes prolongées s'exécutant à l'unisson.

Ex. 332.

Il arrive aussi parfois que l'on étouffe la sonorité des cors, afin de lui donner un accent lugubre et caverneux. Pour atteindre ce but on intercepte les vibrations de la colonne d'air en obturant partiellement le pavillon, soit par la main, ce qui fournit les sons dits *bouchés* (p. 204), soit au moyen d'une *sourdine* (1). Ce dernier procédé, longtemps abandonné, a été remis de nos jours en honneur par Wagner (p. 277). Gluck a obtenu un résultat analogue dans *Alceste* en faisant aboucher les cors pavillon contre pavillon (ex. 389, p. 242).

§ 161. — Après la flûte le cor est celui des instruments à vent qui a joui de la plus grande faveur dans la musique destinée à l'audition privée. Il a été traité en duo avec le piano, en trio avec la flûte et la harpe; il figure dans quelques œuvres de musique de chambre très

____

(1) La sourdine du cor est un cône de carton percé d'un trou à sa base et que l'on place dans le pavillon. Celle de la trompette est un petit tube en bois que l'on dispose d'une manière analogue.

célèbres (Beethoven, quintette, op.16, avec hautbois, clarinette, basson et piano; grand septuor, op.20, avec clarinette, basson, violon, alto, violoncelle et contrebasse; Hummel, septuor en ré mineur, op.74, avec flûte, hautbois, alto, violoncelle, contrebasse et piano).

A l'orchestre ses premières apparitions, assez intermittentes, remontent au commencement du siècle passé. Bach et Haendel le produisent en de rares occasions. Les cors ne deviennent un élément constant de l'instrumentation que vers 1760. Haydn les introduit dans la symphonie nouvelle dont il vient de tracer le cadre, mais en ne leur confiant guère que le complément harmonique; la même pratique est suivie par Mozart. Chez Gluck aussi la partie de cor a peu de relief; en quelques endroits cependant on entrevoit les effets puissants que cette sonorité fournira bientôt au drame musical. Beethoven le premier mit au service de l'orchestre toutes les ressources mélodiques et expressives du cor, toute l'habileté technique acquise par les exécutants de son époque. Weber sut trouver pour l'ancien instrument forestier des accents tour à tour rêveurs et pittoresques, pleins de ce sentiment profond de la nature qui semble inné chez les peuples de race germanique. Le rôle du cor simple dans l'orchestre resta tel que les deux grands maîtres l'avaient établi, jusqu'au jour où les cors chromatiques commencèrent à s'y montrer (Halévy, *la Juive*, 1835).

Les compositions destinées aux orchestres actuels ont tantôt deux, tantôt quatre parties de cor. Cette dernière combinaison est déjà mise en usage par Mozart dans son magnifique opera d'*Idomeneo* (1781). Sauf de rares exceptions, la symphonie de forme classique s'est contentée jusqu'à ces derniers temps d'une seule couple de cors; il en est de même pour la musique d'opéra, dans tous les morceaux qui ne comportent pas un grand déploiement de sonorité.

Chez les anciens maîtres, Gluck, Haydn, Mozart, le caractère polyphonique de l'instrument (§ 152) est maintenu non-seulement dans les *tutti* de l'orchestre, mais encore lorsque la partie des cors passe au premier plan. A partir de Beethoven les passages monodiques commencent à se multiplier; néanmoins les effets les plus touchants de cette voix instrumentale continuent à se produire par des mélodies en duo, concises, simples. Une succession de quelques consonnances stéréotypées pour ainsi dire: deux ou trois tierces, une quinte, une sixte; telle est la formule technique des cantilènes du cor naturel, depuis les plus vieux airs de chasse jusqu'aux morceaux de nos opéras modernes.

Ex. 333.

Cors en Ré

Ex. 334.

Larghetto. 96 = ♩

Cors en Ré — Dolce

VALENTINE — Ah! l'in _ grat d'une of_

Violoncelles (sans contrebasses) — p

______

(1) Lorsqu'il arrive qu'un des instruments se détache de son compagnon, pour se faire entendre seul, c'est tantôt le cor alto, tantôt le cor basse. Chez Beethoven le dernier cas est le plus fréquent. Exemples: début de l'Allegro de l'ouverture de *Fidelio*; Allegretto de la VIIe Symphonie (premier passage à trois dièses, mes. 18 et suiv.), Adagio de la IXe Symphonie (ci-dessus, ex. 317).

Quand plusieurs tubes mis simultanément en vibration ont une égale longueur, partant une fondamentale commune, l'intonation est aussi franche, l'effet des consonnances aussi harmonieux que possible. Les maîtres classiques ont pour règle d'imposer aux deux instruments accouplés (1er et 2e, 3e et 4e) le même corps de rechange. Le choix de celui-ci se détermine par la construction harmonique du morceau. Comme les sons bouchés, en dehors de certains cas spéciaux, ne sont qu'un pis-aller (Haydn et Mozart s'en abstiennent complètement), le compositeur, en fixant le ton des cors simples, se préoccupe avant tout d'avoir à sa disposition un nombre suffisant de sons ouverts. Nous allons résumer brièvement la pratique suivie à cet endroit par les trois grands symphonistes et par leurs successeurs directs.

1. Lorsqu'ils ne mettent en œuvre que *deux cors* (ce qui est l'usage constant d'Haydn et de Mozart), ils leur assignent généralement le corps de rechange correspondant à la tonique du morceau. Dans le mode majeur cette règle souffre peu d'exceptions, à moins que le morceau n'appartienne à une tonalité pour laquelle l'instrument ne possédait pas en ce temps-là un corps de rechange particulier (1).

---

(1) Pour le ton de *la* ♭ on mettait les cors en *mi* ♭ (Exemple Mozart, Andante de la Symphonie en *mi* ♭). Quant aux tonalités de *ré* ♭ et de *sol* ♭ majeurs, elles ne se rencontrent pas dans la musique orchestrale d'alors; *si* ♮ majeur même y apparaît à peine (Beethoven, Andante du Concerto de piano en *mi* ♭). Lorsque, à une époque plus récente, on les introduisit dans la musique d'orchestre, les morceaux en *si* ♭ majeur eurent des cors en *mi* ♮; pour le ton de *fa* ♯ (ou de *sol* ♭) majeur on prit des cors en *mi* ♮, ou même en *mi* ♭; pour *ré* ♭ majeur, des cors en *mi* ♭ ou en *fa*.

En mineur, au contraire, l'emploi des tons du cor ne comporte pas de règle fixe. Ce mode n'est pas donné, comme le majeur, par la nature même de l'instrument, et ne peut se produire sur le cor que d'une manière artificielle. Son élément caractéristique, la tierce mineure de la fondamentale (mi♭), n'existe pas, en tant que son ouvert, dans toute l'étendue de l'instrument. Aussi rencontre-t-on une foule de combinaisons pour l'usage des cors en mode mineur [1].

Il arrive rarement chez les maîtres classiques que les cors aient à changer momentanément de ton, en vue d'une modulation passagère. Le fait se produit dans le développement du morceau initial de la *Symphonie héroïque* : le premier cor, en mi♭, prend le ton de *fa* pour jouer cette seule phrase.

Ex. 336.

Un cas tout aussi peu fréquent, et propre à Beethoven, est celui où, ayant à produire les cors dans un motif épisodique, le compositeur leur prescrit dès le début du morceau un ton dont le rapport harmonique avec la tonalité principale est assez éloigné. Exemples : Andante, en *la♭* de la V° Symphonie ; les cors, ainsi que les trompettes, sont en *ut* à cause de leur entrée triomphale :

---

(1) On en compte au moins cinq. Les voici en commençant par les deux les plus usitées :

a) Les cors ont le tube de rechange correspondant à la *tonique* du morceau ; trois degrés de l'échelle mineure sont rendus par des sons ouverts : le Ier (noté *ut*) le IIe (*ré*) et le Ve (*sol*).

    Exemples : Haydn, Orage des *Saisons*, en *Ut mineur* : Cors en *ut* ; Mozart, début de l'Ouverture de *D. Giovanni*, en *Ré mineur* : Cors en *ré* ; Beethoven, *Egmont*, mort de Claire (ci-dessus ex. 205).

b) Les cors ont le ton du *relatif majeur* : trois degrés de la gamme mineure se font en sons ouverts : le IIIe (noté *ut*), le IVe (*ré*) et le Ve (*mi*) ; la tonique ne se produit qu'au moyen d'un son bouché (*la*).

    Exemples : Haydn, Prélude de la *Création*, en *Ut mineur* : Cors en *mi♭* ; Mozart, *Don Giovanni*, Duo de D^a Anna et D. Ottavio (N° 2), en *Ré mineur* : Cors en *fa* ; Beethoven, premier morceau de la V° Symphonie et Ouverture de *Coriolan*, en *Ut mineur* : Cors en *mi♭*.

c) Les cors ont le ton de la *sous-dominante* ; quatre degrés de la gamme mineure correspondent à des sons ouverts : le Ier (noté *sol*), le IIIe (*si♭* trop bas), le IVe (*ut*) et le Ve (*ré*).

    Exemple : Cherubini, Grande messe des morts, *Dies iræ*, en *Ut mineur* : Cors en *fa*.

d) Les cors ont le ton de la *sus-dominante mineure*, trois degrés de la gamme mineure se produisent en sons ouverts ; le Ier (noté *mi*), le IIIe (*sol*), le IVe (*ut*).

    Exemple : Beethoven, les *Ruines d'Athènes*, chœur des derviches, en *Mi mineur* : Cors en *ut*.

e) Les cors ont le ton de la *dominante* ; trois degrés de la gamme mineure se traduisent par des sons ouverts : le IIe (noté *sol*), le Ve (*ut*) et la note sensible (*mi*) ; la tonique est représentée par le son bouché *fa*.

    Exemple : Beethoven, Allegretto de la VII° Symphonie, en *La mineur* : Cors en *mi*.

Par exception Mozart dans le Ier morceau et le Final de la Symphonie en *Sol mineur* donne à chacun des deux cors un ton différent, au premier celui du majeur relatif, *si♭* aigu, au second le ton du morceau. Haydn écrit le Ier morceau et le Final de la Symphonie en *Fa ♯ mineur* (dite "Où l'on s'en va") pour un cor en *la* et un cor en *mi*.

Ex. 337.

Scherzo, en *fa*, de la VIIe Symphonie: les cors et les trompettes ont le ton de *ré*, afin de participer au Trio, qui est en *ré majeur*.

II. Les maîtres de l'époque classique qui pour les compositions de grand éclat se servent de *quatre cors* (Cherubini, Beethoven, Spontini, Weber, Rossini), donnent assez fréquemment à cette double paire d'instruments le même ton, particulièrement dans les morceaux d'un caractère simple et grandiose (Beethoven, Ouverture et dernier Final de *Fidelio*; Ouvertures, op. 115 et 122: *Kyrie* et *Gloria* de la Grande messe en ré, etc.). Mais ce n'est pas là leur procédé habituel. Le plus souvent ils mettent deux cors dans le ton du morceau, les deux autres dans un des tons étroitement liés avec lui. Au moyen de ce mélange d'échelles, le compositeur, sans prodiguer les sons bouchés, acquiert la possibité de donner aux cors un rôle actif dans les parties modulantes de son œuvre. En faisant alterner les instruments accordés à des diapasons divers, il comble les lacunes de leur étendue et peut imaginer des mélodies de longue haleine, soit en forme de monodies pures, soit dans la manière polyphonique.

Weber. Ouverture du FREYSCHÜTZ.

Les combinaisons usuelles des tons du cor chez les maîtres du premier tiers de ce siècle peuvent se formuler sommairement de la manière suivante.

Morceaux en mode majeur.

a) Tonique et dominante [1]
{
Cherubini, *Élisa ou le Mont Saint Bernard,* en Si ♭ majeur: Cors en si ♭ aigu et en *fa.*
Weber, fin de l'Ouverture du *Freyschütz,* en Ut majeur: Cors en *ut* et en *sol.*
— Ouverture d'*Oberon,* en Ré majeur: Cors en *ré* et en *la* ♮.
— — d'*Euryanthe,* en Mi ♭ majeur: Cors en *mi* ♭ et en *si* ♭ *aigu.*
— Chœur des chasseurs d'*Euryanthe,* en Mi ♭ majeur: Cors en *mi* ♭ et en *si* ♭ *grave.*
}

b) Tonique et sous-dominante
{
Cherubini, Ouverture des *Abencérages,* en Ré majeur: Cors en *ré* et en *sol.*
Weber, début de l'Ouverture du *Freyschütz,* ci-dessus ex. 339.
}

Morceaux en mode mineur.

Tonique et relatif majeur
{
Steibelt, Ouverture de *Roméo et Juliette,* en Ut mineur: Cors en *ut* et en *mi* ♭.
Spontini, Ouverture de la *Vestale,* en Ré mineur: Cors en *ré* et en *fa.*
Rossini, Ouverture de *Guillaume Tell,* en Mi mineur: Cors en *mi* ♮ et en *sol.*
}

Les dérogations à la pratique commune proviennent, soit du manque ou de l'emploi rare de certains corps de rechange, tels que *si* ♮, *fa* ♯ (= *sol* ♭), *ré* ♭, *la* ♭, soit de la manière particulière dont la modulation du morceau est conduite [2].

Certains effets spéciaux, motivés par la situation dramatique, nécessitent la réunion de plus de deux tons du cor. Méhul voulant faire une succession d'accords en sons bouchés, pour accompagner les paroles d'un mourant, met les cors en *trois tons différents.*

---

[1] Variante de cette disposition: Trois cors ont le ton fondamental, un seul a le ton de la dominante. Exemples: *Freyschütz,* III° acte, chœur des chasseurs; *Robert le Diable,* I°° acte, ritournelle de la Ballade: "Jadis régnait en Normandie."

[2] En *fa mineur,* on remplace le ton du relatif majeur (*la* ♭) par celui de sa dominante (*mi* ♭): Cherubini, Ouverture de *Médée*; Beethoven, Ouverture d'*Egmont.* De même en *si* ♮, on prend deux cors en *mi* ♮, auxquels on adjoint deux cors en *ré,* ou parfois quand le mode est majeur, deux cors en *mi* ♭ (= *ré* ♯). Cette dernière combinaison, employée par Weber dans un morceau d'*Euryanthe* (II° acte, duo entre Eglantine et Lysiart, n° 11), fournit à la fois, en sons ouverts, la tierce de la tonique, *ré* ♯ (= *mi* ♭), et celle de la dominante, *la* ♯ (= *si* ♭).

Dans les compositions construites en forme de sonate (Ouvertures, premières parties de Symphonies, etc.) Beethoven prend volontiers, pour exposer son second motif, le ton du III° degré, si le mode est majeur; le ton du VI° degré, si le mode est mineur. Voilà pourquoi il associe dans l'Ouverture de *Léonore* (en Ut majeur) deux cors en *mi* ♭ aux cors en *ut,* dans le premier morceau de la IX° Symphonie (en Ré mineur), deux cors en *si* ♭ grave aux cors en *ré.*

Ex. 340.

MÉLIDORE ET PHROSINE. (1794), 1er acte (p. 118 de la gr. partit.).

Weber réunit également trois tons dans la *Chasse infernale* du *Freyschütz*, afin de réaliser l'harmonie étrange de sa fanfare et d'augmenter l'effet sinistre du morceau à l'aide des sons rauques du cor en *si♭* aigu.

Ex. 341.

Meyerbeer et Berlioz usent fréquemment de ces combinaisons compliquées et donnent jusqu'à quatre tons différents aux cors, même en des passages où ceux-ci se contentent de participer à l'ensemble. De semblables raffinements jurent avec le caractère franc et simple de l'instrument, outre qu'ils présentent de graves inconvénients par rapport à la justesse et à la sûreté de l'intonation. D'ailleurs ils n'ont plus aucune raison d'être, aujourd'hui que l'on aboutit si facilement à un meilleur résultat par les cors à pistons. Quand on prodigue les harmonies chromatiques et les modulations, la logique la plus élémentaire commande de choisir les instruments faits en vue d'une musique ainsi conçue. Continuer à se servir des cors simples dans l'instrumentation de nos jours, c'est à peu près comme si l'on voulait faire la guerre moderne avec l'armement d'il y a cent ans. Richard Wagner l'a parfaitement compris en employant les cors chromatiques dès les premiers temps de sa carrière (*Rienzi*, 1842); Halévy seul l'avait précédé dans cette voie.

Au lieu de deux ou de quatre parties de cor, quelques œuvres de maître en renferment trois: deux cors alto (le 1er et le 3e) et un cor basse (le 2e), tous accordés communément dans le même ton (Cherubini, Ouverture des *Deux journées*; Weber, *Preciosa*, chanson de la bohémienne, ritournelle ci-dessus, ex. 318bis). Un des principaux chefs-d'œuvre de Beethoven, l'*Eroica*, est d'un bout à l'autre instrumenté dans cette manière, et l'on sait ce que le roi des symphonistes y a trouvé d'effets riches et pittoresques; contentons-nous de rappeler le Trio du merveilleux Scherzo (ex. 299 et 316.)

Enfin le quatuor des cors est parfois doublé. La manière usuelle d'employer une aussi grande masse d'instruments à vent de même genre consiste à la scinder en deux groupes égaux dont l'un, placé à une certaine distance, répond en écho à l'autre groupe (Exemple: Weber, *Preciosa*, chœur des bohémiens ci-dessus ex. 318). Chez Richard Wagner les huit cors se font entendre en des occasions et des combinaisons fort diverses,(1) tantôt tous réunis à l'orchestre (Exemple: introduction du *Rheingold*), tantôt répartis entre l'orchestre et la scène.

Ex. 342.

Nous n'avons rien à dire ici de l'usage des cors simples dans les bandes d'harmonie ou de fanfare. Depuis plus d'une génération, ces deux genres de musique se servent exclusivement de cors chromatiques.

Trompette

(En italien *tromba*, pl. *-be*, ou *clarino*, pl. *-ni*; en allemand *Trompete*, pl. *-ten*.)

§162. — Elle occupe la région aiguë et presque toute la région moyenne (§24). Le tuyau, étroit et long (2), produit à peu près les mêmes harmoniques que le cor (§15, 154). Au temps de Haendel et de Bach les joueurs de trompette montaient couramment jusqu'au son 16 et faisaient même entendre au besoin le son 18;(3) à l'époque actuelle ils ne franchissent guère à l'aigu le son 12, en revanche ils peuvent au grave atteindre le son 2, inusité chez les anciens. L'espace de l'échelle harmonique parcouru aujourd'hui le plus souvent par la trompette est compris entre les sons 4 et 10. Le mode de notation ne diffère pas de celui du cor.

---

(1) Le célèbre réformateur de l'opéra moderne ne se contente pas toujours du double quatuor des cors; la chasse du *Tannhäuser* (fin du 1er acte) ne comprend pas moins de seize parties de cor: 12 sur la scène (quatre groupes de trois) et 4 à l'orchestre (voir la grande partition à la page 110).

(2) Dans le ton de *ré*, diapason-type de la trompette simple, la longueur est de 2m 342. Mahillon, *Éléments d'acoustique musicale*, p. 105.

(3) Trois causes concouraient à faciliter aux anciens trompettistes l'attaque des sons aigus: 1° l'embouchure destinée à la première trompette était d'une petitesse extrême; 2° cette partie ne descendait presque jamais au-dessous du son 6; 3° la longueur de l'instrument était pour ainsi dire immuable: les trompettes jouaient constamment en *ré*, par exception seulement en *ut*.

ÉCHELLE HARMONIQUE DE LA TROMPETTE

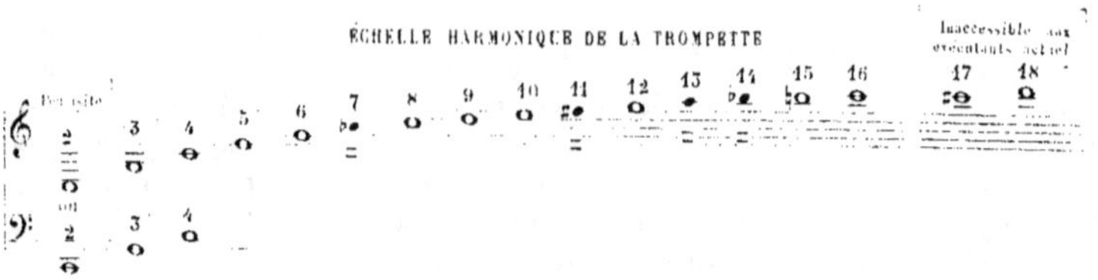
Inaccessible aux exécutants actuel
Peu usité
ou
2 3 4 5 6 7 8 9 10 11 12 13 14 15 16 17 18

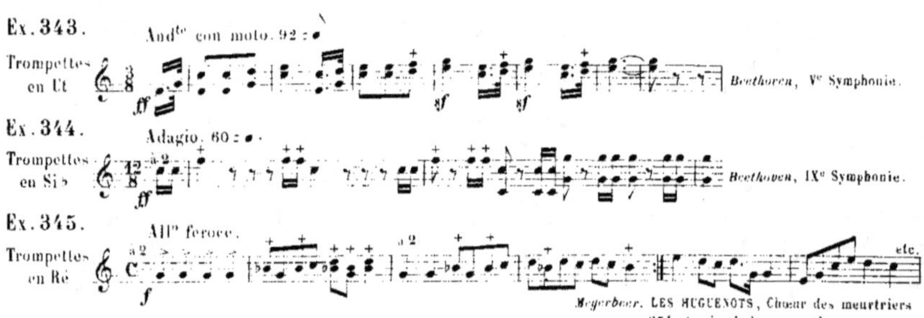

En écrivant pour la trompette simple, le compositeur ne dispose que des harmoniques tels qu'ils sont donnés par la nature; l'exécutant n'a aucun moyen pour modifier régulièrement l'intonation de ces sons (1). La pauvreté mélodique d'une pareille échelle a souvent obligé les maîtres de recourir aux sons discordants compris dans l'étendue actuellement en vigueur. Le son 11, le plus usité, fait fonction de *fa* ♮; le son 7 s'emploie comme *si* ♭.

Ex. 343.

Andte con moto. 92 = ♩
Trompettes en Ut
ff
sf
sf
Beethoven, Ve Symphonie.

Ex. 344.

Adagio. 60 = ♩
Trompettes en Si ♭
a 2
ff
Beethoven, IXe Symphonie.

Ex. 345.

Allo feroce.
Trompettes en Ré
a 2
f
a 2
etc.
Meyerbeer, LES HUGUENOTS, Chœur des meurtriers
(p. 651 et suiv. de la gr. partit.).

Quant à Haendel et Bach ils n'hésitent pas à utiliser de plus le son 13 en guise de *la* ♮, et l'on sait que le son 11 leur tient lieu tantôt de *fa* ♮, tantôt de *fa* ♯.

Ex. 346.

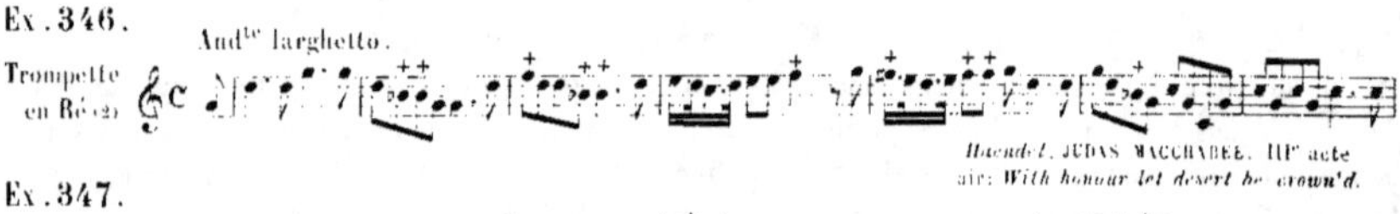
Andte larghetto.
Trompette en Ré (2)
Haendel, JUDAS MACCHABÉE, IIIe acte
air: *With honour let desert be crown'd.*

Ex. 347.

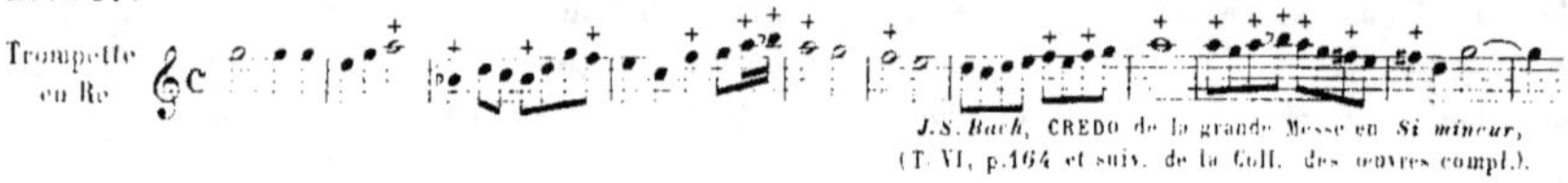
Trompette en Ré
J. S. Bach, CREDO de la grande Messe en *Si mineur*,
(T. VI, p. 164 et suiv. de la Coll. des œuvres compl.).

Il nous est aujourd'hui impossible de nous figurer comment les exécutants parvenaient à rendre tolérables ces intonations fausses, à moins de supposer qu'ils n'eussent des procédés techniques totalement perdus aujourd'hui.

(1) Quelques virtuoses de la fin du dernier siècle et du commencement de celui-ci ont cherché à enrichir l'échelle de la trompette par l'usage de *sons bouchés*; mais le mauvais timbre de ces notes les a fait abandonner.

(2) Dans toutes les partitions de Haendel les trompettes se trouvent *notées au ton réel*. En transcrivant cet exemple nous nous sommes conformé à la notation ordinaire des instruments transpositeurs.

§163. — Le diapason de la trompette est mobile, comme celui du cor, et peut se poser, à l'aide de tubes additionnels ou corps de rechange, sur les douze degrés de l'échelle chromatique. Si l'on part de la trompette en *ut*, qui est à l'unisson du cor en *ut aigu*, et se note à la hauteur réelle des sons, on rencontre, en montant par degrés chromatiques, huit tons plus aigus : d'abord *ré♭* (rarement employé), *ré♮*, *mi♭*, *mi♮* et *fa*, les plus beaux tons de l'instrument, ensuite *fa♯*, *sol* et *la♭*, grêles, criards et très peu usités à l'orchestre. Voici l'étendue assignée à chacun de ces tons, d'après la pratique en vigueur depuis Haydn. Les deux ou trois notes les plus aiguës de chaque ton sont ordinairement réservées à la première trompette, les sons 3 et 2 à la seconde.

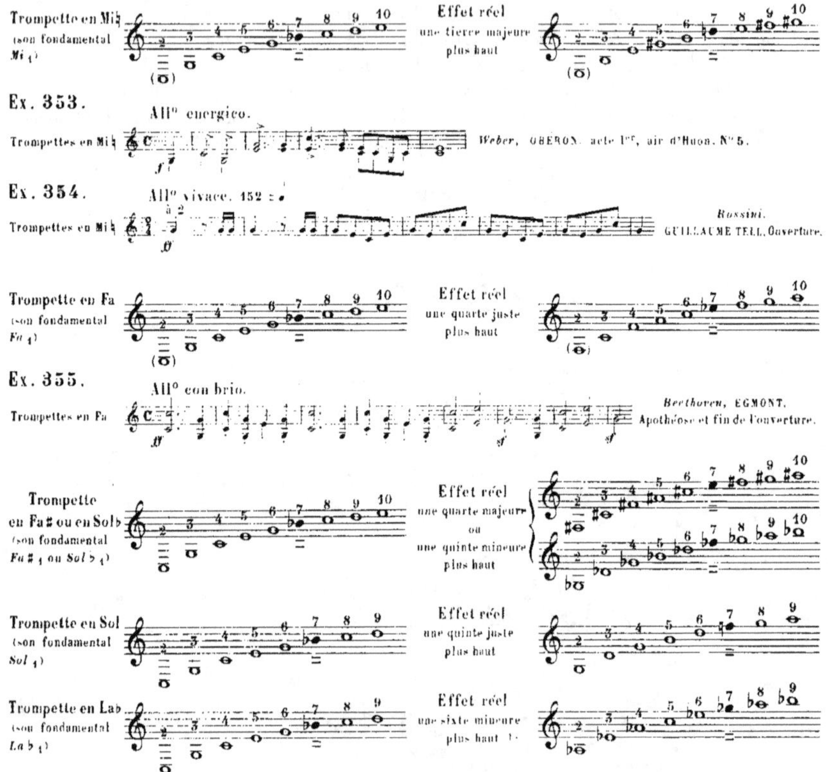

Au grave de la trompette en *ut* on trouve trois tons, *si*♮, *si*♭ et *la*♮, dont le timbre manque d'éclat et de caractère. Au reste le dernier ton, le plus sourd de tous, ne se rencontre presque jamais. Il exige un tube plus long que celui du trombone ténor.

(1) Les trompettes longues du cortège de *la Reine de Chypre*, au IVᵉ acte, sont accordées à ce ton. Mais Halévy les a notées, comme des cornets ou des clairons, à l'octave supérieure:

Pour la fanfare du héraut, au 1ᵉʳ acte de la *Juive* (p. 33) il a écrit des *trompettes en la♭ grave*, ton très-défectueux et inusité.

On voit qu'au point de vue de la hauteur des sons, la trompette continue le cor du côté de l'aigu. Ses 12 corps de rechange produisent l'octave supérieure des 12 tons les plus graves du cor. Il en résulte qu'un trait noté à l'unisson pour les deux sortes d'instruments se fait entendre simultanément dans deux octaves voisines [1].

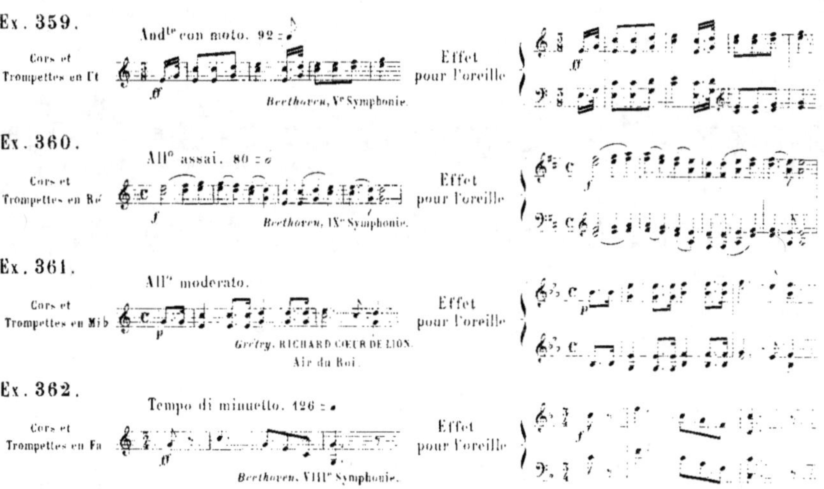

---

(1) Il ne peut y avoir unisson pour l'oreille que si le compositeur réunit l'un des quatre tons les plus aigus du cor (Ut aigu, Si♮ aigu, Si♭ aigu, La♮ aigu) à l'un des quatre tons les plus graves de la trompette (Ut, Si♮, Si♭, La♮). Je ne connais qu'un seul exemple de ce cas : le morceau d'ensemble en Si♭ au premier acte d'Oberon (N° 4).

En formant une seule échelle chromatique de tous les sons réels que les instrumentistes modernes obtiennent à l'aide des corps de rechange de la trompette, on atteint une étendue totale de deux octaves et une sixte mineure ($ré_2$ à $si\,b_4$). Défalcation faite de la dernière quarte au grave, dont il n'y a pas à tirer grand parti, la trompette est une voix de *mezzo-soprano*; au temps de J. S. Bach elle était *soprano acuto*. Les notes propres à être utilisées dans le *piano* ne dépassent point à l'aigu fa_4. Les sons plus élevés ne trouvent leur emploi que dans les passages de force.

ÉTENDUE GÉNÉRALE DES SONS RÉELS DE LA TROMPETTE SIMPLE

§ 164. — L'émission du son sur la trompette est franche, précise et au besoin fort rapide [1]. Elle permet à l'exécutant de soutenir et de détacher les sons, de les enfler et de les diminuer, bref de leur donner toutes les nuances d'articulation et d'intensité. Mais ces qualités musicales trouvaient peu à se faire valoir sur l'ancien instrument, tel qu'il fut cultivé depuis 1760 jusque vers 1835. Les degrés de l'échelle que le compositeur avait à sa disposition dans chacun des tons étaient trop peu nombreux pour lui fournir les éléments d'un vrai chant ou d'un trait mélodique. Dans les très rares occasions où la trompette passait au premier plan, elle n'avait à produire que des sonneries militaires (Ex 350, 351, 354, etc.), des tenues (ex. 349) ou de petites phrases très simples dont l'effet était dû principalement au rythme et au timbre.

Les plus habiles joueurs de trompette exécutaient les deux trilles suivants 

---

[1] De même que les flûtistes, les joueurs de trompette se servent du *double* et du *triple coup de langue* pour répéter un son avec toute la célérité possible. Ce mode d'articulation appartient surtout aux sonneries militaires.

À l'orchestre le simple coup de langue est seul usité.

C'était là un de leurs principaux moyens d'effet dans les solos de virtuosité. Nous ne parlons pas des trompettistes d'une époque plus reculée: ceux-ci parcouraient à leur aise toute l'octave supérieure et avaient une technique prodigieuse. Les parties de trompette de Haendel et de Bach renferment des traits et des chants que l'on dirait écrits pour la clarinette ou la flûte.

Ex. 366.

Trompette
en Ré

Haendel, LA FÊTE D'ALEXANDRE. IIe partie
Air de basse "Revenge, Timotheus cries."

Ex. 367.   [Mod^{to} assai.]

Trompette
en Ré

J. S. Bach, ORATORIO DE NOËL. VIe partie, Choral
(T. V, 2e partie, p. 256 et suiv., des Œuvres complètes).

Ex. 368.   [Tempo giusto.]

Trompette
en Ré

J. S. Bach, Cantate d'église sur le choral de Luther
(T. XVIII, p. 322 et suiv., des Œuvres complètes).

§165. — Depuis la plus haute antiquité les instruments guerriers ont été reconnus propres, non-seulement à inspirer du courage au combattant, mais aussi à exciter l'ardeur de son fidèle et intelligent compagnon, le cheval: "A peine le coursier a-t-il entendu la voix du *schofar*, dit le vieux poème de Job (XXXIX, 24-25), "qu'il ne se possède plus: au premier son de l'instrument il dit: En avant". Le type le plus musical de cette voix guerrière est la longue trompette cylindrique, appelée dans les armées modernes à jouer les sonneries aiguës de la cavalerie (1), et adaptée depuis bientôt trois siècles à la technique de la composition orchestrale. Son timbre, produit par des vibrations énergiques s'entrechoquant dans un canal étroit et long, est retentissant, clair, étincelant comme l'acier; de par toutes ces qualités il s'adjoint naturellement au mode majeur, aux rythmes binaires, à la nuance *forte*. Il exprime les sentiments et les dispositions éthiques que l'imagination associe à l'héroïsme: bravoure chevaleresque, fierté, magnanimité, droiture, fermeté, constance.

(Exemples: Gluck, *Iphigénie en Tauride*, air de Pylade, "Divinité des grandes âmes"; *Armide*, arrivée des chevaliers au Ve acte, "Notre général vous appelle"; Weber, *Obéron*, Ier acte, air d'Huon; Meyerbeer, *Robert le Diable*, IIIe acte, duo "Des chevaliers de ma patrie".)

Lorsque son éclat est adouci, soit par le seul art de l'exécutant, soit par un moyen matériel — tel que la sourdine (2) — la trompette a le don de faire entrevoir dans un lointain poétique le triomphe futur du héros ou sa gloire évanouie.

(Exemples: Mozart, *la Flûte enchantée*, final du Ier acte, trio des génies qui conduisent Tamino vers le sanctuaire: "Sois ferme, constant, discret; sois un homme enfin"; Grétry, *Richard Cœur-de-lion*, IIe acte, air du Roi captif: "Si l'univers entier m'oublie".)

---

(1) L'instrument de la cavalerie romaine, le *lituus*, était également une trompette. Voir mon *Histoire de la musique de l'antiquité*, t. II, p. 652.

(2) Cet appareil, décrit plus haut (p. 212), était tombé dans l'oubli jusqu'à ces derniers temps: voir ci-après §208, p. 282.

Le pouvoir expressif du timbre des trompettes n'est pas limité au caractère héroïque: grâce au jeu mystérieux de nos facultés cérébrales, l'ébranlement causé dans l'organe auditif par cette sonorité vibrante se communique aux autres sens, et peut, sous certaines conditions, éveiller en nous des idées d'une nature toute différente. C'est ainsi que de longues tenues d'octaves en *pianissimo*, associées à des tonalités majeures, ont la propriété de déterminer des impressions *lumineuses*, auxquelles vient se mêler un je ne sais quoi de mystérieux et de solennel. Rappelons-nous l'accompagnement instrumental de l'un des plus beaux chants de l'opéra *Joseph*, de Méhul: l'hymne religieux que les jeunes Israélites transplantés au bord du Nil entonnent à l'apparition des premières lueurs de l'aurore...

Ex. 369.

Vingt ans avant le maître français, Mozart avait déjà poétisé le même effet instrumental au II⁰ acte de son immortel *Don Juan*; lorsque Donna Anna, suivant partout la trace du meurtrier de son père, pénètre, accompagnée de son fiancé,—son vengeur—dans l'endroit obscur où, de son côté, Elvire cherche l'époux parjure. Le timbre des trompettes, relevé par la transition imprévue de *si* ♭ en *ré majeur*, illumine la cantilène de Don Ottavio d'une clarté presque surhumaine, et rappelle à la mémoire ces paroles mises par Molière dans la bouche de l'Invité de pierre: On n'a pas besoin de lumière quand on est conduit par le ciel.

Ex. 370.

Dix ans plus tôt encore (1777) nous trouvons chez Gluck un exemple de ce genre d'effet. La tenue des cors et des trompettes à l'octave, au début de l'ouverture d'*Iphigénie en Tauride*, donne l'idée d'un rayon de soleil brillant à la surface de la mer, dans l'accalmie qui précède l'orage. Dans notre siècle (1826) Weber a su produire une impression plus puissante, lorsque, au IIᵉ acte d'*Obéron*, il nous fait voir, par une traînée lumineuse de sons de trompette, le soleil dissipant les nuages après la tourmente, et ramenant le jour.

Ex. 371.

Enfin ce timbre métallique se produisant dans le mode mineur, avec des harmonies et des rythmes propres à renforcer sa rudesse originaire, a le pouvoir d'évoquer en nous tout un monde de sensations terribles et grandioses. Sous le souffle inspiré du génie tragique, l'instrument de guerre se convertit en une voix stridente chargée d'imprécations et de menaces.

TROMPETTE

Ex. 372.

Il s'élève jusqu'aux hauteurs de la poésie biblique lorsqu'il traduit l'avertissement suprème adressé au pécheur impénitent:

« Don Juan, l'endurcissement au péché traine une mort funeste: et les gràces du ciel que l'on renvoie ouvrent «un chemin à sa foudre.»

Ex. 373.

OBSERVATION. Les trombones dans ce final ont été ajoutés après coup, probablement par Süssmayer, le disciple à qui échut, après la mort du maitre, la tàche de terminer le *Requiem* devenu plus tard si célèbre.

§ 166. — Un instrument voué à l'expression du grandiose convient mal aux proportions exiguës de la musique de chambre. Les tentatives faites pour introduire la trompette dans ce genre de composition n'ont pas de portée esthétique et doivent être considérées comme de simples jeux d'esprit. Pour trouver un contre-poids à sa puissante sonorité, la trompette a besoin de l'orchestre.

Elle apparait déjà dans les premiers essais d'instrumentation dramatique, au commencement du XVIIᵉ siècle; Monteverde écrit l'ouverture de son *Orfeo* (Mantoue, 1607), pour cinq parties de trompette (1). Après que le luxe instrumental du hardi novateur eut été momentanément abandonné, et que l'on eut réduit, pendant plus de cinquante ans, tout l'accompagnement du chant d'opéra à deux clavecins renforcés par quelques violons et basses, la trompette fut le premier instrument à vent qui reprit sa place à l'orchestre, et cette fois définitivement. On la rencontre dans un opéra du compositeur vénitien Legrenzi (*Eteocle e Polinice*, 1675), investie déjà de la double fonction qu'elle remplira un peu plus tard chez les deux immortels maitres de l'ancien art classique: tantôt elle intervient, écrite à deux ou

____

(1) La partition, imprimée à Venise en 1615, les désigne respectivement par les termes *Clarino*, — *Quinta*, — *Alto* e *Basso*, — *Vulgano*, — *Basso*.

à trois parties, dans les morceaux d'éclat; tantôt elle se produit en instrument solo, concertant avec la voix. Des airs de bravoure conçus en cette dernière forme se remarquent en maint endroit des œuvres de Bach et de Haendel; l'instrumentiste, autant que le chanteur, y trouvait matière à déployer son habileté.

Vers 1750 la technique brillante de la trompette déclina tout d'un coup; les exécutants perdirent l'habitude de parcourir toute l'octave aiguë, la seule qui contienne une échelle suivie et qui puisse fournir en conséquence des chants et des figures mélodiques. Dès lors l'antique instrument dut abdiquer toute prétention à la virtuosité et se résigner à figurer dans l'orchestre au second plan, comme un des éléments ordinaires de l'ensemble. Mais cette décadence ne fut qu'apparente; en réalité elle constituait un progrès esthétique. Renonçant à son rôle d'apparat, la trompette put apporter à la symphonie moderne, dont Haydn venait de jeter les bases, le concours efficace de ses qualités naturelles: la beauté et le caractère du timbre.

Le premier résultat de ce changement d'emploi fut de donner une extension plus grande à l'usage des corps de rechange. Haendel et Bach s'étaient contentés des tons de *ré* et d'*ut*. On y adjoignit d'abord *mi♭* (Mozart ne connaît que ces trois tons[1]); puis, à mesure des besoins de la pratique, *si♭* (Haydn, *la Création*), *fa* (Beethoven, *Egmont*), *mi♮* (Weber, *Jubel-Ouverture*) et en tout dernier lieu *la♮, si♮, ré♭*. La symphonie et la musique dramatique se trouvèrent enrichies par là d'un assez grand nombre de tonalités, en attendant que le cycle entier des 12 tons majeurs et des 12 tons mineurs, déjà établi pour les instruments à clavier en 1722[2], eût été annexé au domaine de l'orchestre moderne.

En général les compositeurs classiques et leurs successeurs se contentent de deux trompettes: ce timbre lumineux, auquel s'associe volontiers la résonnance grave des timbales, tranche vigoureusement sur les teintes moins éclatantes du quatuor et des autres instruments à vent. Les deux parties de trompette, qui ne marchent presque jamais l'une sans l'autre, se combinent de manière à former des intervalles doués par eux-mêmes d'un sens harmonique très précis: des octaves, des quintes, des tierces majeures et mineures. Toutes ces consonnances simples ont une plénitude remarquable lorsqu'elles sont réalisées par deux trompettes, et en particulier l'octave, dont l'effet est si faible dans les timbres peu vibrants. Le caractère harmonique de l'instrument fait qu'en mineur, aussi bien qu'en majeur, le compositeur assigne aux trompettes le corps de rechange correspondant à la tonique du morceau.

<pre>
Exemples: Beethoven, Ouverture de *Coriolan* ⎫
     »   Ve Symphonie   ⎬ en *Ut mineur*: trompettes en *ut* (cors en *mi♭*);
     »   IXe Symphonie, en *Ré mineur*: trompettes en *ré*.
</pre>

Il ne procède différemment que si le morceau appartient à une tonalité pour laquelle la trompette ne possédait pas de corps de rechange à son époque.

<pre>
Exemples: Beethoven, VIIe Symphonie, premier morceau, en *La majeur*: trompettes en *ré* (cors en *la*);
     »   id.   Allegretto, en *La mineur*: trompettes en *ré* (cors en *mi*);
           Les Ruines d'Athènes, Ouverture, en *Sol majeur*, trompettes en *ut* (cors en *sol*);
                id.   Chœur des Derviches, en *Mi mineur*, trompettes (et cors) en *ut*;
           Fidelio, Ouverture, en *Mi♮ majeur*: trompettes en *ut* (cors en *mi*);
           Ve Symphonie, Andante, en *La♭ majeur*: trompettes (et cors) en *ut*.
</pre>

---

(1) Toutes les Ouvertures et tous les Finals de ses chefs-d'œuvre dramatiques sont en *Ut*, en *Ré* ou en *Mi♭*. Les morceaux qui appartiennent à d'autres tonalités n'ont pas de trompettes.

(2) J. S. Bach, *Le Clavecin bien tempéré*.

(3) Je ne connais dans le répertoire classique postérieur à 1750 qu'un solo de trompette: l'introduction du IIe acte d'*Orphée* de Gluck. Encore a-t-il été primitivement écrit pour le cor, ainsi qu'on peut le voir dans la partition italienne de cet opéra, gravée à Paris.

Rarement les deux parties de trompettes ont chacune un ton différent. Meyerbeer a tiré un excellent parti de cette combinaison dans la scène de la bénédiction des poignards au IV° acte des *Huguenots*. Par l'accouplement des tons de *mi* ♮ et de *si* ♮ il obtient l'accord complet de la tonique de *sol* ♯ *mineur*, qui lui fournit une sonnerie de l'effet le plus sinistre.

Ex. 374.

L'usage simultané de plus de deux trompettes est limité, chez les prédécesseurs de Meyerbeer, aux cas où un pareil surcroît de sonorités fortes et vibrantes se justifie, soit par le caractère très pompeux du morceau, soit par les incidents du drame.

Ex. 375.

Ex. 376.

Ex. 377.

Ex. 378.

Ex. 379.

À notre époque de sonorité à outrance, il est peu de morceaux d'ensemble et de Finals d'opéra qui n'aient quatre parties de trompette, et l'on ne craint pas même, lorsque la situation dramatique en fournit l'occasion, de doubler ou de tripler ce quatuor.

Ex. 380.

Depuis environ une trentaine d'années la trompette simple est tombée en désuétude auprès des musiciens d'orchestre; en Allemagne elle a été remplacée par la trompette à pistons (*Ventiltrompete*); dans les pays latins on lui a substitué malencontreusement le facile et vulgaire cornet à pistons. Malgré ce fait considérable, beaucoup de compositeurs, surtout parmi les symphonistes, ont continué longtemps après à écrire en vue de l'ancien instrument: les uns par habitude, les autres en imitation des modèles classiques, d'autres enfin par l'effet d'une antipathie plus ou moins fondée contre les nouveaux instruments. Cette sorte de protestation platonique n'a pu empêcher la disparition complète de la trompette naturelle, et tout le monde a fini par reconnaître que le parti le plus sage est d'utiliser résolument les ressources qu'offrent les instruments chromatiques. A mesure que les compositeurs les étudieront de plus près et pourront guider de leurs conseils les exécutants et les facteurs, ils apprécieront mieux la portée de cette innovation sur les progrès de la technique orchestrale. Ils verront que les cors et les trompettes chromatiques, lorsqu'ils sont bien construits, ont toutes les qualités de timbre des instruments naturels, et en outre leurs richesses propres, bien incomplètement exploitées jusqu'à cette heure.

Les conséquences de la transformation des cuivres ont été plus importantes encore pour les bandes d'harmonie militaire, jusque-là très pauvres en instruments mélodiques (les clarinettes seules étaient aptes à faire entendre le chant principal et les dessins intermédiaires). Aussi les chefs de musique ont-ils accueilli avec avidité, trop souvent sans discernement, les nombreuses innovations qui se sont produites dans cette partie du matériel musical depuis deux générations. L'ancienne trompette a été réduite ainsi à ses fonctions primitives: elle ne sert plus de nos jours qu'à régler les mouvements de la cavalerie.

Cornet simple ou cornet de poste

§ 167.— Malgré l'étymologie de son nom, cet instrument populaire, presque oublié de la génération actuelle, n'a rien de commun avec le cor. Il se rapproche davantage de la trompette, d'abord par son timbre éclatant, ensuite par sa hauteur générale correspondant à la voix de mezzo-soprano. Mais son tube est beaucoup moins long (1), partant son échelle plus restreinte (§ 11. III. § 15); celle-ci est comprise entre les sons 2 et 8: encore n'en utilisait-on guère que l'octave centrale (de 3 à 6). Accordé au ton d'*ut*, son diapason-type, le cornet simple fait entendre les intonations suivantes (que nous transcrivons à leur hauteur réelle):

On voit que la fondamentale du cornet en *ut* (à savoir *ut₂*) est située dans l'étendue générale des sons musicaux une octave au-dessus de la fondamentale de la trompette en *ut* (*ut₁*). En conséquence lorsque les deux instruments font entendre des unissons, chacun d'eux se trouve jouer à une octave différente de l'échelle harmonique.

____

(1) Longueur théorique du cor en *Ut* grave, 5ᵐ 258, de la trompette en *Ut*, 2ᵐ 629, du cornet (et du clairon) en *Ut*, 1ᵐ 314.

Ex. 381.

Ce fait suffit à expliquer la difficulté du jeu de la trompette et donne le secret de la faveur dont jouit le cornet auprès des musiciens d'orchestre. En exécutant le passage ci-dessus, le cornettiste n'a qu'à passer d'un degré de l'échelle harmonique au degré voisin, aigu ou grave, tandis que le trompettiste doit à chaque intonation sauter un échelon, ce qui demande une habileté et une sûreté de lèvres incomparablement plus grandes.

On construisait les cornets de poste en diverses dimensions; à côté du diapason d'*ut* celui de *si*♭ était très usité.

Intonation aisée et attaque légère: telles sont les qualités natives de ce type d'instrument. Trop pauvre en sons pour aspirer à un rôle artistique, le cornet simple est resté confiné dans une sphère des plus modestes. Les personnes qui ont dépassé aujourd'hui la cinquantaine se rappellent, non sans un sentiment de regret, le joyeux petit instrument dont les sons guillerets égayaient au temps de leur enfance le séjour monotone des petites villes et attiraient sur le pas de sa porte le bourgeois désœuvré, alors que le fringant postillon passait, superbe, ébranlant du galop de ses chevaux le pavé sonore. Depuis lors l'instrument plébéien a vu s'ouvrir pour lui des destinées plus brillantes. Il a marché avec le siècle. Transformé en cornet à pistons, il est devenu le héros des bals publics, l'interprète attitré de la mélodie facile et dansante. Puis, usurpant la place de l'aristocratique trompette, il a réussi à s'installer à l'orchestre, sans parvenir toutefois à perdre son accent vulgaire, à déguiser son origine roturière.

Clairon d'ordonnance

§168. — Semblable au cornet en ce qui concerne la longueur du tube, le clairon est situé dans la même région de l'étendue générale (*mezzo-soprano*), et parcourt un espace à peu près égal sur l'échelle des harmoniques. Le diamètre considérable de son tuyau, trait distinctif de ce type d'instrument, lui permet d'émettre le son 1, la fondamentale; mais cette intonation profonde, séparée du reste de l'échelle par une octave entière, est de peu d'utilité pratique. En somme, la meilleure portion de l'étendue est, de même que sur le cornet, comprise entre les sons 3 et 6.

Le clairon se construit rarement au ton d'*ut*; son diapason ordinaire est *si*♭.

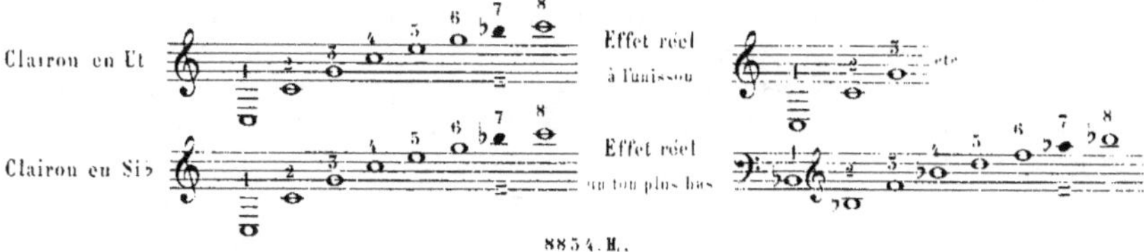

Dans la plupart des armées européennes les sonneries réglementaires de l'infanterie sont exécutées par des clairons. Les petites mélodies composées à cet effet ont naturellement une moindre variété de sons que celles de la cavalerie; les combinaisons de rythme en sont aussi plus pauvres. Mais les unes aussi bien que les autres sont très bien appropriées à leur objet, et souvent d'une expression parlante. A ce titre elles méritent toute l'attention du musicien, du compositeur dramatique en particulier. Voici quelques sonneries de clairon, françaises et étrangères, que nous empruntons à un ouvrage spécial très recommandable.(1)

Ex. 382.

La sonorité du clairon, puissante, rude et tant soit peu rauque, possède un caractère belliqueux confinant à la brutalité. Si la trompette exprime la valeur brillante du chevalier armé de la lance et de l'épée, on peut dire que le clairon traduit musicalement la lourde solidité du fantassin moderne pourvu d'armes plus meurtrières. Par sa facilité d'émission non moins que par son aptitude à recevoir des dimensions très diverses, ce type d'instrument était destiné à fournir aux facteurs contemporains une matière féconde pour l'application de leurs découvertes. Le clairon en si ♭ transformé en instrument chromatique, au moyen de trous et de clefs, a donné naissance à la famille des bugles-ophicléides. Celle-ci à son tour, ayant adopté un mécanisme perfectionné, est devenue la famille actuelle des *saxhorns-tubas*, l'élément principal des bandes de fanfare, et représentée dans nos orchestres par le tuba-basse.

(1) Kastner, *Manuel général de musique militaire*, Paris, Firmin Didot, 1848.

CHAPITRE IX

Instruments à embouchure produisant l'échelle chromatique par un mécanisme autre que les pistons: trombones à coulisse, bugles à clefs, ophicléides.

§ 169.— Nous avons énuméré plus haut (§§ 16, 18) les divers procédés mécaniques à l'aide desquels on change instantanément le diapason des instruments à embouchure, afin de leur faire produire une échelle continue. Ce but est atteint d'une des deux manières suivantes:

a) Ou bien la longueur initiale du tube *augmente* graduellement, et le diapason de l'instrument *baisse* d'un demi-ton à chaque nouvelle extension;

b) Ou bien la longueur initiale *diminue* graduellement, et le diapason *hausse* d'un demi-ton à chaque raccourcissement.

Le nombre des longueurs à obtenir est déterminé par la limite grave de l'instrument. Si celui-ci ne dépasse pas en pratique le son 2 (comme le font le cor, la trompette et le cornet) *sept* longueurs suffisent, puisqu'il n'y a que sept demi-tons (une quinte) entre les sons 3 et 2. Mais si le son 1 fait partie de l'échelle usitée (ceci est le cas pour les instruments graves de la famille des clairons-bugles), il faut *douze* longueurs pour remplir chromatiquement l'intervalle d'octave entre le son 2 et la fondamentale de l'échelle harmonique.

Le plus ancien moyen que l'on ait imaginé pour obtenir une succession de demi-tons descendants est la coulisse, telle qu'elle fonctionne sur le trombone (§ 18); de même le premier mécanisme dont on se soit avisé pour créer une succession de demi-tons ascendants est celui de trous, recouverts ou non par des clefs. Tous deux ont déjà plusieurs siècles d'existence et répondent insuffisamment aux exigences de la technique actuelle: le système des coulisses à raison de son fonctionnement lent et grossier, celui des clefs par suite des intonations défectueuses qu'il fournit. Le mécanisme des pistons, inventé vers 1815 et en voie d'amélioration continuelle, est incontestablement plus satisfaisant à tous égards; il est destiné dans un avenir prochain à remplacer à lui seul les deux procédés primitifs. Aujourd'hui le trombone à coulisse, il est vrai, obtient encore la préférence dans les orchestres, à cause de son timbre franc et caractérisé. Cela vient de ce que la plupart des facteurs, en construisant des trombones à pistons, ont altéré les proportions normales du tube pour complaire aux trombonistes-virtuoses, et au grand détriment de l'éclat du son. Mais cet état de choses changera quand les chefs d'orchestre et les compositeurs le voudront sérieusement. Quant aux instruments à clefs, bugles et ophicléides, ils sont presque oubliés de la génération actuelle et en passe de devenir des objets de curiosité. Si nous les décrivons ici, c'est qu'ils ont été employés dans quelques chefs-d'œuvre de l'opéra moderne qui ne sont pas à la veille de disparaître du répertoire.

INSTRUMENTS À COULISSE

§ 170.— Des tuyaux ayant le même diamètre dans la plus grande partie de leur parcours sont seuls compatibles avec le mécanisme de la coulisse. Sur le continent on ne connaît qu'une famille d'instruments de cette catégorie: les trombones. En Angleterre on possède en outre des trompettes à coulisse. Le mot italien *trombone* (all. *Posaune*) est un augmentatif de *tromba*; il désigne une trompette grave (§15) dont le tube, construit en vue de la production des harmoniques inférieurs, est proportionnellement plus large que celui de la trompette-soprano. De là vient que le trombone ne dépasse point à l'aigu le son 10; mais à ses longueurs les plus favorables, il peut descendre jusqu'à la fondamentale de l'échelle des harmoniques. Toutefois ce dernier son grave n'est pas considéré comme appartenant à l'étendue régulière de l'instrument; il n'est pas relié chromatiquement au son 2, limite grave de l'étendue pratique des trombones. Sept longueurs remplissent l'intervalle de quinte compris entre les sons 3 et 2. La gamme chromatique s'interrompt brusquement une quinte mineure au-dessous du son 2 fourni par la longueur initiale.

La famille des trombones à coulisse se compose depuis plusieurs siècles de trois instruments qui correspondent aux trois voix les plus graves du quatuor choral et portent leurs noms: le *trombone-alto*, le *trombone-ténor*, le *trombone-basse*; (1) de nos jours elle s'est enrichie d'un *trombone-contrebasse*. La région du *soprano* n'y est point représentée, en sorte que tout ce système instrumental a un caractère exclusivement mâle. On considère comme le type de la famille le trombone-ténor, dont l'étendue reproduit la voix de l'homme doué de toute la vigueur de la jeunesse, et dont le timbre éclatant et plein s'adoucit quand il le faut.

À la lecture d'une partition les trombones se distinguent tout d'abord des autres instruments à embouchure par une particularité graphique: ils sont invariablement notés dans le ton réel et dans l'octave réelle. Une pareille uniformité n'existe pas quant à l'usage des clefs. D'après la règle traditionnelle chaque espèce de trombone emploie la clef de la voix correspondante; mais lorsque le compositeur réunit sur une seule portée deux trombones ou tous les trois, il emploie, selon la hauteur de ses accords, soit la clef de fa, 4ᵉ ligne, soit la clef d'ut, 4ᵉ ou 3ᵉ: laissant au copiste ou au graveur le soin de transcrire chaque partie séparée dans sa clef normale.

<h2 style="text-align:center">Trombone-ténor</h2>

(En allemand Tenorposaune)

§171.— À sa plus petite longueur (les deux tubes étant rentrés complètement l'un dans l'autre) le trombone-ténor fait entendre l'échelle harmonique de $si\flat_{-1}$ (2), depuis le son 2 jusqu'au son 8. Un exécutant habile atteint au grave la fondamentale, à l'aigu les sons 9 et 10. La clef régulière est celle du ténor, sauf pour les derniers sons au grave que l'on écrit toujours à la clef de *fa*, 4ᵉ ligne.

---

(1) On est tenté de supposer que J.S. Bach avait dans son orchestre un trombone soprano (peut-être identique avec la *tromba da tirarsi* qui se rencontre parfois chez lui). En quelques endroits de ses cantates d'église (nᵒˢ 2 et 38 des œuvres complètes) chacune des voix du chœur est doublée par un trombone.

(2) La fondamentale du trombone ténor est à l'unisson de celles du *cor en si♭ aigu* et de la *trompette en si♭*, — une octave au-dessous des fondamentales du *cornet en si♭* et du *clairon en si♭*.

Le diapason de la longueur initiale (dite Ire position) étant connu, toute l'étendue de l'instrument s'en déduit avec une certitude absolue. Pour la reconstruire il suffit de se rappeler que la série entière des sons baisse d'un demi-ton à chaque allongement. En conséquence la position II correspond à la fondamentale la_{-1}, la position III à lab_{-1}, IV à sol_{-1}, V à $solb_{-1}$, VI à fa_{-1}, VII à mi_{-1}. Au-dessous de la IVe position le son 1 ne sort plus. Quant aux sons 9 et 10, ils ne trouvent leur emploi qu'aux deux premières positions : nous les négligeons dans le tableau suivant.

Si, faisant abstraction des fondamentales, on compose de toutes ces intonations une échelle ascendante ou descendante, il se produit une succession chromatique non interrompue embrassant une étendue totale de deux octaves et demie (depuis mi_1 jusqu'à sib_3). Comme les harmoniques se rapprochent davantage à mesure que l'on monte, il arrive souvent que le même son appartient à diverses fondamentales. Lorsque l'exécutant a le choix entre plusieurs positions il évite la VIIe. Voici pourquoi: 1° elle nécessite pour le bras une extension peu commode; 2° à cette grande longueur les proportions du tube sont défectueuses, ce qui altère la justesse et la qualité du son. Par ces causes, les deux notes qui se produisent uniquement à la VIIe position, mi_1 et si_1, sont les plus mauvaises de l'instrument.

Nous donnerons l'échelle du trombone dans l'ordre descendant, afin de démontrer aussi clairement que possible le mécanisme de sa formation.

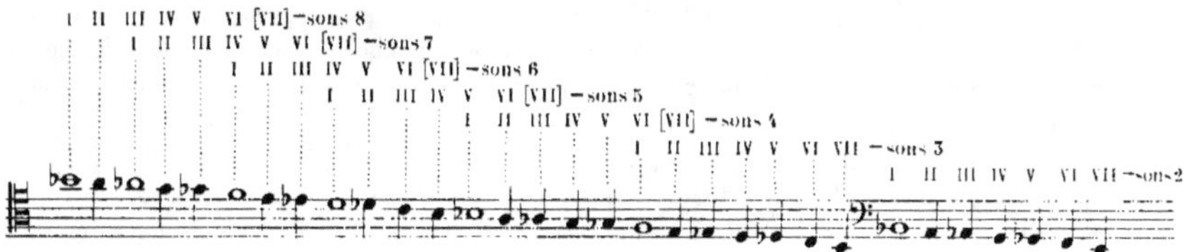

En utilisant les harmoniques extrêmes (sons 10, 9, 1) on peut ajouter à cette étendue normale quatre notes suraiguës:

plus quatre notes sous-graves séparées du reste de l'échelle par un intervalle de quinte mineure ou de triton (la moitié d'une octave).

Si l'on excepte l'œuvre de Berlioz, où se rencontrent de loin en loin ces notes profondes (appelées *pédales*), il n'existe pas à ma connaissance d'autre exemple de leur emploi que celui-ci:

Ex. 383.

§172.— La division intérieure de l'échelle ordinaire du trombone-ténor coïncide avec celle de la voix de ténor, à part l'extension plus grande du registre grave. Elle peut s'énoncer par une formule générale applicable à tous les instruments à embouchure qui parcourent à peu près le même espace sur l'échelle des harmoniques (cornets, bugles, saxhorns, etc.):

Le registre aigu a pour limite inférieure le son 6 produit par la longueur initiale (l):

Le registre moyen, le plus sonore, descend jusqu'au son 3 de la susdite longueur (l):

Le registre grave comprend les sons 3 et 2: ces derniers diminuent rapidement de puissance et de fermeté à mesure qu'ils descendent.

Il est important de bien se pénétrer de cette division si l'on désire acquérir une grande sûreté de main en écrivant pour les nombreux instruments chromatiques admis aujourd'hui dans les orchestres.

§173.— En dehors du registre grave, où le son se produit toujours pesamment, le trombone est susceptible d'une vivacité d'émission à peu près égale à celle du cor. Il n'a aucune difficulté à parcourir avec vitesse les harmoniques procédant de la même fondamentale bien que des traits ainsi conçus ne se rencontrent pas dans la musique d'orchestre.

Ex. 384.

Mais le mécanisme rudimentaire de la coulisse ne lui permet pas de rendre avec aisance des traits rapides tant soit peu prolongés, dès qu'ils entraînent de fréquents changements de position. A l'aigu et dans le médium de l'échelle, la même intonation pouvant se prendre toujours de deux ou de trois manières (voir le tableau précédent) l'exécutant évite facilement les grands écarts et le compositeur ne doit pas s'interdire les gammes diatoniques ou chromatiques (celles-ci sont les plus faciles), même les dessins mélodiques assez vifs, pourvu qu'ils soient courts. Dans le registre grave il n'en est pas de même. Certaines successions de sons exigent le passage subit à une position très éloignée et sont par là incompatibles avec un mouvement précipité.

A une époque où l'instrumentation de la musique de théâtre était moins détaillée qu'elle ne l'est généralement aujourd'hui, les compositeurs ne se faisaient pas scrupule de renforcer par le trombone des traits de basse de toute sorte, au risque d'imposer à l'exécutant une tâche au-dessus de ses forces. Je me contenterai de rappeler à ce propos deux pages bien connues.

Ex. 385.

Ex. 386.

Un instrument à pistons est seul capable de jouer distinctement tant de notes. Ceux de nos contemporains qui continuent à donner la préférence aux trombones à coulisse feront donc bien de s'abstenir de pareils passages, s'ils tiennent à entendre ce qu'ils ont écrit. Tous les instruments ont leurs qualités et leurs défauts: l'essentiel est d'écrire la musique qui leur convient.

La réunion de plusieurs sons dans une seule articulation ne peut s'effectuer d'une manière irréprochable, lorsque les intonations liées proviennent de positions différentes, à cause des intervalles intermédiaires que le glissement de la coulisse produit inévitablement. Le vrai *legato* n'a donc qu'une application très restreinte sur le trombone à coulisse: à l'exécution

il se convertit en un simple *sostenuto*, à moins que le compositeur n'ait eu égard au mécanisme de l'instrument.(1) Mais ce cas est assez rare. Comme la plupart des traits chantants
des trombones sont doublés par d'autres instruments graves, le compositeur n'a pas scrupu-
pule de mettre des liaisons illusoires, comptant sur l'effet de la masse pour couvrir les
défaillances individuelles. Dans le passage suivant la mesure désignée par N.B. est inexé-
cutable sur le trombone à coulisse.

Ex. 387.   Assai vivace.

Les anciens virtuoses du trombone exécutaient couramment, dit-on, des trilles de seconde
majeure. Comme il est impossible d'obtenir le trille au moyen de mouvements répétés de la
coulisse, le procédé devait être identique à celui que l'on met en œuvre sur le cor de chasse:
l'instrumentiste, imprimant à ses lèvres un frémissement très rapide, rebat deux harmoniques
voisins, situés à distance de ton, soit 8 et 9, soit 9 et 10. Or le premier son 8 que l'on rencontre, en remontant l'échelle chromatique du trombone, apparaît seulement au bout de la
deuxième octave (voir le tableau p.237). Tous les trilles praticables étaient compris en
conséquence dans le registre aigu. Voici ceux du trombone-ténor (2)

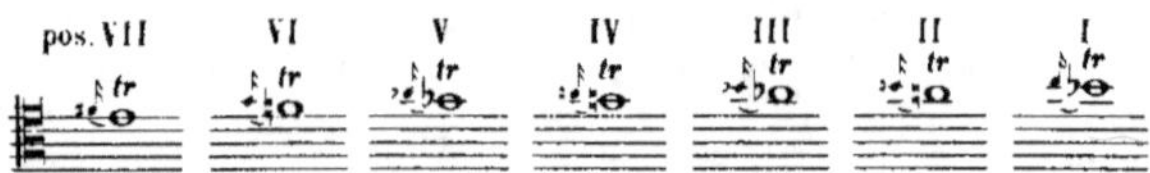

Bien qu'on ne se soit pas fait faute autrefois de composer pour le trombone-ténor à coulisse des concertos et des airs variés, cet instrument, on le voit, offrait d'assez maigres ressources techniques à la virtuosité individuelle. Mozart, s'inspirant des paroles de la célèbre
Prose des Morts, a confié au trombone-ténor un véritable solo dans sa messe posthume.

---

(1) Dans le Chœur de chasse des *Saisons*, Haydn, voulant imiter les aboiements d'une meute, donne aux trombones de petites fusées
diatoniques composées de trois notes liées.

Ex. 387 bis.

Ce groupe de sons s'exécute par un rapide glissement de la coulisse qui ne laisse entendre que la première intonation et la dernière. Pour que
de pareilles traînées de sons puissent être exécutées, il faut que toutes les notes se produisent sur le même degré de l'échelle des
harmoniques. Le trait ci-dessus forme sur le trombone-ténor une suite de sons 7 (voir le tableau p.237).

(2) Les quatre premiers trilles du trombone-ténor indiqués par Berlioz (*Traité d'instrumentation*. p.204) me paraissent absolument
impossibles. Quant aux trilles du trombone-alto, ils sont naturellement situés une quarte juste au-dessus de ceux du trombone-ténor.

Ex. 388

Mais c'est là une exception tout à fait isolée, et il nous sera permis d'ajouter, sans manquer de respect envers l'immortel auteur de *Don Giovanni*, que l'innovation n'est pas une de celles qui ont fait époque dans l'histoire de l'art. En général les maîtres allemands ont traité le trombone à coulisse à la manière d'une voix chorale, ne lui donnant que de grosses notes ou de courtes phrases d'un vigoureux dessin rythmique, et ne séparant jamais le ténor de ses deux compagnons.

Trombone-alto

(En allemand *Altposaune*.)

§174. — C'est la haute-contre de la famille; sa clef normale est celle d'ut sur la 3ᵉ ligne. La voix, moins puissante que celle du ténor et même un peu grêle, a besoin de s'appuyer sur des sonorités plus graves. On l'appelle parfois *petit trombone en mi♭*; en effet il fait entendre à sa plus petite longueur (ou Iʳᵉ position) les harmoniques de la fondamentale *mi♭*, [2]; les six positions suivantes correspondent respectivement aux fondamentales *ré₁, ré♭₁, ut₁, si♮₋₁, si♭₋₁ et la₋₁*.

<hr>

(1) Ces parties d'accompagnement, gravées en notes plus petites, ne sont pas de Mozart, mais de son disciple Süssmayer qui a achevé l'œuvre (voir ci-dessus p. 229).

(2) L'unisson de la fondamentale de la trompette en *Mi♭*.

Le trombone-alto reproduit conséquemment à la quarte aiguë l'échelle du trombone-ténor avec ses subdivisions.

La réduction proportionnelle du tube rend plus difficile l'émission des quatres notes sur-aiguës accessibles au trombone-ténor (sur l'alto sol_1, $fa\sharp_1$, $fa\natural_1$ et mi_1), ainsi que des quatre notes sous-graves ($mi\flat_1$, $ré_1$, $ré\flat_1$, ut_1): la pratique n'en fait aucun usage. Même les sons inférieurs de l'étendue ordinaire, que nous avons notés à la clef de *fa*, s'emploient fort peu à cause de la mauvaise qualité de leur timbre, en sorte que le trombone-alto se contente de parcourir les deux octaves comprises entre $mi\flat_1$ et $mi\flat_2$.

Les écarts de la coulisse étant diminués dans la même proportion, le trombone-alto possède plus de mobilité, plus de souplesse que le ténor: à l'orchestre néanmoins il n'a jamais été traité, que je sache, en instrument *solo*. La partie isolée de trombone-alto que l'on trouve dans la version française de l'air de Caron, au IIIe acte de l'*Alceste* de Gluck, ne renferme ni un trait, ni un dessin chantant; en l'écrivant, l'auteur n'a eu d'autre but que de colorer la cantilène du passeur d'outre-tombe par une sonorité caractéristique et inusitée[1].

Ex. 389.

____

[1] La partition italienne indique pour ce morceau le concours des trois trombones (p. 100), mais de manière à laisser le lecteur dans l'incertitude de ce qu'ils doivent jouer

Trombone - basse

(En allemand *Bassposaune*.)

§175.— On appelle parfois de ce nom un trombone-ténor construit au diapason habituel ($si\,b$), mais auquel le facteur a donné un plus grand diamètre, afin d'obtenir au grave une sonorité plus nourrie. C'est la *Tenor-Bassposaune* des Allemands. Le véritable trombone-basse a été malheureusement de tout temps peu en faveur auprès des instrumentistes, à cause de la fatigue que les hommes les plus robustes éprouvent à en jouer. Son diapason régulier, de même que toute son étendue, est à une quarte juste au-dessous de celui du trombone-ténor; de là son nom allemand *Quart-Bassposaune*. A sa longueur initiale ou Ire position il fait entendre en conséquence les harmoniques de la fondamentale fa_{-1}(1), et ses six allongements correspondent aux fondamentales mi_{-1}, $mi\,b_{-1}$, $ré_{-1}$, $ré\,b_{-1}$, ut_{-1} et $si\,\natural_{-2}$. La clef régulière du trombone-basse est *fa* sur la 4e ligne.

Le développement considérable du tuyau permet à l'artiste de parcourir d'un bout à l'autre l'échelle chromatique de l'instrument, depuis les notes suraiguës jusqu'aux derniers sons du registre grave.

____

(1) Identique à celle du Cor en *fa* (qui ne sort pas).

Quant aux pédales, on n'en a pas essayé l'effet jusqu'à ce jour: mais je pense qu'un exécutant habile et doué de bons poumons doit produire sans difficulté trois ou quatre de ces sons formidables:

Un instrument capable d'atteindre à de pareilles profondeurs ne saurait parler avec volubilité, et le maniement incommode de la coulisse n'est pas fait pour lui communiquer des allures plus vives (1). Ce qui rend le trombone-basse précieux à l'orchestre, c'est sa sonorité vibrante et ferme, ce sont surtout les magnifiques notes de son registre grave, si admirablement placées dans certaines œuvres des maîtres.

Ex. 390.

Au temps où les trombones étaient les seuls instruments à embouchure qui eussent à leur disposition une échelle complète, les compositeurs se voyaient souvent obligés de recourir au plus grave des trois pour lui donner à faire la basse d'une harmonie de cors: pis-aller absolument inutile aujourd'hui.

Ex. 392.

§ 176. — Le trombone-basse à coulisse s'est encore construit à deux diapasons autres que *fa*: à savoir un ton plus bas et un ton plus haut.

Le *trombone-basse en mi♭* a été assez usité en Allemagne (sous le nom de *Quint-Bass-posaune*). Il suffira de donner la série des sons 2. qui forment les degrés inférieurs de son échelle chromatique continue:

Le *trombone-basse en sol*, moins fatigant que les deux autres, s'emploie assez fréquemment, m'assure-t-on, dans les orchestres du Royaume-uni.

§177. — La manière dont les trombones interviennent dans la musique instrumentale est à elle seule une révélation du caractère harmonique qu'ils possèdent au plus haut degré. Tandis que dans la technique traditionnelle, tous les autres instruments à vent se réunissent deux à deux pour coopérer à l'ensemble polyphonique, les trois individualités de la famille des trombones ont constitué dès l'origine un groupe séparé, un chœur de voix d'hommes capable de former en lui-même une harmonie complète (Ex. 390). Par l'adjonction d'un instrument situé dans l'étendue du soprano, le trio se convertit en quatuor, reproduction fidèle du chœur à quatre voix mixtes. Cette partie aiguë, dépositaire de la mélodie, est tenue chez les maîtres du XVIIe et du commencement du XVIIIe siècle par un *cornet à bouquin* (§18), instrument qu'on aurait tort de se représenter comme rude à l'excès et rebelle à toute culture musicale: en définitive son timbre voilé, un peu rauque mais non pas dépourvu d'expression, rappelle le bugle à clefs. Un trait de mœurs propre à l'Allemagne était de faire exécuter le dimanche et les jours de fête par une bande de cornettistes et de trombonistes, placée dans la tour de l'église principale, les chorals du culte luthérien. J.S. Bach transporta cette combinaison instrumentale dans ses Cantates d'église, tantôt à titre de simple renforcement du chœur, tantôt en guise de quatuor obligé, indépendant des autres parties orchestrales et vocales.

Ex. 393.

Cantate pour le 3e jour de Noël,
N° 64 de la collect. des œuvres complètes, t. XVI.

Ex. 394.

Cantate N° 118, t. XXIV

(1) Les Allemands considèrent généralement le mot latin *litaus* comme l'équivalent de *Horn*, en français *Cor*. Au reste la partie écrite par Bach ne convient qu'à ce genre d'instrument.

Gluck introduisit l'association des quatre instruments dans le plus ancien de ses chefs-d'œuvre, *Orfeo*, joué à Vienne en 1762. Ce fut la dernière apparition, historiquement constatée, du cornet à bouquin à l'orchestre (1).

Ex. 395.

Vingt ans plus tard, le vieil instrument étant définitivement abandonné, Mozart le remplace, en tant que soprano des trombones, par des hautbois et des clarinettes jouant à l'unisson. Pendant trois quarts de siècle l'orchestre allait être privé de tout instrument à embouchure capable de chanter dans l'étendue de la voix de femme une simple gamme diatonique.

(1) La partition italienne d'Alceste, postérieure à l'*Orfeo* de quatre ans (1766), ne montre aucune trace de *Cornetto*, bien qu'en beaucoup d'endroits les trois voix inférieures du chœur soient renforcées par des trombones. (Dans la version française ce redoublement est supprimé presque partout.)

(2) Cette partie est notée en clef de soprano, ut, 1ʳᵉ ligne.

Ex. 396.

Depuis Gluck les trois trombones étaient devenus le complément indispensable de l'instrumentation dramatique et, pour ainsi dire, sa marque distinctive: la symphonie classique n'adopta pas une sonorité aussi prépondérante. Réservés à l'origine pour des sujets d'une haute portée tragique, pour des situations extraordinaires, les trombones se virent bientôt appelés à des fonctions moins spéciales: Spontini les fit servir à rehausser l'éclat des chœurs et des ensembles: l'école rossinienne les prodigua outre mesure et jusqu'au point de les dépouiller de toute leur poésie.

Cette extension graduelle de leur usage amena un changement dans la composition du trio. L'habitude séculaire de réunir les trois diapasons caractéristiques, disposition excellente qui permettait à chacun des instruments de se mouvoir dans la meilleure partie de son échelle, fut abandonnée à la longue, en considération surtout de la fatigue qu'éprouvaient les exécutants à jouer la partie de trombone-basse. Depuis 1830 les orchestres n'ont plus que des trombones-ténor, ce qui n'a pas empêché les compositeurs de continuer longtemps après à désigner les trois parties sous leurs noms traditionnels. Par cette innovation regrettable le groupe des trombones a vu son étendue s'amoindrir d'une octave entière. Ses qualités sonores et techniques en ont reçu une atteinte non moins sensible: en effet le trombone-ténor manque d'aisance et d'éclat dans le haut: au-dessous d'*ut*₂ il n'a guère de puissance et aucune mobilité.

Heureusement l'invention des nouveaux cuivres chromatiques est venue apporter une large compensation à ces pertes. Au grave, l'ophicléide, que le tuba remplaça plus tard, a pu suppléer à l'insuffisance du trombone-ténor et fournir une basse solide au quatuor formé par sa réunion avec l'ancien trio (Ex. 402 ci-après). A l'aigu, les trompettes à pistons (pour ne pas parler des cornets et des bugles-saxhorns) ont enrichi les cuivres non pas seulement d'un soprano incomparablement plus beau que le vieux *cornetto*, mais au besoin de tout un chœur de timbres homogènes.

En résumé le trio des trombones, malgré la malencontreuse transformation qu'il a subie, malgré les sonorités de même genre dont il est entouré aujourd'hui, garde une place considérable dans l'orchestre européen et en constitue un des organes les plus efficaces.

---

(1) Même combinaison instrumentale à la phrase suivante du commandeur *Ribaldo, audace*, ainsi qu'au choral *Denn wie durch Adam alle sterben* dans le Messie réinstrumenté (III° partie, p. 9 de la gr. partit. typogr. Leipzig, Breitkopf et Hærtel).

§178. — Les puissantes harmonies de cette triple voix d'airain ébranlent le sentiment jusque dans ses profondeurs les plus intimes. Elles produisent une impression de majesté mêlée d'épouvante et suggèrent à l'imagination l'idée d'un pouvoir étranger à l'homme, supérieur à l'homme: pouvoir tantôt bienfaisant, tantôt funeste, mais toujours redoutable. Même lorsqu'elles sont consonnantes et émises avec douceur, elles gardent quelque chose de menaçant. Par ses gradations d'intensité, de hauteur et d'harmonie, la sonorité des trombones est capable de rendre toutes les manifestations de la passion qui peuvent revêtir une allure grandiose: hymne ou malédiction, cris de guerre ou clameurs d'orgie. Son véritable domaine est le drame, et avant tout la tragédie comprise à la manière des anciens Hellènes, c'est-à-dire la représentation de la lutte de l'être humain avec la force aveugle qui régit les choses: œuvre d'art dont le but, d'après la définition d'Aristote [1], était d'éveiller chez le spectateur des sentiments de *terreur* et de *pitié*.

Déjà le patriarche de l'instrumentation dramatique, Monteverde, avait entrevu le caractère tragique des trombones; dans son opéra d'*Orfeo* il les met en œuvre durant tout l'acte des enfers [2]. Mais il était réservé à l'immortel rénovateur du drame chanté de révéler toute la force expressive de ce groupe sonore. La poétique instrumentale de Gluck, si belle malgré sa simplicité antique, assigne aux trombones l'expression du *pathétique terrible*, amené par l'intervention immédiate de puissances supérieures, aux hautbois l'expression du *pathétique naturel*, résultant du conflit des sentiments individuels [3].

Dans *Alceste* la voix formidable des cuivres a des accents d'une incomparable beauté, soit qu'elle accompagne le péan entonné en l'honneur d'Apollon pour la guérison d'un roi aimé, soit qu'elle proclame l'arrêt du destin, ou qu'elle lance à la face des dieux le défi de l'héroïque épouse:

Ex. 397.

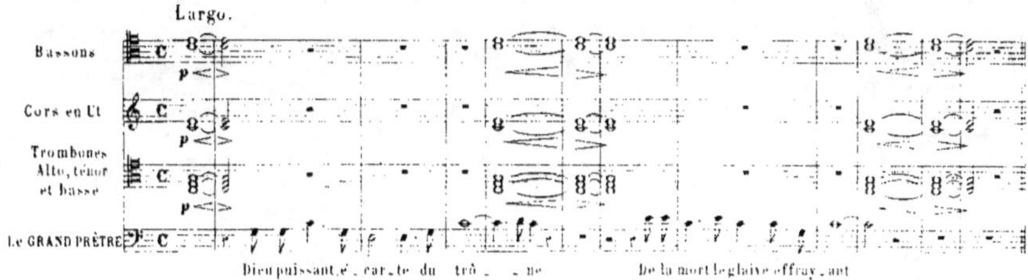

[1] *Poétique*, chapitre VI.

[2] On lit au commencement de cet acte: « *Qui entrano i Tromboni, cornetti e regali, e tacciono le viole di braccio, e organi di legno, e si muta la scena.* » Et plus loin: « *Coro dei spiriti, al suono di un regale, organi di legno, cinque tromboni, duoi bassi da gamba ed un contrabasso di viola.* »

[3] Dans *Iphigénie en Aulide* où le pathétique naturel est seul en jeu — l'oracle a déjà parlé lorsque le drame commence — Gluck n'a pas eu recours aux trombones. Dans *Armide* il s'en est abstenu évidemment pour ne pas alourdir l'allure chevaleresque de l'épopée du Tasse. Au début de sa réforme il se montre beaucoup plus prodigue de la sonorité des trombones. Il est instructif de comparer à cet égard l'*Alceste* française avec la version primitive, italienne.

TROMBONES A COULISSE

Un peu animé.
Flûtes et Hautbois.
Fagots
1ers Violons
2ds Violons
Altos
Dessus
De la mort le glaive effray _ ant, le glaive effray _ ant.
Hautes contre et Trombone alto
Dieu puis _ sant, é _ car _ te du trô _ _ ne, De la mort le glaive effray _ ant.
Tailles et Trombone ténor
De la mort le glaive effray _ ant, le glaive effray _ ant.
Basses et Trombone basse
Dieu puis _ sant, é _ car _ te du trô _ ne, De la mort le glaive effray _ ant.
Violoncelles et C. Basses
Acte I.
Scène III

Ex. 398.

Maestoso.
Sans lenteur.
pp
Hautbois et Clarinettes
Trombones alto, ténor et basse
pp
pp
1ers Violons
sourdines
(Un long silence)
pp
2ds Violons
sourdines
pp
Altos
pp
Le GRAND PRÊTRE
L'ORACLE
Trem _ ble!
Le Roi doit mou _ rir au jour.
Violoncelles et Contrebasses
pp
Sans lenteur.
Sempre pp
Sempre pp
Sempre pp
LE GRAND PRÊTRE
_ d'hui, Si quel _ qu'autre au tré _ pas ne se _ li _ vre pour lui.
Tout se tait....
Sempre pp
Ibid.

Ex. 399.

Dans *Iphigénie en Tauride* les trombones, identifiés avec les Euménides, donnent un saisissant relief à leur physionomie effrayante et font passer dans l'âme de l'auditeur toutes les terreurs du parricide: tantôt unissant leurs octaves foudroyantes, leurs pesants accords, aux imprécations des sombres déesses, tantôt faisant retentir aux oreilles d'Oreste, avec un réalisme digne d'Eschyle, les aboiements de la meute infernale acharnée à sa poursuite (1).

(1) Voir les *Euménides* d'Eschyle, et l'*Electre* d'Euripide où ces personnifications du remords sont assimilées à des chiennes furieuses. Il est hors de doute que Gluck, initié par son collaborateur Calzabigi aux beautés du drame antique, se sera inspiré de ces œuvres immortelles.

Ex. 400.
Grave et marqué.
Hautbois et Clarinettes
Bassons
Trombones alto, ténor et basse
1ᵉˢ et 2ᵈˢ Violons
Altos
Violoncelles et Contrebasses
unis.
Cresc.

TROMBONES A COULISSE

Ces pages sublimes ont été la source à laquelle l'opéra du XIX⁰ siècle a puisé quelques - uns de ses plus grands effets. En travaillant sur des sujets dramatiques d'un autre genre, les successeurs de Gluck ont su réaliser par la polyphonie des trombones de nouveaux caractères de sonorité, qui à leur tour ont acquis la valeur de types et méritent d'être signalés particulièrement.

Caractère sacerdotal: la *Flûte enchantée*, marche et chants des prêtres d'Isis. Le mélange des trombones jouant **PP** avec des instruments à anche et à archet d'un timbre très caractérisé donne une suavité ineffable à ces nobles mélodies. Tout y respire la sérénité d'une âme déjà détachée des choses terrestres (Mozart les écrivit peu de temps avant sa mort).

Ex. 401.

Caractère de fureur contenue: des accords de trombone en **PP**, entrecoupés de pauses, traduisent de la manière la plus saisissante un sentiment de rage ou de fanatisme sanguinaire qui n'attend pour éclater que l'instant favorable. Exemples: Mozart, la *Flûte enchantée* (ci-dessus p. 121): Spontini, *la Vestale*, acte III, chœur pendant la marche vers le lieu du supplice: "Périsse la Vestale impie;" Meyerbeer, *les Huguenots*, IV⁰ acte, début du duo:

Ex. 402.

Caractère satanique: le *Freyschütz* et *Robert le Diable* (pour ne citer que les opéras les plus fameux de ce genre) en présentent des spécimens nombreux.

Caractère pompeux: Berlioz, *Symphonie funèbre et triomphale*. L'auteur commente lui-même le passage suivant en ces termes: « Dans le *forte* simple les trombones en harmonies à trois «parties, dans le médium surtout, ont une expression de pompe héroïque, de majesté, de «fierté. Ils prennent en pareil cas, tout en l'agrandissant énormément, l'expression des trom-«pettes; ils ne menacent plus, ils proclament. »

Ex. 403.

C'est en vertu de ce caractère de magnificence que le trio des trombones est destiné à servir, pour ainsi dire, de couronnement à l'édifice instrumental dans les morceaux de grand apparat: ouvertures, marches, chœurs, finals (exemples: Beethoven, dernière partie de la Symphonie en ut mineur, de la IX° Symphonie, Ouverture de *Léonore*, Marche religieuse des *Ruines d'Athènes*, etc.).

§179. — Les effets dramatiques des trombones, s'obtenant en général par des accords pleins, ont pour condition essentielle l'association des trois instruments. Deux trombones sont incapables de former par eux-mêmes des harmonies complètes. Mais aussi cette absence de plénitude fait que leur sonorité pèse moins lourdement sur l'ensemble et s'accommode mieux aux exigences du style polyphonique.

Voilà sans doute ce qui a suggéré à Beethoven l'idée de convertir le trio en duo (quand il a donné dans son instrumentation une place aux trombones sans vouloir les mettre trop en évidence. Exemples: Symphonie pastorale, Orage et Final (trombones alto et ténor, employés comme parties intermédiaires dans les *tutti* de l'orchestre); *Fidelio*, Ouverture, Duo dramatique au III° acte (trombones ténor et basse); Chœur des derviches dans *les Ruines d'Athènes* (trombones alto et basse, marchant en octaves d'un bout à l'autre du morceau).

Haendel, dans une des très rares occasions où il a eu recours aux trombones, les écrit à deux parties.

Ex. 404.

SAMSON. Marche funèbre
(p. 295 de l'édit. des œuvres complètes).

Il est étonnant que cette combinaison instrumentale soit absolument laissée de côté par les compositeurs, malgré les avantages évidents qu'elle présente en mainte circonstance. En effet l'oreille moderne se passe malaisément du timbre des trombones dans une œuvre vigoureuse et brillante; d'autre part beaucoup d'idées musicales courent risque d'être écrasées sous la sonorité massive du groupe entier.

L'emploi d'un seul trombone pare à cet inconvénient d'une manière radicale; trop radicale même, car l'instrument se trouve réduit par là à un rôle accessoire et ne peut plus guère servir qu'à fournir aux cors et aux trompettes une basse sonore dans les *forte*. Ce procédé d'instrumentation, que l'on abandonne aujourd'hui aux petits orchestres, a été longtemps appliqué aux ouvrages composés pour le théâtre de l'Opéra-Comique. Il apparaît vers l'époque de la Révolution (*Lodoïska* de Cherubini, 1791, *Stratonice* de Méhul, 1792) et son usage se prolonge jusqu'aux dernières années de la Restauration (la *Dame blanche* de Boïeldieu, 1825, *Marie* d'Hérold, 1826); plus tard le placage de l'orchestre rossinien envahit toutes les formes du drame chanté (1), et le programme instrumental de l'opéra-comique est celui du grand opéra, moins l'ophicléide.

§180. — L'invention des pistons n'a guère modifié la manière d'écrire les parties de trombone à l'orchestre, l'échelle des deux sortes d'instruments étant identique. Il en est différemment pour la musique d'harmonie, qui depuis trente ans a répudié l'ancien trombone pour le nouveau, à pistons: celui-ci y joue le rôle de soliste et de virtuose.

Trombone-contrebasse

(En allemand *Contrabass-Posaune.*)

§181. — En quelques endroits de sa grande tétralogie des *Nibelungen*, Richard Wagner ajoute cet instrument formidable, en guise de basse profonde, au trio ordinaire des trombones. Il en fait une des sonorités caractéristiques du rôle de Wotan (Odin), le Jupiter de la vieille mythologie scandinave. Le diapason et toute l'échelle du trombone-contrebasse sont à l'octave inférieure du ténor. La fondamentale de la 1ʳᵉ position est par conséquent $si\flat_{-2}$: ce son situé dans l'octave de 32 pieds, la dernière de l'échelle générale (§23), n'est pas réalisable en pratique, au moins je le suppose. Il doit en être de même, à plus forte raison, des six autres

---

(1) L'introduction définitive des trois trombones à l'Opéra-Comique date du *Masaniello* de Carafa (1827).

fondamentales plus graves encore (la_2, $la\flat_2$, sol_2, $sol\flat_2$, fa_2, mi_2). En revanche l'instrumentiste doit monter facilement jusqu'au son 10.

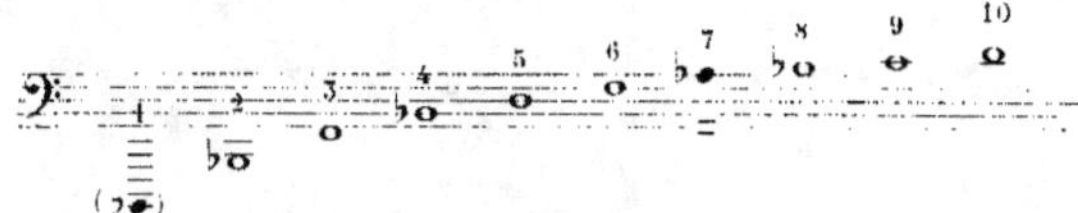

Voici la série des sons 2 degrés inférieurs de l'échelle pratique de l'instrument:

Malgré l'extrême gravité des sons, Wagner les écrit à leur hauteur réelle.(1)

Ex. 405.   Maestoso.

Trompette à coulisse

§182. — En Angleterre, seul pays où cet instrument soit connu, il porte le nom de *slide-
trumpet*. Son mécanisme est identique à celui du trombone. Au moyen de trois allongements graduels de la coulisse, lesquels, joints à la longueur initiale, donnent *quatre positions*,
l'échelle de la trompette simple (§162) se transpose instantanément à quatre hauteurs distantes l'une de l'autre d'un demi-ton:

(1) Il y aurait avantage, et pour l'exécutant et pour le lecteur de la partition, à ce que la partie fût écrite, comme celle de la contrebasse à cordes, une octave au-dessus du diapason réel.

ce qui donne une échelle chromatique *à peu près* complète de deux octaves et une tierce mineure.

Le tube principal est accordé originairement au diapason de la trompette en *fa* (§ 163), en sorte que l'échelle ci-dessus se produit à la quarte aiguë des notes indiquées. Mais il peut se mettre, à l'aide de corps de rechange, en trois autres tons plus graves: *mi*, *mi♭* et *ré*. À mesure que l'instrument s'allonge, par l'apposition des corps de rechange, l'écart entre les diverses positions doit s'agrandir en proportion. La coulisse est construite de manière à permettre cette extension graduelle.

Ex. 406.

Le parcours assigné à l'exécutant dans chacun des quatre tons est le même que sur la trompette simple (§ 163).

INSTRUMENTS À CLEFS

§ 183. — Ils forment une famille unique qui procède du clairon par la forme du tuyau et se rattache historiquement à de vieux instruments en bois (§§ 18 et 177). Le cornet à bouquin s'est transformé en *bugle à clefs, trompette à clefs* ou *cor à clefs* (en allemand *Klappenhorn*): tous ces termes s'appliquent à un seul et même instrument [1]. L'ophicléide est un perfectionnement du serpent d'église, ainsi que l'indique le nom barbare sous lequel il est connu (*serpent* se dit en grec *ophis*; *kleides* signifie *clefs*): l'instrument de transition fut le *basson russe*, aujourd'hui oublié [2]. Les traits distinctifs de cette famille d'instruments, par rapport au caractère de la sonorité et aux propriétés techniques, peuvent se résumer ainsi: timbre à la fois bruyant et sourd, mais non pas dénué de couleur; facilité remarquable à émettre, articuler et lier les sons; défaut prédominant: le peu de justesse des intonations.

---

[1] On paraît avoir construit au commencement de notre siècle de véritables *trompettes à clefs*. Voir le *Catalogue du musée instrumental du Conservatoire de Bruxelles*, p. 57 (*Annuaire de 1878*, p. 137). Ne serait-ce pas pour ce genre d'instrument que Rossini, au IIIᵉ acte de *Guillaume Tell* (entrée de Gessler), a écrit la partie mélodique de la fanfare en fa (pp. 545 et suiv. de la gr. partit.)?

[2] *Ibid.*, p. 217 et suiv. (*Annuaire de 1879*, p. 133 et suiv.)

La famille des bugles-ophicléides n'a eu qu'une existence fort éphémère dans nos pays. Elle s'y introduisit en 1815 par les musiques des armées alliées. Accueillie avec empressement dans les bandes d'harmonie, elle leur apporta un soprano énergique et chantant, en même temps qu'une basse assez sonore; elle donna lieu en outre à la création des musiques de fanfare: à l'Opéra l'ophicléide devint le suppléant du trombone-basse. Le déclin de ce genre d'instruments commença avec l'apparition des autres cuivres chromatiques et fut d'une rapidité étonnante. Peu à peu le bugle à clefs et l'ophicléide se virent supplantés par les nouvelles familles des bugles-tubas et des saxhorns, et aujourd'hui, à quelques rares exceptions près, ils sont partout abandonnés.

A l'époque où cette famille était parvenue à la limite extrême de son développement, elle comprenait quatre individus (nous les énumérons de l'aigu au grave):

> le bugle-sopranino (ou petit bugle);
> le bugle-soprano, l'instrument type;
> l'ophicléide-alto;
> l'ophicléide-basse.

Quelques facteurs ont construit aussi des ophicléides-contrebasse; mais ces instruments de dimensions colossales — ils portaient le nom d'*ophicléides-monstres* — n'ont jamais passé dans la pratique réelle, à cause de l'énorme fatigue que les exécutants les plus robustes éprouvaient à en jouer (1).

Bugle-soprano à clefs

§ 184.— De par son étendue et le caractère de sa voix, cet instrument serait dénommé plus exactement *mezzo-soprano*. Il se construit aux trois diapasons de la clarinette d'orchestre: *ut, si♭, la*.

Lorsque l'on fait résonner le tube d'un bugle-soprano en *ut* sans toucher à aucune des clefs, l'on entend l'échelle harmonique du clairon d'ordonnance en *ut* (§168, p. 233), à savoir:

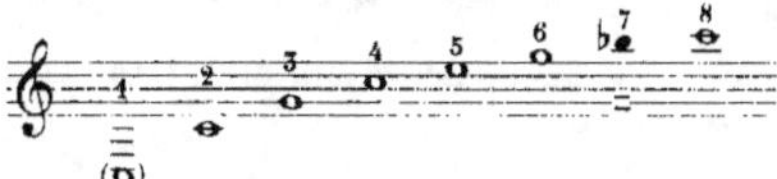

Mais, dans cet état, toute la longueur du tuyau n'entre pas en vibration, la clef la plus rapprochée de l'orifice inférieur restant levée. Pour faire résonner le tube entier, il faut abaisser cette clef: l'on obtient alors une échelle harmonique plus basse d'un demi-ton:

Il en est ainsi pour tous les instruments de la famille des bugles-ophicléides. On indique leur diapason, non par la longueur totale, mais par la IIᵉ longueur dans l'ordre ascendant.

____

(1) Berlioz, *Traité d'instrumentation*, p. 228.

Les longueurs I et II sont dans de bonnes conditions par rapport à la justesse, et l'exécutant utilise tous les sons qui en proviennent. Mais à mesure que le tuyau se raccourcit par l'ouverture des clefs, les proportions de la colonne d'air deviennent plus défectueuses, le nombre des harmoniques suffisamment justes décroît, et ce n'est qu'à grand peine que l'artiste parvient à compléter son échelle chromatique. Les intonations désignées ci-après par des rondes sont les seules que les cinq longueurs restantes fournissent à la pratique musicale.

Le tableau suivant démontre d'une manière synoptique la formation de l'échelle chromatique du bugle à clefs et la délimitation des registres dans cette échelle. (Les sons du registre suraigu ne s'obtiennent qu'avec effort.)

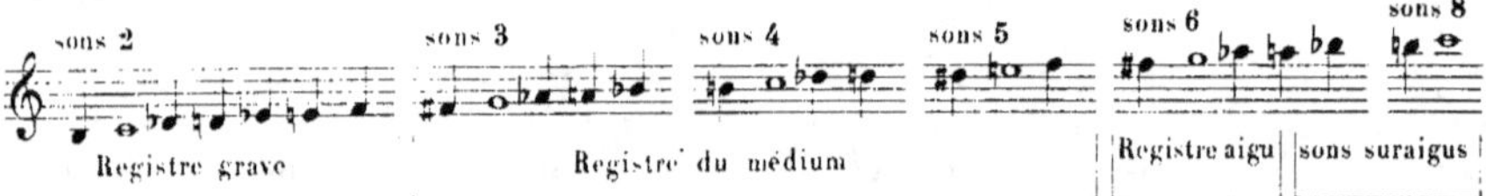

Le bugle-soprano en *ut* fait entendre les sons à la hauteur indiquée par la notation. Je ne connais aucun exemple de son emploi.

§185. — Le *bugle à clefs* en *si♭*, autrefois l'instrument principal des bandes de fanfare, est d'un ton plus bas que le bugle en *ut*: les notes *ut, mi, sol,* font à l'oreille *si♭₃, ré, fa₄*.

Meyerbeer s'en est servi pour une de ses plus belles inspirations (voir ci-après, ex. 407).

§186. — Le *bugle à clefs* en *la* sonne la tierce mineure grave du bugle en *ut*: les notes *ut, mi, sol,* font à l'oreille *la₃, ut♯₄, mi₄*.

Le même compositeur nous fournit un spécimen de l'emploi de cette variété (ex. 408).

§187. — Malgré sa sonorité dure, sans éclat, et son manque naturel de justesse, le bugle à clefs, joué par un artiste de talent, montrait des qualités peu communes, particulièrement dans l'exécution des dessins liés. Sur tous les instruments dont le tuyau est pourvu de trous, le passage d'une intonation à une autre peut s'effectuer sans laisser entre elles aucune solution de continuité, ce qui n'est pas réalisable par le mécanisme des pistons (encore moins par la coulisse). Grâce à cette propriété remarquable, le bugle à clefs était

apte aussi bien à interpréter des mélodies d'un style large qu'à exécuter des passages rapides
(en gammes chromatiques, diatoniques, etc.) pourvu qu'ils fussent écrits en des tonalités peu
chargées d'accidents; le trille lui était accessible dans tout le registre du médium. Aussi
était-il, après la clarinette, le principal soliste des corps de musique militaire depuis
1820 jusqu'à 1835.

À l'orchestre il ne fit qu'une apparition passagère, et l'on est fondé à le regretter, car aucun des nouveaux instruments à embouchure ne le remplace complètement. Cette voix, intermédiaire entre le cor et la trompette, était tout indiquée pour reprendre le rôle du vieux
cornetto et servir de soprano aux trombones (1). Comme organe de la mélodie monodique,
elle était appelée surtout à déployer sa puissance expressive dans les cantilènes d'un coloris sombre. Meyerbeer, à qui ses détracteurs les plus passionnés n'ont pu refuser un tact
exquis dans le choix des sonorités, sut en tirer un parti très dramatique. Au III° acte de
Robert le Diable il lui confia la partie chantante de la *Résurrection des Nonnes*, superbe
page symphonique dont un demi-siècle n'a pas émoussé l'effet terrifiant.

Ex. 407.

Au V° acte du même opéra le compositeur transforme l'instrument en une voix d'outre-
tombe rappelant au fils égaré les paroles de sa mère expirante. L'intention expressive est
clairement indiquée par les dispositions matérielles prescrites pour l'exécution de tout le
passage. Voici ce que nous lisons à la page 349 de la grande partition de *Robert*: "Les
trompettes à clefs doivent être placées hors de l'orchestre; leur son doit produire l'effet
comme s'il venait de loin et de dessous terre. À Paris on les met dans le souterrain au-
dessous du souffleur." (2)

---

(1) Dans les exécutions d'*Orphée* aux concerts du Conservatoire de Bruxelles je me suis servi jusqu'à présent d'un bugle à clefs
pour la partie du *Cornetto*.

(2) Cet effet n'existe plus que pour le lecteur de la partition. Dans tous les théâtres (y compris l'Opéra de Paris) la partie
de bugle se joue, *dans l'orchestre même, sur un cornet à pistons*. Ainsi non-seulement on néglige l'effet de lointain, on remplace un
timbre sombre et mat par une sonorité claire et brillante. Chose non moins curieuse: Berlioz semble croire que le passage en question revient réellement au cornet à pistons, et le cite comme exemple de l'emploi de cet instrument. Voir son *Traité d'instrumentation*, p. 197.

Ex. 408.

Petit bugle (sopranino) à clefs

§188.— Il s'accorde en *mi♭*, une quarte au-dessus du bugle en *si♭*, une tierce mineure au-dessus de l'instrument-type et des notes écrites: *ut₁ mi₁ sol₁* font à l'oreille *mi♭₄ sol₁ si♭₁*. En raison du peu de longueur du tuyau,(1) les sons à l'aigu de *sol₁* (*si♭₁* réel) sortent avec difficulté, et la partie usitée de l'échelle est renfermée dans les limites suivantes:

Étendue écrite   Étendue réelle

Le petit bugle, l'instrument le plus aigu de la fanfare, est appelé tantôt à renforcer le bugle soprano, tantôt à le suppléer dans le haut.

____

(1) Le petit bugle en *Mi♭* a la moitié de la longueur d'une trompette en *mi♭*, le quart de la longueur d'un cor en *mi♭*. En conséquence les trois fondamentales sont distantes entre elles d'une octave (petit bugle, *mi♭₂*, trompette, *mi♭₁*, cor, *mi♭₋₁*).

Ophicléide-basse

§189. — Il est au bugle soprano ce que la voix d'homme est à la voix de femme. Son échelle harmonique principale, produite sous l'action des clefs (§184), se trouve une octave au-dessous de l'échelle correspondante du bugle et se note en clef de *fa*.

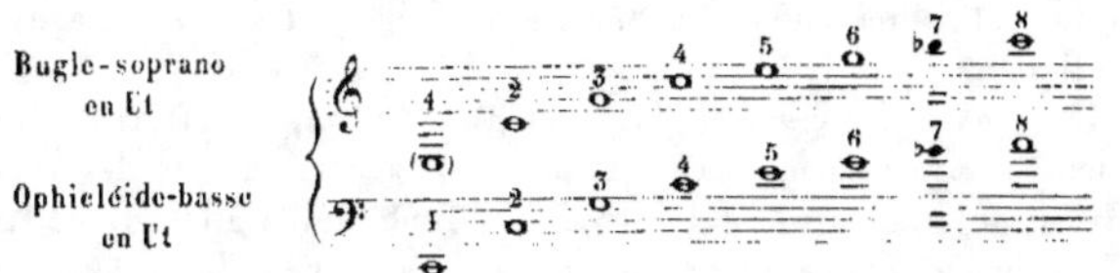

Le tuyau de l'ophicléide, par suite de son diamètre plus considérable, est apte à produire avec une justesse suffisante toute la série des sons fondamentaux nécessaires pour relier entre eux les deux échelons inférieurs de l'échelle principale. Afin d'obtenir les 11 longueurs intermédiaires, il a fallu un nombre égal de clefs. Grâce à cette addition, l'ophicléide possède dans le bas une octave entière de plus que le bugle, ce qui modifie légèrement la délimitation de ses registres. Voici son échelle complète:

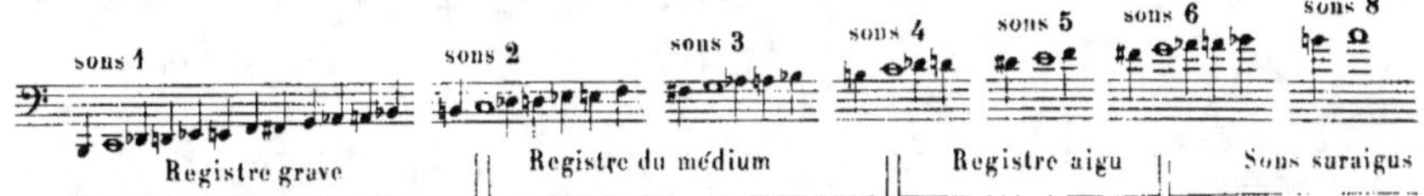

§190. — Au temps où cet instrument était d'un usage général il se construisait habituellement à deux diapasons: en *ut* et en *si♭*. [1]

L'*ophicléide-basse en ut* fait entendre l'échelle ci-dessus à la hauteur exacte indiquée par la notation. [2] À l'orchestre la partie d'ophicléide est toujours notée pour un tel instrument: elle ne se sépare guère des trombones et figure souvent sur la même portée (ex. 407, 408, etc.). Quand il n'y a que trois notes, la plus basse est à la fois destinée au 3ᵉ trombone et à l'ophicléide.

§191. — L'*ophicléide-basse en si♭* reproduit la susdite échelle un ton au-dessous des notes indiquées: ut_2 mi_2 sol_2 font à l'oreille $si♭_1$ $ré_2$ fa_2.

Ce fut de 1815 à 1848 le principal instrument grave des musiques militaires: il s'y employait en masse.

---

§ 192. — Si l'on excepte le registre inférieur et l'extrême aigu, où la production du son est moins spontanée, l'ophicléide participe à toutes les propriétés techniques du bugle à clefs (§ 187). Les traits chromatiques ou diatoniques (tant liés que détachés), les dessins chantants, les trilles majeurs ou mineurs lui sont également faciles. Mais ces ressources d'exécution ne trouvaient guère à se faire valoir en dehors des grands morceaux d'harmonie ou de fanfare: l'ophicléide y abandonnait de loin en loin son rôle d'ensemble pour briller comme soliste.

A l'orchestre ses sons grossiers, beuglants, et d'une sauvagerie frisant par moments le grotesque, n'étaient pas faits pour s'étaler au premier plan, à côté des sonorités distinguées du quatuor. Depuis Spontini, qui introduisit l'ophicléide à l'Opéra de Paris (*Olympie*, 1817), jusqu'à Meyerbeer, qui fut un des derniers à s'en servir[1] les compositeurs lui assignèrent comme fonction, tantôt de renforcer la partie inférieure des trombones, devenue trop faible par l'abandon du trombone-basse (p. 248), tantôt de former avec les trois instruments une harmonie de quatre voix graves, harmonie d'un effet majestueux, mais toujours lourde et massive.

(1) Hérold produisit l'ophicléide à l'Opéra-Comique dans *Zampa* (1831). Mais cette tentative ne trouva point d'imitateurs.

(2) Pour être rendue textuellement, cette partie doit se transposer sur un ophicléide en Si b, l'auteur ayant écrit à la fin de la 2e mesure un Si♭ $_{-1}$, note que l'ophicléide en ut ne saurait faire entendre.

Ex. 411.

Vers 1848 l'ophicléide fut remplacé en Allemagne par le *tuba à pistons* (p. 291), dont la sonorité s'unit mieux à celle des trombones. Peu après, la même réforme fut accomplie en Belgique, d'abord dans les harmonies et les fanfares, ensuite dans les orchestres. En France l'ophicléide se maintint plus longtemps, et même aujourd'hui son usage n'y a pas totalement cessé, je crois. Au reste, on ne peut s'empêcher de regretter la disparition du descendant de l'antique serpent d'église, en entendant certains morceaux où son timbre caractéristique est utilisé avec intention; par exemple la ravissante Ouverture du *Songe d'une nuit d'été*, de Mendelssohn. S'inspirant de l'immortelle fantaisie de Shakespeare, le musicien a su, sans briser la trame légère de son tissu instrumental, mêler au caquetage aérien des Elfes, aux mille bruits d'une nature pleine d'enchantements, le rugissement burlesque du lion de *Pyrame et Thisbé*, cette homérique tragicomédie des dilettanti de village.

Ex. 412.

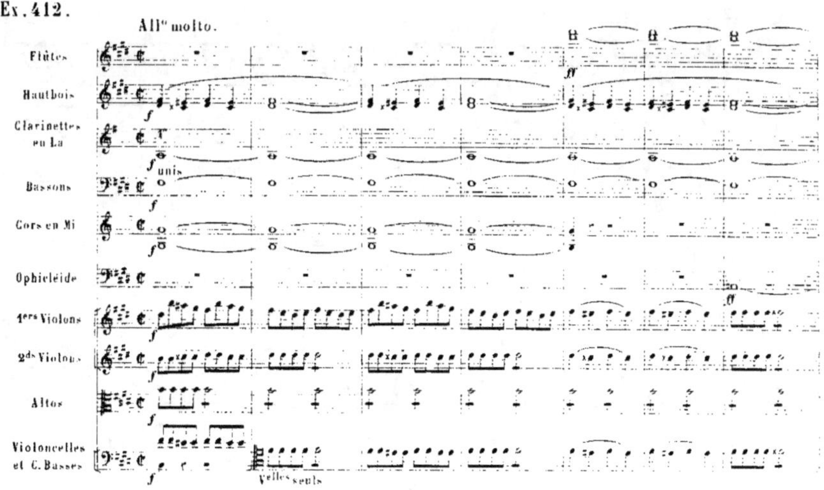

unis
etc.

Ex. 413.

Allo molto.
1er Clar en La
1er Hautbois
2e Cor en Mi
Ophicléide
divisés
1ers Violons
pp
divisés
2ds Violons
pp
Altos
pizz.
1er Basson
p
2e Cor
p
Ophicl. solo
p
unis
divis.

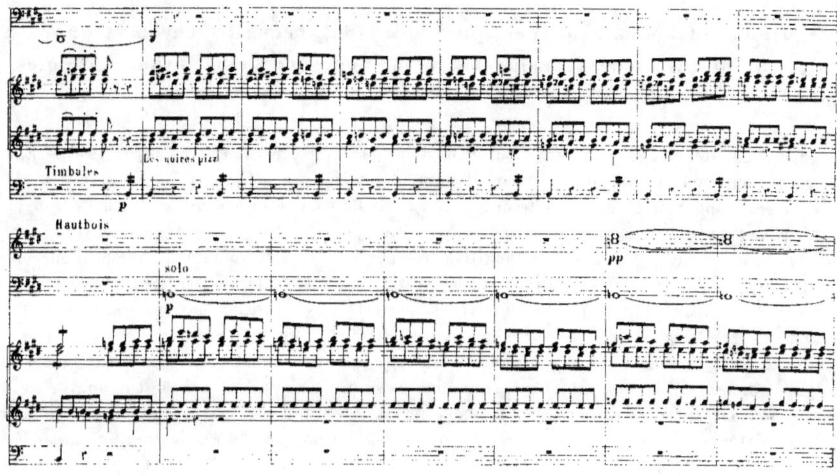

Ophicléide-alto

§193. — Il s'employait surtout dans la fanfare, rarement dans les bandes d'harmonie. Son diapason usuel était *mi* ♭, tierce mineure au-dessus de l'ophicléide en *ut* (1). D'après le système de notation adopté pour les instruments dérivés. l'ophicléide-alto aurait dû s'écrire, ainsi que les autres ophicléides, en clef de *fa*.

Mais comme il était principalement destiné à jouer des parties intermédiaires, on prit l'habitude de le noter à la façon des bugles, c'est-à-dire à la clef de sol, en sorte que les intonations réelles se faisaient entendre une sixte majeure au-dessous des sons écrits (de même que sur le *cor en mi* ♭).

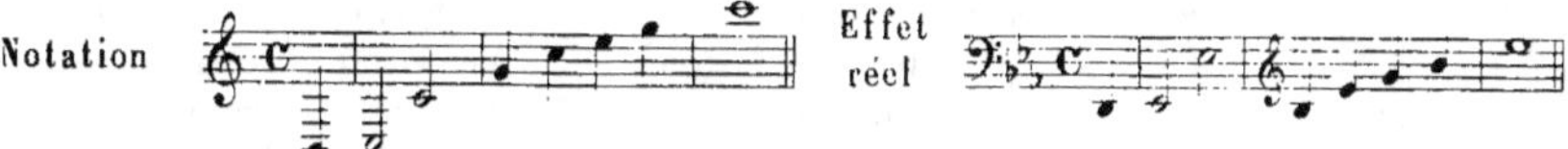

Les sons contenus dans la dernière quinte au bas de l'échelle étaient fort peu utilisés, à cause de leur mauvaise sonorité.

---

(1) La fondamentale est à l'unisson de celles de la *trompette en mi* ♭ (p. 221) et du *trombone-alto* (p. 241) une octave plus bas que la fondamentale du *petit bugle en mi* ♭ (p. 262).

CHAPITRE X

Instruments à embouchure qui produisent l'échelle chromatique à l'aide de pistons: cors, trompettes, trombones, cornets, saxhorns (bugles, tubas, bombardons) etc.

§194. — Cette catégorie d'agents sonores, si largement représentée dans l'orchestre de nos jours, ne renferme aucun timbre qui n'ait déjà été décrit au cours des pages précédentes. Nous voyons apparaître ici de nouveau les vieux instruments de guerre et de chasse, mais transformés en vue d'un art prodigieusement développé. Au lieu d'être enserrés dans un cercle étroit d'intonations et de tonalités, ils deviennent à la volonté du compositeur les interprètes de la mélodie monodique, au même titre que les autres instruments à vent.

Dans les premiers temps qui ont suivi la découverte des nouveaux mécanismes, leur application a varié fréquemment, en sorte que les conditions d'emploi des cuivres chromatiques sont assez mal connues. Jusqu'à ce jour beaucoup de maîtres n'ont eu à cet égard que des notions vagues, et ont été parfois amenés ainsi à écrire des parties d'orchestre dont l'exécution sur les instruments indiqués est ou impossible ou de mauvais effet. En pareil cas le compositeur est contraint de s'en remettre aveuglément, pour la réalisation de son idée, aux lumières d'un musicien d'orchestre dont toutes les connaissances se bornent souvent à la pratique routinière de son instrument. Recevoir des leçons de celui que l'on a mission d'instruire est, à coup sûr, une situation anormale et peu faite pour rehausser le prestige du maître. Nous croyons donc répondre à une des exigences les plus impérieuses de la technique actuelle en donnant tous les renseignements nécessaires pour utiliser, en parfaite connaissance de cause, ces récentes acquisitions de l'orchestre.

Et d'abord nous devons au lecteur une explication succincte des deux systèmes d'instruments à pistons aujourd'hui en vigueur: 1° le système ordinaire, dit *à pistons additionnés*, le seul dont l'usage se soit répandu partout; 2° le système à *pistons indépendants*, créé par Adolphe Sax: des artistes français et belges ont commencé à s'en servir il y a une quinzaine d'années. Celui-ci constitue un progrès évident sur le premier, par rapport à la justesse des intervalles et aux ressources d'exécution. Quant à l'étendue des instruments, elle est la même dans les deux systèmes.

Comme chacun des systèmes s'applique d'une manière uniforme aux différents instruments à embouchure, la formation de l'échelle chromatique, partant le mécanisme du doigté, se laisse réduire à une théorie générale, simple et facile à retenir.

§195. — Ainsi qu'on a pu le voir dans les deux chapitres précédents, l'étendue de tous les cuivres réunis embrasse les seize premiers sons de l'échelle des harmoniques: quatre octaves. La fondamentale, qui occupe à elle seule toute l'octave inférieure, n'est émise que par les tuyaux d'un grand diamètre (tubas, bombardons); les deux octaves intermédiaires (sons 2 à 4, sons 4 à 8) existent sur tous les instruments à embouchure; l'octave supérieure (sons 8 à 16) n'est accessible qu'aux cors et aux trompettes. Au point de vue de l'espace qu'ils parcourent sur l'échelle des harmoniques, les instruments à embouchure se divisent donc en trois groupes, dont le tableau suivant démontre l'étendue comparée dans la transcription adoptée pour chacun d'eux. (1)

---

(1) Nous ne pourrions faire entrer sans confusion les trombones dans ce tableau, leur échelle harmonique principale ne s'écrivant pas habituellement au diapason d'*ut*. Leur parcours ordinaire coïncide avec celui des cornets et des bugles.

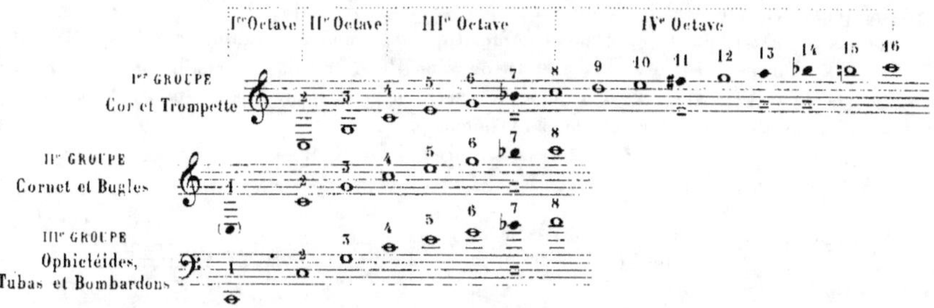

Si l'on élimine d'une part la fondamentale, peu usitée. d'autre part les quatre sons discordants (7, 11, 13, 14), dont l'emploi est également borné à quelques cas particuliers (1), les degrés de l'échelle harmonique utilisés par les instruments à pistons sont au nombre de onze (2, 3, 4, 5, 6, 8, 9, 10, 12, 15 et 16). Pour convertir cette série de sons en une gamme chromatique continue, on la transpose à *sept* hauteurs distantes l'une de l'autre d'un demi-ton, en donnant au tube *sept* longueurs graduées, comme nous l'ont appris le trombone à coulisse et le bugle à clefs. La première longueur, *la plus petite*, correspond à l'échelle harmonique principale, qui sert à désigner le diapason de l'instrument, quel que soit le système de pistons employé.

§196. — Le *système ordinaire* a pour point de départ cette plus petite longueur. Elle se produit quand tous les pistons sont au repos. En conséquence leur mise en œuvre a pour effet d'augmenter graduellement le parcours de la colonne d'air, en ajoutant au tube principal un ou plusieurs tubes supplémentaires. Pour obtenir les sept longueurs voulues, le système ordinaire se contente généralement de *trois* pistons. La longueur initiale est fournie par la seule résonnance du tube principal. Les sons qui en proviennent sont indiqués, lorsqu'il y a lieu, par un zéro. Sur une trompette accordée au diapason d'*ut* ce sont les suivants (ceux que nous écrivons en noires ne sont pas susceptibles d'un usage pratique sur cet instrument):

La IIe longueur se produit par un piston que les instrumentistes désignent comme 2^r, et dont l'action a pour effet de faire baisser la susdite échelle d'*un demi-ton* :

La IIIe longueur s'obtient par le piston désigné comme 1er, il abaisse l'échelle principale d'*un ton* :

La IVe longueur est produite par le 3e piston qui abaisse l'échelle d'*un ton et demi* :

____
(1) Voir ci-après, p. 277, note 1.

Si l'on réunit en une échelle unique tous les sons appartenant aux quatre séries précédentes, on s'apercevra que la succession chromatique est complète seulement dans l'octave supérieure, comprise entre les sous 8 et 16 de l'échelle harmonique principale. L'octave 4-8 n'a pas de *sol♯*; l'octave 2-4 manque de quatre échelons sur douze: *sol♯, mi♭, ré, ré♭*. On descend dans l'octave inférieure (1-2) jusqu'au *la*.

Pour remplir les vides des deux octaves intermédiaires il faut recourir aux longueurs V. VI et VII qui s'obtiennent par les combinaisons des trois tubes additionnels.

La Ve longueur. répondant à un abaissement de *deux tons*, résulte de l'adjonction du 3e au 2e piston (1 ½ ton + ½ ton):

La VIe longueur, abaissement de *deux tons et demi*, est engendrée par la réunion du 3e et du 1er piston (1 ½ ton + 1 ton):

Enfin la VIIe longueur. abaissement de *trois tons*, se forme par l'association des trois pistons (1 ½ ton + 1 ton + ½ ton):

Cette addition de pistons paraît au premier abord aussi judicieuse qu'elle est simple. Malheureusement elle ne procure pas des intonations d'une justesse satisfaisante, et un moment de réflexion suffit pour en découvrir la cause. À mesure que la longueur du tube s'accroît, les allongements nécessaires à l'abaissement d'une intonation donnée grandissent aussi: sur les instruments à archet l'écartement des doigts augmente dans la même proportion. Un tube additionnel construit de manière à former le demi-ton d'*ut* à *si* (2e piston) est trop court pour produire le demi-ton de *la* à *sol♯*, une tierce au-dessous; à plus forte raison pour faire celui de *sol♯* à *fa♯*. De même le tube du 1er piston a la longueur voulue pour donner l'intervalle de ton compris entre *ut* et *si♭*, mais non pour faire entendre le ton de *la* à *sol*. Il résulte de là que toutes les intonations provenant de l'emploi simultané des pistons sont trop hautes. Aussi, sauf de rares exceptions, n'emploie-t-on parmi les sons issus des longueurs V, VI et VII que ceux dont on ne peut se passer pour compléter l'échelle chromatique (1). Ces notes défectueuses sont marquées d'un astérisque dans le tableau suivant, lequel embrasse l'étendue complète de tous les instruments à pistons qui ne descendent pas en pratique jusqu'à la fondamentale. Afin de multiplier les points de repère, nous écrivons en rondes les degrés de l'échelle fournis par la longueur principale.

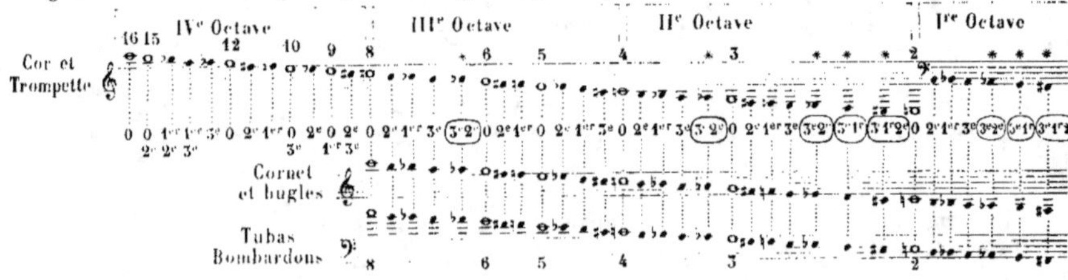

----

(1) Pour éviter la réunion des trois pistons et obtenir ainsi des intervalles moins faux. on donne parfois au 3e piston un tube additionnel correspondant à la Ve longueur (deux tons. une *tierce majeure*, au-dessous du diapason principal). Dans ce cas on obtient la IVe longueur en accouplant le 1er et le 2e piston (1 ton + ½ ton); la VIe longueur se produit par le 3e piston et le 2e (2 tons + ½ ton), la VIIe par le 3e et le 1er (2 tons + 1 ton)

On atteint encore un meilleur résultat. quant à la justesse. en ajoutant aux trois pistons. accordés à la manière ordinaire. un *quatrième piston* qui abaisse le diapason principal d'une *quarte* Cette combinaison fournit quelques bonnes notes de plus au grave (voir la note suivante).

Ces derniers instruments parviennent à compléter, tant bien que mal, l'échelle chromatique de l'octave inférieure à l'aide d'un 4ᵉ piston qui abaisse le diapason initial, soit d'une quarte juste, soit d'un triton. Ce 4ᵉ piston, en se combinant avec les trois premiers, fournit les *cinq* longueurs qui manquent aux instruments à 3 pistons pour atteindre la fondamentale du tube principal (1). Il est presque superflu de dire que toutes les notes ainsi obtenues manquent de justesse et qu'elles deviennent plus fausses à mesure qu'elles descendent.

La série chromatique des fondamentales (sons 1) existe virtuellement sur les saxhorns-basse et contrebasse (tubas et bombardons); mais en réalité toutes ces notes sont vacillantes: elles n'ont pas assez de fixité pour servir de fondement à une harmonie quelconque. Il en est même ainsi pour les plus aiguës d'entre elles, produites par un piston unique:

Le compositeur fera donc bien de ne pas écrire des notes situées au-dessous de sol_1, à moins que la partie ne soit destinée à se transposer sur un instrument à diapason plus grave.

§197. — C'est en vue d'obtenir des sons d'une égale justesse sur tous les degrés de l'échelle chromatique que M. Adolphe Sax a imaginé le *système des pistons indépendants*. Ainsi que son nom l'indique, celui-ci n'admet pas l'action simultanée de plusieurs pistons (2); il lui en faut conséquemment *six* pour produire sept longueurs. (Le nouveau système n'a pas été mis en œuvre jusqu'à présent pour les instruments dont l'étendue pratique comprend la fondamentale, et auxquels douze longueurs sont nécessaires.) Il procède à l'inverse du système ordinaire. Au lieu d'allonger la colonne d'air, le jeu du piston en retranche une portion déterminée et hausse par là le diapason de l'instrument, tout comme l'ouverture des trous sur l'ophicléide (3).

-----

(1) En France le 4ᵉ piston de ce genre d'instruments s'accorde généralement *une quarte juste* (2 tons et demi) *au-dessous du diapason principal*; il sert par conséquent à donner le sol_1(écrit). Les notes plus graves se produisent ainsi:

$fa\sharp_1$,   4ᵉ et 2ᵉ   pistons (2 ½ tons + ½ ton);
$fa\natural_1$,   4ᵉ et 1ᵉʳ   pistons (2 ½ tons + 1 ton);
mi_1 ,   4ᵉ et 3ᵉ   pistons (2 ½ tons + 1 ½ ton);
mib_1, 4ᵉ, 3ᵉ et 2ᵉ pistons (2 ½ tons + 1 ½ ton + ½ ton);
$ré_1$, 4ᵉ, 3ᵉ et 1ᵉʳ pistons (2 ½ tons + 1 ½ ton + 1 ton);
$réb_1$, 4ᵉ, 3ᵉ, 1ᵉʳ et 2ᵉ pistons (2 ½ tons, + 1 ½ tons + 1 ton. + ½ ton).

En Belgique les facteurs ont l'habitude d'accorder le 4ᵉ piston un demi-ton plus bas, donc au $fa\sharp$ (c'est à dire *trois tons au-dessous du diapason principal*). Cette combinaison est meilleure en ce qu'elle supprime l'emploi simultané de 4 pistons pour la note $réb_1$. Le doigté des notes au grave de $fa\sharp_1$ est conséquemment celui-ci:

$fa\natural_1$,   4ᵉ et 2ᵉ   pistons (3 tons + ½ ton);
mi_1 ,   4ᵉ et 1ᵉʳ   pistons (3 tons + 1 ton);
mib_1,   4ᵉ et 3ᵉ   pistons (3 tons + 1 ½ ton);
$ré_1$. 4ᵉ, 3ᵉ et 2ᵉ pistons (3 tons + 1 ½ ton + ½ ton);
$réb_1$, 4ᵉ, 3ᵉ et 1ᵉʳ pistons (3 tons + 1 ½ ton + 1 ton).

(2) Quand deux pistons sont abaissés, celui qui donne le tube le plus court agit seul.

(3) Le point de départ étant le tuyau à sa plus grande extension, nous devrions, en logique rigoureuse, compter les longueurs dans l'ordre décroissant (ascendant), comme sur les instruments à clefs (voir ci-dessus p.260). Mais pour rendre la comparaison des deux systèmes plus aisée, nous considérons ici également la plus petite longueur (correspondant au diapason de l'instrument simple) comme 1ʳᵉ, la plus grande comme VIIᵉ. Au reste les numéros d'ordre par lesquels on désigne les pistons indépendants procèdent dans ce sens.

La VIIᵉ longueur, produisant le triton au grave du diapason principal, correspond au maximum d'extension du tube et se produit en conséquence lorsqu'aucun piston n'est mis en mouvement. En marquant le doigté, on désigne par 0 les sons formés au moyen de cette longueur :

La VIᵉ longueur (quarte juste au-dessous du diapason principal) se produit par le *6ᵉ piston* :

La Vᵉ longueur (tierce majeure au-dessous du diapason principal) est donnée par le *5ᵉ piston* :

La IVᵉ longueur (tierce mineure au-dessous du diapason principal) est produite par le *4ᵉ piston* :

La IIIᵉ longueur (un ton au-dessous du diapason principal) correspond au *3ᵉ piston* :

La IIᵉ longueur (un demi-ton au-dessous du diapason principal) résulte de l'emploi du *2ᵉ piston* :

Enfin la Iʳᵉ longueur, correspondant au diapason de l'instrument simple, se produit par le *1ᵉʳ piston* :

Toutes ces intonations ayant la justesse requise par l'oreille sont propres à l'usage pratique. Un cor à pistons indépendants peut être assimilé à un cor naturel pourvu de sept tons de rechange qui se mettent en action par un simple appui du doigt. De là dans les octaves supérieures une grande multiplicité de doigtés pour un seul et même son, ainsi que le démontre ce tableau, renfermant l'échelle générale des instruments transpositeurs à 6 pistons indépendants.

On conçoit les avantages techniques que de pareils instruments procurent à l'exécutant et au compositeur. Les pistons se maniant à la façon d'un clavier, toutes les gammes diatoniques et chromatiques sont également abordables; les traits rapides se jouent avec autant de facilité que sur la plupart des instruments à anche. Le trille, à part la raideur inhérente au mécanisme du piston, est matériellement praticable dans le parcours entier des deux octaves intermédiaires, *pourvu que ses deux sons puissent se produire sur le même degré de l'échelle des harmoniques*. Cette condition est réalisable pour tous les battements de seconde majeure ou mineure, sauf les trois suivants (vérifier sur le tableau qui précède):

§ 198. — Les instruments à pistons additionnés ne participent à ces ressources d'exécution que dans une certaine mesure. En raison des intonations douteuses que renferment les 3 octaves inférieures, le compositeur est tenu d'éviter les échelles, les traits et les tenues où ces notes sont mises trop en évidence. Quant aux trilles, leur possibilité est subordonnée à une condition s'ajoutant à celle que nous avons énoncée plus haut: *il faut qu'un seul piston ait à se mouvoir dans le passage d'un son à l'autre*. Cette nouvelle restriction grossit de beaucoup la liste des trilles impraticables, ou du moins très difficiles. Voici les battements de seconde majeure ou mineure dont il n'y a nul inconvénient à se servir sur les instruments du système ordinaire.

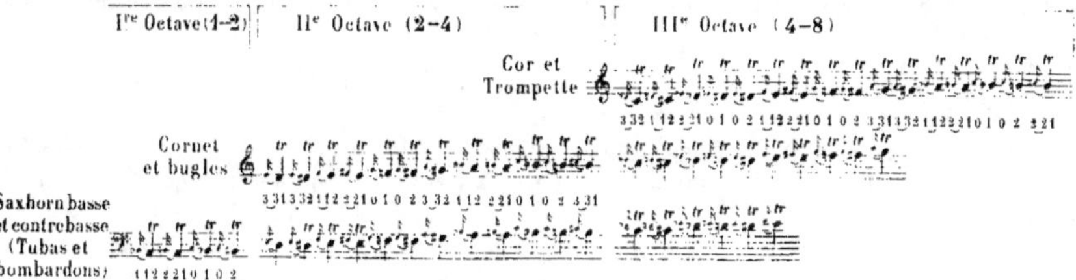

Les trilles de la IVe octave (8-16) ne s'écrivent que pour le cor; ils ne sont pas praticables au-delà de *fa* ♯ (écrit). L'instrumentiste peut les exécuter, soit au moyen des pistons, soit en faisant alterner, par un mouvement très rapide des lèvres, deux harmoniques conjoints issus d'une même fondamentale; lorsque les intonations doivent être baissées, il s'aide de la main dans le pavillon. Cette manière produisant un trille plus léger, est préférée des virtuoses. Elle enrichit l'instrument des trilles suivants, à joindre à ceux du cor simple (p. 210).

§ 199. — Bien que le mécanisme des pistons agisse à la façon des corps de rechange, et les remplace pour ainsi dire, néanmoins les facteurs, en rendant chromatiques les cors et les trompettes, ont continué à les munir de tous les tons que ces instruments possédaient auparavant. Cela s'est fait surtout afin que les musiciens d'orchestre puissent jouer sur les nouveaux

____

(1) Il n'y a nul inconvénient à employer les sons 14 et 15 ouverts, quand l'un ou l'autre fonctionne comme degré supérieur d'un trille. Au contraire cette note trop basse est de meilleur effet, en pareil cas, que l'intervalle de ton mathématiquement juste.

instruments, en s'abstenant de toucher aux pistons, les parties de cor ou de trompette simples.
Beaucoup de compositeurs, s'autorisant de cette circonstance, ont pris l'habitude de traiter les
cors et les trompettes chromatiques, en ce qui concerne l'usage des tons de rechange, tout
comme les anciens instruments. Les explications que nous avons données au sujet des pistons additionnés suffisent à montrer combien cette pratique est erronée, et à donner une
idée des résultats désastreux qu'elle entraînerait pour la justesse, si les cornistes s'avi-
saient de suivre en toute occasion les prescriptions du compositeur relativement aux changements de ton. En effet le corps de rechange ne modifie que la longueur du tube principal;
il reste sans effet sur les tubes additionnels, dont la longueur est calculée pour un diapason
déterminé. Dès lors il est évident que l'apposition d'un ton plus aigu ou plus grave bouleverse
tout l'accord. À la vérité chaque tube additionnel est muni d'une petite coulisse qui permet
à l'exécutant d'augmenter dans une certaine proportion le parcours de la colonne d'air; mais
outre que ces modifications sont tout au plus suffisantes pour régler l'accord d'un petit
nombre de tons, elles exigent un soin minutieux que l'on obtient difficilement à l'orchestre(1).

En général les instrumentistes habiles gardent autant que possible le même diapason, et
transposent toutes les parties de cors ou de trompettes chromatiques sur les deux ou trois
meilleurs tons: *fa* et accessoirement *mi* et *mi*b. Les compositeurs feront bien de se conformer
à cet usage. S'ils écrivent pour des instruments à pistons indépendants, ils ne doivent changer de ton en aucun cas.

§200.— Avant de passer en revue les diverses individualités dont se compose cette
catégorie d'agents sonores, nous avons à dire un mot de leur notation.

D'après l'usage ordinaire, auquel nous nous sommes conformé dans les pages précédentes, les
instruments à pistons s'écrivent avec les mêmes clefs et à la même hauteur que les anciens
instruments dont ils proviennent, ce qui donne *trois* transcriptions pour leur échelle commune
(voir p. 270), sans tenir compte des trombones à pistons, notés à la hauteur absolue des sons.
Or, on a vu que dans chacun des deux systèmes de pistons cette échelle est obtenue par un
procédé unique et s'exécute par un doigté unique.

Partant de ce fait, on a adopté dans les musiques militaires françaises, il y a longtemps
déjà, une transcription uniforme pour tous les instruments à pistons, y compris les trombones. Les degrés de l'échelle commune y occupent la même hauteur que dans la notation
des cornets et des bugles, en d'autres termes les quatre octaves comprises entre les sons 1
et 16 de l'échelle harmonique principale se traduisent invariablement par les notes ut_2 à ut_6,
écrites en clef de *sol*.

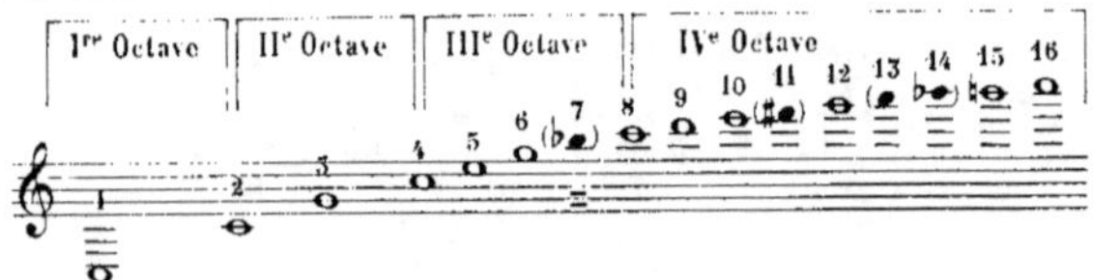

Sauf le fâcheux effet que produit à l'œil l'accumulation des lignes additionnelles dans l'octave supérieure (8-16), cette notation uniforme due à M. Sax, si je ne me trompe, est très commode pour les exécutants. Ils peuvent passer du cornet à la trompette, du tuba au trombone,
sans avoir à changer quoi que ce soit à leurs habitudes de lecture et de doigté.

____

(1) Richard Wagner ne tient pas compte de cette nécessité pratique; à chaque moment il change le ton de ses cors à pistons.

Pour le chef d'orchestre et le lecteur de la partition, au contraire, l'uniformité de la notation rend le déchiffrement plus laborieux, plus incertain, les divers instruments de cuivre ne se distinguant plus entre eux, ni par leur clef, ni par leur armure. Les parties de basse en particulier se retrouvent difficilement.

Il n'y a donc pas lieu, selon nous, de recommander la notation uniforme aux compositeurs symphoniques ou dramatiques, lesquels doivent éviter, aujourd'hui plus que jamais, tout ce qui est de nature à entraver la compréhension de leur œuvre. Mais rien n'empêche de l'employer dans les parties séparées, sauf toutefois dans celles des cors: les cornistes s'habitueront difficilement, je pense, à lire des notes qu'on dirait écrites pour la flûte.

Cor à pistons

(En allemand *Ventilhorn*.)

§ 201. — Ainsi qu'on l'a vu plus haut (pp. 200 et 270), son échelle, longue de trois octaves et demie, est rendue dans la transcription ordinaire, seule usitée, par les notes comprises entre *fa* ♯$_1$ et *ut*$_4$. L'octave inférieure est réservée au cor basse (2° et 4°), la dernière quarte aiguë au cor alto (1ᵉʳ et 3°); le reste de l'étendue est commun aux deux parties.

En ce qui concerne l'usage des *corps de rechange*, voici ce qu'il y a de plus important à savoir. En France et en Belgique les cors à pistons destinés aux musiciens d'orchestre se fabriquent ordinairement au diapason de *si*♭ *aigu*, avec tous les tons de l'instrument simple (voir ci-dessus pp. 198-200). Lorsque les tubes additionnels des pistons sont construits en conformité de ce diapason élevé, ils fournissent des intonations justes dans les tons aigus, jusqu'à celui de *fa* inclusivement, pourvu que l'artiste, en changeant le ton de son instrument, ait le temps de régler la longueur de ces tubes additionnels. Mais dans les tons plus graves tous les degrés de l'échelle produits par les pistons sont beaucoup trop hauts, et déjà même pour le ton de *fa* les coulisses d'accord doivent être tirées jusque près de leur extrémité. En Allemagne on fabrique aujourd'hui l'instrument au diapason de *sol*, ce qui permet d'utiliser sans inconvénient quelques tons au-dessous de *fa*, notamment *mi*♮, *mi*♭ et même *ré*. Quant aux cors à pistons indépendants (M. Sax en a construit en *fa* et en *la*), il n'y a jamais lieu à les changer de ton.

En somme, quelque soit l'orchestre que l'on ait en vue, le plus sûr, à l'heure actuelle, est d'écrire les parties de cors à pistons en *fa*, le ton par excellence de ce noble instrument (p. 198). On ne doit pas redouter les armures chargées d'accidents: il n'est pas plus difficile pour un instrument à pistons de jouer avec cinq dièses à la clef que sans aucun accident. Les deux passages qui suivent sonnent de la même manière et s'exécutent avec une égale aisance.

Ex. 414.

Le compositeur ne doit pas oublier que les pistons du cor en *fa* donnent les échelles inté-
grales du cor simple en *mi* ♮, en *mi* ♭, en *ré*, en *ré* ♭, en *ut* et en *si* ♮ grave (ces trois dernières
à la vérité, avec une justesse insuffisante sur les instruments ordinaires).

§ 202. — Le cor à pistons ne renie pas son origine forestière. Ses appels, ses fanfares brillantes comportent autant de saveur et infiniment plus de variété mélodique que ceux de l'ancienne trompe de chasse.

Ex. 415.

Mais sa grande richesse de timbre et d'expression se révèle surtout dans les cantilènes polyphoniques d'une allure soutenue et pleine de noblesse.

Ex. 416.

§203.— À ses ressources propres le cor à pistons joint celles du cor simple; comme lui il possède la faculté de baisser ses intonations au moyen de l'obturation partielle du pavillon (p.204),opération exécutée par la main droite de l'artiste,tandis que la main gauche met les pistons en mouvement. Pour le cor à pistons additionnés cette faculté est précieuse; elle lui permet de ramener à la justesse les intonations trop hautes provenant de la réunion de plusieurs tubes additionnels

Mais elle a une portée plus étendue. On peut s'en servir *pour baisser d'un demi-ton chacun des sons de l'instrument*, et produire ainsi, à côté de l'échelle chromatique en sons ouverts, une seconde échelle chromatique uniquement composée de sons bouchés. C'est là,on le conçoit,une source féconde d'effets pour le compositeur, lequel ainsi se trouve à même de faire entendre en sons bouchés toute mélodie ou toute succession d'accords. Le procédé d'exécution est purement mécanique: le corniste n'a qu'à disposer son doigté et ses lèvres comme s'il avait à jouer le passage entier un demi-ton plus haut (1).

Jusqu'ici l'opposition des deux timbres n'a guère été utilisée intentionnellement. sinon par les solistes-compositeurs; l'échelle des sons bouchés leur sert à répéter en guise d'écho une cantilène entendue d'abord en sons ouverts.

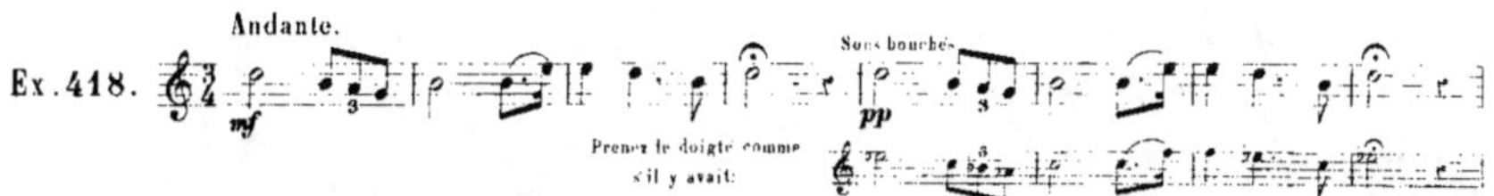

Ex.418.

Toutefois quelques maîtres de notre époque, Wagner particulièrement,ont commencé à tirer parti des notes artificielles du cor chromatique (2),mais seulement pour des accords ou des accents isolés. Lorsqu'il s'agit d'un passage assez étendu,l'auteur des *Nibelungen* prescrit des *sourdines* aux cors, ce qui donne un résultat analogue (voir ci-dessus p.212). Signalons,comme un exemple frappant de ce genre d'effet,les harmonies mystérieuses qui expriment l'enchantement du *Tarnhelm* (casque magique rendant invisible celui qui s'en coiffait).

Ex.419.

____

(1) Les harmoniques discordants du cor à pistons,pas plus que ceux des autres instruments à embouchure. ne concourent à la formation de l'échelle chromatique en sons ordinaires. Mais ils peuvent être utilisés souvent avec avantage pour la production des sons bouchés. En effet,ces intonations étant plus basses, partant plus rapprochées du degré chromatique inférieur que les sons justes désignés par la même note, nécessitent une obturation moindre du pavillon.

(2) On les désigne par le mot *bouché* (all. *gestopft*) ou par une petite croix (+).

Trompettes à pistons

(En allemand *Ventiltrompeten*.)

§204 — L'examen des opéras composés en France de 1835 à 1870 montre que leurs auteurs ont souvent confondu la trompette à pistons avec le cornet à pistons (1), bien que ces instruments diffèrent non-seulement par le caractère, mais aussi par l'étendue. Tous deux, il est vrai, correspondent à la voix de *mezzo-soprano* (§25); mais tandis que les *bonnes notes* du cornet à pistons sont renfermées dans un intervalle de dixième ou de onzième, la trompette chromatique est un instrument d'ample envergure. dont les mélodies se développent librement dans un espace de deux octaves. Les facteurs français la construisent communément en *sol*, diapason le plus élevé de l'ancienne trompette (le ton de *la*♭ était à peu près inusité). En Allemagne et en Belgique on la fabrique de préférence au diapason de *fa*, le ton principal du nouvel instrument. et le seul usité pour les trompettes à pistons indépendants. L'étendue de la trompette en *fa* est bornée à l'aigu par le son 10, au grave par le son 2 (voir p.222); mais on touche rarement les quatre degrés inférieurs (notes $ut_2, ut\sharp_2, ré_2$ et $mi\flat_2$): le premier à cause de sa sonorité défectueuse, les trois suivants pour leur peu de justesse. Traduite en sons réels, l'échelle pratique de la trompette à pistons embrasse en conséquence les deux octaves de la_2 à la_4. La voici dans ses diverses transcriptions et avec l'indication de ses registres (nous omettons les degrés chromatiques du registre moyen):

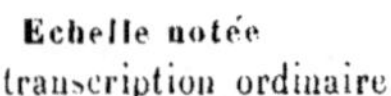

Il est douteux qu'aucun trompettiste de nos jours puisse entonner sûrement sur la trompette proprement dite ce passage qui monte jusqu'au son 12 (ut_5 réel).

Ex.420.

R. Wagner, PARSIFAL. Final du 1er acte
(p. 41 du tiré à part de la gr. partit.).

La trompette à pistons additionnés dispose de deux corps de rechange au-dessous de *fa*, à savoir *mi*♮ et *mi*♭ (effet réel à la tierce majeure et mineure au-dessus des notes indiquées dans la transcription ordinaire). Ces tons sont parfois utiles pour éviter le trop fréquent retour des mauvais degrés au bas de l'échelle. Mais il n'y a pas lieu de se servir des tons plus graves (2).

---

(1) Exemple: *les Huguenots*. bénédiction des poignards (ci-dessus p.265). L'auteur prescrit aux *trompettes à pistons* le ton de *la*♭ (grave) qu'elles n'ont jamais eu. C'est au contraire l'un des tons du cornet.

(2) Les Allemands emploient souvent le ton de *ré*

§ 205. — En devenant chromatique, la trompette, sans perdre ses qualités pittoresques,[1] a vu son rôle musical s'agrandir et se transformer complètement. La trompette simple n'avait en quelque sorte, pour produire ses effets caractéristiques, que son timbre; bornée à un petit nombre de sons disséminés dans l'étendue générale, elle devait se contenter de participer à l'ensemble par des tenues, par des fanfares éternellement les mêmes. L'instrument actuel, lui, dispose d'une échelle assez riche pour traduire en mélodies vibrantes, incisives, tous les caractères et situations dramatiques appartenant à son domaine: le chevalier du Saint Graal accourant du bout de la terre pour défendre l'innocence opprimée, la vierge guerrière Brunehilde apparaissant sur le champ de bataille pour annoncer au héros sa mort prochaine et le conduire au séjour d'Odin, le roi des anciens Germains convoquant ses vassaux pour défendre la frontière menacée par les Huns, le successeur de Saint Pierre absolvant le pécheur ou le vouant aux flammes éternelles.

Ex. 421.

R. Wagner, LOHENGRIN. Acte I, p. 50 de la gr. partit.

(1) Il est incontestable toutefois que la sonorité claire et argentine de l'ancienne trompette s'est tant soit peu assombrie et alourdie sur l'instrument chromatique. Cette altération ne provient pas, comme on se l'imagine communément, du mécanisme des pistons, mais des changements apportés aux proportions du tuyau et de l'embouchure. De même que les trombones, la trompette a été transformée surtout en vue des musiques militaires, où elle est appelée constamment à jouer des solos chantants. C'est pourquoi l'éclat de ses sons a été légèrement tempéré. Pour retrouver le timbre originaire dans toute sa pureté, il suffit aux chefs d'orchestre de faire construire, par un facteur capable, des trompettes à pistons ayant les proportions voulues, et de veiller à ce que les exécutants se servent des embouchures propres à ce genre d'instrument.

Ex. 422.

Ex. 423.

Ex. 424.

§ 206. — Les facteurs autrichiens et allemands se sont mis depuis quelques années à fabriquer pour les musiques militaires, sous le nom de *hohe Trompete* ou *Piccolo* (*trompette haute ou petite trompette*), un instrument à pistons appartenant à la région du soprano aigu, et plus ou moins conforme au type originaire (1).

---

(1) Les instruments de ce genre confectionnés de l'autre côté du Rhin n'ont guère de la trompette que l'apparence extérieure. En ce qui concerne les proportions du tube, lesquelles déterminent en très grande partie et l'étendue et le timbre, ils se distinguent à peine de nos cornets à pistons. Au dernier tableau des *Maîtres chanteurs*, Richard Wagner a tiré un parti très humoristique de la trompette aiguë en si ♭, entonnée avec une sourdine (grande partition p. 460.).

Il se construit au ton de *si♭ aigu* (1), avec un corps de rechange en *la♮ aigu*. L'étendue pratique va du son 2 au son 10 de l'échelle harmonique principale. La musique s'écrit dans la notation du cornet, identique, comme on sait, avec la notation dite *uniforme* (p.274). Voici la série des sons de la petite trompette en *si♭* et en *la*, moins les degrés chromatiques que nous sous-entendons.

Les musiques d'harmonie françaises et belges n'ont pas adopté cet instrument qui ferait double emploi avec les cornets à pistons. Mais nos exécutants s'en servent parfois à l'orchestre, afin d'arriver à rendre certains passages écrits en dehors des conditions de la technique actuelle. Ainsi, par exemple, on a recours à la petite trompette en *si♭* pour faire entendre le motif mystique de *Parsifal* (ex.420); il se note et se joue alors de la manière suivante.

§207. — Chez nous on construit aujourd'hui des trompettes à pistons d'un diapason plus aigu encore: à l'octave au-dessus de la trompette simple en *ré* (p.221). Ces instruments, d'invention récente, ont une utilité spéciale qui les rend dignes d'attention: ils procurent aux exécutants de notre époque le moyen d'aborder les parties de trompette écrites par Haendel et par J.S.Bach. Lorsque le tuyau a les proportions normales, le timbre est aussi bon que celui de la trompette simple *entonnée à l'extrême aigu*. Grâce aux petites trompettes en *ré*, nos virtuoses ont la possibilité de rendre, avec une justesse irréalisable au temps jadis, toutes les intonations et tous les traits de trompette qui se rencontrent dans la musique antérieure à Haydn. Ils montent sans aucune difficulté jusqu'au son 8 du tube principal, ce qui équivaut au son 16 de l'ancien instrument, limite que le grand Bach lui-même franchit rarement; au grave ils peuvent s'étendre jusque vers le milieu de la Iʳᵉ octave (2). Lorsque les sons de la petite trompette s'écrivent dans la notation du cornet (la plus commode), l'effet réel se produit un ton au-dessus du son noté, et l'exécutant n'a qu'à lire les parties de Bach telles quelles. Dans la vraie notation de la trompette il faudrait les transcrire toute une octave plus bas.

---

(1) Fondamentale *Si♭₄*, unisson de celle du cornet et du bugle en *Si♭*, octave aiguë de la fondamentale de la trompette en *Si♭* (grave) du cor en *Si♭ aigu* et du trombone ténor.

(2) Lorsqu'il y a trois parties de trompette, la troisième, toujours écrite dans le grave et le médium de l'instrument, se jouera le plus convenablement sur une grande trompette. C'est ainsi que j'ai fait exécuter encore tout récemment (1ᵉʳ Février 1885) le *Te Deum* de Dettingen, de Haendel, et la *Sinfonia* de la cantate d'église Nᵒ 15, avec orgue obligé, de J.S.Bach, (ci-après, ex.458, p.309).

Il sera intéressant de comparer, par l'analyse d'un court passage de Bach, le procédé d'exécution suivi autrefois avec celui d'à présent.

Ex. 425.

§ 208. — Avant de quitter la trompette chromatique, signalons quelques effets curieux que Wagner a obtenus par l'emploi de la sourdine, combiné avec une émission très intense. Cela produit un timbre mince, strident, qui traduit à merveille certaines situations théâtrales propres à des personnages grotesques et odieux : le nain Mime exultant à l'idée de se défaire traîtreusement du jeune héros (*Siegfried*, gr. partit., p. 134), le cuistre Beckmesser poursuivi par les cris et les huées de la foule (les *Meistersinger*, p. 373).

Trombones à pistons
(En allemand *Ventilposaunen*.)

§ 209. — Pourvu depuis des siècles d'une échelle chromatique non interrompue, le trombone, en substituant les pistons à la coulisse, ne s'est pas modifié sensiblement dans son matériel sonore. Une seule particularité distingue à cet égard le nouvel instrument de l'ancien : les trombones à pistons additionnés gagnent un échelon dans le bas (*mi* b_1 sur le trombone-ténor). En voici la cause. Pour éviter la réunion de trois tubes mobiles et améliorer ainsi la justesse de quelques sons situés dans une région souvent parcourue (*ré* b_2, *ut* $_2$, *si* $\natural_1$ sur le trombone-ténor),

---

(1) Sur la trompette simple ce trille se faisait par une répercussion très rapide des sons 10 et 11; sur la petite trompette il se fait au moyen des pistons 1 et 2. (vérifiez p. 273).

ou accorde le 3ᵉ piston à la tierce *majeure* au-dessous du diapason principal, ce qui donne au tuyau une longueur de plus (1).

Une métamorphose complète, par contre, s'est opérée dans le caractère technique de l'instrument. Par l'adoption des pistons, le trombone a perdu sa raideur et sa gaucherie natives; il a conquis toute la mobilité, toute la rapidité exigible d'un instrument à embouchure. Ressource plus précieuse encore pour le compositeur, il est devenu capable de lier les sons (faculté presque refusée au trombone à coulisse), et, par là, de prêter son imposante voix à des cantilènes monodiques d'une expression sombre et sévère.

Ex. 426.

Ambr. Thomas. HAMLET. 1ᵉʳ acte, introduction à la scène de l'esplanade (p. 128 de la gr. partit.).

§210. — Jusqu'ici les facteurs se sont contentés d'appliquer le mécanisme des pistons au trombone-ténor. Seul parmi eux, je crois, M. Ad. Sax a reproduit, conformément au système des pistons indépendants, toute cette antique famille, y compris le dernier venu, le gigantesque trombone-contrebasse. Le tableau suivant permet d'embrasser d'un coup d'œil l'étendue des quatre individus dans la double transcription en usage pour les nouveaux instruments à embouchure. Nous croyons superflu d'indiquer les degrés chromatiques, ainsi que les pédales, accessibles au trombone à pistons comme à son prédécesseur.

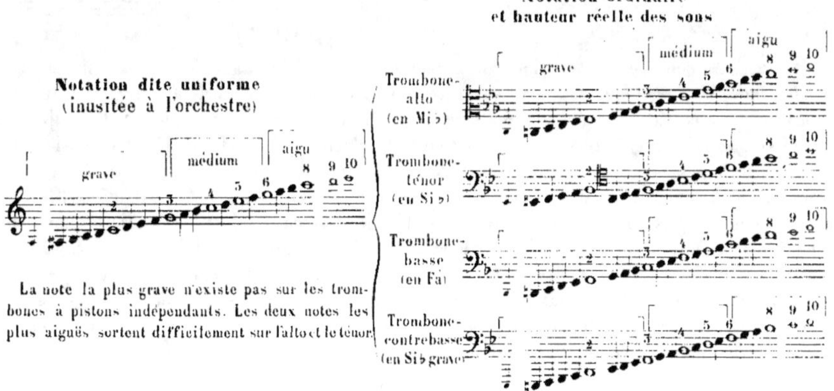

La note la plus grave n'existe pas sur les trombones à pistons indépendants. Les deux notes les plus aiguës sortent difficilement sur l'alto et le ténor.

(1) On commence aujourd'hui (ce qui vaut encore mieux) à donner quatre pistons au trombone. Voir ci-dessus p. 270, note 1.

(2) À l'Opéra ce solo a été exécuté originairement sur un trombone à pistons indépendants.

Cornet à pistons

§ 211. — Perfectionnement du cornet de poste, dont il partage la pétulance et les allures populaires, le cornet à pistons est le premier instrument à embouchure auquel on ait appliqué le mécanisme chromatique adopté depuis pour tous les autres. Il a paru d'abord en France, et jusqu'à ce jour les artistes français ont pour ainsi dire gardé le monopole de la virtuosité sur cet instrument.

Le parcours total du cornet est compris entre les sons 2 et 8 (p.232). Mais l'étendue susceptible d'un emploi constant et efficace est beaucoup moindre. En effet, les degrés les plus aigus ont une sonorité serrée et sortent difficilement; la plupart des notes du registre inférieur manquent de justesse sur les instruments du système ordinaire; celles qui descendent au-dessous d'*ut*₃ pèchent en outre par la qualité du son. Aussi les chants et les traits assignés au cornet à pistons, de même que les sémillantes fanfares du ci-devant cornet de poste, ne s'éloignent-ils pas beaucoup du médium. A part la hauteur absolue des sons, la délimitation des registres du cornet coïncide avec celle que nous avons statué pour les trombones (§172, p.238). Le diapason originaire du cornet et le plus favorable à ce type de sonorité est *ut*, à l'unisson des notes écrites. Mais il est fort peu usité pour l'instrument chromatique. On fabrique habituellement le cornet à pistons au ton de *si* ♭. Les instruments à pistons additionnés ont un corps de rechange en *la*. Quant aux tons plus graves employés autrefois (*la* ♭, *sol*, *fa* et même *mi*, *mi* ♭ et *ré*), ils sont totalement abandonnés, et à juste titre, par les cornettistes actuels. Plus le diapason s'abaisse et plus le timbre devient mou et incolore.

§ 212. — Au point de vue technique, le cornet à pistons se distingue des autres instruments à embouchure de la région aiguë par son extraordinaire facilité à émettre, articuler et lier les sons. Dans l'exécution des gammes diatoniques et chromatiques, des roulades et des trilles, il rivalise presque de légèreté et de prestesse avec la clarinette et la flûte; la répercussion très rapide de la même note au moyen du double ou du triple coup de langue lui est aussi familière qu'à la trompette. Enfin il chante avec une égale aisance la mélodie rythmique et le *cantabile* soutenu. Ces ressources techniques sont principalement mises en lumière dans les genres secondaires de l'art (musique d'harmonie et de fanfare, fantaisies, airs variés, etc.), où le cornet est traité en instrument de virtuose. Néanmoins elles trouvent aussi à se faire valoir jusqu'à un certain point dans l'orchestre de théâtre: les scènes de la vie populaire (fêtes, défilés, cortèges, etc.) fournissent au cornet mainte occasion de se séparer momentanément de l'ensemble pour briller isolément.

Ex. 427.

Ex. 428.

§ 213. — Ce n'est que dans les pays latins que le cornet chromatique a été reçu parmi les instruments de l'orchestre de théâtre et de concert. Il s'y est introduit, lors de la disparition de la trompette simple, sous la dénomination fallacieuse de *trompette à pistons* (1), et y a usurpé la place de l'instrument auquel un tel nom revient légitimement. Cet abus déplorable, maintenu pour la plus grande commodité des exécutants (voir ci-dessus p. 233), grâce à la faiblesse ou à l'inconscience des chefs d'orchestre, a privé l'ensemble instrumental d'un de ses timbres caractéristiques. En effet, le cornet à pistons ne peut remplir le rôle de la trompette, instrument martial : la puissance, l'accent héroïque lui font défaut. Sa voix stridente, mais relâchée (par suite du peu de longueur du tuyau), prend une teinte marquée de vulgarité lorsque, isolée des autres sonorités éclatantes, elle se risque à entonner des fanfares militaires. Tout au plus le cornet est-il apte à paraître sans trop de désavantage à la place de la trompette à pistons, en tant que soprano mélodique des trombones. En s'appuyant sur leurs accords sonores, le timbre du cornet gagne en noblesse et acquiert une expression vraiment dramatique.

Ex. 429.

(1) Voir ci-dessus p. 278.

Ex.430.

Meyerbeer, L'AFRICAINE, IVe acte, Marche
(p. 528 et suiv. de la gr. partit.).

De toute manière il est désirable dans l'intérêt de l'art et des compositeurs que, sans enlever
au cornet à pistons le bénéfice d'une situation acquise, on restitue à l'instrumentation symphonique et dramatique le timbre de la trompette. C'est ce qui se fait déjà aujourd'hui dans les
bons orchestres français et belges; ils sont munis de deux trompettes chromatiques en sus
des cornets. Tout donne lieu d'espérer que dans un prochain avenir cette combinaison deviendra
dra générale, et que chaque instrument se contentera de jouer la musique composée pour lui.
Surtout aucun chef d'orchestre, digne du nom d'artiste, ne doit plus permettre au cornet à pistons de se faire entendre dans une œuvre classique à la place de la trompette.

FAMILLE DES SAXHORNS (BUGLES À PISTONS, TUBAS, BOMBARDONS).

§ 214. — Déjà très nombreuse en réalité, elle le paraît encore davantage à cause de sa
nomenclature embrouillée et encombrée de synonymes. On ferait cesser cette confusion
en généralisant l'usage du mot *Saxhorn*, adopté en France: il a l'avantage d'embrasser tous
les individus dont se compose la nouvelle famille. Celle-ci a succédé comme élément fondamental des bandes de fanfare à la famille des bugles-ophicléides (ci-dessus p. 258 et
suivantes). En échangeant le mécanisme des clefs pour celui des pistons, elle a subi une
transformation dans ses propriétés sonores et techniques. Le timbre, tout en perdant peut-
être quelque chose de son caractère original, a gagné en éclat et en égalité; les intonations
ont acquis plus de justesse, par contre elles se lient moins bien entre elles. D'autre part
l'étendue s'est développée vers le grave, conformément au mode de formation de l'échelle chromatique sur les instruments à pistons; on sait que leur mécanisme fournit une série descendante de demi-tons, à partir du diapason principal (§ 196), tandis que les trous du bugle et
de l'ophicléide donnaient des demi-tons ascendants.

Enfin la famille s'est accrue de plusieurs individus appartenant aux régions inférieures
de l'étendue générale. Actuellement elle comprend *sept* instruments qui s'échelonnent à distance de quarte et de quinte.

I) le *petit saxhorn* (*bugle à pistons*) *sopranino*, une quarte au-dessus du suivant;

II) le *saxhorn* (*bugle à pistons*) *soprano*, (1) l'instrument-type;

III) le *saxhorn* (*bugle à pistons*) *alto*, une quinte au-dessous de II, une octave au-dessous de I;

IV) le *saxhorn* (*bugle à pistons*) *ténor* ou *baryton*, une quarte au-dessous de III, une octave au-dessous de II;

V) le *saxhorn* (*tuba*) *basse*, (2) construit au même diapason que l'instrument précédent, mais avec un tuyau plus large, ce qui lui permet de descendre jusqu'à la fondamentale;

VI) le *saxhorn-basse grave* (dit aussi simplement *bombardon*), une quinte au-dessous des deux instruments précédents, une octave au-dessous de IV.

VII) le *saxhorn* (*tuba*) *contrebasse*, une quarte au-dessous du précédent, une octave au-dessous du tuba basse, deux octaves au-dessous de l'instrument principal.

§ 215. — Les sept individus se partagent en deux groupes qui se différencient par l'étendue, par la division intérieure de l'échelle et par le mode de transcription des sons. Le groupe supérieur, exclusivement propre à la musique militaire, renferme les quatre instruments auxquels s'applique le nom de *bugle* (I, II, III, IV); ils ne prennent que sept longueurs et ne descendent pas en conséquence au-dessous des sons 2. Le groupe inférieur, représenté dans l'orchestre moderne, se compose des trois instruments restants (dits *tubas* et *bombardons*, V, VI, VII) : ceux-ci disposent de douze longueurs, en sorte que les sons 2 se relient sans interruption, mais d'une manière fort imparfaite, aux fondamentales.

§ 216. — Tous les instruments de cette famille ont un tuyau fixe et ignorent l'usage des corps de rechange. Le diapason universellement adopté dans les bandes militaires pour le soprano et la basse (ainsi que pour le baryton et la contrebasse) est *si b*, ce qui donne *mi b* à l'alto, au sopranino et à la basse grave. On construit pour l'orchestre des instruments graves accordés un ton plus haut (basses et contrebasses en *ut*, basse grave en *fa*). Enfin on a fabriqué par exception cette famille instrumentale au demi-ton inférieur du diapason usuel : *la* pour les nᵒˢ II, IV, V et VII, *ré* pour les nᵒˢ I, III et VI (3). Les trois diapasons, on le voit, correspondent à ceux de la clarinette et du cornet à pistons.

Groupe supérieur des saxhorns (bugles).

§ 217. — L'échelle commune aux quatre instruments concorde avec celle du cornet à pistons dans toutes ses particularités: étendue, division des registres, notation, etc. Il suffira de transcrire la hauteur absolue des sons au diapason habituel, *si b* (*mi b*); nous omettons, comme d'habitude, une partie des degrés chromatiques.

---

(1) On l'appelle aussi *contralto*, dénomination inexacte et qui a l'inconvénient en outre de faire double emploi avec celle de l'instrument suivant. En Belgique on l'a nommé stupidement *bugle ténor*. Mahillon, *Éléments d'acoustique musicale*, p. 147.

(2) Il vaudrait mieux l'appeler *baryton* et garder l'épithète de *basse* pour l'instrument VI. On arriverait de la sorte à une nomenclature correcte et symétrique: I) *Sopranino*, II) *Soprano*, III) *Alto*, IV) *Ténor*, V) *Baryton*, VI) *Basse*, VII) *Contrebasse*.

(3) Voir la bande adjointe à l'orchestre dans la Marche au IVᵉ acte de l'*Africaine*, p. 561 de la gr. partit.

§218. — Le *saxhorn* ou *bugle-soprano* en *si*♭ (II), dit en allemand *Flügelhorn in B*, a hérité des
fonctions du bugle à clefs (§182). C'est l'instrument principal des fanfares actuelles; il s'y
emploie en masse. On écrit habituellement une partie de 1ᵉʳˢ saxhorns et une de 2ᵈˢ. Le parcours
mélodique du saxhorn-soprano est de tout point identique avec celui du cornet à pistons
en *si*♭.

Ex. 431.

§219. — Le *petit saxhorn* (ou *petit bugle à pistons*) en *mi*♭ (I) auquel répond en Allemagne
l'instrument appelé *Piccolo in Es*, est le successeur du petit bugle à clefs (§188, p.262).
Il remplit dans la fanfare un rôle analogue à celui de la petite clarinette dans la musique d'harmonie: on lui confie les dessins et les chants trop hauts pour le saxhorn-soprano.
Comme l'émission de ses notes les plus aiguës cause une assez grande fatigue à l'exécutant, le compositeur a soin de lui ménager de fréquents repos.

Ex. 432.

§220. — Le *saxhorn* (ou *bugle*) *alto en mi*♭ (III), l'équivalent de l'*Althorn in Es* des Allemands et le remplaçant du ci-devant ophicléide-alto (§193, p.262), fait l'office d'une voix
intermédiaire dans le chœur des cuivres. Il parcourt la même étendue qu'un trombone-alto
ou une partie de premier cor en *mi*♭.

Ex. 433.

§ 221. — Le *saxhorn-(bugle à pistons) ténor ou baryton en si♭* (IV), connu en Allemagne sous le nom de *Tenorhorn in B*, en Autriche sous celui de *Bass-Flügelhorn*, est chargé dans l'ensemble harmonique des cuivres, tantôt de jouer la plus grave des parties intermédiaires, tantôt de renforcer la partie de basse. On lui confie souvent des solos mélodiques. Son échelle est à l'unisson de celle du trombone-ténor.

Ex. 434.

Groupe inférieur des saxhorns (tubas et bombardons)

§ 222. — Les trois instruments dont il se compose (V, VI, VII) ont au grave une octave entière de plus que les précédents; mais la plus grande parties de ces sons supplémentaires étant assez défectueuse comme qualité et justesse n'a pas beaucoup d'utilité pour la pratique (voir ci-dessus p. 271). Aussi a-t-on pris le parti, afin de ne pas avoir à dépasser la limite inférieure des bonnes notes, d'adjoindre à la basse ordinaire (V) deux instruments d'un diapason plus grave.

La musique destinée aux basses de cuivre s'écrit communément en clef de *fa*; seules les bandes militaires françaises ont l'habitude de se servir de la transcription uniforme, c'est-à-dire de la clef de *sol* (p. 274). En ce cas l'écart entre les notes et les sons réels est augmenté d'une octave.

Échelle notée des trois instruments   **Sons réels**

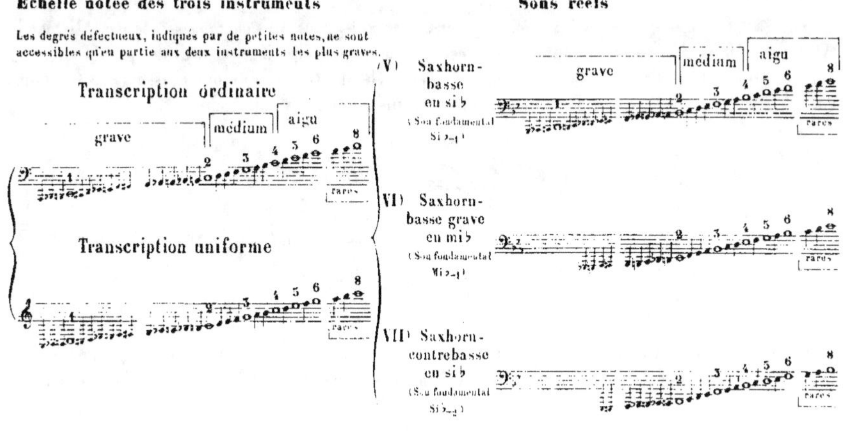

§223. — Le *saxhorn-basse* ou *tuba-basse en si♭* (V), appelé par les Allemands *Bass-Tuba,
Euphonion, Baryton* ou *Tenorbass in B.* tient dans la musique de fanfare et d'harmonie la place
de l'ancien ophicléide. Comme celui-ci il a pour fonction ordinaire de faire la basse du chœur
des cuivres, mais ses notes graves ont moins de consistance. La région sonore qu'il parcourt
est celle du trombone-ténor ou, plus exactement, de la *Tenor-Bassposaune* (voir p.243).

Ex. 435.

§224. — Le *saxhorn-basse grave* ou *bombardon en mi♭* (VI) fut inventé vers 1848 (Meyerbeer,
le Prophète, 1849), afin de renforcer la basse des cuivres, trop faiblement soutenue par les
tubas en si♭. Il parcourt sur l'échelle générale des sons musicaux le même espace que le
trombone-basse en *mi♭* (§ 176, p.245).

Ex. 436.

§225. — Le *saxhorn-contrebasse* ou *bombardon en si♭ grave,* la *Contrabass-Tuba* des Allemands
(VII), fut adjoint aux deux instruments précédents dans les premières années du second empire.
Son échelle est située dans la même région que celle du trombone-contrebasse (p.256) et oc-
cupe en conséquence l'extrême limite grave des instruments à embouchure.

Ex. 437.

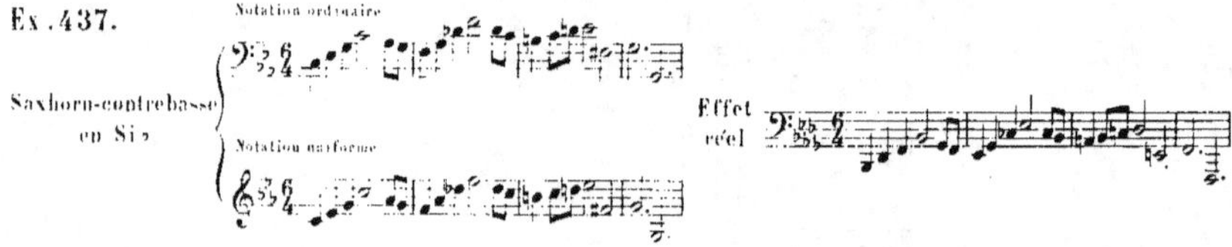

§226. — En dehors de la musique d'harmonie et de fanfare les compositeurs français réunissent parfois tous les instruments de la famille des *saxhorns* dans les bandes militaires
qui se joignent à l'orchestre d'opéra pour augmenter l'éclat des marches, cortèges, etc.

Ex. 438.

Meyerbeer. LE PROPHÈTE. IVe acte marche du Sacre
(gr. partit. p. 556 et suiv.)

§227. — Depuis une vingtaine d'années le saxhorn-basse ou tuba s'est complètement substitué dans la musique d'orchestre à l'ophicléide, aujourd'hui tombé en désuétude (p.263). Les compositeurs ont l'habitude invariable d'écrire les sons à leur hauteur réelle, c'est-à-dire pour un *tuba en ut* (voir ex. 423, 424).

Mais les notes et les traits qu'ils introduisent souvent dans leurs parties de tuba sont trop graves pour sonner convenablement et même pour sortir d'une manière quelconque sur un instrument à tuyau aussi court.

____

(1) J'ai ajouté cet instrument, encore inconnu en 1849, pour montrer la famille entière des saxhorns dans son état actuel.

Ex.439.

Tuba-basse

Ex.440.

Tuba-basse

De tels passages ne peuvent produire un effet satisfaisant qu'étant exécutés par une basse grave. Dès que l'on a besoin de descendre au-dessous de *sol₁*, il est bon de prescrire explicitement l'usage de l'instrument suivant.

§ 228. — Le *bombardon* ou *saxhorn-basse grave en fa* a les dimensions nécessaires pour faire un fondement solide à la massive harmonie des cuivres modernes. C'est là l'instrument qu'il conviendrait d'adopter à l'orchestre en qualité de remplaçant régulier de l'ophicléide, aujourd'hui disparu. Il ne s'écrit pas à la manière des instruments transpositeurs, mais dans la vraie tonalité et à sa vraie hauteur, comme les trombones auxquels il est appelé à s'associer. Voici l'étendue pratique du bombardon en *fa*:

On voit que par la substitution du bombardon en *fa* au tuba-basse en *ut* le compositeur gagne dans la partie inférieure de l'échelle six ou sept notes sonores et justes.

§ 229. — Afin d'étendre le domaine des «cuivres» jusqu'aux profondeurs où atteignent les «cordes» et les «bois», l'orchestre de théâtre s'est annexé récemment le *bombardon en ut grave*, *Contrabass-Tuba* en allemand.[2] Son échelle, que l'on écrit à sa hauteur effective, possède en pratique l'étendue suivante:

Dans sa tétralogie des *Nibelungen* Richard Wagner a confié au *Contrabass-Tuba* non-seulement une partie importante dans l'ensemble instrumental, mais en quelques moments du drame un rôle éminemment caractéristique. Le musicien-poète met en œuvre ces sons formidables, étrangers à l'organe humain, pour traduire en langage musical l'idée d'êtres monstrueux, de hideux reptiles dont   « La croupe se recourbe en replis tortueux: »

---

(1) Cette absence de transposition est cause que l'instrument est souvent appelé, surtout en Belgique, *bombardon en ut*. Voir Mahillon. *Éléments d'acoustique musicale*, p. 151.

(2) On l'appelle *Helicon* lorsqu'il est construit en forme circulaire.

le nain Alberich changé en serpent, le géant Fafner, sous la forme d'un dragon, gardant le tré-
sor dérobé aux filles du Rhin.

Ex.441.

§230. — Nous avons terminé l'analyse des nombreux instruments à pistons que l'on considère
comme les descendants légitimes des quatre types primitifs (§15), et dont l'usage s'est plus ou
moins propagé dans tous les pays du globe ouverts à l'art européen. Il nous reste maintenant
à décrire sommairement les instruments de même espèce qui, tout en n'ayant pas pénétré dans
la pratique générale, sont intéressants à connaître pour le compositeur et le chef d'orchestre.
En général ils appartiennent à des types intermédiaires.

§231. — Les *saxotrombas* forment une famille complète, créée il y a près d'un demi-siècle.
Par les proportions du tube et de l'embouchure, et conséquemment par le caractère du timbre,
ce genre d'instrument tient le milieu entre le cor et le saxhorn. Le son, plus métallique que
celui du cor, a quelque chose de sa rondeur et de sa souplesse: l'attaque est moins explosive,
moins brutale que chez les descendants du vieux bugle. De même que sur le saxhorn et le cornet à pistons, l'échelle est formée des harmoniques inférieurs (sons 2, 3, 4, 5, 6 et à l'occasion 8),
lesquels, au moyen de trois pistons se transposent à sept hauteurs séparées par des intervalles
de demi-ton.

Dans son état d'intégrité primitive, la famille des saxotrombas se compose de sept individus,
construits à un diapason fixe et symétriquement échelonnés à la manière des saxhorns et des saxophones. On ne se sert que de la transcription uniforme. Excepté aux deux extrémités de l'échelle,
nous nous contentons d'indiquer les harmoniques du tube principal.

Il n'existe aucun exemple de l'emploi du saxotromba à l'orchestre. Deux individus apparaissent parfois dans les fanfares françaises: l'alto (IV) et le baryton (V); ils y remplacent avec avantage les cors, dont la sonorité a pour effet d'amortir l'éclat des trompettes et des cornets.

---

§232. — L'orchestre de la Tétralogie wagnérienne renferme cinq instruments à pistons qu'on ne rencontre nulle part ailleurs: une *Bass-Trompete*, deux *Tenor-Tuben*, deux *Bass-Tuben*. Un examen attentif de la partition démontre qu'en imaginant ces nouvelles sonorités, destinées à donner un coloris spécial à l'instrumentation de son œuvre, le maître génial ne s'est pas toujours rendu un compte exact des lois naturelles et des conditions pratiques qui régissent la construction et le jeu des instruments à embouchure. Aussi les facteurs allemands n'ont-ils pu construire les susdits instruments, de manière à les rendre jouables (la trompette-basse surtout), sans s'écarter de la première idée de l'auteur (1).

§233. — La musique écrite pour la *Bass-Trompete* indique un instrument chromatique à trois pistons, possédant trois corps de rechange accordés à l'octave inférieure de la trompette ordinaire en *mi♭*, en *ré* et en *ut* (à l'unisson des trois tons correspondants du cor), et parcourant toute l'étendue comprise entre les sons 3 et 19 (!) de l'échelle harmonique principale (2).

(1) Voir le *Zeitschrift für Instrumentenbau* publié à Leipzig par M. Paul de Wit, n° du 1er Nov. 1884, ainsi que l'*Écho musical* de Bruxelles, n° du 25 Déc. 1884.

(2) Ce 19e degré de l'échelle harmonique, le plus élevé, sans doute, qu'aucun compositeur ait jamais écrit, se trouve à la p. 225 de la partit. du *Rheingold*.

Pour montrer combien il est difficile (pour ne pas dire impossible) d'adapter à la pratique une trompette construite sur de telles données, il suffit de faire remarquer qu'au ton d'*ut* elle aurait la longueur du trombone-contrebasse (p. 256) à ⅑ près; ses harmoniques seraient à l'unisson de ceux du bombardon en *ut grave* (p. 292). Par suite de l'étroitesse du tuyau, relativement à sa grande longueur (1), les sons 3 et 4 manqueraient de force et de plénitude; quant aux sons à l'aigu de 16, ils ne seraient pas plus accessibles à nos joueurs de trompette qu'à nos cornistes.

Il n'est donc pas étonnant qu'après un essai infructueux on se soit décidé à faire exécuter la partie de trompette-basse sur un instrument de dimensions moins colossales. On l'a construit au diapason fixe de la trompette ordinaire en *ut*, tout en donnant au tuyau une largeur suffisante pour obtenir des sons 3 et 2 d'une belle qualité (2). Tous les degrés de l'échelle harmonique se trouvant haussés d'une octave, prennent sur la portée la place qu'ils occupent dans la notation des saxhorns et des cornets (p. 270), et l'exécutant n'a plus à dépasser vers le haut les sons 9 et 10.

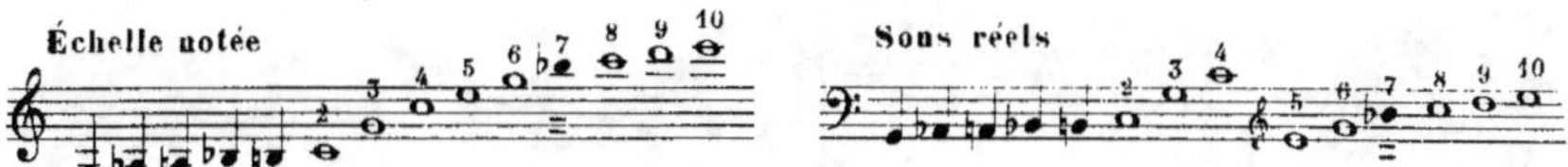

On ne se sert pas de corps de rechange. C'est l'exécutant lui-même qui transpose une seconde majeure ou une tierce mineure plus haut les passages écrits pour les tons de *ré* et de *mi♭*.

Il est évident que, modifié ainsi, l'instrument n'a plus droit au nom de trompette-basse; c'est un véritable trombone (intermédiaire entre l'*alto* et le *ténor*) dont le tuyau est plié en forme de trompette, ce qui n'influe d'aucune façon sur le timbre. Au reste Wagner traite en général sa *Bass-Trompete* à l'instar d'un trombone à pistons obligé, c'est-à-dire en instrument chantant: voix de ténor associée au soprano de la trompette chromatique.

Ex. 445.

(1) 5ᵐ 258 pour le tube principal seulement; plus de *sept* mètres pour tous les tuyaux de l'instrument réunis.

(2) Cela résulte des explications, assez confuses, données par le rédacteur de l'article cité plus haut.

Partout où les trombones à pistons ont été adoptés, la *Bass-Trompete* serait une superfétation. Il n'en est pas de même dans les orchestres allemands, qui ont gardé jusqu'à ce jour le trombone à coulisse, impropre au chant lié.

§234.— En imaginant le quatuor des *Tuben*, Richard Wagner a été guidé par l'idée qui a donné naissance à la famille des saxotrombas: enrichir l'ensemble des cuivres d'un timbre apparenté au cor, mais plus intense et mieux fait pour s'unir au chœur éclatant des trompettes et trombones. Selon les prescriptions expresses du maître, les quatre instruments doivent être joués par des cornistes (1). On les met en vibration au moyen d'une embouchure de cor

Les deux *Tenor-Tuben* se construisent au diapason de *si♭*; pour l'étendue et la notation ils ne diffèrent en rien de cors à pistons *en si♭ aigu*.

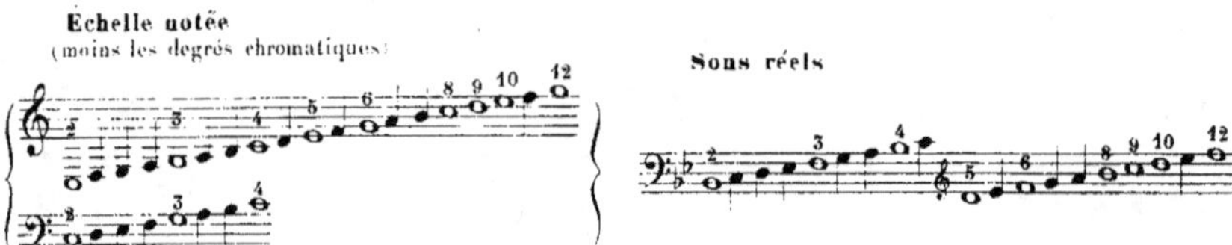

Les deux *Bass-Tuben* ont le diapason de *fa* et s'écrivent comme des cors à pistons en *fa*, sans toutefois s'étendre autant du côté de l'aigu.

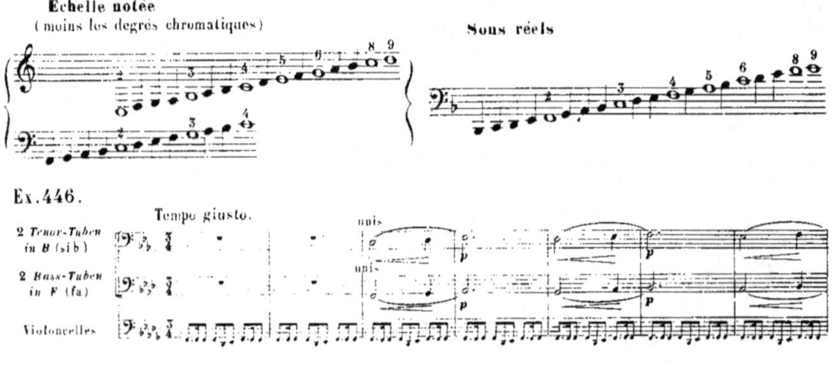

---

(1) L'orchestre des *Nibelungen* exigeant la présence de *huit* cornistes, quatre d'entre eux se détachent quand il le faut: deux premiers (cors-alto) pour jouer la partie des *Tenor-Tuben*, deux seconds (cors-basse) pour faire entendre les *Bass-Tuben* (Voir l'avertissement placé en tête des trois dernières partitions de la tétralogie). Nous ajoutons ici, à propos des instruments dont il s'agit, quelques renseignements extraits de l'article de la *Zeitschrift für Instrumentenbau*, déjà cité: «Les *Tuben* sont destinés à compléter l'étendue des cors au grave, et à «renforcer leur sonorité. La forme des *Tuben* est celle des *Tenorhörner* (*Saxhorns-baryton*), excepté que les cylindres (pistons) sont «maniés par la main gauche et non par la droite, et que le pavillon, au lieu d'avoir la direction verticale, est recourbé vers la droite de «l'exécutant. Les tuyaux sont sensiblement plus larges que ceux du cor; de là une notable augmentation du son. Le timbre ressemble à «celui du *Tenorhorn*, tout en le surpassant par la noblesse et la douceur. Bien que trois pistons suffiraient, à la rigueur, on en emploie «un quatrième, afin d'assurer la justesse des sons graves. Sur les *Tenor-Tuben* l'abaissement produit par le jeu de chacun des quatre «pistons est respectivement d'un demi-ton, un ton, un ton et demi, deux tons; sur les *Bass-Tuben*, il est d'un demi-ton, un ton, deux tons, «deux tons et demi.»

Il est à remarquer que cette manière d'écrire les *Tuben* est suivie seulement dans le premier drame des *Nibelungen* (le *Rheingold*) et à la première scène du dernier. Dans tout le reste de l'œuvre la notation indique des instruments plus bas d'une quinte: *Tenor-Tuben en mi b*, notés

comme des cors à pistons en mi♭ ou des saxhorns-alto (§ 217, 220); *Bass-Tuben en si♭*, écrits
à la façon de cors à pistons en si♭ grave ou de saxhorns-basse (§ 222, 223). On remarquera
aussi que les parties de *Tuben* notés d'après ce second système se meuvent en général dans
une région plus basse: à l'aigu les *Tenor-Tuben* ne dépassent pas *ut*, réel (*la*, écrit). les
Bass-Tuben ne vont pas au-delà de *fa*, réel (*sol*, écrit). Le compositeur emploie tantôt la clef
de sol, tantôt la clef de fa: cette dernière avec la valeur que l'on a coutume de lui attribuer dans
la transcription des cors (§ 81), ce qui fait qu'à chaque changement de clef la notation saute
une octave.

Ex. 449.

Ex. 450.

Une note insérée en tête de la partition d'orchestre de la *Walkyrie* indique le motif qui a déterminé ce changement de transcription. La voici en français: « Dans cette partition, ainsi que dans
» les suivantes, les *Tenor-Tuben* sont écrits en *mi♭*, les *Bass-Tuben* en *si♭*, parce que le compo-
» siteur a jugé une telle manière de noter plus commode, en particulier pour la lecture. Toutefois
» en copiant les parties séparées on devra conserver les tons conformes à la nature de l'instru-
» ment: à savoir *si♭* pour les *Tenor-Tuben*, *fa* pour les *Bass-Tuben*. » Il m'est impossible de com-
prendre. je l'avoue, en quoi l'une de ces transpositions est préférable, pour la facilité, à l'autre;
et je ne puis me défendre de l'idée que les musiciens allemands jouent en réalité les parties
de *Tuben* sur des *Althörner in Es* (p. 288, § 220) et des *Euphonions in B* (p. 290, § 223), autrement dit sur des saxhorns-alto et basse.

CHAPITRE XI

Instruments à vent mus par des soufflets et un clavier: orgue à tuyaux, orgue à anches libres (harmonium).

§235.— L'orgue naquit aux temps du paganisme; l'instrument destiné à devenir, selon la belle expression de Lamennais, «la voix de l'Eglise chrétienne et l'écho du monde invisible, » servit à accompagner les licencieux spectacles de l'Empire romain: Néron, Héliogabale en firent leurs délices (1). L'harmonium, au contraire, est de date très récente. Ce ne fut qu'à la fin du dernier siècle que l'on eut l'idée d'appliquer l'anche libre, depuis longtemps connue des Chinois, à la construction des orgues, et l'innovation ne fut pas appliquée en France avant 1810.(2)

Comme tous les instruments à clavier, les deux espèces d'orgues se suffisent à eux-mêmes et ne s'adjoignent à l'orchestre qu'en des cas assez rares. Si exiguë cependant que soit leur place dans l'instrumentation moderne, nous ne pouvons nous dispenser de donner à leur sujet toutes les notions qui intéressent le compositeur et le chef d'orchestre.

Orgue (à tuyaux)

(En latin *organum*, en italien *organo*, en allemand *Orgel*.)

§236.— Cet appareil sonore, souvent désigné en latin et en français par un nom pluriel (*organa*, des *orgues*), est moins un instrument unique qu'une vaste collection de timbres divers. Chacun de ses *jeux* forme en quelque sorte un instrument distinct, pourvu d'une échelle chromatique complète. Par le mécanisme des *registres* l'organiste commande à toutes ces sonorités; les isole, les réunit et les mélange au gré de sa fantaisie.

Le nombre des jeux est indéterminé et varie selon la destination de l'instrument, selon le local où il est appelé à se produire. Tandis qu'un orgue de chapelle se contentera de quatre ou de cinq registres, tel orgue de cathédrale en aura jusqu'à cent et davantage (3). La composition des jeux ne suit pas non plus de règle fixe. Elle a subi de notables modifications dans le cours des siècles, et de nos jours même elle diffère de pays à pays (4). Mais les timbres essentiels paraissent s'être maintenus sans altération, et se retrouvent sur les orgues de toutes les contrées occidentales.

Les *jeux à bouche* forment l'élément prépondérant de la masse sonore, ce qui a fait donner le nom de *jeux de fond* à la réunion de la plupart d'entre eux. À cette catégorie appartiennent 1° les *flûtes ouvertes* ou *flûtes douces*, le jeu le plus ancien de l'orgue: timbres purs et lumineux; 2° les *flûtes bouchées* ou *bourdons*: sonorités douces et mystérieuses: 3° le *Principal*, jeu pénétrant, intense et suave à la fois. Les *jeux d'anche* apportent dans cet ensemble

---

(1) Voir mon histoire de la musique de l'antiquité, T. II, pp 304, 613, 618. On trouve une description très intéressante de l'orgue antique (l'*hydraulis*) dans la IIIe partie du *Cours d'orgue* de M. Cl. Loret, professeur à l'école de musique religieuse de Paris (fondation de Niedermeyer).

(2) Mahillon, *Catalogue du musée instrumental du Conservatoire royal de Bruxelles*, p.29. (*Annuaire de 1878, p. 109*).

(3) Le grand orgue de Notre-Dame de Paris reconstruit en 1867-1868 par M. Aristide Cavaillé, le premier des facteurs d'orgue de notre époque, a 110 registres. Celui de Saint-Sulpice, réputé le chef-d'œuvre du célèbre organier, n'en a pas moins de 118.

(4) Les orgues de l'Allemagne du Nord possèdent peu de jeux d'anche. Les facteurs de ce pays excellent dans la fabrication des jeux de flûte.

homogène l'éclat et la variété: la *trompette* occupe le premier rang parmi eux. Ce sont là les quatre jeux-types de l'orgue: chacun d'eux comprend une foule de registres, différenciés par le diapason ou par de légères nuances de timbre, et forme ainsi une véritable famille de jeux.

§ 237. — De nos jours l'orgue le plus modeste possède, outre le clavier mis en mouvement par les mains de l'exécutant (lat. *manuale*, all. *Manual*), un clavier de *pédales*. Les instruments plus considérables sont munis de plusieurs claviers à la main dont l'étendue, de quatre octaves et demie, 56 touches [1], se traduit par les notes suivantes.

Le parcours complet du clavier de pédales est de deux octaves et une quarte [2], 30 touches:

Dans les compositions pour orgue seul, où la pédale joue une partie indépendante, souvent remplie de dessins rapides et compliqués [3], on lui réserve une portée spéciale au-dessous de l'accolade renfermant les parties à exécuter sur le clavier *manuel*.

Ex. 451.

(1) C'est l'étendue adoptée par Cavaillé. On monte parfois jusqu'au bout de la 5ᵉ octave.

(2) En Allemagne la pédale avait déjà cette étendue au temps de J. S. Bach, ainsi que le démontre un passage du magnifique *Prélude en fa majeur* (voir la note suivante). En France et en Belgique le pédalier des anciens orgues est à l'état le plus rudimentaire (sur les intruments de petite dimension il manquait tout à fait). En général c'est une simple *tirasse*, mécanisme servant à abaisser les touches inférieures du clavier manuel. Les touches, courtes et étroites à l'excès, ne sont accessibles qu'à l'aide de la pointe du pied. L'étendue n'est que d'une octave. Avant de compléter son échelle, le pédalier de nos orgues à traversé plusieurs phases intermédiaires: il a été porté d'abord à une octave et demie, ensuite à deux octaves, puis à deux octaves et un ton.

(3) Les organistes actuels se servent des deux pieds, à la pointe et au talon.

Ex. 452.

En fait de passages rapides, les plus faciles sont ceux qui procèdent par mouvements disjoints, par sauts, chacun des pieds ayant alternativement à toucher une note.

Ex. 453.

Mais lorsque la partie des pédales se réduit à un simple renforcement des notes principales de la basse du clavier manuel, ou tout au plus à quelques tenues dans l'octave inférieure, on se contente de l'écrire au-dessous de la partie destinée à la main gauche. C'est là le cas ordinaire pour les œuvres où l'orgue se réunit à l'orchestre ou à la voix.(1)

Ex. 454.

Meyerbeer, LE PROPHÈTE, acte IV,
p. 574 de la gr. partit. (2).

§238.— La notation de la musique d'orgue n'exprime qu'une partie de l'étendue réelle de l'instrument, étendue qui atteint les dernières limites du domaine sonore assigné à l'oreille humaine. En effet certains jeux parlent une ou plusieurs octaves au-dessus des sons écrits, d'autres parlent une ou deux octaves au-dessous. On détermine le degré d'acuité d'un jeu en indiquant la longueur théorique de son tuyau le plus grand (3), correspondant à la touche inférieure des deux claviers: Les jeux accordés à l'unisson des notes écrites sont dits *huit-pieds*. Ce sont les plus importants et les plus nombreux; ils représentent la moitié au moins de la quantité totale des registres. Les *quatre-pieds* parlent à l'octave aiguë, les *deux-pieds* à la double octave aiguë des sons notés. D'autre part les *seize-pieds* sonnent une octave plus bas que les huit-pieds. Il existe en outre dans les instruments de très grande dimension un ou deux jeux de *trente-deux* pieds, d'une octave plus bas encore que le seize-pieds, et, à l'extrémité opposée de l'échelle générale, un *piccolo* dont le plus long tuyau ne mesure qu'*un pied* (4), et produit en conséquence la

---

(1) Autrefois la technique des pédales n'existait pas, pour ainsi dire, hors de l'Allemage protestante; toute la musique des organistes catholiques était conçue dans cette manière simple et se jouait sans difficulté sur le clavecin ou le piano. Les choses ont complétement changé d'aspect, en Belgique et en France, depuis que le culte du grand Bach s'y est implanté. Nos jeunes organistes se sont approprié l'habileté des Allemands dans le jeu de la pédale, et n'ont aujourd'hui à cet égard plus rien à apprendre d'eux.

(2) Plus loin (pp. 584-588) Meyerbeer a traité l'orgue *à quatre mains*, ce qui ne se fait jamais à l'église.

(3) La longueur théorique est celle des *tuyaux ouverts*. Voir ci-dessus, p. 14, note 1. Les *tuyaux bouchés* n'ont que la moitié de leur longueur nominale: un bourdon huit-pieds ne mesure en réalité que 4 pieds. Par contre les *jeux harmoniques* ont dans le haut du clavier le double de leur longueur nominale, les tuyaux de cette partie aiguë étant construits de manière à *octavier*, en d'autres termes, à émettre, au lieu de la fondamentale, le son 2.

(4) Son plus petit tuyau n'a que 8 millimètres de hauteur.

triple octave aiguë du huit-pieds. Un orgue possédant toutes ces espèces de jeux atteint l'étendue totale de 9 octaves et demie (1), de ut_{-2} à sol_8, et chacune de ses touches peut faire entendre simultanément six sons placés à distance d'octave l'un de l'autre. On comprend aisément que les degrés extrêmes de cette énorme échelle n'ont pas, étant isolés, d'intonation saisissable; aussi l'utilité des deux jeux exceptionnels consiste-t-elle uniquement à renforcer les qualités sonores des autres: à donner plus de profondeur au grave, un éclat plus lumineux à l'aigu.

On a l'habitude d'indiquer les proportions générales d'un orgue en énonçant le diapason de son jeu le plus grave. Il y a de petits *orgues de huit pieds*, bons pour des chapelles, des *orgues de seize pieds*, grandeur moyenne des instruments d'église et de concert (2), et enfin des *orgues de trente-deux pieds*, dont la sonorité majestueuse se déploie à son aise dans la vaste enceinte de nos cathédrales.

§ 239. — Les jeux-types se construisent en plusieurs dimensions qui coexistent dans le même instrument et sont désignés souvent par des épithètes spéciales. Voici les diapasons en usage pour ces quatre jeux et leurs variétés les plus répandues. (Nous désignons entre parenthèses les registres dont le timbre présente quelque particularité caractéristique.)

I. Flûtes ouvertes de **32** et de **16** pieds, *sous-basses et contre-basses*; de **8** pieds (*flûte harmonique* (3)); de **4** pieds, *flûte douce* (*flûte octaviante*); de **2** pieds, *octavin*; d'un pied, *piccolo* (4).

II. Flûtes bouchées ou bourdons de **32** et de **16** pieds (*quintatons*); de **8** pieds, *flûte major* (*cor de nuit*); de **4** pieds, *flûte minor* (5).

III. Principal de **32** pieds; de **16** pieds, *montre de seize*; de **8** pieds, *montre de huit* (6), *diapason*; de **4** pieds, *prestant*; de **2** pieds, *doublette*.

IV. Trompette de **32** pieds, *contre-bombarde*; de **16** pieds, *bombarde, trombone, tuba magna*; de **8** pieds, *trompette* proprement dite; de **4** pieds, *clairon* (7).

Les jeux qui s'éloignent plus ou moins de ces types traditionnels ne se construisent pas à un aussi grand nombre de dimensions: ce sont pour la plupart des huit-pieds. Nous nous bornons à énumérer ici les plus connus.

---

(1) C'est une onzième de plus que l'étendue générale des sons musicaux admise par la théorie (§ 23).

(2) Un bon orgue de théâtre doit contenir au moins une flûte de 16 pieds (ouverte ou bouchée).

(3) Dans la plupart des orgues français et belges construits récemment, les flûtes de 8 et de 4 pieds sont *harmoniques* à partir du fa_3 (note). Voir la note 3 de la page précédente. M. Cavaillé a imaginé cette nouveauté afin de fortifier la sonorité des octaves aiguës. En effet la *flûte harmonique* et la *flûte octaviante* ont une attaque nette, énergique; leur timbre est d'une limpidité ravissante.

(4) Les orgues allemands ont une grande abondance de jeux de flûte ouverts. En voici quelques-uns: *Dolcan* (*flûte douce*) de 8 et de 4 pieds; *Hohlflöte* (*flûte creuse*) de 16, 8, 4, 2 et 1 pieds; *Querflöte* (*flûte traversière*), généralement de 8 pieds.

(5) Variétés des flûtes bouchées: *flûte de roseau* (*Rohrflöte*), de 16, 8 et 4 pieds; *flûte double* et *portunal* de 8 et de 4 pieds; *flûte anglaise* (aussi nommée *suavis*, en allemand *Lieblichflöte, Lieblichgedackt*), de 8 pieds. Quelques jeux, d'origine allemande pour la plupart, sont intermédiares entre les deux classes de flûtes. Leurs tuyaux vont en se rétrécissant plus ou moins vers le haut, ce qui leur donne une sonorité particulière. Tels sont la *Spitzflöte* (*flûte à fuseau*), le *Gemshorn* (*corne de chamois*) et la *flûte à cheminée*. On construit ces jeux en diverses dimensions.

(6) Le nom de *montre* vient de ce que ces jeux sont communément posés à la façade de l'instrument.

(7) M. Cavaillé construit aussi la trompette et le clairon en jeux harmoniques.

Jeux à bouche. **a)** *Viole de gambe* (dite aussi simplement *gambe*) ou *violoncelle*, de 8 pieds (1), timbre mordant et néanmoins moelleux, dont l'émission, tant soit peu lente et accompagnée d'un très léger sifflement, rappelle l'attaque des instruments à archet. La *gambe* ainsi que le *salicional*, registre de même famille, conviennent à des cantilènes polyphoniques empreintes d'un caractère de mysticité.

b) *Voix céleste* et *unda maris*, de 8 pieds, sonorités ondulantes. Chacune des touches fait parler à la fois deux tuyaux, dont l'un est accordé une fraction minime de ton plus haut que l'autre, ce qui produit des battements d'un effet vague et aérien.

Jeux d'anche. **a)** *Basson-hautbois* de 8 et de 16 pieds.

b) *Cor anglais* (que les Anglais appellent *cor français*) de 8 (parfois de 16) pieds.

c) *Musette* de 8 (et de 16) pieds.

d) *Clarinette* de 8, *euphone* de 16 pieds.

e) *Cromorne*, jeu ancien de 8 pieds, dont le timbre creux rappelle un peu la clarinette-basse.

f) *Voix humaine* de 8 pieds.

La réunion de tous les jeux à bouche, moins la doublette, constitue les *fonds* de l'orgue, la plus imposante masse de timbres homogènes que l'art musical ait à sa disposition. L'adjonction du *tutti* des jeux d'anche à cet ensemble rend la sonorité plus bruyante, sans lui donner tout le mordant désirable. Pour obtenir cette qualité, nécessaire à un instrument dont les sons doivent remplir de vastes espaces, il faut un troisième élément.

§ 240. — Cet élément complémentaire, très surprenant au premier abord, ce sont les *jeux de mutation*, catégorie spéciale des jeux à bouche. Employés principalement dans l'ensemble général, ils ont pour fonction de faire entendre, avec les octaves supérieures et inférieures du son écrit, un ou plusieurs de ses autres harmoniques, notamment le son 3 (quinte de l'octave), le son 5 (tierce de la double octave), ainsi que leurs repliques à l'aigu (2).

Certains jeux de cette espèce n'émettent qu'un son unique à chaque touche et sont pour cette cause dits *simples*. Le *nasard* ou *quinte* produit le son 3 (la douzième) d'un huit-pieds (3), en sorte que les deux registres engendrent par leur réunion une série continue de quintes.

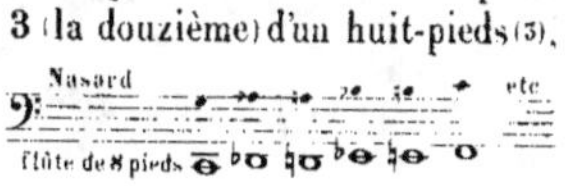

Le registre appelé *tierce* produit le son 5 (la dix-septième majeure) d'un huit-pieds (4).

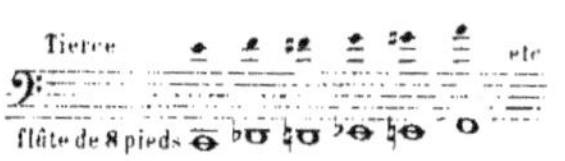

---

(1) La *gambe* se fait aussi à 16, plus rarement à 4 pieds.

(2) M. Cavaillé a utilisé aussi le son 7 dans quelques uns de ses instruments.

(3) Le *gros nasard* sonne l'octave inférieure; c'est le son 3 du seize-pieds. Le *larigot*, au contraire est à l'octave supérieure du nasard; il donne le son 3 du quatre-pieds. C'était autrefois le jeu le plus aigu de l'orgue.

(4) La *grosse tierce* est plus basse d'une octave et produit en conséquence le son 5 du seize-pieds.

D'autres jeux de même genre, dits *composés*, ont pour chacune des touches du clavier plusieurs tuyaux accordés de manière à faire entendre tout un groupe d'harmoniques. Tel est le *cornet*, registre brillant employé même en solo (1). A partir d'*ut*₃ vers l'aigu, il produit sur chaque touche un accord composé des cinq degrés inférieurs de l'échelle des harmoniques (sons 1, 2, 3, 4 et 5):

Un jeu analogue au précédent, le *carillon*, se compose de trois tuyaux (sons 3, 5 et 8) pour chaque touche située à l'aigu de *sol*₂.

Enfin deux jeux, les plus bizarres de tous, la *fourniture* et son sosie, la *cymbale*, font entendre, dans les régions suraiguës, des accords de 3 jusqu'à 7 notes, formés par un échelonnement de quintes et d'octaves. Ces registres, uniquement destinés à se mêler au *tutti* général (de là leur nom de *mixtures* ou *plein-jeu*) ne fournissent pas une progression continue d'un bout à l'autre du clavier; si l'on excepte cinq touches en bas et trois en haut, la même série d'intervalles se reproduit d'octave en octave. Voici la composition habituelle de la *fourniture* ou du *plein-jeu* sur les orgues modernes (2):

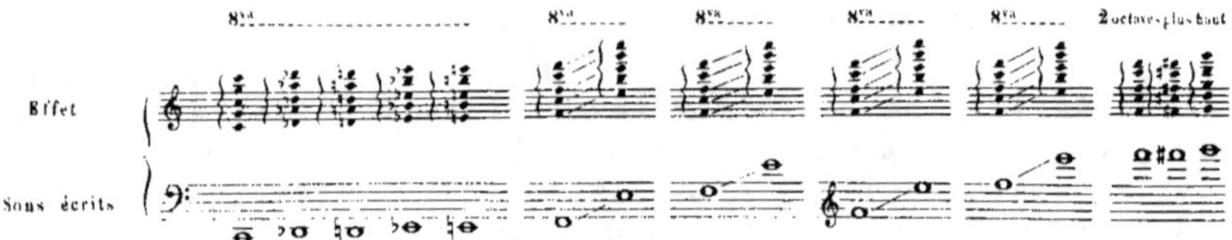

Cette catégorie de registres, qui introduit dans l'accord le plus consonnant d'horribles dissonnances a été un objet de scandale pour les musiciens peu familiarisés avec l'orgue: Berlioz, par exemple. (3) D'autres, tout en acceptant les jeux de mutation, ont voulu y voir une propriété inexplicable de l'orgue, une sorte de mystérieux privilège réservé à l'instrument religieux par excellence (4). Dans le fait il n'y a là rien que de naturel et de logique. La science moderne a prouvé par l'expérimentation que la plupart des corps sonores, cordes, tuyaux et jusqu'au larynx humain, produisent des sons accompagnés d'harmoniques (5). Couverts par le son principal, le seul dont l'art ait à tenir compte, ces sons accessoires ne se perçoivent pas nettement: une oreille attentive et exercée parvient seule à les discerner. Mais ils n'en agissent pas moins sur notre sensation, et ils sont, d'après Helmholtz, un des principaux facteurs du timbre. Or la grande masse des tuyaux d'orgues produisant des harmoniques peu nombreux, les nasards, tierces, fournitures et autres jeux semblables ont pour effet de les

(1) C'était le plus important registre mélodique des anciens orgues. Souvent les instruments de grande dimension avaient un *cornet* sur chacun des claviers manuels. Ce jeu ne parle pas dans le grave.

(2) La *cymbale*, dont les tuyaux sont plus petits, a une composition analogue, sinon identique.

(3) Voir son *Traité d'instrumentation*, p. 168.

(4) J. d'Ortigue, *Dictionnaire de plain-chant et de musique religieuse*, à l'article *Orgue*. Paris, Migne, 1860.

(5) *Théorie physiologique de la musique*, trad. de M. G. Guéroult (Paris, Masson, 1874), chap. IV et V.

remplacer artificiellement (1). Lorsqu'ils sont employés dans une juste proportion (2), la sonorité de l'orgue leur doit cet éclat pénétrant, cette riche harmonie, ce vague indéfinissable qui la caractérisent. Sans mixtures point de vrai plein-jeu. Et c'est ce que les maîtres organiers du moyen-âge ont reconnu par intuition, bien des siècles avant que les physiciens eussent constaté le phénomène des sons concomitants. Comme toujours, l'instinct a su d'un coup deviner le problème que la science n'a pu que déchiffrer péniblement mot par mot, lettre par lettre.

§ 241. — Les trois grandes classes de jeux (fonds, anches, mixtures) se répartissent d'ordinaire entre plusieurs claviers disposés les uns au-dessus des autres. Selon l'importance de l'instrument le nombre des claviers varie de deux à cinq. Un grand orgue d'église ou de concert possède généralement à notre époque trois claviers pour les mains et un clavier de pédales. Certains registres de huit pieds, indispensables aux mélanges usuels (flûte, gambe, trompette) se rencontrent sur chacun des claviers.

Le premier clavier, appelé *grand-orgue* renferme les jeux capables de donner à l'ensemble la force et l'éclat: fonds et jeux d'anche de 16, de 8 et de 4 pieds, doublette et mixtures. Le *positif*, 2ᵉ clavier, employé de préférence pour l'accompagnement du chant, dispose de sonorités moins puissantes: les huit-pieds et particulièrement les jeux doux et flûtés de l'ancien orgue y dominent (3). Le *clavier de récit*, le 3ᵉ, est destiné, ainsi que l'indique son nom, à réciter les phrases mélodiques. Il reçoit les registres de détail: jeux d'anche reproduisant avec plus ou moins de fidélité les timbres de l'orchestre (hautbois, basson, musette, etc.), voix célestes, voix humaines et autres organes poétiques et pittoresques. Quant au clavier de pédales, la base de l'édifice harmonique, il se contente de quelques jeux à diapason grave (4). En outre des huit-pieds que l'organiste doit trouver partout, les flûtes et anches de seize pieds sont ici à leur vraie place. Quand ces contrebasses s'emploient à un clavier de mains, il est bon d'espacer les diverses parties de l'ensemble polyphonique et de ne pas les conduire trop au grave, à moins que l'on n'ait l'intention expresse de produire une harmonie pesante et opaque. Le trente-

---

(1) Lorsque les jeux de mutation sont associés aux sonorités de l'orchestre, ils ne me produisent pas un bon effet. J'ignore si d'autres éprouvent la même impression; je l'attribue à un conflit entre ces harmoniques artificiels et les nombreux harmoniques naturels des violons et des hautbois. Aussi ai-je fini par supprimer tous les jeux de cette sorte dans l'accompagnement des oratorios et cantates de J. S. Bach et de Haendel.

(2) La proportion adoptée aujourd'hui par les facteurs est à peu près de 1 sur 12. Autrefois on prodiguait les jeux de mutation à un degré presque incroyable. L'instrument qui a servi à ma première éducation musicale, un très vieil orgue de village, n'en avait pas moins de *six* sur un nombre total de *treize* registres: un *cornet*, un *nasard*, une *tierce*, un *larigot*, une *fourniture*, une *cymbale*. Tous les fonds étaient représentés par un *bourdon* de 8 pieds, une *flûte* de 4 et un *prestant!!!* Pour compléter ce bel ensemble, une *trompette*, un *clairon*, un *cromorne* et une *doublette*. Je ne compte pas le *rossignol*, registre qui ne fonctionnait plus de temps immémorial, ni l'inévitable *tremblant*. Il est vrai que le sacristain, mon maître, prohibait sévèrement l'emploi de la tierce, du larigot et de la cymbale, excepté cependant un seul jour de l'année. Le samedi-saint, au *Gloria*, alors que les cloches, de retour de Rome, sonnaient à toute volée, *on tirait tout!!!*

(3) Rarement on donne un seize-pieds au positif.

(4) Le pédalier des orgues de 8 pieds n'a pas de tuyaux ni de sommier spéciaux. Il emprunte ses sons au clavier des mains à l'aide d'une *tirasse* (voir plus haut, page 300, note 2).

deux pieds, si l'instrument en possède un, se met aux pédales (1).

Nous n'entreprendrons pas de décrire, même en abrégé, les effets multiples qui naissent du mélange et du dialogue des quatre claviers. C'est là le domaine de l'organiste et non du compositeur. Nous nous bornerons à faire remarquer la possibilité constante qu'il y a de mettre simultanément en jeu trois claviers, chacun avec sa sonorité distincte: procédé efficace pour individualiser les divers éléments de la pensée musicale, ressource précieuse pour la composition polyphonique aussi bien que pour la musique d'un style moins sévère.

Choral, *Ich ruf'zu dir: J.S. Bach Orgelbüchlein* (cahier d'orgue), t.XXV, p.55 des œuvres complètes.

(1) A titre d'exemple nous donnons ici la composition de l'orgue construit par M. Cavaillé en 1880 pour la salle de concert du Conservatoire royal de **Bruxelles**.

Jeux de fond.		Jeux d'anche.		Jeux de mutation.	
		1er Clavier. Grand-orgue (d'ut à sol, 56 touches)			
1	Montre (16 pieds)	9	Bombarde (16 pieds)	12	Quinte ou nasard (2 $\frac{2}{3}$ p.)
2	Bourdon (16 p.)	10	Trompette (8 p.)	13	Cornet (5 rangs)
3	Montre (8 p.)	11	Clairon (4 p.)	14	Plein-jeu ou fourniture (5 rangs)
4	Violoncelle (8 p.)				
5	Flûte harmonique (8 p.)				
6	Bourdon (8 p.)				
7	Prestant (4 p.)				
8	Doublette, 2 p.)				
		2e Clavier. Positif expressif (d'ut à sol, 56 touches)			
15	Quintaton (16 p.)	23	Hautbois-basson (8 p.)	26	Carillon (3 rangs, à partir de sol$_2$).
16	Cor de nuit (8 p.)	24	Trompette (8 p.)		
17	Flûte harmonique (8 p.)	25	Cromorne (8 p.)		
18	Salicional (8 p.)				
19	Unda maris (8 p.)				
20	Principal (4 p.)				
21	Flûte douce (4 p.)				
22	Doublette, 2 p.)				
		3e Clavier, Récit expressif (d'ut à sol. 56 touches)			
27	Bourdon (16 p.)	34	Basson (16 p.)		
28	Flûte harmonique (8 p.)	35	Musette (8 p.)		
29	Viole de gambe (8 p.)	36	Voix humaine (8 p.)		
30	Diapason (8 p.)	37	Trompette (8 p.)		
31	Voix céleste (8 p.)	38	Clairon harmonique (4 p.)		
32	Flûte octaviante (8 p.)				
33	Octavin. 2 p.)				
		Clavier de pédales (d'ut à fa, 30 touches)			
39	Contre-basse (16 p.)	42	Bombarde (16 p.)		
40	Violoncelle (8 p.)	43	Trompette (8 p.)		
41	Flûte (8 p.)	44	Clairon (4 p.)		

§242.— Forts ou faibles, éclatants ou ternes, les sons de l'orgue gardent une intensité immuable, une émission toujours égale et impassible. La force est en raison directe de la quantité des tuyaux mis en vibration. Les oppositions soudaines de *forte* et *piano* s'obtiennent le plus facilement par le passage d'un clavier à un autre.

On imite le *crescendo* et le *diminuendo* de l'orchestre en augmentant ou en réduisant graduellement le nombre des registres ouverts.

Les deux sortes de changements sont facilités de nos jours par les *pédales de combinaison* (1)

---

(1) Voici celles de l'orgue au Conservatoire de Bruxelles:

1	Anches du grand-orgue	5	tirasse du grand-orgue	8	octaves graves du grand-orgue	11	copula du grand-orgue
2	— positif	6	— positif	9	— positif	12	— positif
3	— récit	7	— récit	10	— récit	13	— récit
4	— des pédales					14	— récit au positif

qui peuvent ouvrir et fermer plusieurs jeux à la fois, tout en laissant à l'organiste la libre disposition de ses mains pour l'exécution musicale de l'œuvre.

De plus les facteurs modernes ont réussi, par un moyen mécanique, à graduer la sonorité d'une partie des jeux de l'orgue et à procurer à l'auditeur l'impression de sons enflés et diminués, sans modifier la quantité des registres mis en œuvre. Ce mécanisme ne s'applique en général qu'au clavier de récit[1]. Il consiste à placer tous les jeux du clavier dans un compartiment (dit *boîte d'expression*) muni de parois mobiles, en forme de jalousies, qui, s'ouvrant et se fermant par degrés au moyen d'une pédale, livrent au son des issues plus ou moins larges[2]. Certains timbres de l'orgue, la *voix céleste* et la *voix humaine* par exemple, empruntent la plus grande partie de leur effet à cet ingénieux artifice[3], très utile aussi pour adoucir et nuancer les accompagnements.

Le choix des jeux est le plus souvent laissé à l'arbitraire de l'exécutant. Le compositeur est en droit de supposer chez tout organiste, non-seulement une parfaite entente des ressources de son instrument, mais aussi des connaissances musicales très étendues et un goût irréprochable. Cependant, si l'orgue doit se réunir à d'autres sonorités instrumentales ou vocales, l'auteur ou le chef d'orchestre fera bien, afin de prévenir des méprises possibles, d'indiquer au moins le diapason et le timbre des jeux qu'il a en vue. Voici au reste quelques combinaisons correspondant aux nuances usuelles:

fff   *grand-chœur*, réunion de tous les jeux et de tous les claviers.

ff   tous les jeux du grand orgue et de la pédale.

f   tous les jeux d'un des autres claviers;—fonds et mixtures du grand-orgue, joints aux anches du positif.

mf   tous les jeux de fond de l'instrument;—tous les jeux du positif, ou du récit (boîte ouverte).

p   les jeux doux du grand orgue;—les jeux de fond du positif et de la pédale.

pp   quelques jeux du récit avec la boîte fermée.

§243.—Par son aptitude à prolonger le son sans aucune déperdition de force, l'orgue est de sa nature propre au jeu lié; aussi a-t-il de très bonne heure donné naissance à un style sévère et rigoureusement polyphonique, descendant légitime de l'ancien contrepoint vocal des Flamands du XVe siècle. Grâce à la pédale, qui équivaut, pour ainsi dire, à une troisième main, il a pu déployer dans ce genre de composition une liberté d'allures inconnue au piano comme à son prédécesseur, le clavecin. D'autre part la variété de ses timbres et l'amélioration constante de son mécanisme ont favorisé en même temps la création d'une manière toute différente apparentée à l'art profane des monodistes florentins, et que nous appellerons le style de concert.

On peut suivre le développement parallèle des deux formes de composition depuis le commencement du XVIIe siècle, époque où fleurit le grand Frescobaldi, le véritable père

---

[1] M. Cavaillé a commencé dans ces derniers temps à le mettre également au positif. Il l'a fait notamment au Conservatoire de Bruxelles. Voir ci-dessus p. 306.

[2] De là les indications: *ouvrez*, *fermez la boîte*; *boîte ouverte*, etc.

[3] Ces jeux s'emploient toujours avec le *tremblant* ou *tremolo*, effet qui se produit également à l'aide d'une pédale; il en est de même des *effets d'orage*. Les bons organistes exhibent rarement ces curiosités traditionnelles de l'instrument.

de la musique instrumentale antérieure à Haydn. Le style polyphonique, cultivé par les organistes de l'Allemagne protestante, a trouvé son épanouissement complet dans les prodi-
gieuses toccates et fugues de Jean Sébastien Bach, dans ses préludes et ses chorals figu-
rés; le style de concert a régné sans partage jusqu'à ces derniers temps dans les pays
catholiques, la France, la Belgique, l'Italie, l'Espagne: sa marque technique est l'exclusion de la pédale. Haendel, dont le génie porte une si profonde empreinte italienne, a
suivi cette manière en écrivant ses concertos d'orgue; Bach lui-même l'adopte partout
où il associe l'orgue avec l'orchestre en qualité de partie obligée, et n'a pas craint de
transporter sur l'instrument ecclésiastique un des morceaux les plus vifs de ses sonates de
violon, vrai *moto perpetuo*.

Ex. 458.

Cantate d'église, n° 29 des œuvres compl.
(T. V. 1re partie p. 275).

L'école moderne n'a pas maintenu la séparation des deux styles. Elle s'efforce plutôt de les
fondre dans un riche ensemble, en s'inspirant à la fois des chefs-d'œuvre des maitres, et
des effets sans nombre que lui fournit l'orgue de notre époque. Il est permis de dire, sans
être taxé d'exagération, que le talent des virtuoses et l'art du facteur se sont associés pour

faire de la trouvaille du vieux mécanicien alexandrin (1) le plus étonnant organe qui ait jamais captivé l'oreille des hommes.

§244. — Indépendamment des impressions grandioses que l'orgue procure à l'esprit par la majestueuse plénitude de ses harmonies, il a le don de faire vibrer la corde des sentiments intimes, des pensers graves. Cette action est due en grande partie à la haute signification religieuse dont une tradition dix fois séculaire a revêtu l'instrument liturgique: elle réside surtout dans les jeux de fond. Leurs sons, d'une douceur ineffable et dépouillés de tout accent passionnel, arrachent l'âme aux fiévreuses agitations de la vie; ils produisent une sensation de rafraîchissement, de calme, de paix supra-terrestre. Engendrés par un souffle inanimé, ils évoquent en nous ce qui a disparu à jamais: le passé avec son cortège de souvenirs mélancoliques, de deuils, d'images attendrissantes. L'opéra du XIXe siècle a su en quelques occasions tirer un grand effet de ce pouvoir d'évocation.

Ex. 459.

(1) Il s'appelait Ctésibius et vivait au IIe siècle avant l'ère chrétienne

§ 245. — Excepté dans l'exercice du culte, où son usage est réglé par les prescriptions liturgiques des diverses communions chrétiennes (1), l'orgue est rarement appelé de notre temps à s'unir avec d'autres sonorités, soit vocales, soit instrumentales. Sa grande voix se complaît dans une majestueuse solitude.

À l'époque où aucune composition musicale ne se produisait sans l'accompagnement continu d'un instrument à clavier, depuis Viadana (1600) jusqu'à Haydn (1760), l'orgue assumait à l'église la modeste tâche qui au théâtre et au concert était remplie par le clavecin; il avait à réaliser les accords de la basse chiffrée, formant ainsi le fond harmonique sur lequel se détachaient, au premier plan, les contours de la cantilène, au second plan, les ritournelles et les broderies des violons. Telle est sa part dans les *concerti di chiesa* des Italiens du XVIIᵉ siècle (Carissimi, Alessandro Scarlatti, etc.), plus tard dans les cantates religieuses et les oratorios de Bach, de Haendel, et même dans certaines œuvres de concert écrites sur des sujets profanes (*Sémélé, Hercule, Théodora*, etc.). Rarement l'orgue déserte ses fonctions d'accompagnateur pour briller comme soliste, et en de pareilles circonstances les anciens maîtres ne le montrent presque jamais sous son aspect grandiose; certes, les concertos de Haendel sont des compositions intéressantes, mais il est difficile d'en dire davantage. En revanche rien n'est aussi imposant que la réunion des pleins accords de l'orgue d'église avec les sonorités claires et grêles de l'orchestre d'alors et les timbres vibrants d'un nombreux chœur. C'est là un ensemble dont l'effet n'est pas surpassé par les plus riches combinaisons de l'orchestre de nos jours. Le fait n'est pas douteux pour quiconque a eu la jouissance d'entendre exécuter, avec toutes les ressources voulues, une œuvre du grand répertoire des deux immortels émules.

Ex. 460.

(1) "Jusqu'au XVIᵉ siècle, dit M. F. Danjou, la liturgie catholique avait fixé les règles de l'emploi de l'orgue dans les cérémonies. Le rôle de l'organiste consistait alors à jouer alternativement avec le chœur des morceaux de musique ou de plain-chant; on ne se servait pas de cet instrument pour l'accompagnement, mais le chœur chantait un verset de l'office et l'orgue y répondait, comme cela se fait encore aujourd'hui (1845) dans toutes les églises de France. Ce furent Luther et les autres réformateurs qui introduisirent les premiers dans les temples protestants l'usage d'accompagner le chant des psaumes. Cet usage s'établit principalement dans les contrées où la Réforme compta de plus nombreux partisans: en Allemagne, en Angleterre et dans les Pays-bas. Les catholiques adoptèrent aussi généralement dans les mêmes pays l'usage d'accompagner avec l'orgue le plain-chant et les cantiques en langue vulgaire." *Manuel du facteur d'orgues* dans l'Encyclopédie-Roret, t. I. p. XLVI. — L'Église d'Orient s'abstient complètement de l'orgue et n'admet que le chant nu.

Haendel, *Ode pour la fête de Sainte Cécile*
(nouv. édit. des œuvres compl. t. XXIII, p. 57).

Ex. 461.

J.S. *Bach*, Grande messe en Si mineur
(coll. des œuvres compl. t. VI, p.183).

Lorsque le nouvel orchestre de symphonie, avec ses nombreux instruments à vent et son style coloré, eut été adopté dans la musique religieuse de l'Église catholique, l'accompagnement du *continuo* devint un remplissage insipide. À côté des timbres chauds de la clarinette, du cor, le son inerte des jeux de l'orgue n'eut plus de raison d'être. Isolée, chacune des deux sonorités hétérogènes a ses beautés; réunies, loin de se fondre, elles se contrarient, et l'effet total est déplaisant, sans caractère. Aussi dès ce jour les deux grandes puissances musicales se séparèrent définitivement. Quand désormais l'orchestre eut à prendre la parole dans l'église, l'orgue se tut [1].

S'il en a été ainsi dans le sanctuaire même, où le vieil instrument est chez lui, à plus forte raison au dehors. Les orgues magnifiques que l'on rencontre aujourd'hui dans nos grandes salles de concert [2] s'y élèvent à la gloire de l'Art ancien, et mêlent rarement leurs sons à ceux de l'orchestre moderne. À la vérité l'opéra français s'est servi assez volontiers de l'orgue depuis un demi-siècle (*Zampa* 1831, 3 mai; *Robert le Diable*, 1831, 21 novembre; *la Juive*, 1835; *la Favorite*, 1840; *Faust* 1859), mais uniquement pour des scènes d'église: non pas dans l'orchestre, mais sur le théâtre, et comme un élément de la représentation dramatique. Ainsi motivé, le contraste des deux orchestres rivaux produit un grand effet: effet d'autant plus grand que l'orgue garde mieux son caractère naïf et hiératique.

---

(1) Les partitions des Messes et Motets de Cherubini ne présentent aucune trace d'orgue. Beethoven a écrit une partie pour l'orgue, tout au long, dans sa Grande messe en *ré*, mais manifestement après coup. En général on l'omet sans que l'œuvre y perde quoi que ce soit.

(2) Cet usage a passé d'Angleterre sur le continent, il n'y a guère plus d'un demi-siècle.

Harmonium

§ 246. — Avant que ce nom eût passé dans l'usage général, on disait en France *orgue expressif*, *melodium*, en Allemagne *Physharmonica*. Destiné à des usages fort divers, cet instrument se construit en plusieurs dimensions. Nous prendrons pour base de notre courte description le modèle le plus répandu, celui que l'on peut considérer en quelque sorte comme normal.

§ 247. — L'harmonium est privé d'un clavier de pédales, les pieds de l'exécutant étant employés à mouvoir les soufflets. On ne lui donne qu'un seul clavier manuel, dont les touches répondent à une échelle notée de cinq octaves qui se divise en deux parties à peu près égales : les basses, comprises entre les notes ut_1 et mi_3, les dessus, allant de fa_3 à ut_6. (Dans le tableau suivant nous omettons les touches noires.)

§ 248. — Les jeux de l'harmonium sont ordinairement au nombre de quatre. Le facteur les désigne à l'exécutant par un numéro d'ordre placé sur les boutons des registres, et le compositeur les indique de la même façon. Chacun des jeux s'ouvre et se ferme au moyen de deux registres : l'un, placé à gauche, agit sur la moitié grave du jeu ; l'autre, à droite, sur la moitié aiguë. Pour faire parler un jeu dans toute l'étendue du clavier on doit par conséquent tirer les deux registres qui portent le même n° d'ordre. Tous ces demi-jeux ont reçu un nom d'instrument, à l'instar des registres de l'orgue à tuyaux.

Basses		**Dessus**	
① Cor anglais	—	① Flûte	
② Bourdon	—	② Clarinette	
③ Clairon	—	③ Fifre	
④ Basson	—	④ Hautbois	

L'harmonium n'a ni jeux de mutation ni mixtures. Tous ses registres font entendre soit l'unisson, soit l'octave aiguë ou grave des notes écrites. Le jeu n° 1 (cor anglais-flûte) et le jeu n° 4 (basson-hautbois) appartiennent à la première catégorie : ce sont des *huit-pieds*. Le n° 2 (bourdon-clarinette) est un *seize-pieds*, octave inférieure des sons indiqués par l'écriture. Le n° 3 (clairon-fifre) est un *quatre-pieds*, octave aiguë des sons notés. Les cinq octaves représentées par le clavier et la notation font en réalité pour l'oreille sept octaves (depuis ut_{-1} jusqu'à ut_7.)

---

(1) L'instrument et le nom se sont répandus jusqu'aux bords du Gange. J'ai sous les yeux une méthode d'harmonium imprimée dans la langue du Bengale, et en notation du pays : elle est intitulée *Hārmaniyam-sūtra*. Calcutta, 1874.

(2) Les instruments à trois jeux ne possèdent pas le n° 3. Ceux qui n'ont que deux jeux manquent en outre du n° 4. Quant aux petits orgues d'un seul jeu c'est le n° 1 qu'on leur donne.

Quelques harmoniums ont en sus de leur quatre doubles registres un demi-jeu de huit-pieds à l'aigu : la *musette*. Très peu d'instruments possèdent ce jeu au complet. Sa partie grave s'appelle *Basson II*.

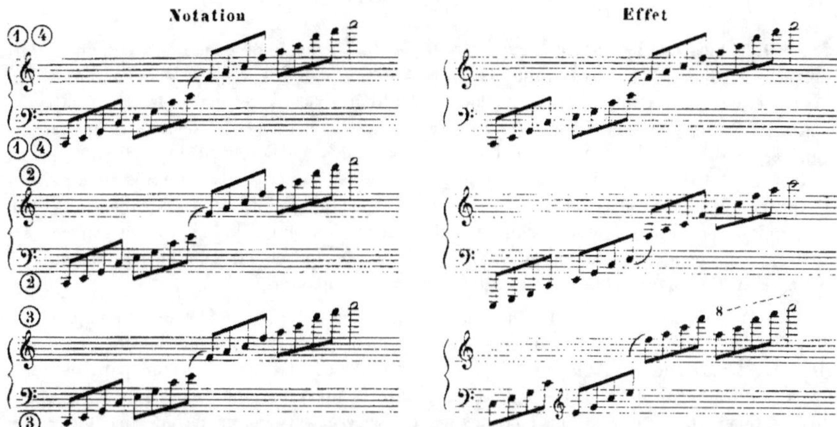

Il est évident que si l'on accouple deux registres, l'un à gauche et l'autre à droite, appartenant à des jeux de hauteur différente, les deux moitiés du clavier ne se raccordent pas : il y a répétition ou lacune d'une ou de deux octaves.

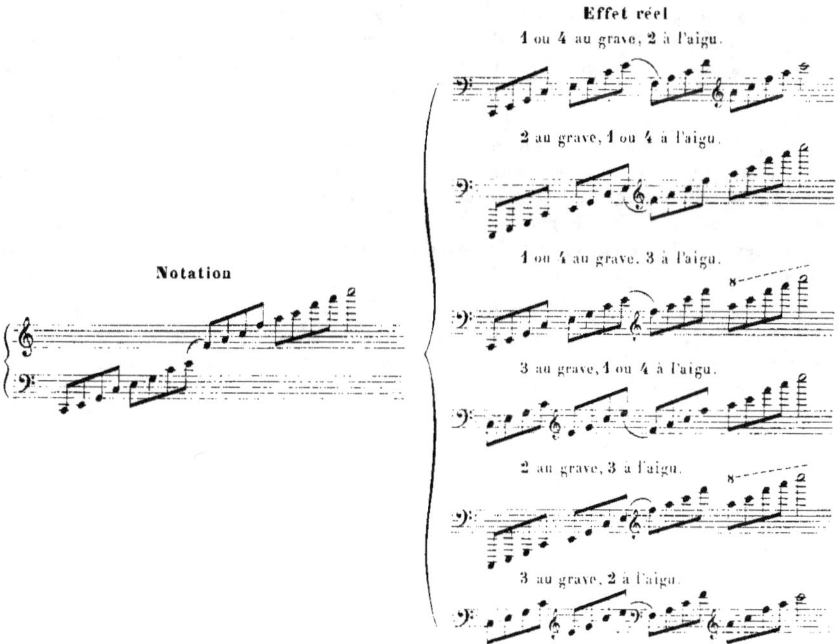

§249.— Bien que la vibration caractéristique de l'anche libre donne un air de famille aux divers timbres de l'harmonium, ils imitent assez bien les registres de l'orgue à tuyaux. Les jeux 3 (clairon-fifre) et 4 (basson-hautbois) sont à cet égard les plus satisfaisants. Dans les jeux 1 et 2 la sonorité de l'anche est habilement dissimulée; leur association reproduit jusqu'à un certain point l'effet des fonds de l'orgue d'église. Quand on emploie cette combinaison il est bon de se mouvoir dans la moitié supérieure du clavier et d'espacer autant que possible les parties de l'harmonie, afin de ne pas exagérer la lourdeur qui se produit par leur redoublement intégral à l'octave inférieure. La même précaution est commandée lorsqu'on ouvre tous les jeux, effet que l'on obtient instantanément en tirant un registre spécial appelé *grand-jeu* et marqué Ⓖ.

§250.— Comme l'émission des sons de l'harmonium est assez lente, on a imaginé, afin de parer à cet inconvénient, de munir les anches du jeu nᵒ 1 d'un mécanisme de *percussion*: en même temps que la lame reçoit le courant d'air, elle est frappée par un petit marteau. Grâce à ce procédé on a donné à l'attaque toute la précision, toute la rapidité désirables. Aussi exécute-t-on souvent sur l'harmonium des morceaux remplis de dessins légèrement rythmés. Néanmoins les qualités réelles de l'instrument se font valoir surtout dans le style posé et lié. Des harmonies religieuses, des cantilènes d'une expression intime lui conviennent mieux que toute autre musique.

§251.— La manière la plus facile de varier l'intensité des sons de l'harmonium consiste, ainsi que nous l'avons vu pour l'orgue d'église, à augmenter ou à réduire le nombre des jeux employés. En outre un double registre marqué Ⓕ, c'est-à-dire *forte*, sert à rendre plus éclatants les jeux 3 et 4.(1) Pareillement un registre de *sourdine* Ⓢ modère le timbre du basson, et le registre appelé *jeu céleste* Ⓒ agit de même sur le hautbois (2).

Mais il existe un procédé plus délicat pour graduer la force de la sonorité sur l'harmonium. L'exécutant produit le *crescendo* et le *diminuendo* en accélérant et en ralentissant le mouvement des soufflets, après avoir tiré préalablement un registre spécial dit *Expression* Ⓔ. La pratique de ce genre d'effet constitue la principale difficulté technique de l'instrument, et a valu à celui-ci le nom d'*orgue expressif*. Il faut un assez long exercice pour s'habituer à régler le mouvement alternatif des deux soufflets de manière à éviter toute secousse, toute interruption du vent.

§252.— Le compositeur désigne les registres à employer dans son œuvre, au moyen des nᵒˢ ou des lettres dont ils sont marqués. Un chiffre ou une initiale traversés par une barre dénote la suppression momentanée du registre dont il s'agit. Pour éviter toute ambiguïté dans cette sorte d'indications, il est nécessaire de se rendre un compte exact de l'emplacement des registres. Le voici tel qu'il se présente sur la plupart des instruments:

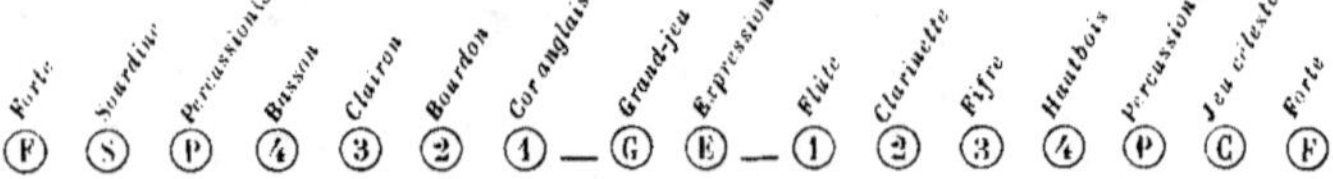

Selon une des deux manières actuellement en vigueur, on réunit toutes les indications sur une seule ligne, au-dessus de la portée supérieure, en commençant par les registres de

----

(1) Quelques-uns désignent le registre *forte* par Ⓕ

(2) Sur certains instruments le *jeu céleste* est le *pp* de la clarinette.

(3) Souvent le registre *percussion* est inséparablement réuni au nᵒ 1.

gauche que l'on sépare des registres de droite par un tiret.

L'autre méthode consiste à désigner au-dessus de la portée supérieure les sept registres de droite, au-dessous de la portée inférieure les sept registres de gauche, entre les deux portées les deux registres du milieu.

§253. — L'harmonium a une sonorité suave et voluptueuse, mais bientôt fatigante pour l'oreille. Ce timbre ne procure pas une impression calme et grave; il a plutôt quelque chose d'énervant. Instrument moitié mondain, moitié religieux, on le rencontre dans les salons, dans les chapelles; on le produit même au concert. Il se marie bien à la harpe, au piano, aux instruments à archet; l'association des deux espèces d'agents sonores, cordes et anches, forme une reproduction de l'orchestre appropriée aux conditions d'un local peu spacieux.

Ex.464.

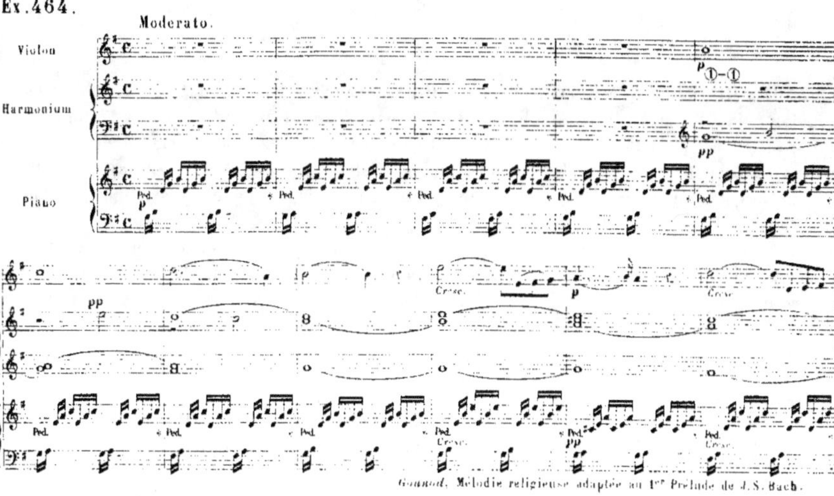

(1) Bruxelles, J.B.Katto.
(2) Mayence, Schott.

CHAPITRE XII

Instruments à percussion employés dans la musique moderne

§254.— Ne rappelant en rien les inflexions de la voix humaine, ces instruments ne parlent pas au sentiment un langage intelligible; leurs sons retentissants, leurs rythmes précis ont une action plutôt physiologique: ils provoquent des mouvements du corps, ils étourdissent et troublent le cerveau. Ce sont par leur nature même des instruments de danse; comme tels quelques-uns d'entre eux ont été employés depuis une haute antiquité dans les cultes orgiastiques de l'Asie. Ni les Grecs ni les Romains n'ont admis des tambours ou des timbales dans la musique militaire; c'est là au contraire le domaine propre de cette classe de sonorités chez les peuples de l'Europe moderne.

Au point de vue de leurs qualités musicales, les instruments à percussion se divisent naturellement en deux catégories. En effet les uns font entendre des sons à hauteur appréciable et entrent dans la contexture harmonique et mélodique de l'œuvre; les autres ne produisent que des bruits plus ou moins caractérisés, et leur rôle est simplement rythmique.

INSTRUMENTS À SONS DÉTERMINÉS

§255.— Nous n'avons à citer ici que trois genres d'organes sonores: les timbales, les cloches et carillons divers, le xylophone. Ils représentent les trois matières utilisées pour ce mode de production des sons: à savoir les membranes tendues, les métaux, le bois.

Timbales

(En italien *timpani*, en allemand *Pauken*.)

§256.— Originaires de l'Orient et introduites en Europe au moyen âge, les timbales ont jusqu'au commencement de ce siècle servi d'accompagnement aux fanfares des trompettes, tant à la guerre que dans les pompes de toute espèce. L'orchestre s'est emparé de ces sonorités au temps de Lulli et depuis lors ne s'en est plus passé. Seules parmi tous les instruments à percussion, les timbales forment un élément obligé de la symphonie classique depuis Beethoven.

Cette sorte d'instrument se compose d'une peau tendue sur l'ouverture d'un bassin semi-sphérique en cuivre, ou, si l'on veut, sur un simple cercle de bois ou de métal (1). La peau est percutée à l'aide de deux baguettes dont le bout arrondi et renflé est habituellement recouvert de feutre ou d'une autre substance de même genre (2).

---

(1) Le chaudron est absolument inutile. M. Adolphe Sax a fabriqué d'excellentes timbales sans récipient d'aucune espèce.

(2) «Les *baguettes à tête de bois* ne conviennent guère qu'à des coups violents et sont plutôt propres à faire du bruit qu'à rendre un son musical. Les *baguettes à tête d'éponge*, au contraire, produisent un son net et bien timbré, dans le *forte* aussi bien que dans le *piano*: leur élasticité les rend en outre particulièrement propres à des roulements fins et perlés; elles sont de rigueur pour les scènes mystérieuses ou féeriques. Les *baguettes à tête de bois recouverte en cuir* tiennent le milieu entre les deux espèces précédentes, mais elles sont généralement inférieures aux baguettes à tête d'éponge.» G. KASTNER, *Méthode de timbales*, Paris, Schlesinger, s. d.), pp. 68—69.

Des vis placées à la circonférence du bassin servent à augmenter ou à diminuer la tension de la peau et à produire ainsi des sons de hauteur diverse. On peut obtenir sur chaque timbale une huitaine de degrés chromatiques successifs.

§ 257. — D'après l'usage ordinaire le timbalier — il n'y en a généralement qu'un seul à l'orchestre — est pourvu de deux instruments de grandeur inégale. La timbale la plus grande, la plus grave, s'accorde à un des sons de la série suivante : [notation] le plus petit des deux instruments fournit une série plus aiguë d'un intervalle de quarte : [notation] et le compositeur dispose de deux sons, l'un choisi dans la série aiguë, l'autre dans la série grave.

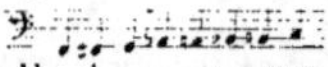

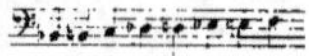

1. L'habitude traditionnelle consiste à prendre la tonique et la dominante du ton principal du morceau, en sorte que les deux sons des timbales forment tantôt une quarte, tantôt une quinte.

L'accord en quarte, le plus ancien et le plus mélodique, s'emploie dans les tons de *si* ♮, *ut*, *ré* ♭ (*ut* ♯), *ré*, *mi* ♭ et *mi* ♮.

OBSERVATION. Depuis Beethoven on écrit les timbales à leur hauteur réelle, sans mettre toutefois des accidents à la clef ou devant les notes ; on se contente d'énoncer les intonations précises au commencement du morceau et à chaque changement de l'accord. Bach, Haydn et Mozart notent toujours les timbales en *ut* ; Haendel ne les transpose pas.

Timbales en Si et Fa ♯ [notation] Les exemples caractéristiques manquent.

Ex. 465.

Timbales en Ut et Sol [notation] *Maestoso.* 54 = ♩. *pp*

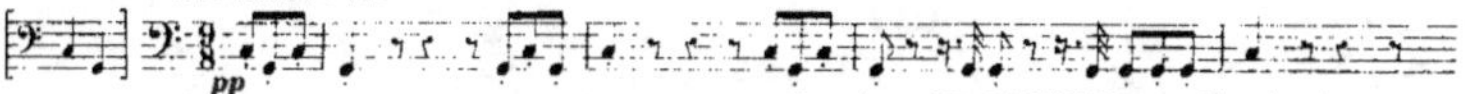

Timbales en Réb et Lab [notation] Les exemples manquent.

Timbales en Ut ♯ et Sol ♯ [notation] Pas d'exemples.

Ex. 466.

Timbales en Ré et La [notation] *Maestoso moderato.* *f*

Ex. 467.

Timbales en Mi ♭ et Si ♭ [notation] *Adagio.* 84 = ♪ *pp* *Cresc.* *ff*

Ex. 468.

Timbales en Mi et Si [notation] *Allegro.* *f*

L'accord en quinte, absolument inusité avant Beethoven, est propre aux tons de *fa* ♯ ou de *sol* ♭, de *sol* ♮, de *la* ♭ ou *sol* ♯, et de *la*.

Timbales en Fa ♯ et Ut ♯ [notation] Pas d'exemples.

Timbales en Sol ♭ et Ré ♭ [notation] Pas d'exemples.

Timbales en Sol et Ré [notation] Exemple : Beethoven, Ouverture des *Ruines d'Athènes*.

Timbales en La ♭ et Mi ♭ [notation] Peu d'exemples.

Timbales en Sol ♯ et Ré ♯ [notation] Pas d'exemples.

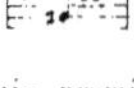

Timbales en La et Mi [notation] Exemple : Beethoven, VIIe Symphonie, premier morceau, Allegretto et Final.

Pour les tonalités de *fa* et de *si*♭ on a le choix entre l'intervalle de quarte et celui de quinte.

Timbales
en Fa et Ut

Exemple: Rossini, commencement du Final du IIe acte de *Guillaume Tell*: « Des profondeurs du bois immense. »

Exemples: Beethoven, premier morceau de la VIIIe Symphonie, Orage de la Pastorale (ci-dessus, p.68); Meyerbeer, Duo au IVe acte des *Huguenots* (ci-dessus, p.70).

Timbales
en Si♭ et Fa

Exemple: Beethoven, Andante de la IXe Symphonie (ci-après, p.324).

Exemple: Beethoven, premier morceau et Final de la IVe Symphonie.

II. Mais l'accord formé de la tonique et de la dominante n'est pas le seul qu'admettent les maîtres du XIXe siècle. D'autres combinaisons d'intervalles ont été souvent imaginées avec succès, tant par les symphonistes que par les compositeurs dramatiques.

Les trouvailles les plus anciennes et les plus extraordinaires en ce genre se rencontrent chez Beethoven. Citons d'abord l'accord en sixte mineure (la_1, fa_2) dans le Scherzo de la VIIe Symphonie; ensuite l'accord en octave formé des deux sons extrêmes de l'échelle des timbales:

Ex. 469.

Timbales
en Fa et Fa

Ex. 470.

Timbales
en Fa et Fa

enfin le sinistre intervalle de fausse quinte résonnant sur l'accord de septième diminuée au début du dernier acte de *Fidelio*, alors que le spectateur est transporté dans le cachot souterrain de Florestan.

Ex. 471.

Ce trait de génie de Beethoven a sans doute suggéré à Weber l'accord des timbales employé dans les situations infernales du *Freyschütz* (la_1, ut_2). Tout le monde se rappelle l'impression de terreur que produisent les trois *la* frappés à la fois par les timbales et par le *pizzicato* des contrebasses (ci-dessus ex.262, p.177). De la même source dérive encore l'accord $fa\sharp_1$, ut_2 dans les scènes de la tétralogie de Wagner qui se passent devant l'antre du dragon-géant Fafner.

Ex.472.

SIEGFRIED, prélude du II° acte
(p.166 de la gr.part.)

Sans vouloir fournir aux jeunes compositeurs des *recettes à effets*, on peut leur signaler la possibilité d'obtenir sur les timbales quelques intervalles de demi-ton.

§258.— Quand l'accord des timbales doit changer au cours du morceau, l'auteur donne un repos de quelques mesures à l'exécutant, pour qu'il ait le temps d'effectuer la modification voulue. Grâce aux nouveaux procédés d'accordage, considérablement perfectionnés et simplifiés, une interruption très courte suffit aujourd'hui pour cette opération.

§259.— Les maîtres de la période la plus récente ne se contentent pas toujours de deux timbales. Souvent il leur arrive d'en exiger trois. En ce cas le timbalier est tenu de se pourvoir d'un instrument supplémentaire, lequel a d'ordinaire une dimension moyenne et fait entendre un des sons suivants: Meyerbeer est, je crois l'auteur de cette innovation (1).

Ex.473.

En certains endroits de sa tétralogie Richard Wagner emploie deux paires de timbales jouées par deux timbaliers.

____

(1) Ses deux derniers opéras. *le Prophète* et *l'Africaine*, ont, presque d'un bout à l'autre, trois parties de timbales.

Berlioz est de tous les compositeurs modernes celui qui a donné la plus grande extension à l'usage des timbales, mais, on peut le prophétiser à coup sûr, ce n'est pas par là que ses œuvres vivront pour la postérité. Quelques-unes de ses combinaisons en ce genre frisent de près l'extravagance : par exemple les huit paires de timbales jouées par dix timbaliers dans le *Tuba mirum* de sa *Messe des morts*. Une telle accumulation de moyens extraordinaires est hors de toute proportion avec le résultat obtenu. En définitive tous les essais que l'on tentera pour faire sortir les timbales de leur rôle, avant tout rythmique, me paraissent destinés à rester stériles.

§260. — Les timbales articulent leurs sons à tous les degrés d'intensité et de vitesse. Les tenues proprement dites sont incompatibles avec la nature de l'instrument; mais en variant le mode de percussion, l'exécutant parvient à prolonger la résonnance et à produire des détachés de plusieurs caractères.

Ex. 474.

Toutes les figures rythmiques s'exécutent sans difficulté sur cet instrument; une simple suite de durées égales y acquiert un relief extraordinaire (1). C'est à cette double qualité que les timbales doivent leur importance dans l'orchestre moderne.

Ex. 476.

(1) Dans le *forte* les durées peu rapides sont articulées par les deux baguettes à la fois. Il en est de même, quelle que soit la nuance, pour les sons qui, dans une suite de durées brèves, portent l'*ictus*, l'accent rythmique. Le compositeur n'a pas à indiquer ces particularités techniques; toutefois lorsqu'il veut une articulation rythmique peu usitée, il ferait bien de marquer d'une double queue les sons que le timbalier doit frapper avec les deux baguettes.

Ex. 475.

Hautbois
Flûtes
pp   Cresc.
Trompettes   Cresc.
pp   Cre   Cors   Cresc.
Cresc.
Cresc.
Cresc.
Cresc.
Beethoven, Ve Symphonie.

Ex. 477.
Vivace. 104 = ♩.
Clarinette
Basson.   Clar.   Hautb.   Flûte.
p   p   p   p
Timbales en La et Mi
pp Sempre
Violons Altos
pp   pp Sempre
Violoncelles et Contrebasses
pp
C.B. pizz.
Beethoven, VIIe Symphonie.

Ex. 478.
Vivace.
Petite Flûte
p
Clarinettes en Sib
p
Bassons
p
Cors en Fa
Timbales en Fa et Ut
p
CLAIRE
[Trad. Au son du tambour
Die Trom . mel ge . rüh . ret,
le fi . fre ré . pond;   C'est lui   qui com . man . de. C'est lui . mon Eg . mont!]
Das Pfeif . chen ge . spielt,   Mein Lieb . ster ge . waff . net den Hauf . en be . fiehlt;
Beethoven, EGMONT, chanson no 1.

Le vrai *tremolo* ou roulement continu, sans subdivision rythmique saisissable, est un des principaux effets des timbales: il s'exécute dans toutes les nuances, depuis le *ppp* jusqu'au *fff*. On l'indique de diverses manières.

Ex.479.

Le passage d'une timbale à l'autre se fait avec une extrême promptitude (Ex.121, p.69).

Ex.480.

Beethoven fait attaquer simultanément les deux sons des timbales accordées en quintes.

Ex.482.

M854. H.

La note donnée aux timbales fait partie de l'accord, mais il n'est nullement nécessaire qu'elle en soit la vraie basse (ex. 476). Cette règle est parfois transgressée : quelques compositeurs ne se font pas scrupule d'écrire pour les timbales des sons étrangers à l'harmonie, voire même tout à fait discordants (ex. 383, p. 238).

§ 261. — Pour obtenir une sonorité mate et sourde dans les marches funèbres et autres morceaux analogues, on couvre parfois d'un morceau d'étoffe la peau de l'instrument, dont les vibrations sont étouffées par là. Ce procédé s'indique par les mots *timbales voilées* ou *timbales couvertes* (en italien *timpani coperti*); il est peu utilisé aujourd'hui.

Exemple : chant funéraire au début du IIIᵉ acte de *Roméo et Juliette* de Steibelt (1793), p. 264 de la gr. partit.

§ 262. — Jusqu'à la fin du siècle dernier les timbales étaient réservées aux morceaux les plus bruyants : chœur de jubilation, marches, ouvertures, etc.; à l'orchestre, comme dans les fanfares de la cavalerie, elles ne se séparaient jamais des trompettes. Le seul ton employé à l'origine était *ré-la*; chez Haendel et Bach *ut-sol* est encore assez rare. Mozart mit en usage le ton de *mi♭-si♭*, Haydn celui de *si♭-fa* (grave) : tous deux commencèrent à tirer un parti plus varié de l'instrument. Mais il appartenait à Beethoven d'étendre jusqu'à ses limites naturelles le domaine musical des timbales, et d'y découvrir une inépuisable mine d'effets tantôt grandioses, tantôt mystérieux, toujours saisissants. Des passages comme par exemple la fin de la Grande Messe en ré (*Dona nobis pacem*) étaient inouïs avant l'immortel symphoniste et ont été imités par tous ses successeurs, qui n'ont pu ajouter grand'chose à ces trouvailles géniales.

§ 263. — De nos jours les timbales ne paraissent habituellement qu'à l'orchestre; dans les bandes militaires elles sont remplacées par les tambours. Toutefois quelques musiques d'harmonie ont repris l'usage des timbales dans ces dernières années.

Cloches, timbres et barres d'acier

§ 264. — Ainsi que nous le verrons tout à l'heure, la cloche (ital. *campana*, all. *Glocke*) n'est pas faite pour fonctionner comme instrument de musique. Mais les nécessités de la représentation dramatique exigent souvent l'emploi d'un pareil genre de sonorité *sur la scène* (1). En ce cas le compositeur prescrit à son gré les intonations que doivent faire entendre les cloches pour ne pas discorder avec les harmonies auxquelles il veut les joindre (2); il leur assigne dans sa partition une partie spéciale. Celle-ci est *censée* indiquer la hauteur absolue des sons; en réalité elle l'indique toujours une ou plusieurs octaves trop bas. La méprise, qui est générale (je crois), provient de l'intensité du mouvement vibratoire des cloches, intensité telle que l'oreille est aisément portée à la confondre avec la gravité. Ainsi au IIᵉ acte de *Guillaume Tell* le chœur "Au sein de l'onde"

---

(1) En dehors de la musique de théâtre je ne trouve à citer qu'un seul exemple de l'usage des cloches : une cantate d'église de J. S. Bach pour voix de contralto (*Schlage doch, gewünschte Stunde*), T. XII des œuvres complètes, p. 53. Le morceau est en mi majeur. La partie des cloches renferme deux sons (notés), dont l'effet doit se produire sans doute *deux octaves et une sixte majeure plus haut* (), car Bach désigne les cloches en question par le mot *campanella* (petite cloche).

(2) On peut fabriquer des cloches accordées à n'importe quel demi-ton de l'octave chromatique.

est accompagné d'une cloche notée *sol*₁ , tandis que dans aucun théâtre l'intonation effective n'est plus grave que *sol*₄ , c'est à dire *trois octaves au-dessus de la note écrite*. Autre fait. On a toujours considéré comme une rareté au théâtre les deux grosses cloches employées à l'ancienne salle de l'Opéra de Paris pour le tocsin de la Saint-Barthélemy, au IVᵉ acte des *Huguenots*. (1) Or elles ne donnaient que l'octave aiguë des sons écrits par l'auteur ( ).

Non seulement l'emploi des cloches au diapason indiqué par les compositeurs est matériellement impraticable, à cause du prix élevé de ces formidables engins (2) et des frais énormes qui résulteraient de leur suspension, il est également inadmissible au point de vue purement artistique. Cette voix immense, destinée à se faire entendre, du haut des tours d'une cathédrale ou d'un beffroi, à une ville entière, serait, en un espace clos, destructive de tout autre effet sonore.

Les grosses cloches ne peuvent donc être comptées parmi les agents sonores dont dispose le compositeur. On fera bien de les remplacer désormais au théâtre et dans les concerts par de grands timbres ou calottes hémisphériques également coulées en bronze; leurs parois relativement minces permettent d'atteindre les sons graves avec des masses beaucoup moindres. Leur sonorité, comparée à celle des cloches, est naturellement moindre aussi; mais cette infériorité constitue précisément l'avantage qui doit les faire préférer pour la pratique musicale.

M. Arrigo Boito est le premier compositeur dramatique, croyons nous, qui ait employé ces grands timbres pour imiter une sonnerie de cloches (*Mefistofele*, acte Iᵉʳ, tableau du dimanche de Pâques). Lui aussi a noté les sons de cette sorte une octave au-dessous de leur diapason effectif.

Ex. 483.   Notation [Moderato.]   Effet réel [Moderato.]

---

(1) Je suppose que les cloches dont on se sert dans la nouvelle salle de l'Opéra ont le même volume.

(2) Voici sur le poids des cloches quelques chiffres intéressants qui me sont fournis par M. Victor Mahillon :

En prenant pour point de départ un *ut*₂, dont le poids moyen est de 22 900 kilos, voici les quantités que l'on obtient pour chacun des degrés chromatiques de l'octave 2 :

| 22900 | 19256 | 16192 | 13616 | 11450 | 9628 | 8096 | 6808 | 5725 | 4814 | 4018 | 3404 | 2862,5 |

Pour continuer cette échelle vers le grave et vers l'aigu, il suffit de savoir que l'on obtient l'octave inférieure de chaque son en *multipliant* le poids de la cloche par 8, l'octave supérieure en *divisant* par la même quantité. Cette règle est fondée sur une loi qui s'énonce ainsi: *Les vibrations des cloches sont en raison inverse de la racine cubique de leur poids.*

Rambosson dans ses *Harmonies du son* a donné, d'après le journal anglais l'*Engineer*, le poids des plus grandes cloches du monde. Nous transcrivons ici ses chiffres: Anvers, 8000 k.; Rome, 9 500 k.; Malines, 10 000 k.; Bruges, 11 500 k.; Cologne, 12 500 k.; Erfurt, 15 000 k.; le bourdon de Notre-Dame de Paris, 16 000 k.; Sens, 17000 k.; Vienne (Autriche), 20 000 k.; Saint-Paul de Londres, 21 500 k.; Novgorod, 31 000 k.; Pékin, 65 000 k.; Moscou, 70 500 k., et la fameuse cloche du Kremlin, qui n'a jamais été suspendue, 250 800 kilos.

Si l'on estime le prix moyen du métal à raison de 4 fr. le kilogramme, on peut se faire une idée des sommes considérables qu'ont coûté ces cloches.

(3) M. V. Mahillon a calculé le poids des timbres de cette espèce pour tous les degrés de la gamme chromatique tempérée situés entre *ut*₂ et *ut*₃, au poids moyen de 100 kilogrammes.

| 100 k | 84.08 | 70.71 | 59.45 | 50 | 42.04 | 35.35 | 29.72 | 25 | 21.02 | 17.67 | 14.86 | 12.50 |

§ 265.— Si la lourde résonnance des cloches s'oppose à toute association avec les sonorités usitées dans la pratique musicale, il n'en est pas de même des tintements légers d'un *jeu de timbres*. Imitation réduite des grands carillons placés au haut des tours des vieilles églises et des édifices communaux de la Flandre, ces carillons aigus, qui possèdent une échelle suivie, ont été réunis plus d'une fois avec succès à des instruments et à des voix. Comme ils ne se construisent pas sur un modèle uniforme, quant au mécanisme et à l'étendue, nous décrirons brièvement leurs principales variétés, dont les plus anciennes ne nous sont connues que par les partitions des maîtres.

§ 266.— Mentionnons d'abord le carillon employé par Haendel dans un passage de l'oratorio *Saül* : lorsque les femmes israélites sortent à la rencontre du jeune David, vainqueur du géant philistin, en chantant et en dansant au son des tambourins et des triangles. La partie écrite par le compositeur montre de toute évidence qu'il s'agit d'un jeu de timbres (1) embrassant l'étendue de deux octaves et une quarte, et muni d'un clavier chromatique qui se mettait en action à l'aide des deux mains (bien que la musique soit écrite sur une seule portée). La notation est conçue comme pour un instrument transpositeur en *sol*; les sons réels devaient se produire une quinte à l'aigu des sons notés.

T. XIII, p.81 de la nouv. édit. des œuvres compl. de Haendel.

§ 267.— Citons ensuite le *Glockenspiel* de la *Flûte enchantée*, également un carillon de timbres. Comme celui de Haendel, il atteint au grave, en sons réels, l'*ut*$_3$; à l'aigu il a une quinte de plus. La partie est traitée fort brillamment : les arpèges, les traits et les gammes font un accompagnement des plus riches aux chansons de Papageno, le joyeux oiseleur. Mozart l'a écrite sur deux portées avec la véritable armure, mais une octave plus bas que les sons réels.

(1) Sur un carillon composé de vraies cloches, *la plus grave* (=*ut*$_3$ réel) *aurait dû avoir un poids de* 2862 *kilogrammes* !! On peut d'après cela se faire une idée de l'ensemble de la machine. S'imagine-t-on un pareil Léviathan musical installé dans une salle de concert ou de théâtre ?

(2) On trouve également une partie de carillon ajoutée au chœur final de la 1ʳᵉ partie de la pastorale *Acis et Galatée* (nouv. édition des œuvres compl., t. III. p.123). Les notes de la main gauche, écrites en clef de *fa*, doivent être lues par l'exécutant une octave plus haut. Elles sonnent conséquemment à la douzième aiguë.

§ 268. — Un pareil instrument ne se rencontre, que je sache, dans aucune partition de la première moitié du XIX° siècle. Depuis lors les jeux de timbres ont paru de nouveau, mais à un état plus rudimentaire qu'au temps de Haendel et de Mozart: privés de clavier et réduits dans leur étendue. L'instrumentiste percute directement le métal au moyen d'un petit maillet, procédé grossier qui exclut la polyphonie, même la plus élémentaire, et l'exécution de tout dessin rapide. L'échelle entière de l'instrument est comprise dans un intervalle de onzième. Les uns écrivent les sons à leur hauteur exacte, les autres une octave plus bas.

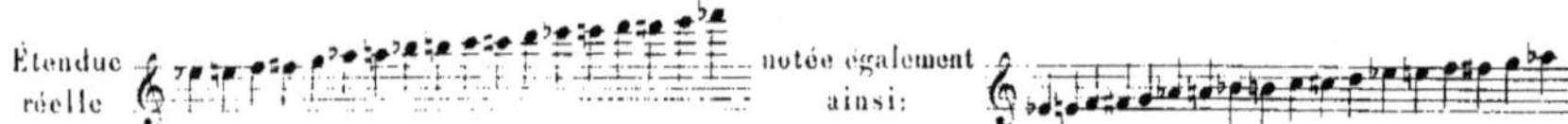

Tels sont les petits carillons dont se servent jusqu'à nos jours la plupart des orchestres et des bandes militaires. Les compositeurs n'écrivent en général qu'une partie purement mélodique et très simple.

Ex. 486.   Mod^{to} grazioso. ♩=♩

Richard Wagner a tiré un parti très original de ce tintement dans la scène finale de la *Walkyrie*, *l'incantation du feu*: les notes aiguës du *Glockenspiel* ressemblent à des étincelles sonores s'élançant du sein de la fournaise magique.

§ 269. — Dans ces dernières années de nouvelles modifications ont été apportées à l'instrument. D'abord on lui a rendu son clavier. Ensuite, changement plus essentiel, les timbres ont été remplacés par des *lames en acier*. La sonorité est devenue par là plus cristalline, et l'étendue s'est accrue d'une dixième vers le haut; par contre on a perdu une quinte au grave. Il est vrai que les notes inférieures des jeux de timbres ne sont pas d'assez bonne qualité pour qu'on doive les regretter beaucoup. L'échelle des carillons à lames d'acier s'écrit *deux octaves* au-dessous de son diapason réel:

Grâce au clavier, dont on joue à deux mains quand il y a lieu, toute espèce de traits s'exécutent sans la moindre difficulté, et cela dans une région suraiguë où atteint à peine la petite flûte.

§ 270. — Il nous reste encore à mentionner, parmi les organes musicaux fondés sur la sonorité des métaux, une invention récente et des plus remarquables: le *typophone* de Mrs Mustel. Ce nouvel instrument se compose d'une série de diapasons qui se mettent en vibration par l'action percutante d'un mécanisme semblable à celui du piano et commandé par un clavier. L'étendue, entièrement chromatique, est comprise entre les sons *ut*₃ et *ut*₇.

On fera bien d'écrire cette échelle une octave au-dessous de sa hauteur effective, conséquemment ainsi :

Non seulement une telle orthographe est plus commode, en ce que les lignes additionnelles y sont moins nombreuses, elle s'indique aussi par une particularité acoustique des
sons du typophone. Comme ceux-ci ne produisent pas d'harmoniques à l'aigu, ils font au
premier abord l'effet d'être situés une octave au-dessous de leur véritable diapason;[1] il
faut beaucoup d'attention pour ne pas s'y tromper.

Le timbre du typophone est remarquable par sa douceur, son extrême pureté et sa
très longue portée : il a beaucoup d'analogie avec la *flûte harmonique* de l'orgue. Les vibrations ont une durée telle qu'on les dirait prolongées par l'action d'une soufflerie. De
même que sur le piano, l'expression s'obtient par le toucher.

À plusieurs égards le typophone peut être considéré comme l'intermédiaire entre le piano et l'orgue, puisqu'il permet tour à tour d'exécuter les traits les plus rapides et de
prolonger les sons autant que le rendent nécessaires les besoins de la mélodie. Le caractère poétique de sa sonorité le rend digne d'être employé à l'orchestre; seulement comme
tous les timbres suaves, il exige un accompagnement peu chargé.

Xylophone

§271.— Ce terme composé de deux mots grecs (*xülos*, bois, et *phônè*, voix) désigne un instrument populaire, très répandu depuis le moyen âge dans les pays slaves, ainsi qu'en Allemagne (où il porte les noms de *Strohfiedel, Holzharmonica*). En France le xylophone s'appelle
vulgairement *claquebois* ou *harmonica de bois*[2]. Il se compose de lames ou de cylindres de bois,
de proportions graduées, enfilés sur des cordons et séparés les uns des autres par des isoloirs;
l'exécutant les percute à l'aide de deux petits maillets, en bois aussi.

À l'état le plus complet, cet appareil sonore possède une échelle chromatique de trois octaves, que l'on fera bien de noter à sa hauteur effective.

Dans sa pittoresque *Danse macabre* M. Saint-Saëns a tiré un parti excellent de cette sonorité bizarre qui fait penser vaguement à des ossements et des têtes de morts, employés en
guise d'instruments de musique. Faisons remarquer ici que l'éminent compositeur français
écrit les sons du xylophone une octave au-dessous de leur véritable diapason.

Ex.487.

(1) Helmholtz, *Théorie physiologique de la musique*, éd. franç., 1874, pp. 76, 91, etc.

(2) Kastner a écrit quelques pages intéressantes sur le xylophone dans les *Danses des morts* (Paris, Brandus, 1852, pp. 305 - 507).

INSTRUMENTS À SONS INDÉTERMINÉS

§272. — Des deux éléments constitutifs de la musique, l'intonation et le rythme, ces agents sonores ne produisent que le second, l'élément accessoire; ils se placent par là au dernier rang de la hiérarchie instrumentale. Aussi n'interviennent-ils dans l'œuvre d'art qu'à titre d'auxiliaires et en de rares moments [1].

Nous retrouvons chez eux les trois principes de sonorité dont procèdent les instruments à percussion décrits précédemment. La résonnance des membranes tendues a donné naissance aux diverses variétés du tambour, à savoir la grosse caisse, le tambour militaire, la caisse roulante, le tambour de basque et le tambourin; la vibration des métaux a créé le tamtam, les cymbales, le triangle;[2] enfin les propriétés sonores du bois ont été utilisées dans les castagnettes.

Par habitude on écrit souvent sur une portée, munie d'une clef, les durées rythmiques que ces instruments ont à exécuter. Mais c'est là une pure fiction graphique. Il suffit de ranger les valeurs de notes et les silences sur une ligne unique.

Grosse Caisse

(En italien *tamburo grande*, *gran cassa*, en allemand *grosse Trommel*, *türkische Trommel*.)

§273. — C'est un tambour de grande dimension; on le fait résonner à l'aide d'une mailloche recouverte de feutre ou de liège. Il n'est employé d'ordinaire qu'à frapper des coups isolés, avec une vitesse modérée.

Ex. 488.

Toutefois en tenant par le milieu le manche de la mailloche, tandis qu'on l'agite rapidement sur la peau, on réussit à produire une espèce de roulement qui s'indique ainsi:

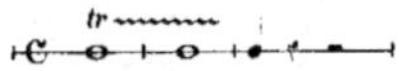

Rarement la grosse caisse se joue des deux côtés et avec deux percuteurs: en ce cas la main droite fait entendre des subdivisions rythmiques pendant que la main gauche se contente de battre les temps forts (Ex.193, p.137).

---

(1) Les compositeurs d'autrefois, qui exhibaient uniquement ces instruments pour des morceaux d'une couleur bien tranchée, ne se donnaient pas toujours la peine de noter leur partie. Ainsi Weber, dans la *Marche des bohémiens* de *Preciosa* (ci-après p.334) prescrit l'usage d'un tambour, d'un tambourin, de cymbales et d'un triangle; mais la figure rythmique qu'il écrit pour eux (sur une seule portée) ne convient en aucune façon aux cymbales. Il est évident que le cymbalier doit improviser sa partie. — Beethoven procède d'une manière plus sommaire encore dans le *Chœur des Derviches* des *Ruines d'Athènes*, morceau emprunté à une vraie mélodie arabe. Il met simplement cette annotation: "Ajouter ici autant d'instruments bruyants que possible: castagnettes, cymbales, etc." — Grétry au dernier acte de la *Fausse Magie* se contente d'inscrire en tête de sa *Marche des bohémiens*: "avec cimballes (sic) triangles et autres instruments singuliers."

(2) Un instrument de cette catégorie, le *pavillon* ou *bonnet chinois*, autrefois employé dans nos musiques militaires, en a disparu depuis une quarantaine d'années. C'est un petit cône de métal, garni de clochettes et attaché à l'extrémité d'une hampe que l'on secoue pour faire résonner les clochettes.

§274.— La grosse caisse, réunie aux cymbales, a pour mission ordinaire de renforcer dans les passages de force les accents principaux du rythme; dans les nuances douces elle n'est employée qu'avec une intention poétique ou pittoresque (ex.170, p.126; ex.185, p.133).

C'est également en vue d'un effet spécial que le compositeur produit la grosse caisse seule (ex.238, p.161); elle imite alors, à s'y méprendre, un coup de canon tiré au loin (1), office qu'elle remplit au reste habituellement sur le théâtre, dans toute sorte de représentations scéniques (2).

§275.— La grosse caisse, les cymbales et le triangle forment ce que l'on appelle la *batterie* ou la *musique turque*, complément bruyant de nos harmonies militaires, emprunté, paraît-il, aux bandes instrumentales des Janissaires de Stamboul vers le milieu du XVIIIe siècle. Ces sonorités exotiques firent leur première apparition à l'orchestre dans les œuvres dramatiques de couleur orientale: *les Pèlerins de la Mecque, l'Enlèvement au sérail, les Ruines d'Athènes*. À partir de Spontini ils acquirent droit de cité dans l'art européen. Leur présence y exerça bientôt une influence pernicieuse, et contribua puissamment à mettre à la mode cette manière banale et massive qui pendant plus d'un quart de siècle a régné dans l'instrumentation des opéras et opéras-comiques, tant en France qu'en Italie. De 1825 à 1860 la batterie faisait partie de l'orchestre de tout morceau d'ensemble, de tout air de danse; même les airs et cavatines eurent parfois à la subir. Cette aberration, entretenue par le goût du public d'alors, gâte quelques-unes des plus belles œuvres de la musique dramatique, et amènera peut être un jour la nécessité de les *désinstrumenter*, par une révolution esthétique inverse de celle qui vers 1843 obligea Adolphe Adam à instrumenter le chef-d'œuvre de Grétry. Heureusement l'emploi stéréotypé de la batterie est aujourd'hui tombé dans un discrédit complet et abandonné aux orchestres de cirque.

Tambour militaire

(En italien *tamburo militare*, en allemand *Militairtrommel*.)

§276.— Son récipient est ordinairement en cuivre. L'éclat de la résonnance est dû aux cordes en boyau tendues contre la peau de dessous. Lorsque celle-ci vibre sous l'influence des vibrations de la membrane supérieure, les cordes font l'office de percuteurs, et de cette action combinée résulte le timbre qui a valu à ce genre de tambour son nom de *caisse claire*. La percussion se fait à l'aide de deux baguettes en bois dont le bout est renflé en forme d'olive.

Voici les éléments rythmiques des batteries du tambour, avec leurs dénominations techniques et leur traduction en notes.

1° Le *coup simple* ou *ta*, produit par une seule baguette ( ): il s'emploie rarement isolé.

2° Le *coup double*, *fla*, donné par les deux baguettes ( ): sa notation exacte serait celle-ci ( ); dans la notation usuelle on le confond avec le coup simple.

---

(1) Dans sa *Bataille de Victoria* Beethoven emploie deux grosses caisses pour simuler la canonnade des deux armées ennemies, sans compter la grosse caisse de l'orchestre.

(2) Elle y est aussi chargée des coups de tonnerre.

3° Le *coup de charge*, tra. Il se distingue du précédent en ce que l'accent rythmique tombe sur la note brève ($\frac{2}{N}$).

4° Les roulements partiels dits *ra*. On distingue des *ra* de 3 coups ( ). de 4 ( ), de 5 ( ), de 6 ( ), de 7 ( ) et d'un plus grand nombre de coups.

5° Le *roulement continu*. On le note, selon le mouvement, en doubles-croches ( ), en triples ( ) ou en quadruples-croches ( ).

Il sera intéressant pour le compositeur d'avoir la transcription musicale de quelques-unes des batteries les plus caractéristiques de l'infanterie française [1].

§277. — Employé en masse dans une bande de musique militaire, le tambour est de grand effet quand il accompagne de ses rythmes énergiques une marche ou un pas redoublé. Au théâtre son emploi est tout indiqué dans les pièces où intervient l'élément soldatesque. (Ex: *Fra Diavolo. la Fille du régiment*, etc.). Même dans certaines scènes dramatiques qui n'ont rien de guerrier, un roulement de tambour est capable d'impressionner vivement. par exemple au IIIᵉ acte des *Huguenots*. l'entrée de Marguerite de Valois au milieu des rixes entre catholiques et calvinistes; au IVᵉ acte du *Prophète*. le début du *Domine salvum fac*. pendant le couronnement de Jean de Leyde. « Meyerbeer a su tirer une sonorité particulière et terrible de l'association du tambour et des timbales pour le fameux roulement en *crescendo* de la « Bénédiction des poignards » [2].

§278. — Dans les cortèges funèbres les tambours s'emploient *voilés*, de même que les timbales; mais au lieu de couvrir la membrane supérieure d'un morceau d'étoffe on se contente souvent de détendre les cordes placées sous la peau inférieure ou d'empêcher leur contact avec celle-ci. L'effet des trois procédés est le même: le son du tambour perd tout son éclat et prend une teinte sinistre. La batterie officielle pour les enterrements dans l'armée française est la suivante:

Caisse roulante
(En allemand *Wirbeltrommel* ou *Rolltrommel*.)

§ 279. — Tambour long dont la caisse est en bois. L'absence des cordes de boyau à la face inférieure lui donne une sonorité sourde et sombre. Ses figures rythmiques sont les mêmes que celles du tambour militaire, mais les impressions qu'elles éveillent ont un caractère tout différent. Une répercussion de notes de même valeur, bruyamment rythmées par les coups stridents des cymbales (ex.182, p.132) et renforcées une autre fois par le tintamarre du triangle, a suffi à Gluck pour donner un cachet de férocité sauvage aux chœurs de jubilation des Scythes et à leurs ébats bizarres. «Ce son étrange,» dit un journal du temps, «parut transporter les spectateurs au milieu des cannibales qui dansent autour du poteau où leur victime est attachée» (1).

Ex.489.

Tambour de basque

§ 280. — On le confond souvent, mais à tort, avec le tambourin (4). Depuis les temps bibliques le tambour de basque forme l'accompagnement obligé de la danse chez les peuples de l'Asie occidentale, Syriens, Hébreux, Arabes (5); à l'époque moderne il remplit le même office dans

---

(1) *Mémoires pour servir à l'histoire de la révolution opérée dans la musique par M. le Chevalier Gluck.* Paris, 1781, p.429.

(2) On peut imaginer plusieurs manières de battre la formule rythmique du tambour. En voici une qui me semble appropriée au caractère violent du morceau: ... suivez ainsi jusqu'à la fin

(3) D'après la nouvelle édition des œuvres de Gluck (Pelletan-Damcke), p.83.

(4) Les Allemands appellent *tambourin* le tambour de basque (voir ci-après l'ex.493). On sait que *Tambourin* est le nom d'une danse vive et gaie qui se rencontre dans tous les ballets et opéras français du XVIIIe siècle. Mais jamais l'instrument, ni aucun autre de même genre, ne figure dans la partition. Il était probablement aux mains des danseurs, et dans ce cas ce ne pouvait être évidemment que le tambour de basque.

(5) Le nom hébreu du tambour de basque, *toph*, est une onomatopée frappante.

les pas nationaux des Italiens, le *Saltarello* de Rome, la *Tarentelle* napolitaine; il n'est pas moins répandu en Espagne, particulièrement chez les *Gitanos*: on l'y appelle *pandero*.

Cet instrument se compose d'une membrane, tendue sur un cadre, et d'un certain nombre de grelots ou de pièces de cuivre résonnantes, réunies autour du cadre. On tire du tambour de basque trois bruits plus ou moins musicaux:

1° En percutant du dos de la main la membrane, on produit les articulations rythmiques d'une vitesse modérée.

Ex. 490.

Félicien David, LE DÉSERT (p. 62 de la gr. partit.)

2° En agitant l'instrument avec rapidité, on fait sonner les pièces métalliques qui en garnissent la circonférence, ce qui forme un frémissement bizarre du caractère le plus joyeux.

Ex. 491.

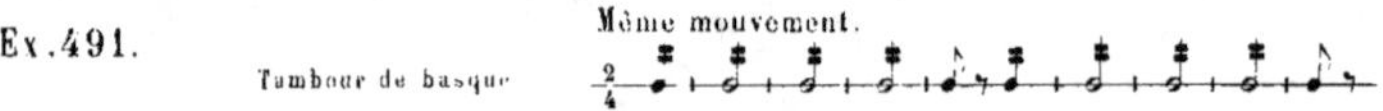

3° En frôlant la membrane avec le bout d'un doigt, on obtient un roulement momentané où domine le bruit des grelots. Ce troisième procédé exige une certaine habileté, superflue pour les deux autres.

Ex. 492.

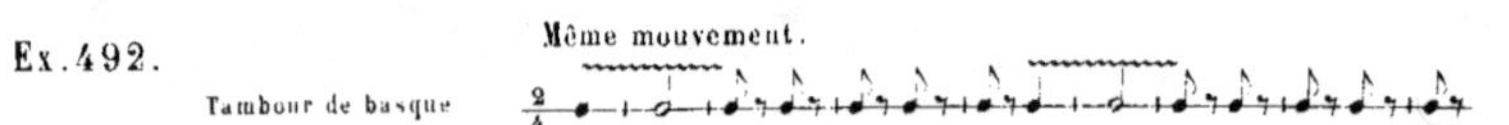

Weber a mis le tambour de basque, sous le nom de tambourin, parmi les instruments à percussion qui colorent d'une manière si réaliste l'air bohémien intercalé dans sa ravissante *Preciosa*. Voici comment leur partie est notée:

Ex. 493.

Tambourin

§ 281. — Plus long, plus étroit que le tambour ordinaire, et percuté à l'aide d'une seule baguette, le tambourin est indigène chez les Provençaux et les Basques: son nom espagnol est *tamboril*. En Provence il accompagne toujours le *galoubet*, (flageolet à 3 ou 4 trous); une seule personne suffit pour jouer les deux instruments, l'un de la main gauche, l'autre de la main droite. Cet orchestre naïf, plein de saveur locale, a été transporté au théâtre par Berton, dans le joli opéra-comique *Aline, reine de Golconde* (1803).

Ex. 494.

Tamtam

§ 282. — Nous devons cet engin sonore aux Chinois qui seuls possèdent le secret de sa fabrication. C'est une plaque en métal, assez épaisse et circulaire, dont les bords sont relevés. On la fait vibrer en la frappant à l'aide d'un maillet recouvert de feutre ou de liège.

L'usage du tamtam s'est introduit en Occident depuis la Révolution française, d'abord dans les funérailles d'apparat, ensuite au théâtre, dans les scènes de mort et de terreur. Exemples: Steibelt, *Roméo et Juliette* (1793), chœur des jeunes filles sur le tombeau de Juliette; Spontini, *la Vestale* (1807), final du IIe acte, anathème du grand-prêtre; Halévy, *la Juive*, final du IIIe acte (malédiction). Cette sonorité d'airain, dont le retentissement est très prolongé, agit fortement sur notre système nerveux, mais la commotion va en s'affaiblissant si elle se répète souvent.

Le tamtam produit son effet caractéristique, quelle que soit l'intensité de ses sons; les coups portés *pianissimo* ne sont pas les moins effrayants. Meyerbeer l'a prouvé dans sa fameuse *Résurrection des Nonnes* (ci-dessus, ex. 407, p. 261).

Cymbales

(En italien *piatti, cinelli*, en allemand *Becken, Schellen*.)

§ 283. — Ce sont deux plateaux circulaires en bronze, dont le centre forme une petite concavité: on les choque l'un contre l'autre pour en tirer un bruit aigu et grinçant qui perce la masse entière de l'orchestre. Comme la plupart des instruments à percussion, les cymbales sont originaires de l'Orient; les meilleures se fabriquent en Turquie.

Leur résonnance se prolonge assez longtemps: c'est pourquoi il convient de déterminer par la notation les durées exactes que l'on veut obtenir.

Ex. 495.

Par exception ou se sert d'une mailloche de grosse caisse pour mettre en vibration une cymbale suspendue par sa courroie. Le son qui se produit ainsi rappelle celui du tamtam, sans avoir un accent aussi formidable (1).

§284.— Comme membre de ce petit groupe bruyant qu'on appelle *la batterie*, les cymbales, unies à la grosse caisse, ont pour fonction ordinaire de renforcer l'éclat des *tutti* de l'orchestre (§274). L'association des deux instruments est si habituelle que la plupart des compositeurs n'écrivent pour eux qu'une partie unique (2). Et cependant la sonorité caractéristique des cymbales les rend propres à une besogne moins subalterne. Quelques maitres ont obtenu des effets saisissants en produisant les cymbales sans le gros tambour. Leur fracas métallique, combiné avec des timbres aigus et intenses, peut acquérir une réelle valeur esthétique dans l'expression des sentiments d'exaltation sauvage. Gluck réunit les coups stridents des cymbales aux sifflements des petites flûtes, au bruit sinistre des tambours, aux tintements du triangle pour rendre la jubilation féroce des Scythes à la vue des victimes destinées à leurs sacrifices (ex.182, p.132 ; ex.489, p.333). Meyerbeer reproduit une combinaison analogue, qu'il rend plus violente encore par l'adjonction des cuivres, dans la fameuse *Bacchanale des damnés*, au IIIe acte de *Robert de Diable* (ex.183, p.132).

Le son de la cymbale, isolée de la grosse caisse, n'est pas incompatible avec les nuances douces, bien qu'il soit à peu près inusité en de pareilles conditions.

§285.— Dans le Scherzo féerique de *Roméo et Juliette*, Berlioz s'est servi de deux paires de cymbales antiques, fabriquées sur le modèle de celles que l'on a découvertes à Pompéi. Il a fait construire ces petits instruments sur un ton déterminé; la paire la moins aiguë fait entendre *si* b_4, la plus aiguë *fa*$_5$. Leur son a une intensité suffisante pour se faire entendre à travers un grand orchestre jouant tout entier *piano* ou *mezzo forte* (3).

Triangle

(En italien *triangolo*, en allemand *Triangel*.)

§286.— Verge d'acier pliée en forme de triangle; on la frappe avec une tringle de même métal. Le son qui se produit est cristallin et d'une finesse extrême.

Toute espèce de combinaisons rythmiques s'exécutent sans difficulté sur le triangle. En agitant rapidement la tringle entre les branches de l'appareil, on forme une sorte de *tremolo*, qui s'indique de diverses façons.

Ex.496.

---

(1) En quelques endroits de la partition des *Nibelungen* de Wagner on rencontre l'indication "*Becken mit Paukenschlägeln*," c'est-à-dire " cymbales frappées avec des baguettes de timbales."

(2) "Dans quelques orchestres les deux instruments sont joués par un seul et même musicien: une des cymbales étant attachée sur " la grosse caisse, il peut la frapper de l'autre avec la main gauche, pendant que de la main droite il fait manœuvrer le tampon de la grosse " caisse. Ce procédé économique est intolérable: les cymbales, perdant ainsi leur sonorité, ne produisent plus qu'un bruit comparable à ce- " lui que produit la chute d'un sac plein de ferrailles et de vitres cassées." Berlioz, *Traité d'instrumentation* p.275.

(3) Ibid., p.274.

Le triangle fait partie de la *musique turque* et en est un des éléments les plus pittoresques; Mozart, Beethoven et Weber ne l'omettent jamais dans leurs morceaux de caractère oriental (*l'Enlèvement au sérail, les Ruines d'Athènes, Obéron. Preciosa*). Plus souvent que les cymbales, le triangle se sépare de la batterie pour jeter seul sa note aiguë à travers le travail mélodique de l'orchestre. D'après la nature des idées musicales auxquelles il se mêle, son carillon étincelant éveillera des images tantôt précises, tantôt vagues: la clochette des troupeaux dans un paysage alpestre (ex. 163, p.119), l'éclat d'un riche festin (ex.149, p.95), la musique barbare dont les Sauvages accompagnent leurs rites cruels (ex.489. p.333); d'autres fois il nous frappera tout simplement par la bizarrerie de son emploi. Ainsi au début de la danse échevelée des Nonnes maudites dans *Robert le Diable* (ex.184.p.132); ainsi encore dans le pas élégant qui vient couper d'une manière si ingénieuse le ballet des farouches habitants de la Tauride

Ex.497.

Castagnettes

(En espagnol *castañuelas.*)

§287. — Cet instrument purement rythmique est, pour ainsi dire, autochthone en Espagne; déjà sous l'empire romain il accompagnait les pas lascifs des danseuses andalouses (1). Il se compose de deux morceaux de bois, concaves, adaptés l'un sur l'autre à la façon des écailles de l'huître, et que l'on entrechoque de manière à produire un bruit assez musical. Les castagnettes s'emploient toujours par paire; le danseur (ou l'exécutant) en tient une dans le creux de chaque main. Les deux instruments appariés ne doivent pas être tout à fait identiques, quant à la grandeur et au son. L'un d'eux, un peu plus petit que l'autre, s'appelle dans le langage technique des danseurs espagnols, *hembra* (femelle), ou, si l'on veut, *dessus*; il est confié habituellement à la main droite et sert à exécuter les dessins rythmiques (*el redoble*). Le second instrument, dit *macho* (mâle), en d'autres termes *basse*, ne fait entendre que le rythme fondamental (*el golpe*), tâche presque toujours dévolue à la main gauche (2).

---

(1) Voir les vers de Martial cités par M. Barbieri dans son charmant volume intitulé *las Castañuelas* (Madrid,1879), p.15.

(2) Outre les castagnettes ordinaires, usitées dans toute l'étendue de la péninsule, il en existe deux espèces dont la dimension est moindre: elles sont propres à l'Andalousie. On les appelle *palillos* et *pitos*; ces dernières, les plus petites de toutes, sont exclusivement à l'usage des femmes. Il y a en outre une espèce plus grande que les castagnettes communes: les *castañetas gallegas*, répandues parmi les rustiques habitants de la Galice, les Auvergnats de l'Espagne: elles ne connaissent pas la différence de *hembras* et *machos*, et sont conséquemment toutes de même taille. Je dois ces renseignements, et tous ceux que contient cet article, à mon ami M. de Monasterio, l'éminent professeur de violon du Conservatoire de Madrid, qui les a puisés aux sources les plus authentiques, et non sans peine. En Espagne, comme partout, l'originalité des mœurs nationales est en train de disparaître sous le flot envahissant du cosmopolitisme de nos jours.

§288.— Voici les formules typiques d'accompagnement pour les principales danses nationales de l'Espagne, toutes (ou presque toutes) coupées d'une partie chantée dont la mélodie
et le texte varient indéfiniment.

Bolero [1]

Seguidillas manchegas (Seguidilles de la Manche)

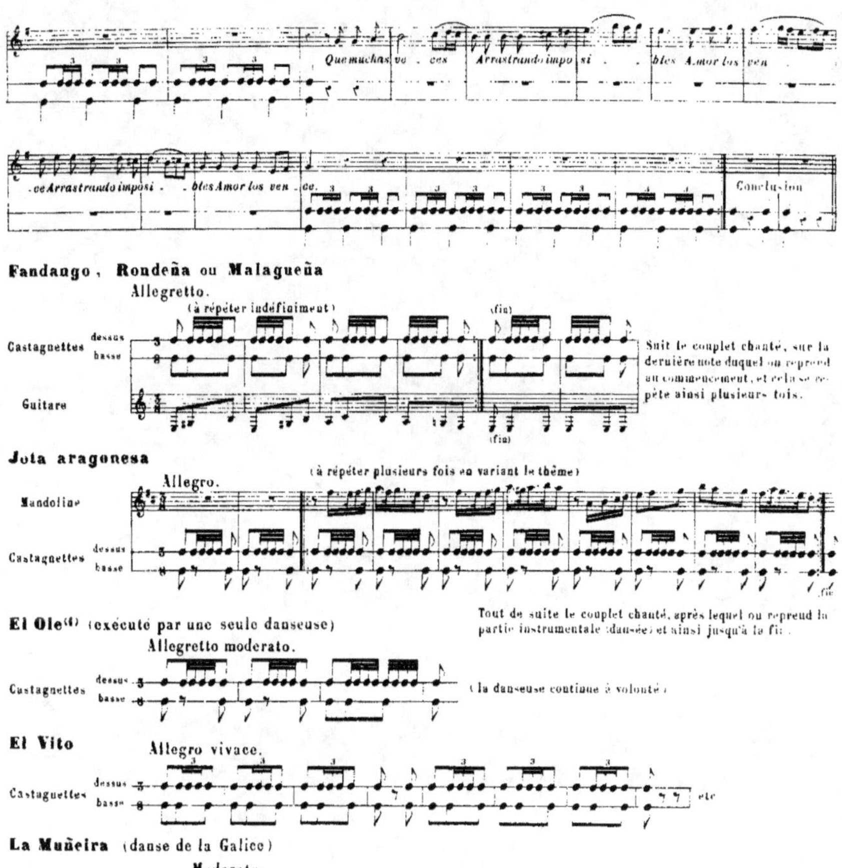

§289.— Il est à remarquer que d'autres danses n'ont pas de formule consacrée pour l'accompagnement des castagnettes; le danseur la varie selon son habileté et son instinct rythmique. Il en est de plus quelques-unes dans lesquelles la partie de castagnettes s'exécute non par les danseurs, mais par les *jaleadores*, les compagnons. Enfin un certain nombre de danses espagnoles se passent totalement du concours de l'instrument national.

———— FIN ————

(1) Le *Jaleo* a le même mouvement et la même formule d'accompagnement que l'*Ole*.

Paris Imp. A.Chaimbaud et Cie r.de la Tour d'Auvergne 18 .   8854. H.   Gravé à Paris dans les ateliers Lemoine et fils, par A.Galou

TABLE DES MATIÈRES

TABLE ALPHABÉTIQUE

DES AUTEURS DONT PLUSIEURS EXEMPLES SONT CITÉS DANS LE PRÉSENT VOLUME

BACH (J.-S.), exemples 109, 218 à 221, 293, 294, 298, 347, 367, 368, 393, 394, 425, 451, 452, 453, 455 à 458, 461.

BEETHOVEN, exemples 2, 3, 5, 7 à 11, 13 à 17, 20, 21, 24 à 28, 30 à 36, 39, 40, 45, 48, 49, 59, 64, 68, 69, 79, 83, 86, 87, 89, 90, 94, 98, 100 à 104, 107, 108, 112, 116, 119 à 122, 125, 126, 162, 179, 180, 194, 195, 198, 203, 206, 222, 225, 226, 229, 236 à 239, 251, 253, 267, 300, 301, 306, 310, 313, 316, 317, 320, 321, 324, 329 à 331, 336, 337, 343, 344, 352, 355, 358 à 360, 362, 467 à 471, 476 à 478, 480 à 482.

BERLIOZ, exemples 150, 152, 279, 403.

BOIELDIEU, exemples 134, 151, 311.

GLUCK, exemples 1, 38, 44, 47, 51, 54, 58, 61, 66, 67, 78, 84, 113, 115, 132, 166, 181, 182, 191, 200 à 202, 209, 211, 304, 325, 332, 372, 389, 390, 391, 397 à 400, 489, 497.

GOUNOD, exemples 74, 131, 138, 139, 146, 167, 205, 427, 429, 464.

GRÉTRY, exemples 156, 174, 227, 361.

HAENDEL, exemples 29, 105, 124, 297, 346, 366, 404, 460, 466, 484.

HALÉVY, exemples 57, 213, 303, 356.

HAYDN, exemples 85, 110, 186, 375.

HÉROLD, exemples 46, 75, 88, 245, 257, 383.

MÉHUL, exemples 118, 145, 326, 340, 351, 369.

MENDELSSOHN, exemples 43, 93, 169, 243, 261, 327, 350, 379, 412, 413.

MEYERBEER, exemples 55, 80, 96, 117, 123, 129, 130, 133, 140, 141, 143, 149, 153, 160, 164, 170, 171, 175, 183 à 185, 197, 204, 214, 223, 225, 232, 233, 248, 254, 256, 258, 259, 273 à 275, 302, 314, 322, 334, 335, 345, 357, 374, 386, 402, 407 à 411, 428, 430, 438, 454, 459, 465, 473, 486.

MOZART, exemples 19, 22, 82, 111, 165, 191, 193, 231, 241, 244, 250, 260, 268 à 270, 328, 349, 370, 373, 388, 396, 401, 485.

ROSSINI, exemples 6, 41, 91, 99, 128, 142, 147, 154, 163, 196, 199, 252, 307, 319, 323, 338, 354, 385, 479.

SAINT-SAENS (C.), exemple 487.

SCHUMANN, exemples 215, 439.

SPONTINI, exemples 37, 309, 376.

THOMAS (A.), exemples 56, 135, 212, 295, 296, 426.

WAGNER (R.), exemples 4, 53, 62, 65, 72, 76, 77, 92, 97, 106, 136, 137, 144, 234, 265, 276, 342, 380, 387, 405, 415, 416, 447, 419 à 424, 440 à 445, 447 à 450, 472.

WEBER, exemples 12, 18, 23, 50, 52, 63, 71, 84, 95, 114, 155, 168 *bis*, 169 *bis*, 173, 187, 207, 208, 210, 228, 230, 242, 255, 262, 263, 305, 312, 318, 318 *bis*, 330, 341, 348, 353, 365, 374, 377, 378, 391, 392, 493.